월저당대사집
月渚堂大師集

┋ **동국대학교 불교기록문화유산아카이브사업단(ABC)**
본서는 문화체육관광부 지원으로 동국대학교 불교학술원에서 간행하였습니다.

한글본 한국불교전서 조선 72
월저당대사집

2021년 12월 30일 초판 1쇄 인쇄
2022년 1월 10일 초판 1쇄 발행

지은이 월저 도안
옮긴이 김두재
발행인 박기련
발행처 동국대학교출판부

출판등록 제2020-000110호(2020.7.9)
주소 04626 서울시 중구 퇴계로36길2 신관1층 105호
전화 02-2264-4714
팩스 02-2268-7851
Homepage http://dgpress.dongguk.edu
E-mail abook@jeongjincorp.com

편집디자인 동국대학교출판부
인쇄처 네오프린텍(주)

ⓒ 2022, 동국대학교(불교학술원)

ISBN 978-89-7801-015-3 93220

값 26,000원

이 책의 무단 전재나 복제 행위는 저작권법 제98조에 따라 처벌받게 됩니다.

한글본 한국불교전서 조선 72

월저당대사집
月渚堂大師集

월저 도안 月渚道安
김두재 옮김

동국대학교 불교학술원

동국대학교출판부

월저당대사집 月渚堂大師集 해제

김 두 재
전 동국역경원 역경위원

1. 개요

『월저당대사집月渚堂大師集』은 조선 중기 화엄학의 거장으로 활약하여 화엄종주華嚴宗主라 일컬어졌던 대종사 월저 도안月渚道安(1638~1715)이 저술한 시문집이다. 2권 2책의 목판본으로 되어 있으며, 대사가 입적한 지 2년 뒤인 강희康熙 56년(1717, 숙종 43) 묘향산 내원암內院庵에서 판각한 보현사普賢寺 장판藏版의 간본刊本이 현전한다.

2. 저자

대사의 법명은 도안道安이고, 월저月渚는 법호이다. 속성은 유劉씨이며 기도箕都(평양)에서 출생하였다. 아버지는 보인輔仁이고 어머니는 김金씨이다. 조선 인조 16년 무인(1638)에 태어났으며, 숙종 41년 을미(1715)에 세상을 마쳤으니, 세속의 나이로는 78세이고 승랍은 69년이다.

월저 대사는 처음에는 천신天信 장로에게서 계를 받고 풍담楓潭 대사를 참알하여 서산 대사의 비밀한 전법傳法을 모두 전해 받았다. 현종 5년 갑진(1664)에 묘향산으로 들어가 『화엄경』의 대의를 강론하니, 세상에서는 그를 화엄종주라고 불렀다. 늘 종풍을 거양할 때마다 자리 아래 모여드는 청중이 수백 명에 밑돌지 않았으니, 법석의 성대함이 근세에는 있지 않았던 보기 드문 광경이었다. 또한 『화엄경』·『법화경』 등의 대승경전과 『예념왕생문禮念往生文』 등의 염불 관계 서적 10여 종을 인출하여 배포하였고, 『회연기會緣起』에 따라서 『화엄경』을 국역하려다가 뜻을 이루지 못한 스승 풍담 의심楓潭義諶의 사업을 이어받아 국역 작업을 완수하였다. 그가 어려움을 무릅쓰고 불전 간행에 힘을 기울인 것은 '척박한 마음의 땅을 개간하고 크나큰 원願의 종자를 심어 지혜광명의 나무를 가꾸고자' 한 때문이었다.

　숙종 23년(1697) 정축옥사丁丑獄事 때는 명성을 시기한 소인배들의 무고로 옥에 구금되었으나, 왕이 본래부터 월저 대사의 명성을 소문으로 들은 데다 곧 억울함이 밝혀져 특별히 명을 내려 풀어 주게 하였다. 조정에서 팔도선교도총섭八道禪教都摠攝의 승직을 내렸으나 사양하였다. 이런 일이 있은 뒤부터 대사는 더욱 자기 자신을 숨기려 하였으나, 그의 명성은 더욱 성대하게 알려져 온 나라를 뒤흔들었다. 그리하여 월저 대사의 문으로 몰려드는 자들이 마치 목마른 사람이 강을 향해 달려가는 것 같아 배불리 마시고 돌아가지 않은 사람이 없었다. 그 뒤 일정한 거처 없이 은거하여 지내다가 말년에 묘향산으로 들어가 후학을 지도하였다.

　화악 문신華岳文信(1629~1707)이 취여 삼우醉如三愚(1622~1684)의 종풍을 이어 대둔사大芚寺에서 크게 법회를 열자 수백여 청중이 몰려들어 성황을 이루었다. 이때 마침 북방에서 법풍을 떨치던 월저 대사가 대둔사로 화악을 찾아왔는데, 화악은 월저와 선지禪旨를 논한 뒤 월저에게 법사의 자리를 양보하고 법회를 주관하게 하였다.

대사가 세상을 떠나던 날 상서로운 광명이 하늘을 밝혀 100리 밖까지 그 광경을 보지 못한 사람이 없을 정도였다. 다비를 하고 나서 사리 3과를 얻었는데, 그중 하나는 묘향산 보현사 서쪽 산기슭에 탑을 세우고 봉안하였으며, 나머지 2과는 기성(평양)과 해남에 나누어 봉안하였다. 대사의 비문은 홍문관 대제학 이덕수李德壽가 지었다. 일찍이 대둔사에서 연 큰 법회의 「강회록講會錄」에 실려 있는 그의 문인만도 39명이나 되었다. 대사의 비석은 대둔사에 있다.

대사의 저술로는 시문詩文을 모은 『월저집月渚集』 2권과 『불조종파지도佛祖宗派之圖』가 있다. 이 가운데 『불조종파지도』는 숙종 14년(1688)에 간행되었는데, 과거불에서부터 서천西天 28조와 동토東土 6조, 그리고 이후 오가五家의 전개를 임제종臨濟宗을 중심으로 도식화하고 우리나라 선맥을 이에 연결하여 체계화한 것이다. 제자로는 설암 추붕雪巖秋鵬(1651~1706)과 승익勝益·금하錦霞·연종蓮宗·법명法明 등 10여 명이 있다.

3. 서지 사항

『월저당대사집』은 2권 2책으로 되어 있으며, 강희 56년(1717) 묘향산 내원암에서 판각한 보현사 장판의 간본이 현전한다. 서지의 형태에 대해서는 『한국불교전서』의 저본인 간송미술관 소장본은 참고할 수 없어서 동국대학교 중앙도서관 불교학자료실에 소장되어 있는 것을 참고하여 아래에 기록해 둔다.

서명 : 월저당대사집月渚堂大師集
저자 : 월저 도안月渚道安
판형 : 목판본木版本

형태 : 2권 2책, 사주단변四周單邊, 반곽半郭 20.5×15.8cm, 무계無界, 반엽半葉 10행 20자, 내향이엽화문어미內向二葉花紋魚尾 ; 31.0×20.2cm.

표제表題 : 월저집月渚集

서序 : 병신년(1716) 12월 찬국옹餐菊翁

발跋 : 정유년(1717) 7월 7일 문인 향해 연종香海蓮宗

간기刊記 : 강희 56년 정유(1717) 7월 일 내원內院에서 새겨서 보현사普賢寺로 이진移鎭함

지질紙質 : 저지楮紙

소장所藏 : 동국대학교 중앙도서관 불교학자료실(고서/대출 불가/열람 가능)

청구기호 : 218.081 도61ㅇ

4. 내용과 성격

『월저당대사집』의 상권에는 오언절구 25편 27수, 오언율시 37편 40수, 칠언절구 29편 34수, 칠언율시 104편 145수, 잡저雜著 12편 12수 등 총 207편 258수의 시詩가 있는데, 잡저는 문文이 아니라 대부분 장편시長篇詩이다. 하권에는 소疏 16편, 기記 6편, 권사勸詞 16편, 발跋 2편, 비명碑銘 2편, 찬贊 1편 등 총 43편의 문文이 수록되어 있다.

본 내용에 앞서 권두에 이 책이 간행되기 한 해 전인 1716년에 거사 찬국옹餐菊翁이 쓴 서문이 있고, 권하 말미에는 문인 향해 연종香海蓮宗이 1717년에 쓴 발문이 있으며, 간기와 문인 금하가 판각할 글씨를 썼다는 기록과 승익勝益·각해覺海·선행善行 등 모연을 주관한 제자들의 명단과 각공刻工은 별훈別訓과 정익淨益이라는 내용이 밝혀져 있다.

이 책에서 몇 편의 시문을 발췌하여 중요한 저자의 사상을 살펴보면, 저자는 출가자의 감회를 곳곳에 드러내고 있다.

〈다시 차암암에 노닐며(重遊遮岩庵述懷)〉라는 시에서는

  세간은 정말로 불구덩이 집인데   世間眞火宅
  몇 생이나 분주히 괴롭게 살았던가   奔走幾勞生

라고 읊어 세속의 생활은 고통스럽고 덧없음을 드러내고 있다.
 〈세상을 경책하여 뜻을 말하다(警世言志)〉 8수에서는 먼저

  밝고 밝은 해탈한 몸 그 누가 얽어매었나   誰縛明明解脫身
  본래 나고 죽음도 없고 또한 사람이란 것도 없다 本無生死亦無人

라고 읊어 모두는 공空한 것인데 부질없이 분별심을 일으켜 번뇌를 키운다는 의미로 담았다. 또한

  격외의 마음을 전한 영취봉에서   格外傳心靈鷲峯
  꽃 뽑아 들자 웃음 드려 맑은 바람에 보냈네   拈花獻笑送淸風
  서천의 해와 달은 천 등을 밝혔고   西天日月燈千照
  동토의 총림엔 다섯 잎의 꽃이 피었네   東土叢林葉五紅

라고 하여 선의 근원이 부처님과 가섭의 염화미소拈花微笑로부터 시작하여 서천 28조와 동토 6조로 전해졌음을 밝혔다. 그리고

  고양이가 쥐를 잡듯 배고플 때 밥을 생각하듯 하고 如猫捕鼠飢思食
  병든 이가 의사 찾듯 어미가 아이를 그리듯 하네 似病求醫母憶兒

라고 하여 선을 닦음에 간절하고 절실한 마음으로 일념一念을 이룰 때에

만 선기가 열림을 암시하고 있다. 또한 이 시 중에

형상을 훔쳐 비구의 단에 거만하게 앉아서	竊形高踞芘蒭壇
으스대는 위세는 가섭과 아난보다 더하네	卓犖威稜跨葉難
책이 가득 쌓인 책상에서 교만하게 맛난 음식이나 논하고	虬帙堆床驕說食
사방으로 통하는 자리에 앉아 편안히 지내는 승려들 깔본다	通方在座篾師安
법문에선 고금을 말하지만 가슴속은 말이요	法門今古襟裾馬
예의와 규모에 대해서는 어리석고 미련하다	禮義規模懵懂頑
비록 제호가 있다 하나 그릇이 없는 걸 어이하랴	縱有醍醐何器缺
백 년을 헛되이 보내니 다만 승려들이 쇠잔해질 뿐이네	百年虛喪只僧殘

라고 하여 승려의 본분을 망각하고 자만에 깊이 빠져 귀중한 시주물을 소중히 여길 줄도 모르고 한만(꽈漫)하게 세상을 보내는 승려들을 따끔하게 경책하기도 하였다. 또

고통에서 구제하고 즐거움을 주는 자비 스스로 기약이 있나니	拔與慈悲自有期
나무아미타불 이 여섯 글자가 그것이라네	南無六字佛阿彌
연꽃이 피어 있고 보배 나무 있는 곳이 내가 돌아갈 국토요	蓮花寶樹吾歸土
황금빛 몸에 옥호를 지니신 분이 나를 인도할 스승이시다	金色玉毫我導師
낮과 밤 때때로 부질없는 생각을 없애고	晝夜時時除妄想

경행하는 걸음걸음에 참다운 모습 우러른다	經行步步仰眞儀
다만 바라는 건 임종하는 날 극락에 왕생하여	徃生只願臨終日
옥전과 경루를 내 마음대로 다니는 것이라네	玉殿瓊樓任所之

라고 하여 선禪만이 능사가 아니라 염불을 열심히 하여 극락왕생을 기원하는 것도 하나의 공부임을 깨우쳐 주기도 하였다.

이 밖에도 당시 참의參議를 지낸 권중경權重經이라는 이가 월저 대사에게 보내온 시의 운을 따서 지은 시를 살펴보자. 먼저 권 참의가 보내온 시는 다음과 같다.

스님은 흰 구름에서 왔다가	僧自白雲來
다시 흰 구름을 향해 돌아가네	還向白雲去
흰 구름은 일정한 거처 없으니	白雲無定居
내일은 또 어느 곳으로 갈꼬	明日又何處

이 시는 대사의 운수 행각을 아무 부담 없이 말한 것 같지만 깊이 살펴보면 일정한 곳이 없는 스님들의 행각을 조소하는 듯한 의미로 받아들일 수 있다.

그러나 여기에 대답하는 대사의 시는 그저 담담하다.

바람이 오니 구름도 좇아오고	風來雲逐來
바람이 가니 구름도 따라간다	風去雲隨去
구름은 바람 따라 가고 오니	雲從風去來
바람이 멈추면 구름은 어디로 갈꼬	風息雲何處

이 시에서 대사는 구름이나 바람이 자연의 한 호흡이듯이, 인생의 삶도

호흡의 한 순간이 아니겠느냐는 뜻으로 받았다. 이 시는 월저 대사의 운수 행각을 잘 표현하였다. 바람과 구름이라는 단순한 소재로써 오고 간다는 규칙적 동작을 연결하면서 어디에도 매임이 없는 무주착無住着의 높은 선기禪機를 보인 것이라 하겠다.

또 〈우의寓意〉라는 시에서는 다음과 같이 말하였다.

우주 안에 백 년의 나그네요	宇內百年客
베갯머리에 천 리의 행각승이라	枕邊千里僧
하늘의 산과 땅의 물을 누비며	天山與地水
마음대로 의기양양 다닌다네	隨意任騰騰

이 시는 시간이나 공간에 전혀 구애받지 않는 자세를 나타내 보인 것이다. 사람살이의 실체는 제한된 공간과 유한한 시간 속에 있게 마련이다. 그러나 마음가짐에 따라서는 무변의 공간이 나를 위해 있을 수도 있고, 유한한 시간이라도 무한으로 연장할 수도 있는 것이다. 이렇듯 스님들의 자유자재한 해탈자적 자세를 음미하기에 적합한 시로 볼 수 있다.

대사는 시뿐 아니라 문장에도 뛰어났는데 문文 중에는 「약사회소藥師會疏」 등 주로 불교 의식을 거행할 때 사용하는 소문疏文이 무려 16편이나 들어 있다. 이러한 소문을 통해 당시에도 왕실에서는 불교 신앙에 크게 의존했다는 것을 알 수 있으며, 또한 「평양 냇가에서 있었던 수륙재소(平壤川邊水陸疏)」와 「삼화부 냇가에서 있었던 수륙재소(三和府川邊水陸疏)」를 통해 숙종 때 평양과 삼화에서 천변수륙재가 성행했다는 사실도 알 수 있다.

또한 6편의 기記와 16편의 권사勸詞를 통해서는 사찰의 중창과 여러 가지 경전 간행 사업이 이 시기에 활발하게 진행되었다는 사실을 알 수 있다. 『화엄경』과 『법화경』 같은 경전은 물론 『선문염송』과 특히 『예념왕생문禮念往生文』 1천 권과 염불책 1천 권을 간행하기 위한 권선문을 4편이나 썼는데 이렇듯 선과 교, 정토와 의식, 염불과 참선 등을 망라하여 이 시기 교단의 수행 경향도 보여 주고 있다.

　이와 같은 월저 대사의 문장들은 대사가 유교와 불교의 글에 능통했음을 증명하듯 대체로 문장이 길면서 내용이 풍부한 특징을 보인다. 대사가 지은 비문은 모두 2편에 지나지 않는데, 그중 한 편은 먼저 세상을 떠난 제자 설암 추붕의 비문으로 10년 넘게 동고동락한 제자를 먼저 보내고 나서 그의 생애를 기록하는 애달프면서도 담담한 심정을 상상해 볼 수 있다. 또 「설암자 탑명 교화문雪巖子塔銘敎化文」에는 스승이 제자를 생각하는 애틋한 정과 먼저 간 제자의 추모탑을 만들고 추모하는 글을 쓰는 스승의 심회가 잘 드러나 있다. 「새해 전날 밤 덕담으로 축원함(分歲德談祝願)」이라는 글은 본사本寺와 각 사암寺庵에서 통용하는 것으로 나누어 축원문을 작성하였는데, 이 글을 통해 당시 사찰의 업무 형태와 소임을 유추해 볼 수 있으며 나아가 사찰의 실제 일상생활을 엿볼 수 있기도 하다.

5. 가치

　이 책의 저자인 월저 대사는 유학과 불교에 능통한 스님이었다. 그중에서도 특히 『화엄경』을 존중하여 가는 곳마다 화엄해회華嚴海會를 개설하였으며, 한편으로는 늘 사람들에게 염불하여 왕생의 인因을 닦으라고 권유하였다. 또 선禪과 교敎에 두루 밝아 조계曹溪와 임제臨濟의 맥을 이어받고 나옹懶翁 선사나 서산西山 대사의 지취旨趣에 못지않다는 중평을 받을 만큼 당대 승려 중에서도 가장 폭넓은 사상을 지닌 인물이었다. 대사의 문집에는 다른 승려들의 문집과는 달리 유생들과 주고받은 시문이 비교적 적고 독자적인 문학적 역량과 교학에 대한 해박한 지식을 보여 주는 글이 많다. 그런데도 문학적 측면에서는 조선의 차천로車天輅나 중국의 소동파蘇東坡처럼 서정적인 시를 쓴 것으로 눈길을 끈다.

대사의 시문 대부분은 교리에 대한 해박한 식견과 굳건한 이해 기반을 보여 주며 선禪의 수련 속에서만 우러나오는 문학적 향기가 배어 있다. 특히 「새해 전날 밤 덕담으로 축원함」 같은 글은 당시 시대상과 사찰 업무, 사찰의 일상생활을 엿볼 수 있는 보기 드문 자료로서 이 책의 소중한 가치를 보여 준다. 또한 기記와 권사를 통해서는 사찰의 중창과 경전 간행이 활발했던 당시 상황은 물론 권선문에서 드러나는 당대의 수행 경향 등으로 문헌적 가치를 한층 드높인다. 문文은 소疏와 기記, 권선문이 대부분을 차지하고 있는데, 문헌 간행과 관련한 모연문募緣文과 발跋이 5편이나 들어 있어 당시 출판 사정이나 해당 문헌에 대한 인식을 살펴볼 수 있다는 점에서도 귀중한 자료적 가치를 지닌다.

6. 참고 자료

한국민족문화대백과사전 편찬부 편, 『한국민족문화대백과사전』, 한국정신문화연구원, 1991.

동국대학교 불교문화연구소 편, 『한국불교찬술문헌총록韓國佛敎撰述文獻總錄』, 동국대학교출판부, 1976.

운허 용하耘虛龍夏, 『불교사전』, 동국역경원.

이능화李能和, 『조선불교통사朝鮮佛敎通史』, 신문관, 1918.

동국대학교 중앙도서관 고서목록편찬위원회 편, 『고서목록』, 보고사, 2006.

한국인명대사전 편찬실 편, 『한국인명대사전』, 신구문화사, 1967.

차례

월저당대사집月渚堂大師集 해제 / 5
일러두기 / 25

월저집 서문 月渚集序 / 27
주 / 30

월저당대사집 상권 月渚堂大師集 上

오언절구五言絶句-25편

참의 권중경의 운을 따라 次權參議【重經】韻 35
평양 보산진에서 밤에 일어나 어부의 노래를 듣고 平壤保山鎭夜起聞漁歌 36
규 상인에게 차운하여 주다 次贈圭上人 37
법징 상인에게 주다 贈法澄上人 38
마을 재실齋室에서 밤에 읊다 村齋夜吟 39
성일 스님을 곡함 哭性一 40
금곡 이 거사에게 주다 贈金谷李居士【二】 41
김 진사에게 주다 贈金進士 42
가을 풍경 秋事 43
우연히 읊다 偶吟 44
우의寓意 45
의상암 시의 운을 따서 次義湘庵韻【二】 46
〈마천〉의 운을 따서 次磨天韻 47
공문의 봄 空門建陽 48
강서 이금남이 벽에 그린 송학도에 쓰다 題江西李【錦楠】壁上松鶴圖 49
또 용호도에 쓰다 又題龍虎圖 50
사선정 시의 운을 따서 次四仙亭韻 51
〈시도회고〉에 차운하다 次凹都懷古 52
수재 한세엽을 이별하며 그 운을 따라 別韓秀才【世曄】次韻 53

귀녕하는 운염 스님을 송별하며 그 운을 따라 送雲曮師歸寧次韻 ········ 54
서도에서 옛날을 생각하며 西都古意 ········ 55
금강산 시의 운을 따서 次金剛山韻 ········ 56
만사 挽詞 ········ 57
가을 강의 풍경 秋江即事 ········ 58
송별 送別 ········ 59

오언율시 五言律-37편

함종·용강·삼화 세 고을의 군수와 천왕사에 올라 咸從龍岡三和三倅登天王寺 ········ 60
맹산 군수의 〈두무산을 유람하며〉 시의 운을 따서 次孟山倅遊頭無山韻 ········ 61
병을 앓고 난 뒤 용강 군수를 뵙고 病餘謁龍岡倅 ········ 62
진사 양만영의 운을 따서 태수를 풍자하다 次楊進士【萬榮】韻諷太守 ········ 63
설령대에서 쌍기 수좌에게 주다 雪嶺臺贈雙機首座 ········ 64
은수암에 유거하며 隱守庵幽居雜詠【二】 ········ 65
임진강 언덕 망해암의 벽에 걸린 시의~ 臨津江岸望海庵次壁上韻【即趙師錫齋宮】 ········ 66
공주 갑사 누각 현판의 운을 따서~ 公州岬寺樓懸板次贈巖上人【次東岳疎庵故~】 ········ 67
의명 상인의 운을 따서【남문에 명성이 높은 스님이~ 次義明上人韻【南門有名聞僧】 ········ 68
금구 군수에게 올림【그의 형 조근은 일찍이~ 上金溝倅【厥兄趙根曾守關西江西】 ········ 69
행문 상인의 운을 따라 지어 다시 보이다 次幸文上人韻還示【二】 ········ 70
묘향산 조계암에서 양열 스님을 만나서 香山曹溪庵逢良悅師 ········ 71
양열 스님과 이별하며 別良悅師 ········ 72
신정암 암자 이름 新淨庵庵號 ········ 73
법상 도인에게 차운하여 주다 次贈法尙道人 ········ 74
오운산 속명사 지행 상인에게 줌 贈五雲山續命寺智行上人 ········ 75
청하 도사를 모시고【통천 서운암에 숨어 살 생각을~ 奉淸河道士【通川棲雲庵意欲嘉遁有~】 ········ 76
가훈을 송별하며 次送可勳 ········ 77
희안 대사에게 차운하여 주다 次贈希顔大師 ········ 78
다시 차암암에 노닐며 重遊遮岩庵述懷 ········ 79
영담 상인에게 차운하여 주다 次贈靈湛上人 ········ 80
경규 상인에게 차운하여 주다 次贈敬規上人【二】 ········ 81
〈겨울날 우거〉의 운을 따라 次冬日寓居韻 ········ 82
내원암에 머물며 청허당이 술회한 시에 차운하다 次韻居內院淸虛堂述懷 ········ 83

청허당 판상의 시운을 따서 次淸虛堂板上韻 84
지장암에서 수주 상인에게 주다 地藏庵贈秀珠上人 85
현암사 구점懸巖社口占 86
풍악산 유점사 주지의 체임 楓嶽楡岾寺住持遞任 87
사일 상인에게 贈思日上人 88
인경 모연 후 은봉으로 돌아와 사람들과 헤어지며 印經募歸隱峯人散口占 89
향악 보현사에서 제석에 행관 스님을 이별하며 別行觀師香岳普賢寺除夕也 90
설령대를 읊어 뜻을 말하다 雪嶺臺口號言志 91
유람하는 찬화 스님에게 차운하여 주다 次贈贊和遊甑 92
묘향산에서 香山偶吟 93
가훈에게 주다 贈可勳 94
법명 신족이 왔기에 감격한 마음에~ 法明神足之來多有激感之懷爲次軸中韻贈 95
양동양이 지은 시의 운을 따서 次楊東陽韻 96

칠언절구 七言絶句-29편

선하 대사에게 차운하여 주다 次贈善荷大師 97
세상을 탄식하며 서산 대사의 〈향로봉〉 시의 운을~ 歎世以次西山大師香爐峯韻 98
진사 성완의 시 〈송충이가 솔잎을 먹다〉의 운을 따서 次成進士【琬】松蟲食葉韻 99
청천강에 배를 띄우고 안주와 강서 두 고을을~ 晴川江上泛舟安州江西二倅同席韻 100
참의 권중경의 운을 따라 드리다 次呈權叅議【重經】韻 101
박영의 운을 따라 次朴生【玲】韻 102
속 조사단 가영續祖師壇歌詠【二】 103
정축년 봄에 무고를 당하여 구인拘引되는~ 丁丑春有誣引之苦還山後次李秀士韻 104
박 수사를 송별하며 次送朴秀士【二】 105
이곡을 송별하며 次韻別梨谷 106
도사 아헌 원성유에게 차운하여 주다 次呈都事【元聖兪】亞軒 107
설암의 운을 따서 次雪巖韻 108
인가는 없고 곳곳마다 산뿐이다 無家處處山 109
두견杜鵑 110
〈약산산성〉의 운을 따서 次藥山山城韻 111
법상 도인에게 차운하여 주다 次贈法尙道人 112
민 참의를 곽산 우거에서 만나 奉閔叅議郭山寓所 113

수사 김한창의 운을 따서 次金秀士【漢昌】韻 114
제눌 수좌에게 주다 贈濟訥首坐 115
각해 스님께 차운하여 주다 次贈覺海師 116
처흠에게 차운하여 주다 次贈處欽 117
거사 김창흡의 운을 따서 次金居士【昌翕】韻【附原韻】 118
낙성 사람에게 차운하여 주다 次贈洛城人 119
덕준 거사에게 차운하여 주다 次贈德峻居士 120
유람 온 선비에게 주다 贈遊士 121
관아로 돌아가는 양 수사를 전송하며 送楊秀士歸衙 122
풍악산 유점사 산영루의 운을 따서 총섭~ 次楓岳楡岾山映樓韻贈摠攝【英絢】 123
봄눈 春雪 124
삼오 상인에게 주다 次贈三悟上人【三】 125

칠언율시 七言律−104편

〈동호십영〉의 운을 따서【차천로의 원운을 붙임】次韻東湖十詠【附原約車天輅】 126
〈소상팔경〉의 운을 따서【원운은 수록하지 않았다.】次韻瀟湘八景【原韻不錄】 135
정언 민창도를 모시고 산을 유람하다【차운을 붙임】奉閔正言【昌道】遊山【附次韻】 143
평양 감사 권해의 〈묘향산에 노닐며〉 운을 따서 次權西伯【瑎】遊香山韻【附原韻】 144
오은을 생각하며 憶梧隱 145
감회가 있어 관서 당헌에 올림【민취도가 당시~ 有懷上關西棠軒【二首】【閔就道時~ 146
평안도백이 이미 과기가 되었기에 사례로 올리다 西伯已准瓜期上謝一章 148
앞의 시운을 따서 평안도 순상 합하에게 올림 次前韻上平安巡相閤下 149
남쪽을 유행하려고 하였으나 이루지 못하고~ 欲作南行。而啓行未果~ 150
평양 관아에 있는 상산정의 운을 따서 次韻平壤上衙上山亭【附元韻權瑎】 151
관서 도백의 〈향산 가는 길〉에 차운하여 次西伯香山途中口占 152
구월산 봉림암의 제호를 따서 次題九月山鳳林庵 153
설총 상인에게 차운하여 주다 次贈雪聰上人 154
수양산에서 와서 보림암에서 여름을~ 送淨旭上人來自首陽過夏寶林秋歸灣右 155
우산에서 백양산 운문암의 지휘 스님을 만나~ 牛山逢白羊山雲門菴僧智輝備諳~ 156
또 청원과 지책 두 선인에게 부침 又寄淸遠智策兩禪人 157
서울로 돌아가는 용강 사군 유구징을 송별하며 奉別龍岡柳使君【龜徵】還京 158
영서 의흠이 모습을 바꾼 후 처음으로 만나서 靈瑞義欽變形後見偶題以示 159

이익주의 시운을 따서 次韻示李生【益周】 ……… 160
석골산 난야로 돌아가는 연종 대사를~ 次送蓮宗大師歸石骨山蘭若【師之故地也】 ……… 161
성일 신족이 삶을 버린 돌 위에 가서 슬픈~ 行到性一神足捨生石上有感寫哀 ……… 162
보성 스님의 운을 따서 次寶晟師韻 ……… 163
차운하여 총탁 스님에게 次韻示揔卓師 ……… 164
은거하는 소식을 내동에 사는 황 처사 문방에 부침 幽居消遣寄內洞黃處士文房 ……… 165
정색 상인에게 차운하여 주다 次贈精賾上人【二】 ……… 166
밤에 신기한 꿈을 꾸다가 깨어 시를 지어 기록함 夜有神夢覺而爲題以記 ……… 167
용아랑 강제상의 운을 따서 龍衙郞姜【濟相】韻次 ……… 168
또 연환체 시를 지어 보여 줌 又以連環體次示 ……… 169
적궤자 강수일의 시에 화답하여 보여 줌 和示吊詭子姜【壽一】 ……… 170
또 적궤자의 운을 따서【원운을 붙임】 又次吊詭子韻【附元韻】 ……… 171
칠불사 백승루에서 학산 군수 조정만을~ 七佛寺百勝樓奉鶴山倅趙【正萬】~ ……… 172
붕의 편지를 보고 우연히 쓰다 見鵬書偶題 ……… 173
강서의 조 군수를 봉별하며 奉別江西趙 ……… 174
강서 군수에게 차운하여 보이다 次示江西倅 ……… 175
백록산 환희사의 벽상 운을 따라 白鹿山歡喜寺上壁上韻【甲寅八月十八日顯宗~】 ……… 176
보현사에서 지리산 연곡사의 형 노스님께 普賢寺贈智異山燕谷寺泂老師【二】 ……… 177
묘향산 동관음 선당에서 금강산으로 돌아가는~ 香山東觀音禪堂送尙能歸金剛山 ……… 178
고성 만경암에서 진사 양만영의 운을 따라 姑城萬景庵次楊進士【萬榮】韻 ……… 179
동양 태수 양현망에게 올림 上東陽太守【楊顯望】 ……… 180
진사 양만영이 태수를 풍자한 시의 운을 따서 次楊進士【萬榮】諷太守 ……… 181
혜진 사미에게 준 두 편의 시~ 贈慧眞沙彌二章。其一誠備迷途。其二指歸~ ……… 182
종산에 다시 와서 노닐다가 우연히~ 重遊鍾山偶逢楊秀士來訪數日玄話有贈~ ……… 183
묘향산에서 종악으로 가 홀로 선적을 즐기면서 自香山投鍾岳樂獨善寂 ……… 184
진사 양만영과 수재 양만상의 양서루에~ 寄進士楊【萬榮】秀才楊【萬祥】兩書樓下 ……… 185
보덕사 경하하는 자리에서 군수가 지은~ 普德寺慶席次主倅韻【李瑞雨守龍岡】 ……… 186
이름을 훔치고 형체를 도적질하여~ 有濫號竊形。汨於利欲。至於獷俗成習~ ……… 187
병진년에 호패가 있었기에 번뇌가 생겨 회포를~ 丙辰年有戶佩故。心有煩惱~ ……… 189
계식 도자에게 차운하여 주다【석보를 장난으로~】 次贈戒湜道者【解釋譜戲勾及之】 ……… 190
문희 상인에게 차운하여 주다 次贈文喜上人 ……… 191
강선루에 올라 登降仙樓 ……… 192

정암에서 판사 계형을 만났는데 그가 유산~ 淨庵逢戒泂判事。出示遊山詩軸~ ········ 193
또 판사 계형의 기유에 주다 又贈洞判事紀遊 ········ 194
용학산 법운암에 올라 登龍鶴山法雲庵 ········ 195
양산 태수에게 올림 上陽山太守 ········ 196
추붕 상인에게 줌 贈秋鵬上人 ········ 197
원실 대사 청량을 봉별하며 奉別圓實大師【淸亮】【二】 ········ 198
발우를 물리치며 뜻을 말함【청량 스님이 발우를 주면서~ 却其鉢言志【淸亮師以鉢贈~ ········ 199
구룡산으로 이사하여 移徙九龍山呼韻【二】 ········ 200
경규 스님이 내방하여 선물을 주기에 사례하며 贈敬規見訪有饋以謝 ········ 201
대운 스님이 자반을 보내왔기에 사례하며 謝大雲師送佐飯底 ········ 202
세상을 경책하여 뜻을 말하다【서문이 있었다.】 警世言志有序【八首】 ········ 203
북도의 여러 명산을 유람하는 형 스님에게 줌 贈洞師遊賞北道諸名山 ········ 207
함산에서 이정영을 만나 咸山逢李正英 ········ 208
행흡 스님에게 차운하여 주다 次韻贈幸洽 ········ 209
춘파 시고 중의 운을 따서 次椿坡藁中韻 ········ 210
어산 응 스님에게 줌 贈應魚山 ········ 211
법기와 계방 두 스님에게 줌 次贈法器桂芳二師 ········ 212
원명 도인에게 줌 贈圓明道人 ········ 213
복창군의 행차 수레를 받들며 奉福昌君行軒下【二】 ········ 214
홍 감사의 〈금강산을 유람하며〉 운을 따서 次洪監司遊金剛山韻 ········ 215
유점사 주지 성탄의 시운을 따서 次楡岾寺住持韻【性坦】【二】 ········ 216
수택 스님에게 주다 贈水澤師 ········ 217
풍담 스님 비음기 碑陰記의 시운을 따서 次楓潭碑陰韻【二】 ········ 218
진사 이사상의 〈은신거〉의 운을 따서 次李進士【士常】隱新居韻 ········ 219
서방 강수일의 운을 따서 회답하다 次姜書房【壽一】韻回示 ········ 220
아헌 강제상에게 부침 寄姜亞軒【濟相】 ········ 221
설암 추붕 스님의 생 마침을 애도함 挽雪岩秋鵬捨生【二】 ········ 222
월계 상인에게 줌 贈月桂上人 ········ 223
뜰 앞 소나무 庭松 ········ 224
강서 이등귀의 시운을 따서 次李江西登龜韻 ········ 225
시운을 따서 감회를 읊음 感懷次韻 ········ 226
성 장실에게 차운하여 보이다 晟丈室次示【二】 ········ 227

일현 대사에게 줌 贈一玄大師 228
쌍해 스님의 죽음을 애도함 挽雙海師 229
물놀이하는 여러 생도에게 보여 줌 示水浴諸生 230
오산 아래에서 청안 스님을 만나 시운을 따서 줌 烏山下逢淸眼次贈【眼在雲坡~ 231
고향 산문으로 돌아가는 빈발암 청민 스님을 송별하며 次別賓鉢淸敏師歸故山 232
안락와에서 뜻을 말함 安樂窩言志【二】 233
흉년이 들어 백성들이 고달파함 年荒民困 234
처관 학도에게 차운하여 줌 贈處寬學道次韻 235
돌아가는 연초 스님을 송별하며 次送演初師還歸【二】 236
한휘 상인에게 차운하여 줌 次贈漢輝上人 237
서산 대사의 〈산영루〉 운을 따서 次西山大師山映樓韻 238
서현 스님이 와서 신 방백이 가을에 순방한다고 말해~ 瑞顯來說申方伯秋巡~ 239
이정빈이 주 수재에게 준 시운을 따서 次韻李庭馪贈朱秀才 240
준기 대사에게 부침 寄俊機大師 241
내원암에 머물며 청허당이 술회한 시에 차운하여 次韻居內院淸虛堂述懷 242
향운 상인에게 차운하여 줌 次韻贈香雲上人 243
처인 상인에게 차운하여 줌 次贈處忍上人 244
암자에 올라 풍열 스님의 시운을 따서 上庵次豐悅韻 245
영적암에 이르러 초겨울 그믐에 우연히 쓰다 到靈寂庵初冬晦日偶題 246
형익 상인에게 차운하여 줌 次贈泂益上人 247
염불게의 운을 따서 진익 사미에게 줌 念佛偈次贈振翼沙彌【四】 248
봄 동안 감옥에 있으면서 읊던 시가 우연히 생각나서 偶憶春間在囚時口號 250

잡저雜著-12편

영성 스님의 시운을 따서 次靈性師韻 251
산중사시사 山中四時詞 252
묘향산 은봉에서 보덕굴 자징 대사에게 부침 香山隱峯寄普德窟自澄大師 256
조정 대사에게 줌 贈祖挺大師 258
거오 강수일에게 차운하여 부침 次韻寄據梧姜【壽一】 259
김수 이중에게 차운하여 사례로 부침 次謝寄金秀而重 261
유서잡영 – 소농파의 뇌주 팔운을 따서 幽居雜詠次東坡雷州八韻 263
또 팔운 시의 운을 따서 又次八韻 267

천암사 동자들의 모임 千岩社童子會 271
기성(평양)으로 돌아가는 의현 스님을 송별함 送義玄師歸箕城 273
새해 전날 밤 덕담으로 축원함 分歲德談祝願 274
임종게臨終偈 284

주 / 285

월저당대사집 하권 月渚堂大師集 下

소疏-16편

약사회소藥師會疏 341
천룡단소天龍壇疏 344
야차단소 藥叉壇疏 346
사부를 천도하는 주야 상중소 薦師父晝夜上中疏 348
평양 냇가에서 있었던 수륙재소 平壤川邊水陸疏【庚午年三月三日】 353
생전시왕재소生前十王齋疏 356
삼화부 냇가에서 있었던 수륙재소 三和府川邊水陸疏【四首】 357
학도가 함장을 천도하는 재의 소 學徒薦函丈齋疏 368
부모를 천도하는 소 薦考妣疏 370
모친을 천도하는 소 薦母王疏 372
어머니를 천도하며 올린 소 薦母上疏 374
생전발원재 상중소生前發願齋上中疏 376
법후 스님을 천도하는 소 薦法吼師疏 380
밤에 올리는 소 夜上疏 383
축관 스님을 천도하는 소 薦竺寬疏 386
물에 빠져 죽은 아우를 천도하는 소 薦弟溺亡疏 387

기記-6편

강서 원각암 북신전기江西圓覺庵北宸殿記 389
묘향산 동관음사 법당의 개와 중수기 香山東觀音寺法堂盖瓦重修記 392
청운산 정수암 대비석상 개금불사기 靑雲山淨水庵大悲石像改金記 395

삼화 법천사 공양구기 三和法泉寺供養具記 397
유점사 나한전기 楡岾寺羅漢殿記 401
법흥사 남루 중수기 法興寺南樓重修記 405

권사勸詞-16편

『화엄경』간행에 동참하여 선근을 지으라고 권유하는 글 印華嚴經種善根文 409
표훈사 산영루를 새로 지으며 시주를 권하는 글 表訓寺山映樓新建勸文 411
유점사 시왕상을 조성하기 위한 권유문 楡岾寺十王像造成勸文 414
평양 정수암 북신전 중창 모연문 平壤淨水庵北辰殿重刱募緣文 417
동산사 불상 개금공덕 공양 보시를 권선하는 글 東山寺佛像改金功德供養布施引勸說 420
봉은사 법당 불상을 조성하기 위한 권선문 奉恩寺法堂佛像勸文 427
영명사 보현왕전을 개건하기 위한 모연문 永明寺普現王殿開建募緣文 432
평양 지장사 자씨전을 보수 중창하기 위한 권선문 平壤紙場寺慈氏殿修剏勸文 434
『예념문』1천 권을 간행하기 위한 권선문 禮念文一千卷印出勸文 437
설암자 탑명 교화문 雪巖子塔銘敎化文 439
법흥사『염송집』개간문 法興寺拈頌集開刊文 441
염불책 1천 권을 인출하기 위한 권선문 念佛冊一千卷印出勸詞 445
또 又 447
또 又 448
용천사 승당을 짓기 위한 권선문 涌泉寺僧堂修建勸文 449
용강 화장사 큰 법당을 중창하기 위한 권선문 龍岡華藏寺大法堂重創勸文 452

발跋-2편

『화엄경』과『법화경』을 인출하는 발문 印華嚴經法華經跋 454
호남 능가사에서 간행한『염송설화』발문 湖南楞迦寺拈頌說話繡梓跋 457

비명碑銘-3편

선불당 비명과 그 서문 選佛堂碑銘【并序】......... 459
동산사 설암 대사 비명과 그 서문 東山寺雪巖碑銘【并序】......... 462
어떤 스님이 진영을 그려 찬탄하는 글을 구하기에 즉시 붓을 뽑아 쓰다 有僧畫眞求讚即拔筆走題 465

발문 / 467
간기 / 470

주 / 471

찾아보기 / 491

일러두기

1 '한글본 한국불교전서'는 문화체육관광부의 지원을 받아 동국대학교 불교학술원에서 수행하고 있는 '불교기록문화유산아카이브(ABC)사업'의 결과물을 출간한 것이다.
2 이 책은 『한국불교전서』(동국대학교출판부 간행) 제9책에 수록된 『월저당대사집月渚堂大師集』을 저본으로 번역하였다.
3 번역문에 이어 원문을 병기하고 간단한 표점 부호를 삽입하였다.
4 원문의 교감 사항은 원문 아래 부분에 제시하였다.
　㉘은 『한국불교전서』 편찬자가 교감한 내용이다.
　㉕은 번역자가 교감한 내용이다.
5 약물은 다음과 같다.
　『　』: 서명
　「　」: 편명, 산문 작품
　〈　〉: 시 작품

월저집月渚集 서문

나는 담이옹儋耳翁[1]이 시작 없는 과거로부터 시작된 구업口業의 과보가 커서 식자識者의 우환을 겪는 것을 보고 붓을 감춘 지 오래되었다. 그런데 난처하게도 서악西嶽의 승려 승익勝益과 연종蓮宗이 세상을 떠난 스승을 추천하기 위하여 그 행적을 인간세계와 천상계에 전하여 알리고자 서문을 부탁하였다. 저 대사는 곧 나와 공空에 대하여 담론을 했던 분으로서 중국의 미천彌天[2]과 법명이 같으며, 석호釋號는 월저月渚인 분이시다.

이윽고 있는 힘을 다하여 경계해 왔던 것을 깨고 문언文言으로써 기록하고자 하나, 이미 감문龕文(비문)에서 구슬처럼 아름다운 칭송은 다 표방하였으니, 그렇다면 이 책에서는 다시 금을 연단하여 완전한 순금으로 만드는 것이 첫째로 할 일이요 둘째로 할 일이로다.

스님은 서산 대사를 보좌한 분이라 할 수 있다. 무릇 서산 대사는 금구金口[3] 목설木舌(목탁 : 교화를 펴는 사람의 비유)로 미묘한 법을 설하시어 대지에 은혜를 입혔으니 그 말씀은 활을 말한 것인가, 활시위를 말한 것인가? 최수구最首句[4]인가, 말후구末後句[5]인가? 그 대강을 말하면 샘물과 돌에 대해서까지 품평하고 구름과 달까지도 평론하였는데 모두 미묘한 도道 아닌 것이 없었다.

도안 스님은 서산 대사의 4대 적통으로 서산 대사의 법을 이어 가르침을 천양闡揚하였으며, 종풍을 왕성하게 일으켰다. 스님이 지으신 진찬眞贊

과 교화의 게송을 보건대 모두 가사의 정취(詞理)를 담고 있고, 대체로 문장은 저들 가문(불가)의 『잡화경雜花經』[6]을 펼쳐 기본 틀로 삼고 내교內敎(불교)와 외전外典을 두루 섞어 나열하고 있어서 체제를 따지는 일에 구애받지 않았다.

대사의 시는 또 용공用功이 으뜸이라 자못 본색의 언어를 지니고 있을 뿐만 아니라, 빼어난 문장들을 빌려서 채집하여 예전 책들 속에 섞여 있는 것 같은 인상을 주고 있으니, 그렇다면 권문공權文公의 '솔바람 층층의 봉우리(風松層峯)'의 비유가 오로지 영철靈澈[7]에게만 해당하는 것이 아닐 것이고, 창랑자滄浪子(굴원)도 놀라게 할 정도인 것이다. 스님이 어찌하여 임제종파에 속하지 않았겠는가?

여기에 비하면 나는 한유韓愈[8]가 문창文暢 대사[9]에게 성인의 도를 말한 것과, 관랑선冠浪仙[10]의 전顚과, 한교병적寒郊病籍과 풍아風雅를 함께 울릴 재능도 지니지 못했으니, 지금 마냥 탄식하는 소리만 나올 따름이다.

또다시 생각해 보건대 몇몇 언구들은 법의 티끌에 속하니 경전의 말씀이요, 희론의 찌꺼기를 다 털어 버렸으니 이 또한 경전의 말씀이다. 그런 까닭에 계를 행하는 사람들은 매우 엄격하게 견제하였으나, 설령 아니라 하더라도 굽혀서 천양할 만한 것이다.

지난날 내가 스님의 비문에 기록한 말을 보니, "문자와 더불어 선禪 중에 달을 쓰다듬고 파도를 떨쳐 버리며, 삼매에 들어 탈태하신 분이로다. 설암 추붕雪巖秋鵬[11]이 일찍이 한 글자를 퇴고하면서 대사를 질정해 말하기를 '다른 날 동국의 시문을 가려 뽑는 사람이라면 우리 스님을 제1편의 구절로 취해야 하지 않겠는가?'라고 하였다." 그러고는 여기에서 문득 책을 덮고 붓을 던지며 또 더 이상 글을 쓸 수 없음을 한탄하였다. 대사의 사제인 중여重與가 기어綺語[12]의 업장을 교감하여 없앴으니, 이는 가섭이 선정에 들어 있을 때 춤을 춘 것과 같은 맥락일 것이다. 유마거사의 의롭고 강개한 마음을 들어 근진根塵만 혼란스럽게 만들었으니, 이것이 곧 천

학淺學이 스님을 아는 것이다. 더구나 대사는 대사의 법을 쓰시고 남화자南華子(장자)의 법을 쓰지 않은 것은 저 남화자도 오히려 명성은 높지만 법은 부족하다고 하였기 때문이리라.

태세太歲 병신년(1716) 겨울 섣달에 찬국옹餐菊翁[13]이 서문을 쓰다.

月渚集序

余以儋耳翁。無始以來口業報大。有識字憂。韜笔之久。酒苦被西嶽僧勝益蓮宗。爲其師迫。欲昭播人天。其師卽余談空。伴彌天。釋號月渚者也。遂勉焉破戒。文言以紀之。旣標珠於龕。則卷而又揀金存十之一二也。曰是可以羽翼西山矣。夫西山以金口木舌。有微言。被之大地。說弓耶。說弦耶。最首句耶。末後句耶。其粗而至於品泉石而評雲月也。匪靡道妙。逮師爲四世嫡統。紹法闡言。蔚有宗風。觀其所著眞贊化偈。詞理俱到。大較文以渠家雜花。布爲機杼。內敎外典。羅列錯綜。不拘拘於體裁爲事。詩又用功寂。頗有本色語。假採其翹秀。混之古卷中。則權文公風松層峯之諡。不專在於靈澈。且使滄浪子而置訝也。豈不屬之於臨濟宗派也哉。酒余則以不能爲[1]韓愈氏告文暢以聖人之道。與夫冠浪仙之顚。與寒郊病籍。與[2]鳴風雅之盛。至今有餘嘅焉。抑又思之。有言句。盡屬法之塵。經語也。躑除戲論之糞。亦經語也。所以爲戒者。嚴甚躑除之。縱未也。其可掘而揚之。向余龕文所云。伍與文字。禪中月抹波拂三昧而奪胎者。雪巖秋鵬。當[3]得一推敲字。輒質之師曰。異日選東詩者。倘取吾師第一篇句也無。於是焉掩卷擲笔。又恨不能起。師之弟重與。勘破綺語障。然是迦葉之中舞也。學維摩居士義槪之心。恣禮根塵。卽淺之爲知師。矧師用師法。不爲南華子也者。彼南華子尙曰之[4]名贏法。

歲丙申冬臘。餐菊翁序。

1) ㉯ '爲'는 '如'이 탈초 오류이다. 2) ㉯ '與'는 '其'의 오류이다. 3) ㉯ '當'은 저본에 따르면 '嘗'인 듯하다. 4) ㉯ '之'는 '足'의 탈초 오류이다.

주

1 담이옹儋耳翁 : 북송 때 문장가인 소동파蘇東坡로 추정된다. 본명은 소식蘇軾, 자字는 자첨子瞻. 동파는 그의 호로 동파거사東坡居士에서 따온 별칭이다. 아버지 소순蘇洵, 동생 소철蘇轍과 함께 '삼소三蘇'라고 일컬어지며 이들은 모두 당송팔대가唐宋八大家에 속한다. 1097년에 담이국儋耳國으로 귀양을 간 일이 있다.
2 미천彌天 : 동진 때 승려의 이름. 상산常山 부류扶柳 출신으로 12세에 출가하여 불도징佛圖澄을 사사하였고, 385년 2월 72세로 입적하였다. 세간에서는 미천 도안彌天道安이라 불렀다. 수많은 경전 번역과 저술을 남겼다. 월저 대사의 이름도 중국의 도안과 같으므로 짝이라고 말한 듯하다.
3 금구金口 : 부처님의 입을 금구라 하고, 그 입으로 말한 교설을 금구설이라 하는데 여기에서는 서산 대사가 중생들을 위해 설법한 것을 말한다.
4 최수구最首句 : 최초구最初句와 같은 말로서 선禪의 첫 관문을 뚫는 글귀.
5 말후末後句 : 말후末後는 구경究竟·필경畢竟·구극究極·지극至極의 뜻. 구句는 언구言句·어구語句·문구文句라는 뜻으로 깨달음의 경계에 대하여 기술한 언구를 말한다.
6 『잡화경雜花經』:『華嚴經』의 다른 이름. 아름다운 꽃으로 훌륭한 집을 장엄한 것에 비유하여 꽃과 같은 만행萬行이 불과佛果를 장엄한 것을 화엄이라 하며, 이 만행이 서로 섞인 것을 잡화라 한다.
7 영철靈澈 : 당나라 때의 유명한 시승詩僧. 같은 시기에 문장을 잘했던 승려 교연皎然과 교유하며 우애가 깊었다고 한다.
8 한유韓愈 : 당나라 때의 문인이자 정치가. 자는 퇴지退之, 시호는 문공文公. 회주懷州 수무현修武縣 출생이다. 792년 진사가 된 후 지방 절도사의 속관을 거쳐 803년 감찰어사監察御使가 되었는데 이때 수도의 장관을 탄핵하여 양산현陽山縣 현령으로 좌천되었다. 이듬해 소환된 뒤로는 주로 국자감國子監에서 근무하였으며, 817년 오원제吳元濟의 반란을 평정하는 데 공을 세워 형부시랑刑部侍郎이 되었으나, 819년 헌종이 불골佛骨을 모신 것을 간하다가 조주潮州 자사로 좌천되었다.
9 문창文暢 대사 : 한유와 같은 시대의 승려. 한유의「送浮屠文暢師序」라는 글에 "문창은 문장을 좋아하여 천하를 주유周遊할 적에 어디를 가나 반드시 유학자에게 시를 지어 주기를 청하였는데, 시가 수백 편이 되었다."라고 하였다.『古文眞寶 後集』.
10 관랑선冠浪仙 : 당나라 때 시인인 가도賈島의 자이다. 가도는 원래 승려였는데, 시를 좋아하여 깊은 사색에 잠기곤 하다가 뒤에 한유를 만나 그와 포의교布衣交가 된 후로는 부도浮屠를 버리고 환속하였다. 고고孤高한 시풍으로 이름을 떨쳤다.『唐書』권176.
11 설암 추붕雪巖秋鵬(1651~1706) : 묘향산 보현사 월저 도안의 문하에서 10여 년 공부하

여 그 법을 이어받았다. 선과 교 양종에 통달하고 시문을 잘했으며, 한때 총림에서 종사로 추앙받았다. 대둔사 13대 강사 중 5대 강사를 지냈다. 숙종 32년(1706) 묘향산에서 나이 56세, 법랍 46년으로 입적하였다. 대둔사에서 법회를 열던 때의 『華嚴講會錄』이 대흥사에 전한다. 저술로는 『雪巖雜著』·『雪巖亂藁』·『禪源諸詮集都序科評』·『法集別行錄節要私記』·『妙香山誌』 등이 있다.

12 기어綺語 : 십악十惡의 하나로, 도리에 어긋나며 겉과 속이 다르게 아름답게 꾸민 말을 일컫는다.

13 찬국옹餐菊翁 : 미상.

월저당대사집 상권
| 月渚堂大師集* 上 |

* ㉮ 저본은 강희康熙 56년(1717) 내원암內院庵에서 간행한 책이다. (간송미술관 소장)

참의[1] 권중경[2]의 운을 따라【원운을 붙임】
次權叅議【重經】韻【附原韻】

바람이 오니 구름도 좇아오고	風來雲逐來
바람이 가니 구름도 따라간다	風去雲隨去
구름은 바람 따라 가고 오니	雲從風去來
바람이 멈추면 구름은 어디로 갈꼬	風息雲何處

원운原韻

스님은 흰 구름에서 왔다가	僧自白雲來
다시 흰 구름을 향해 돌아가네	還向白雲去
흰 구름은 일정한 거처 없으니	白雲無定居
내일은 또 어느 곳으로 갈꼬	明日又何處

평양 보산진[3]에서 밤에 일어나 어부의 노래를 듣고
平壤保山鎭夜起聞漁歌

겨울비는 바람 앞을 지나가고	凍雨風前過
어부 노래 달빛 속에 들려온다	漁歌月裏聞
강변의 여관 창가 어두운 밤에	旅囱江上夜
꿈속에 혼이 놀라 깨어나네	驚起夢中魂

규 상인에게 차운하여 주다
次贈圭上人

온갖 풀 끝에 이치가 밝고 밝거늘	明明百草上
조사의 뜻[4]을 어찌 치달려 구하는가	祖意豈馳求
남의 곡식밭을 범하지 않아야	不犯人苗稼
비로소 소 모는 법[5] 배웠다 하리	方能學打牛

법징 상인에게 주다
贈法澄上人

법과 법은 다 진여의 법이요	法法眞如法
맑고 맑음은 성해[6]의 맑음일세	澄澄性海澄
맑고 맑은 법과 법 안에서	澄澄法法內
어느 법인들 맑고 맑지 않으리	何法不澄澄

마을 재실(齋室)에서 밤에 읊다
村齋夜吟

반쯤 열린 창 달 밝은 밤에	半囪明月夜
조용한 초당에 홀로 누워 있네	孤臥草堂閒
홀연히 산으로 돌아가는 꿈 깨고 나니	忽破歸山夢
닭 우는 소리에 새벽 기운만 싸늘하네	雞鳴曉氣寒

성일 스님을 곡함
哭性一

어제는 분명히 살아 있었는데	昨日分明在
오늘 아침엔 어디로 갔는가	今朝何處去
하늘에 물어보나 하늘은 푸르기만 하니	問天天蒼蒼
검푸른 이 머리를 몇 번이나 들었던가	蒼蒼首幾擧

금곡 이 거사에게 주다 [2수]
贈金谷李居士【二】

[1]
묵적[7]은 하얀 실에 물드는 걸 슬퍼했고[8]	墨翟悲絲染
양주[9]는 갈림길에서 통곡하고 울었지[10]	楊朱泣路歧
반평생 명예와 영리를 위해 살면서	半生名與利
지리[11]를 배우지 못한 게 한스럽네	恨不學支離

[2]
나는 용을 잡는 배움을 하는 이요[12]	我是屠龍學
그대는 호랑이를 그리는 자질 아니라[13]	君非畫虎資
갈림길에 서서 손뼉 치며 웃음 지으니	臨歧拍手笑
온 천지가 하나의 초가집인 것을	天地一茅茨

김 진사에게 주다
贈金進士

동쪽 바다 삼신산[14]의 학이요	東海三山鶴
남쪽 바다 만 리의 붕새로세[15]	南溟萬里鵬
밤새 내리는 빗속에 서로 만나서	相逢一夜雨
등불 돋우다 보니 어느덧 오경[16]이네	挑盡五更燈

가을 풍경
秋事

늦가을 풍경을 잘못 알아	錯認秋光晚
이월에 피는 꽃인가 의심했네[17]	渾疑二月花
석양 노을에 흐드러진 붉은빛	日斜紅爛熳
대부분 서리에 물든 단풍잎이네	楓葉染霜多

우연히 읊다
偶吟

고금에 밤낮이 몇 번이던가　　　　　　　古今幾晝夜
천지가 하나의 빈집이로다　　　　　　　　天地一虛廳
해와 달이 밝히는 등불 아래에서　　　　　日月燈明下
「보안경」[18]을 쭉 훑어보노라　　　　　流觀普眼經

우의
寓意

우주 안에 백 년의 나그네요	宇內百年客
베갯머리에 천 리의 행각승이라	枕邊千里僧
하늘의 산과 땅의 물을 누비며	天山與地水
마음대로 의기양양 다닌다네	隨意任騰騰

의상암 시의 운을 따서 [2수]
次義湘庵韻【二】

[1]
원효[19] 대사의 자취 예전 그대로이고　　　元曉迹猶古
의상[20] 대사의 이름 긴 세월 지냈구나　　　義湘名與長
금천[21]엔 해가 북처럼 달려 있어　　　　　金天日懸鼓
꿇어앉아서 꽃다운 향기를 맡아 보네　　　　危坐嗅馨香

[2]
고려 말기의 세 분 화상[22]　　　　　　　麗季三和尙
그 광명 해와 달처럼 영원하네　　　　　　光明日月長
의상 대사는 지금 보이지 않고　　　　　　義湘今不見
뜰 안엔 온갖 꽃향기만 그윽하네　　　　　庭際百花香

⟨마천⟩의 운을 따서
次磨天韻

험한 길 걷노라니 어깨가 북두를 갈고	躡險肩磨斗
높은 산 올라가니 발이 구름을 차네	臨高脚蹴雲
예전에 들었는데 오늘에야 처음 와서	昔聞今始到
산 정상에 오르니 기쁨만 운운	登眺喜云云

공문의 봄
空門建陽

해와 달은 하늘의 덕을 빛내고	日月光天德
산과 강은 황제의 거처를 장엄한다	山河壯帝居
금륜[23]은 만만세를 누리고	金輪萬萬歲
사해는 한 수레의 책일레라	四海一車書

강서 이금남이 벽에 그린 송학도에 쓰다
題江西李【錦楠】壁上松鶴圖

[1]
심한 추위에도 소나무 색은 여전하고	歲寒松色古
된바람 불어오니 학의 용모 초췌하네	風緊鶴容癯
희미한 이른 새벽의 그림자를	微茫淸曉影
어떻게 그림 속에 그릴 수 있겠는가	無乃畫圖乎

[2]
우뚝 빼어난 구고[24]의 바탕이요	昂昂九皐質
높고 뛰어난 후조[25]의 자태로다	落落後彫姿
운손[26]의 한 폭 그림 속에	雲孫一幅裏
짙고 묽음이 서로 잘 어울렸구나	濃淡也相宜

또 용호도에 쓰다
又題龍虎圖

범은 깊은 산속에 엎드려 있고	虎伏深山裏
용은 큰 바다 속에 잠겨 있네	龍潛大海中
풍운의 변화를 만나면	得遇風雲變
푸른 하늘로 날아오르리	飛騰上碧天

사선정[27] 시의 운을 따서
次四仙亭韻

두루미 돌아간 하늘은 막막하고	鶴歸天漠漠
구름 걷히니 물만 유유히 흘러가네	雲散水悠悠
네 신선[28] 지금은 보이지 않고	四仙今不見
바닷가 가을 산에 달빛만 밝구나	明月海山秋

〈서도[29] 회고〉에 차운하다
次西都懷古

외로운 기러기 석양 멀리 날아가고	斷鴈斜陽外
쓸쓸한 성안에는 저녁 비가 내리네	孤城暮雨中
오래된 누대는 낙엽 속에 파묻히고	故臺秋葉沒
교목[30]에는 서풍만 요란하게 부네	喬木亂西風

수재[31] 한세엽을 이별하며 그 운을 따라
別韓秀才【世曄】次韻

수사[32]의 강상의 도를	洙泗綱常道
정자程子와 주자朱子[33] 두 선비가 전했네	程朱二子傳
동방엔 기자箕子[34]가 그 도를 폈는데	東方箕設敎
집안 대대로 몇 천 년이나 전해 왔는고	家世幾千年

귀녕[35]하는 운염 스님을 송별하며 그 운을 따라
送雲黯師歸寧次韻

묘향산의 나그네가 되겠다더니	欲作香山客
마음 바꿔 야사의 몸이 되려 하네	飜成野寺身
봄꽃 흐드러진 춘삼월 좋은 날이라	烟花三月日
동정의 봄[36]에 물들까 두렵구나	恐染洞庭春

서도에서 옛날을 생각하며
西都古意

풍광은 주나라의 해와 달이요	風光周日月
물색은 한나라의 하늘과 땅이라	物色漢乾坤
천년 기자의 나라에	千年箕子國
사람은 간 데 없고 도만 길이 남아 있네	人去道長存

금강산 시의 운을 따서
次金剛山韻

삼천대천세계 안에	世界三千大
금강산 일만 이천 봉 기이하네	金剛萬二奇
생각건대 일찍이 무갈국에서	憶曾無竭國
수학受學하여 대종사가 되었네	學得大宗師

만사[37]
挽詞

한 번 한단의 꿈[38]에 들어	一入邯鄲夢
어느새 세월이 육십 년이나 흘렀네	光陰六十秋
넓고 넓은 천지 밖에	浩然天地外
예나 지금이나 물은 영원히 흘러가네	今古水長流

가을 강의 풍경
秋江即事

동산에 저녁달 떠오르고	月出東山夕
강가 싸늘한데 적벽[39]의 가을일세	江寒赤壁秋
갈대꽃과 단풍잎 날리는 저녁에	荻花楓葉暮
외로운 배에서 들려오는 어부의 피리 소리	漁笛一孤舟

송별
送別

초나라 산 원숭이 울음 끊기고	楚山猿斷處
소상강 물 기러기 날아올 때라	湘水鴈來時
돌문 밖에서 그대를 전송하니	相送石門外
멀리 떠나보내는 맘 견디기 어려워라	難堪遠別離

오언율시
五言律

함종·용강·삼화 세 고을의 군수와 천왕사에 올라
咸從龍岡三和三倅登天王寺

눈 쌓인 아성[40]의 길을 따라	積雪牙城路
세찬 바람 맞아 가며 절에 올랐네	嚴風岳寺登
청운의 뜻 품은 세 태수요	靑雲三太守
아무 일도 안 하는 한 외로운 중이라네	白首一孤僧
거문고 가락은 궁·상·각[41]이요	琴操宮商角
시 생각은 비·부·흥[42]이라	詩思比賦興
어찌 밤이 새어 새벽이 이르는 줄 알랴	安知夜達曙
싸늘한 태양이 어느새 동쪽에 떠오르네	寒日已東昇

맹산 군수의 〈두무산을 유람하며〉 시의 운을 따서
次孟山倅遊頭無山韻

한 강산에서 선비와 중이	儒釋一江山
뜻밖에 만나서 봄놀이 간다	春遊邂逅攀
인간세계는 고화[43]의 괴로움인데	人間膏火苦
세속을 벗어난 곳에선 취하고 시를 읊네	物外醉吟閒
푸른 소나무 탑에서 학을 희롱하고	弄鶴靑松榻
파란 물속에 떠다니는 물고기를 구경하네	觀魚碧水灣
백 년 동안 참답고 수승한 볼거리를	百年眞勝賞
종일토록 높은 산[44]을 마주하여 노니네	終日對孱顔

병을 앓고 난 뒤 용강 군수를 뵙고
病餘謁龍岡倅

백업[45]은 게을리 수련하면서	白業怠修煉
『황정경黃庭經』[46]을 잘못 읽고 지녔네	黃庭誤讀持
귀신들은 사람을 교란함이 많은데	鬼神多攪撓
해와 달은 자꾸만 옮겨 바뀌네	日月屢遷移
적막한 안개와 노을에 여위어 가고	寂寞烟霞瘦
생겨나서는 비와 이슬에 자라네	生成雨露滋
이천[47]이 오셨기에 뵈옵고 나니	二天來謁後
해가 질 녘에야 돌아가시네	歸去夕陽時

진사 양만영[48]의 운을 따서 태수를 풍자하다
次楊進士【萬榮】韻諷太守

온 천하에 문장으로 알려진 선비요	四海文章士
하늘을 가득 메운 도덕 높은 스님이라	彌天道德僧
넓은 회포는 우주를 감싸고	曠懷籠宇宙
현묘한 말씀 곤붕鯤鵬[49]을 설하네	玄話說鯤鵬
백대의 도풍道風은 우러를 만하고	百代風猶仰
천추의 모습은 본받을 만하네	千秋像可徵
해동에서 지금 다시 만나 보니	海東今又見
고상한 운치 바위와 등나무에 떨치네	高韻振巖藤

설령대[50]에서 쌍기 수좌에게 주다
雪嶺臺贈雙機首座

본래 풍진의 나그네가	本自風塵客
여기 와서 설령대에 올랐네	來登雪嶺臺
도인은 스스로 두타를 행하니	道人能抖擻
부처의 종자[51]를 기를 만하네	佛種可栽培
며칠을 함께 안양 길 닦으면서	數日同安養
삼생 동안의 성인의 태를 이루었네	三生結聖胎
흰 연꽃 핀 금빛 나라에	白蓮金色國
함께 돌아가서 배회해 보세	歸去共徘佪

은수암에 유거하며 [2수]
隱守庵幽居雜詠【二】

[1]

땅이 좁으니 장사가 춤을 추고⁵²	地俠長沙舞
하늘이 높으니 모공찰毛孔刹⁵³에 다니네	大¹⁾高孔刹行
샘물이 달고 시원하니	有泉甘又冽
사르올 계수나무 향 없어도 정신이 가볍구나	無桂燒還輕
잡화는 갖가지로 갖추어 있고	雜貨千般具
순금은 한맛으로 맑구나	純金一味淸
내 생애는 이제나저제나 할 터인데	我生應早晚
종달새는 온갖 정을 펼쳐 내는구나	百舌縱羣情

[2]

은수암은 안인한 집이요	隱守安仁宅
바른길 행하기 편리하나니	便宜正路行
기거는 이를 따라 안온하고	起居從穩穩
걷는 걸음은 저절로 가볍구나	步履自輕輕
땅이 넓으니 넓은 하늘에 잇닿은 듯	地曠連天豁
샘물 맑으니 밝은 달을 얻는구나	泉明得月淸
묘향산에 결사를 맺고	香山擬結社
누워 쉬면서 온갖 생각 잊으려네	偃息欲忘情

---

1) ㉠ '大'는 '天'의 오자인 듯하다. 목판본에도 '大'로 되어 있으나 '天'으로 번역한다.

임진강 언덕 망해암의 벽에 걸린 시의 운을 따라
【이곳은 조사석[54]의 재궁이다.】
臨津江岸望海庵次壁上韻【即趙師錫齋宮】

상국인 한단 늙은이의	相國邯鄲老
정려가 고요하여 암자 같구나	精廬寂靜庵
아름다운 시에 어금니가 뺨을 움직이고	佳吟牙動頰
빼어난 생각이라 붓에서 맑은 기운 일어나네	逸思筆生嵐
당일 경치 좋은 곳에 와 노니니	當日勝遊地
이때에 그윽한 흥을 즐기네	此時幽興耽
찾아와도 주인은 보이지 않으니	主人來不見
누구와 함께 좋은 이야기 나눌거나	誰與接淸談

공주 갑사 누각 현판의 운을 따서 암 상인에게 주다

【동악(李安訥)의 〈소암〉이라는 시의 운을 따서 지었으므로 첫 구절에 동악을 언급한 것이다.】

公州岬寺樓懸板次贈巖上人【次東岳疎庵故初句及之】

동악 노인 형운이 걷히니[55]	岳老衡雲捲
소암에서 방랑하는 자태로다	疎庵放浪姿
푸른 물결 이는 바다엔 용이 놀고	龍遊滄海浪
오동나무 가지엔 봉황이 잠자네	鳳宿碧梧枝
삼소는 호계의 이별이요[56]	三笑虎溪別
일언은 등왕각滕王閣[57]의 기약이네	一言滕閣期
하늘은 어찌하여 사숙[58]하는 행운을 주었는가	天何幸私淑
고상하게 읊는 시가 나를 일깨우네	高詠起予時

의명 상인의 운을 따서 【남문에 명성이 높은 스님이 있었다.】
次義明上人韻【南門有名聞僧】

사해의 고명한 선비요	四海高明上[1]
하늘 가득 메운 도 닦는 일가라[59]	彌天道一家
익살스러움은 마음에 맞는 바가 있고	詼諧神有契
눈으로 보니 의리에 어긋남이 없네	目擊義無差
기세는 물속의 용이 날아오르듯 하고	氣勢龍騰水
위엄 있는 모습은 다투는 호랑이 같네	危稜虎鬪牙
수시로 만나는 것 어여삐 여기지만	還憐與時會
시기와 의심이 엇갈릴까 두렵다네	猜訝恐交叉

---

1) 역 '𠈇'은 '士'의 오자이다.

금구 군수에게 올림 【그의 형 조근은 일찍이 관서의 강서 군수였다.】
上金溝倅【厥兄趙根曾守關西江西】

강서 고을에 가까이 살면서	住近江西縣
일찍이 두수[60]의 은혜 입었네	曾霑斗水恩
다시 천 리 먼 길을 달려와서	安知千里路
이천二天의 문에 들 줄을 어찌 알았으랴	又入二天門
성질은 연하의 고질[61]을 앓고	性痼烟霞疾
몸은 수석의 혼이라 한가하네	身閑水石魂
뜻밖에 만나서 신선의 경계에 노니니	仙遊屬邂逅
산속의 국화꽃 황혼에 어리네	山菊映黃昏

행문 상인의 운을 따라 지어 다시 보이다 [2수]
次幸文上人韻還示【二】

[1]
쓸쓸한 천지의 여관에	寥寥天地舘
요란하게 왔다가 가는 몸	擾擾徃來身
원숭이와 두루미는 형제처럼 지내고	猿鶴同兄弟
바람과 구름은 주인과 손님 같네	風雲共主賓
죽고 삶을 누가 좋아하고 싫어하나	死生誰好惡
슬프고 즐거움도 한낱 봄가을 같은 것을	哀樂一秋春
만물이 보배 구슬을 갖추고 있건만	萬物珠璣具
삼상[62]이 부족하고 가난하다 하네	三常不足貧

[2]
법신은 나의 모습 아니니	法身非我相
정의精義를 어찌 다 말하리	精義豈言詮
도 닦는 납자衲子는 서리 앞의 나무요	道衲霜前樹
참선하는 마음은 비 온 뒤 하늘이라	禪心雨後天
팔부의 신장[63]들이 일제히 옹호하고	護齊神部八
일천 상자 보물이 눈에 가득한데	遮眼寶函千
고해의 큰 파도 속에서	苦海洪濤裡
물결 따라 배를 거꾸로 몰고 가네	沿流倒駕舡

묘향산 조계암에서 양열 스님을 만나서
香山曹溪庵逢良悅師

수석은 삼생의 꿈인데	水石三生夢
연하에 한 길이 희미하네	烟霞一路迷
비 온 끝에 원숭이 울음은 들렸다 안 들렸다	雨餘猿斷續
구름 걷히고 나니 나무가 울쑥불쑥	雲盡樹高低
마을이 멀다 보니 사람들 오기 어렵고	洞遠人難到
산봉우리 높으니 해도 쉬 지는구나	峯高日易西
때때로 한 번씩 남대에 오르나니	南臺時一陟
발걸음 따라 파란 명아주 지팡이 흩날린다	隨步散靑藜

양열 스님과 이별하며
別良悅師

노을 걷히니 먼 산이 분명해지고	落霞明遠出
지는 햇빛은 높은 봉우리에 끌리네	殘照曳危岑
시냇물에 달은 새 거울을 열고	澗月開新鏡
솔바람은 낡은 거문고를 희롱한다	松風弄晚琴
두루미 구름 밖의 나무에 날아 내리고	鶴巚雲外樹
원숭이는 비 오는 숲에서 울부짖네	猿嘯雨中林
마음 상하는 일 하도 많아	多少傷心處
송별하는 시조차 짓기 어렵구나	難裁送別吟

신정암 암자 이름
新淨庵庵號[1]

동우棟宇는 새로 개설하였고	棟宇新開設
단청은 검푸른빛 어린다	丹靑映翠微
물빛은 구리 거울 닦아 놓은 듯	水光銅鏡拭
산색은 비단 병풍 둘러 놓은 듯	山色錦屛圍
골짜기는 스러지는 저녁노을 토해 내고	壑吐殘霞氣
봉우리는 떨어지는 햇빛을 머금었네	峯含落照暉
객은 찾아와 선경 구경에 흡족해서	客來仙賞足
짧은 지팡이 휘두르는 일조차 잊었네	忘却短筇揮

---

1) 옉 '庵號'는 목판본에 따르면 '口號(즉흥적으로 부르는 시)'로도 볼 수 있다.

법상 도인에게 차운하여 주다
次贈法尙道人

세속 밖 하늘 경계에 노닌 지 오래이니	方外天遊久
정신이 맑아지고 뼈는 신선이 되려 하네	神淸骨欲仙
지팡이는 만폭동을 향해 가고	行筇萬瀑上
꿈속에선 오대산으로 돌아가네	歸夢五臺邊
남악에는 와도 머물 곳이 없고	南岳來無住
서산으로 가면 거기엔 인연이 있다	西山去有緣
석천사에서 서로 만났는데	相逢石泉寺
말이 어느새 금낭편[64]을 이루었네	語及錦囊篇

오운산 속명사[65] 지행 상인에게 줌
贈五雲山續命寺智行上人

구월산의 절에서	九月山中寺
지행智行 상인을 만났네	相逢行上人
해진 옷 일백 매듭 기워 입고	懸鶉衣百結
학을 벗 삼아 삼신산을 꿈꾸네	伴鶴夢三神
같은 연배 중에 특별히 맑은 지조요	同齒殊淸操
고상한 자취 탁한 무리와는 거리가 머네	高蹤邁濁倫
문을 나와 손 흔들어 이별한 뒤에도	出門揮手別
고개 돌리며 절로 머뭇거리네	回首自逡巡

청하 도사를 모시고【통천 서운암에 숨어 살 생각을 청하려다 말하지 못했기에 그 뜻을 말하다.】

奉淸河道士【通川棲雲庵意欲嘉遁有請不得故言志】

동해 서운사에 계셨던	東海棲雲寺
풍담楓潭[66]은 우리 조문이시네	楓潭我祖門
금란지교金蘭之交[67]는 모두 풍담의 영향이요	金蘭皆影響
용봉龍鳳은 다 그의 아손이라네	龍鳳盡兒孫
세상을 피하면 마침내 번뇌가 없을 터인데	遁世終無悶
세속에서 어찌 양존을 추구하리오	趣塵豈養存
다른 해에 다시 지팡이 돌릴 때는	他年要返錫
아마도 간절한 이문[68]이 있으리라	恐有勤移文

가훈을 송별하며
次送可勳

대낮에 신선의 산을 이별하고	白日仙山別
홍진의 고통 바다로 간다네	紅塵苦海征
인간세계에서는 비바람을 꿈꾸고	人間風雨夢
세속 밖은 물과 구름의 정이라네	物外水雲情
사는 곳이 속세와 머니 삼천세계 같고	地逈三千界
하늘 높으니 구만리 먼 길이로세	天高九萬程
언제 다시 친구 얼굴을 대하여	何當舊面目
서로 마주 앉아 평생 일 이야기하리	相對說平生

희안 대사에게 차운하여 주다
次贈希顔大師

흐늘거리며 놀다가 오늘에 이르렀는데	玩愒當今日
참배하고 물은 지 몇 해나 되었는고	叅承問幾年
일찍이 대유령 大庾嶺[69]에서 발우를 엎었고	庾嶺曾覆鉢
숭산에서는 다시 선정에 들었네	嵩岳更安禪
몸과 세상은 구름 속의 학이요	身世雲中鶴
마음속 기약은 비 온 뒤의 하늘이라	襟期雨後天
화산에서 일 년의 반을 지내면서	華山一半在
서로 도반 되니 인연을 따름이네	相伴且隨緣

다시 차암암에 노닐며
重遊遮岩庵述懷

전에 놀았던 자리에 다시 오니	再到曾遊地
참선하던 이곳 낯설지 않구나	居禪慣識名
안개와 노을 비록 옛 자취 그대로이나	烟霞雖舊跡
새와 짐승은 제각각 정을 잊었구나	鳥獸各忘情
이지러진 달은 하늘이 밝아 오나 엿보고	缺月窺天白
합쳐지는 맑은 강은 땅 밑까지 비추네	交河映地明
세간은 정말로 불구덩이 집인데	世間眞火宅
몇 생이나 분주히 괴롭게 살았던가	奔走幾勞生

영담 상인에게 차운하여 주다
次贈靈湛上人

보배 달 비치는 금모래 땅에서	寶月金沙地
서로 만나서 처음 알게 되었네	相逢識面初
도의 정은 목격에 있고	道情存目擊
친분 맺음은 친소가 끊어졌네	交契絶親踈
삼화[70]의 세계에서 유희하면서	遊戲三花界
칠엽[71]에서 결집한 경을 담론했네	談論七葉書
마니주摩尼珠[72]가 흐린 물을 비추니	摩尼照濁水
남김없이 모두가 깨끗해졌네	淸淨至無餘

경규 상인에게 차운하여 주다 [2수]
次贈敬規上人【二】

[1]

백이십 리 남쪽 성 길을	百二南城路
육환장[73] 짚고 달려왔네	六環杖錫飛
마을 거리에서 분위[74]를 행하고	里巷行分衛
구름 덮인 숲 나무에 옷을 걸고 좌선하네	雲林坐掛衣
봄이라 꽃다운 풀을 따라 가더니	春隨芳草去
날 저물어 구름 쫓아 돌아오네	暮逐野雲歸
참을 캐어 집착이 없어야 하리니	采眞無住着
천 리를 가더라도 어기지 말게	千里勿相違

[2]

호수와 바다에 한 점 구름 솟아오르고	湖海孤雲出
하늘과 땅 사이를 새 한 마리 날아간다	乾坤獨鳥飛
백 년 동안 오직 발우 한 벌뿐이요	百年唯一鉢
천 리 머나먼 길에 삼의[75]뿐이로다	千里只三衣
봄 동산에 풀이 파릇파릇할 적에 떠났다가	碧草春山去
가을바람에 낙엽이 질 때야 돌아왔네	秋風落葉歸
향로봉香爐峰에서 그대와 만나자고 한	香爐邂逅見
훗날 약속을 제발 어기지 말게	勿使後期違

〈겨울날 우거〉의 운을 따라
次冬日寓居韻

세속에 있다 보니 몸에 괴로움 많아	處世身多苦
꿈속에서 산으로 돌아갈 기약을 했네	還山夢有期
소나무에 기대어 돌아오는 학을 보고	倚松看鶴返
산봉우리 나와서 나는 구름 바라본다	出岫望雲飛
쌓인 눈은 마을 길을 가로막고	密雪封村逕
사나운 바람 나뭇가지 꺾으니	嚴風折樹枝
나그네의 창가엔 마주할 사람 없고	客囱無與晤
스러지는 햇빛만 사립문을 비춘다	殘日照荊扉

내원암[76]에 머물며 청허당이 술회한 시에 차운하다
次韻居內院淸虛堂述懷

천 봉우리 속엔 나무들 어지러이 서 있고	亂樹千峯裡
한 골짜기 안에는 정려가 아담하다	精廬一壑中
텅 빈 뜰에는 햇볕만 내리쪼이고	空庭照白日
고요한 방엔 봄바람이 들어온다	靜室入春風
골짜기 새는 새로운 말 재촉하고	谷鳥催新語
숲속에 꽃은 비 맞은 얼굴 곱구나	林花嫩雨容
고요한 선방 찾는 이 아무도 없고	無人扣禪寂
시를 지어 보려고 하나 시 짓기 어렵구나	欲賦韻難工

청허당 판상의 시운을 따서
次淸虛堂板上韻

동국의 제일 청허당이	東國一淸虛
서방으로 돌아가신 지 팔십여 년이 지났네	西歸八十餘
법신은 텅 비어 고요하건만	法身空寂滅
묵은 흔적은 경서에 남아 있네	陳迹只經書
비 개자 시냇물 소리 사무치고	雨捲溪聲徹
구름 걷히니 달그림자 성글구나	雲開桂影踈
나 여기 와서 방장실에 올라	我來昇丈室
예 올리고 권여[77]를 생각하네	瞻禮想權輿

지장암에서 수주 상인에게 주다
地藏庵贈秀珠上人

시끄러운 세상 밖의 천선동	物外天仙洞
산 깊은 곳에 지장암[78]이 있네	山中地藏庵
부평처럼 떠도는 나그네를 우연히 만났는데	偶逢萍水客
우린 다 같은 비구이네	共是芯蒭男
골짜기의 달은 선관을 통하고	壑月通禪觀
못물의 연꽃은 묘한 법을 설하네	池蓮妙法談
호계에서 다시 이별하게 되면	虎溪還有別
옛날처럼 동쪽 남쪽으로 막히겠지	依舊隔東南

현암사 구점[79]
懸巖社口占

상하는 천 길 낭떠러지 절벽이요	上下千尋壁
그 중간에 작은 암자 하나 지었네	中開一小庵
나는 하늘의 조화로 알았는데	吾知天造化
사람들은 부처님 모신 가람이라 말하네	人說佛伽藍
집 기둥과 처마는 들보와 나란히 오래되었고	棟宇齊梁古
단청은 수묵에 잠기었네	丹靑水墨涵
등을 단 지 이미 백 대나 되었으니	懸燈已百世
여기 살았던 사람 몇 삼삼[80]인고	居者幾三三

풍악산 유점사 주지의 체임[81]
楓嶽榆岾寺住持遞任

승려들 기강을 힘을 다해 다스리신	領盡僧綱紀
총림 큰 절의 덕 높은 주지라네	叢林大住持
공을 세웠으면 자리를 물러남은 당연한 일	立功宜退位
존양[82]에 어찌 위험이 따르겠는가	存養豈臨危
도덕은 주나라 태양도 사양하고	道德辭周日
칭송하는 노래 노나라 시대인 듯하네	絃歌到魯時
구름 덮인 샘 은둔을 아름답게 여기면서	雲泉好嘉遁
깊은 골짜기에선 모두들 머뭇거리네	窮谷共躊躇

사일 상인에게
贈思日上人

소疏를 토론하고 경을 담론하는 나그네	討䟽談經客
고금을 뛰어넘은 인재이네	超今越古才
거두고 펼침은 산봉우리 나오는 구름 같고	卷舒雲出岫
얼굴은 누대에 임한 달 같아라	眉宇月臨臺
하는 일은 삼무루법三無漏法[83] 닦는 것이요	做業三無漏
잊는 것은 여덟 가지 부재[84]라네	忘懷入[1]不財
훌륭하여라, 그대 부처님 받드는 날	多君捧佛日
천년의 생각 유유悠悠해지네	千載思悠哉

---

1) ㉯ '入'이 저본에는 '八'로 되어 있다.

인경 모연 후 은봉으로 돌아와 사람들과 헤어지며
印經募歸隱峯人散口占

많고 많은 층층 산봉우리 아래에	隱隱層峯下
찾아들자 해가 막 떨어졌네	來尋正落暉
상당에는 사람의 말수가 적고	上堂人語少
방장엔 향 연기만 전서처럼 피어오르네	方丈篆烟微
집을 윤택하게 하는 재물 어찌 비리오마는	潤屋財何罄
생활의 기본인 시주물조차 뜸하기만 하네	資生施亦稀
왕생의 약속을 찾을 길이 없기에	無由徃生約
부질없이 짧은 지팡이 던지고 돌아왔네	虛擲短筇歸

향악 보현사에서 제석에 행관 스님을 이별하며
別行觀師香岳普賢寺除夕也

나는 동쪽으로 돌아가려고 하니	我欲東歸去
멀리 이별하는 마음이 어떻겠는가	其如遠別何
나이 더하니 귀밑머리 희어지고	添齡雙鬢雪
배 속을 털어 보니 창자에 노을만 가득하네	倒腹滿腔霞
먼 산봉우리는 석양빛을 머금었고	遠岫含殘照
텅 빈 산에는 저녁 까마귀만 어지럽다	空山亂暮鴉
사는 곳이 진나라 초나라로 멀리 나누어졌으니	地分秦楚隔
고개 돌려 아득한 바위 언덕만 바라보네	回首杳岩阿

설령대를 읊어 뜻을 말하다
雪嶺臺口號言志

절벽 꼭대기라 찾아오는 사람은 적고	絶頂人來少
차가운 구름만 이 삶에 동반자라네	寒雲伴此生
텅 빈 뜰에는 새 발자국만 남아 있고	空階有鳥跡
조용한 방에는 세속의 정 끊어진다	靜室絶塵情
육자六字(나무아미타불)를 때에 맞게 배우고	六字時時學
삼승三乘을 날마다 행한다	三乘日日行
백 년 삶이 오직 내 뜻에 달렸으니	百年惟我意
무슨 일을 괴롭게 경영하랴	何事苦經營

유람하는 찬화 스님에게 차운하여 주다
次贈賛和遊翫

세속 밖에는 선정 삼매요	物外禪三昧
길 가운데에는 지팡이 하나라네	途中杖一藜
노을과 안개에 이 몸을 붙이고	烟霞寄身世
산과 물 따라 동쪽 서쪽 나다닌다	山水獵東西
멀리 바라보니 바람은 범을 따르고	望遠風從虎
텅 비우니[85] 닭 중에 봉황이 되네	冲虛鳳出雞
슬프다, 나는 늙어 매달린 표주박이라	嗟余老匏繫
함께 다니지 못하는 게 한스럽구나	恨不共提携

묘향산에서
香山偶吟

묘향산 아래의 오두막에서	窩臼香山底
어느 누가 그대를 알아주랴	何人識得渠
몸은 구름에 싸여 숨었고	雲藏身不露
달빛이 들어오면 꿈에 잠기네	月入夢初除
발 가는 대로 걸으면 원숭이가 친구 되고	履踐猿爲伴
선정에 들면 학이 나를 깨우네	修持鶴起余
분향하고 예배드리는 것 말고는	焚香與禮拜
아침저녁으로 다른 일이 없구나	晨夕更無餘

가훈에게 주다
贈可勳

흐르는 물처럼 세월은 바뀌고	逝水光陰轉
뜬구름처럼 세상일은 부질없다	浮雲世事空
의리는 많은 별이 북극성을 끼고 돌듯	義天星拱北
마음은 모든 물이 바다로 흘러들듯	心海水朝東
발심의 자취는 아주[86]의 달이요	發跡鵝珠月
수행의 깊음은 학수[87]의 가풍이네	行尋鶴樹風
부디 신족 아래에서	勿令神足下
불길 자취를 헛되이 남기지 말라	虛躡火途蹤

법명 신족이 왔기에 감격한 마음에 그 시축의 운을 따라 지어 주다
法明神足之來多有激感之懷爲次軸中韻贈

그대는 남쪽 바다에서 이르렀으니	爾自南冥至
말하자면 붕새가 성난 나래 펴고 왔네	云鵬怒翼行
잣나무 뜰에는 검푸른색이 짙고	栢庭靑黛暗
소나무 언덕에 백향이 가볍구나	松塢白香輕
동해의 단풍잎은 달빛에 취하였고	東海楓酣月
서천의 비단은 맑은 물에 씻겼구나	西川錦濯淸
쪽에서 푸른색을 꼭두서니에선 빨간색 얻으니	藍靑茜絳得
늘그막에 내 마음이 흐뭇하다네	饒我暮年情

양동양이 지은 시의 운을 따서
次楊東陽韻

한산으로부터 나그네가 왔는데	客自寒山至
영재[88]엔 이미 저녁 종이 울렸네	鈴齋已晚鍾
외로운 자취는 야학을 짝하는데	孤蹤偏野鶴
자리에 가득 메운 이들 사람 중에 용이로다	滿座盡人龍
거취와 영고는 다르지만	去趣榮枯異
빙 둘러앉음이 물과 우유가 만난 듯하네	團圞水乳逢
옥 같은 운자에 보답하고자 하나	欲酬瓊韻贈
거친 글귀에 게으름이 부끄럽네	荒句愧踈慵

선하 대사에게 차운하여 주다
次贈善荷大師

화택에 대법궁이 쓸쓸하니	火宅寥寥大法宮
고요한 도량에 누가 적광옹[89]을 알겠는가	寂場誰識寂光翁
숭산실[90]의 안심[91]을 묻지 말라	安心莫問崧山室
날마다 쓰는 게 원성인데 어찌 어리석음 일깨우리	日用圓成豈擊蒙

세상을 탄식하며 서산 대사의 〈향로봉〉 시의 운을 따서
歎世以次西山大師香爐峯韻

 화표주華表柱[92]에 천 살을 누리는 학을 누가 칭송하랴   華表誰稱千歲鶴
 나는 도도산桃都山의 오경에 우는 닭[93]이 되길 원한다네   桃都我願五更雞
 얼마나 많은 사람 금침 속에 장주의 꿈[94]을 꾸었으며   幾多衾枕莊周夢
 함곡관函谷關 개들이 일제히 짖는다고 누가 잠꼬대를 했는가[95]   寐語函關狗吠齊

진사 성완[96]의 시 〈송충이가 솔잎을 먹다〉의 운을 따서
次成進士【琬】松蟲食葉韻

저놈은 어찌 된 물건이기에 푸른 솔잎을 마구 먹어	彼何爲者食靑毛
바람이 한성을 덜어 온 골짜기에 파도치게 하는가	風減寒聲萬壑濤
학은 둥지 찾아왔으나 의탁할 곳이 없어졌고	巢鶴飛來無托處
허공에 남은 앙상한 가지가 높은 구름을 턴다	空餘龍骨拂雲高

청천강에 배를 띄우고 안주와 강서 두 고을 군수와 한자리에서 같은 운으로
晴川江上泛舟安州江西二倅同席韻

사당[97] 일엽편주를 두 신선 호걸과 타고	沙棠一葉兩仙豪
강 위를 바람 따라 흘러 푸른 언덕에 배를 댔네	江上風流艤翠皐
삼변지[98]의 백승루에서	百勝樓中三變地
지는 해 반산에 걸리고 시 읊는 소리 낭랑하네	半山殘照朗吟高

참의 권중경[99]의 운을 따라 드리다
次呈權叅議【重經】韻

해 떨어진 황혼이라 산과 나무 어렴풋한데	落日曛曛山木蒼
운방[100]을 흔드는 바깥일 전혀 없네	都無外事擾雲房
명공[101]의 서찰에 선의 꿈 놀라 깨어	明公玉札驚禪夢
금향로를 손수 쓸고 그를 위해 향 사른다	手掃金爐爲爇香

박영의 운을 따라
次朴生【玲】韻

시 짓는 자리와 시 쓰는 사람 둘이 서로 잘 맞아	詩場筆陣兩相宜
백만 대군의 과극의 창날이 서로 다투네	戈戟爭鋒百萬師
한스러운 일은 외떨어진 산골짜기 수성[102]에 사는 내가	恨我愁城窮谷裡
청주종사[103]와 교유가 끊어지는 때라네	靑州從事絶交時

속 조사단 가영 [2수]
續祖師壇歌詠【二】

선등에 점화하여 동해에 전하니 　　　　　直點禪燈東海傳
향기로운 꽃 한 잎이 정말로 여연하네 　　芬芳一葉正如然
가련하다, 문밖에서 분주하게 달리는 사람들아 　可憐門外奔馳子
금과 옥이 다투는 소리에 밤은 이미 오경이다 　金玉爭聲夜五天
【이상은 서산 대사에 대한 가영이다.(右西山)】

만 리의 큰 파도에 가벼운 일엽편주一葉片舟 　萬里鯨波一葉輕
삼경의 달빛에 삼산에 학 그림자 지네 　　三山鶴影月三更
잡초 우거진 문밖에 땔나무가 떨어지고 　　草深門外柴燒絶
행인들은 부질없이 가는 길만 묻는구나 　　空使行人問去程
【이상은 사명 대사에 대한 가영이다.(右泗溟)】

정축년 봄에 무고를 당하여 구인拘引되는 괴로움을 겪고 산사에 돌아온 후 이 수사의 운을 따서
丁丑春有誣引之苦還山後次李秀士韻

병이 나은 뒤 지팡이 들고 뜰 앞에 나서니	病餘扶杖出庭除
새는 숲속으로 잠자러 가고 허공에 달만 둥그렇네	宿鳥投林月上虛
우헌에서 시 읊으며 놀던 자리 떠올려 보니	遙想寓軒吟賞地
장부의 공업이 결국에는 어떠하던가	丈夫功業竟何如

박 수사를 송별하며 [2수]
次送朴秀士【二】

[1]
그대는 청금[104]이요 나는 백납(스님)이라   君是靑襟我白衲
축분[105]과 화전(유서儒書)을 각각 따로 숭상하네   竺墳華典各尊崇
그래도 다행스러운 건 선봉의 명승지에서   何幸鐥峯名勝地
한바탕 맑은 이야기로 귀머거리 귀를 열어 준 거라네   一場淸話耳驚聾

[2]
물과 구름 벗 삼아 살아가는 임간의 나그네요   水雲生計林間客
시 읊고 술 마시며 풍류를 즐기는 지상의 신선일세   詩酒風流地上仙
종산[106]에서 만났다가 다시 이별하며 전송하니   邂逅鍾山還送別
다른 날 명승지에서 놀자는 약속 어기지 마시게   勝遊他日勿相愆

이곡을 송별하며
次韻別梨谷

[1]
꿈에서 삼천세계 풍진 속에 들어갔다가	夢入三千世路塵
우연히 천상에서 귀양 온 선인을 만났네	偶逢天上謫仙人
내일 아침이면 서로 그리워할 땅으로 멀리 이별하고	明朝遠別相思地
밤마다 아미산峨嵋山[107]에 뜬 반달만 바라볼 테지	夜夜峨嵋月半輪

[2]
법지인 영산에서 서로 이별하고	法地靈山兩手分
한 해가 저물어 가는데 흰 눈만 분분하네	窮陰歲暮雪紛紛
묘향산 아미동으로 돌아가서	妙香歸去峨嵋洞
머리 돌려 보면 푸른 구름과 흰 구름이 가로막으리	回首靑雲隔白雲

도사[108] 아헌 원성유에게 차운하여 주다
次呈都事【元聖兪】亞軒

구름 밖에 높고 낮은 몇 겹의 산이던가	雲外高低幾疊山
만 겹의 소나무와 회나무 사이를 오고 가네	萬重松檜去來間
윤건[109]과 백납이 서로 만나 기뻐하니	綸巾白衲忻相遇
이야기가 연하[110]에 미치자 일마다 한가하네	語及烟霞事事閒

설암의 운을 따서
次雪巖韻

　골수도 나누거늘 두 팔이 온전한데 무엇을 꺼릴 건가　　分髓何嫌兩臂專
　빙그레 웃는 그 속에 만 사람에게 전할 게 있다　　破顔還有萬人傳
　돌아와서 찰간刹竿 끝에 걸음을 활짝 펴니　　歸來闊展竿頭步
　풍주澧州와 낭주朗州 중에 어느 것이 먼저이고 나중인가　　澧朗州中孰後先

인가는 없고 곳곳마다 산뿐이다
無家處處山

만 리 산에 네 개의 강[111] 안개 물결 일고	四瀆烟波萬里山
이 한 몸은 물병과 짚신으로 백 년 동안 한가롭네	一身瓶屨百年閒
새장을 벗어나 날아간 새 어느 누가 잡을까	出籠飛鳥人誰繫
초楚와 월越의 강수와 회수를 수없이 오고 가네	楚越江淮幾徃還

두견
杜鵑

초천에 달 밝고 빈산에 밤 깊은데	楚天明月空山夜
깊은 숲 몇 가지에서 울음 울고 있는가	啼在深林第幾枝
새벽 창 고요한 속에 울음소리 보내고	聲送曉囱人靜處
봄 나무에 꽃이 질 때 피를 흘린다	血流春樹落花時

〈약산산성〉의 운을 따서
次藥山山城韻

약산의 수승한 형상 정형[112] 모양인데   藥山形勝羿陘形
쇠로 긴 성을 이루고 돌이 병풍 되었네   鐵作長城石作屛
웅장하고 견고한 산하 비록 위나라 보배이나   壯固山河雖魏寶
누가 문명을 이 규성에다 비교했나   文明誰是配奎星

법상 도인에게 차운하여 주다
次贈法尙道人

도인의 마음씨는 쌍청[113]을 겸했으니	道人襟韻挾雙淸
반나절 동안 나눈 현담 도리어 정이 있네	半日玄談却有情
산을 나오는 뜬구름의 무심한 자취	浮雲出岫無心跡
천지의 동서남북이 그 길이네	天地東西南北程

민 참의를 곽산 우거에서 만나
奉閔叅議郭山寓所

이십 년 전에 향동에서 이별을 했었는데　　二十年前香洞別
천 리 밖 곽산에서 오늘 다시 만났네　　一千里外郭山逢
산의 구름과 바다의 달이 얼마나 정겨운가　　山雲海月情何許
저 모두가 하늘과 땅의 나그네 자취라네　　共是乾坤逆旅蹤

수사 김한창의 운을 따서
次金秀士【漢昌】韻

신선을 찾는데 하필 영주산瀛洲山¹¹⁴을 찾아가나   求仙何必訪瀛洲
아산에 올라가면 온갖 절경 거둘 것을   登陟牙山萬景收
죽원에서 스님과 고상한 이야기 나누면 족한데   竹院逢僧淸話足
덧없는 인생이 반나절 한가하게 놀았네   浮生半日得開遊

제눌 수좌에게 주다
贈濟訥首坐

큰 도를 원만하게 성취함에 찾을 게 없거늘	大道圓成不可求
요즘 사람들은 밖에서 찾으려고 부질없이 소를 타네	時人外覓謾騎牛
어떡해야 조주趙州의 무無 자 뜻을 터득할꼬	何如透得州無意
온갖 풀잎에 조사의 뜻 분명하고 분명하네	祖意明明百草頭

각해 스님께 차운하여 주다
次贈覺海師

북산과 남악과 백운암으로	北山南岳白雲庵
가는 곳마다 그의 생애는 세속 벗어난 남아로세	隨處生涯出世男
영장산 속 절에서 뜻밖에 만났는데	邂逅靈長山裡寺
반창 비친 밝은 달밤에 맑은 이야기 다하네	半囱明月盡淸談

처흠에게 차운하여 주다
次贈處欽

부끄러워라, 나는 선림에 병든 배나무인데	愧我禪林一病梨
부러워라, 그대는 문원서 백 편 시를 짓는구나	羨君文苑百篇詩
우린 둘 다 공문의 남북에 있던 객이었는데	同是空門南北客
조사의 발우 전할 약속은 누구에게 있는고	祖師傳鉢在誰期

거사 김창흡[115]의 운을 따서 【원운을 붙임】
次金居士【昌翕】韻【附原韻】

백 리, 천 리, 만 리의 길이요	百里千里萬里路
동쪽 산, 북쪽 산, 서쪽 산이 층층이라	東山北山西山層
야사와 초암 등 많은 사찰에	野寺草庵多少刹
소년과 나이 든 늙은 스님이 살고 있네	少年年老老長僧

원운

다리 밑에는 동서남북의 길이요	脚下東西南北路
지팡이 끝에는 일만 이천 봉 층층이라	杖頭一萬二千層
대명천지에 집 없는 나그네가	大明天地無家客
태백산 속에 유발승이 되었네	太白山中有髮僧

낙성 사람에게 차운하여 주다
次贈洛城人

낙수의 푸른 구름과 관새의 달에	洛水靑雲關塞月
일찍이 안 적도 없는데 어찌 서로 친하랴	不曾相識豈相親
오산에서 해후하자는 전의 약속 같으면	烏山邂逅如前約
이다음에 서로 만나면 곧 친구가 될 것이네	自後相逢便故人

덕준 거사에게 차운하여 주다
次贈德峻居士

백 길 광진에 물결처럼 달리는 모습	百丈狂塵浪走容
칠 년 동안 행지에 구름 자취 끊어졌네	七年行止斷雲蹤
일찍이 고향으로 돌아가는 노래를 불러	不如及早還鄕曲
육념[116]을 닦아 기운 길러 짙게 하느니만 못하리	六念修行養氣濃

유람 온 선비에게 주다
贈遊士

온 나라는 옛날부터 모두가 형제인데 四海由來弟與兄
한 사람은 산중 스님이고 한 사람은 유생이라 一爲山釋一儒生
여행길에서 서로 만나 고상한 이야기 나누는데 相逢逆旅淸談夜
반은 삼승이요 반은 육경이네[117] 半是三乘半六經

관아로 돌아가는 양 수사를 전송하며
送楊秀士歸衙

백련정사에서 도연명陶淵明[118]을 만나서	白蓮精舍遇淵明
마주하여 청담을 나누니 기쁘고 또 정겨웠네	相對淸談喜有情
팽상[119]과 영욕 그대는 말하지 말라	彭殤榮辱君休說
덧없는 세상 꿈속의 삶과 무엇이 다르리	浮世何殊夢裡生

풍악산 유점사 산영루의 운을 따서 총섭[120] 영순에게 주다
次楓岳楡岾山映樓韻贈摠攝【英洵】

백옥같이 이어진 산봉우리에 벽옥 같은 냇물	白玉岡巒碧玉流
황금 부처님 모신 절에 자금의 누각이라	黃金佛刹紫金樓
호남 총섭으로 관서에 구경 온 나그네가	湖南摠攝關西客
팔월에 정취 있게 놀면서 며칠 머물렀네	八月淸遊數日留

봄눈
春雪

해마다 삼월이면 온 산에 꽃이 만발하는데	三月年年花滿山
붉은색 흰색이 사이사이 섞여 아롱졌네	紅紅白白間斑斑
그런데 어째서 오늘은 이전 날과 같지 않고	如何此日非前日
천산 만 골짜기에 눈만 가득 쌓였는가	雪滿千峯萬壑間

삼오 상인에게 주다 [3수]
次贈三悟上人 [三]

[1]
물에서 나온 마니주가 흐린 물을 비추는데	出水末尼照濁源
눈앞에 부처님 가르침을 쌓아 두고 암자 동산에 앉아 있네	眼遮金教坐庵園
가슴의 거울이 이미 밝기가 맑은 거울처럼 되었거늘	胷鑑既能明似鏡
주조하여 무엇에 쓰려고 헌원121을 본받는가	鑄成何用效軒轅

[2]
음탁122은 반드시 한 물의 근원임을 알아야 하나니	飮啄須知一水源
부디 경행123하여 삼화원을 향하지 말라	經行莫向三花園
마음을 잊고 깨달아 들어가면 다른 경계 없나니	忘心入覺無餘境
월越에 가려 하면서 어찌 북원으로 향하는가	適越何爲向北轅

[3]
산과 강과 대지의 맑은 근원을 물어	山河大地問澄源
음식 빌고 옷 얻어 급원124에 모인다	乞食收衣會給園
벽돌 갈아 거울 만드는 법 배우려 하지 말고	勿學磨甎邀作鏡
소를 때리는 법 알아야 저절로 수레가 옮겨 가리라125	打牛方得自移轅

칠언율시 七言律

〈동호십영〉의 운을 따서 【차천로[126]의 원운을 붙임】
次韻東湖十詠【附原韻車天輅】

산 아래 큰 호수 山下太湖

동호의 호수 물 맑고 잔잔하더니	東湖湖水水淸平
바다로 가면서 산을 머금어 기이한 이름 드날리네	注海啣山擅異名
온갖 개천 다 받아들여 늘 콸콸 흐르고	廣納百川常混混
일체 형상 다 머금어 다시금 찰찰 넘치네	虛涵萬像更盈盈
논밭으로 물 나누어 주어 곡식을 길러 내고	分流畎畝滋禾穀
물속에 사는 고기 등 해산물을 길러 내네	潛畜腥鱗養物生
아름다움 다 갖춘 데다 겸제兼濟까지 갖추었으니	鍾美況兼兼濟意
승지에서 노닐 적에 감호[127]의 영화 무엇이 부러우랴	勝遊何羨鑑湖榮

원운

일만 이랑 넓고 깊어 언덕 넘쳐 평평하니	萬頃汪汪溢岸平
감호가 삼백인들 감히 이름 다투랴	鑑湖三百敢爭名
하얀 모래 밝게 통해 맑아서 밑이 없고	白沙徹瑩淸無底
푸른 바다 통한 물결 쌓아도 차지 않네	滄海通波積不盈
달빛은 유리를 뚫고 모난 거울을 닦고	月透琉璃菱鏡拭
바람은 인갑을 뒤집어 비단 무늬 만든다	風飜鱗甲縠文生

| 난간에 기대 보니 강산의 주인 된 게 좋은데 | 憑軒好作江山主 |
| 노래 한 가락에 칙사의 영광이 무슨 필요 있으리 | 一曲何須勅賜榮 |

바다 가운데 세 섬 海中三島

요해[128]는 구름에 닿았고 구름은 산봉우리 만드네	瑤海連雲雲作峯
여섯 자라 머리 위엔 부용이 벌여 있다	六鰲頭上列芙蓉
허공에 쌓인 푸른 더미 볼거리 중에 볼만하고	浮空積翠望中望
은하에 닿은 층층의 산봉우리 겹치고 또 겹쳤네	戞漢層巒重復重
단약 만드는 부엌에선 연사는 선약을 먹고	丹竈鍊師應服餌
벽단[129]에 있는 신선들 맞이하리라	碧壇仙侶想迎逢
어느 날 바람 몰고 삼청[130]에 오르는가	御風何日三淸洞
우개[131]를 펄럭이는 난새는 도의 기운 무르익었네	羽盖翩鸞道氣濃

원운

선교는 허공에 떠 있고 솥은 산봉우리 만들었는데	仙嶠浮空鼎作峯
바다 용이 옥부용을 받쳐 들고 나온다	海龍擎出玉芙蓉
구름이 생겨나는 자라 등은 삼천 리인데	雲生鰲背三千里
갈매기가 차는 바다 끝은 일만 겹이 되네	鷗蹴濤邊一萬重
한나라 나그네는 뗏목 타고 어느 날에 올 것이며	漢客乘槎何日到
진나라 아이는 약을 캐러 왔다가 몇 번이나 만났던가	秦童採藥幾時逢
「강상수심부」[132]를 논하지 말라	無論江上愁心賦
반랑[133]이 있어 활화[134]가 무르익네	自有潘郞活畫濃

명사의 가을 달 明沙秋月

서리같이 하얀 모래 손바닥처럼 평평한데	沙白如霜掌樣平
휘영청 가을 달 때맞추어 맑은 빛 띠고 찾아왔네	最宜秋月夜來淸
서늘한 기운 북두성 침공하니 하늘빛 영롱하고	凉侵星斗天光映
그림자 파도에 쏘니 물 색깔 투명하다	影射波濤水色明
신술로 환상처럼 은세계를 빚어냈고	神術幻成銀世界
화옹은 옥황상제의 서울을 단장했네	化翁粧出玉皇京
갈매기 해오라기 이 섬에서 잤나 보다	想應鷗鷺汀洲宿
날 밝자 날아가는 새소리 듣고 비로소 알았네	日出方知飛去聲

원운

눈처럼 맑은 모래 눈앞에 평평한데	晴沙如雪望中平
가을 달빛 도장 찍어 서로 어울려 맑구나	更印秋光相與淸
맑은 기운 사람에 근접하니 하늘과 같은 색이요	灝氣近人天一色
남은 빛이 물에 들어 거울처럼 해맑구나	餘輝入水鏡同明
처음에는 부처의 신력神力으로 은세계 열었나 의심했고	初疑佛力開銀界
선가에서 옥경¹³⁵을 옮겨 왔나 말하기도 했네	却道仙家轉玉京
흰 갈매기 잃어버려 찾아도 보이지 않더니	坐失白鷗看不見
놀라 날며 구슬피 우는 소리에 비로소 깨어났네	驚飛始覺有哀聲

부상[136]의 새벽 해 扶桑曉日

양곡에서 하늘 닭이 맨 처음 홰를 치면	暘谷天雞始鼓翔
부상 나무 위에 붉은 안개 휘날린다	扶桑樹上紫霞揚
화주[137]가 솟아오르니 천지가 밝아지고	火珠湧出乾坤曉

붉은 햇무리 구불구불[138] 퍼지니 우주가 빛나네	赤暈輪囷宇宙光
동물과 식물, 나는 새와 물고기도 다 빛을 받고	動植飛潛皆荷照
크고 작은 풀 나무 모두 볕 따라 기운다	洪纖草物盡傾陽
이미 이와 같이 사사로운 혜택은 없으니	旣能如許無私澤
어떻게 구름이 가려 팔황[139]을 어둡게 하리	何有雲遮暗八荒

원운

금계[140]가 새벽을 알리고 직오가 날개 치니	金雞警曉織烏翔
양곡에서 새벽노을 멀리 피어오른다	暘谷晨霞啓遠揚
바다 밑의 육룡은 태양을 받쳐 들고	海底六龍擎赤暈
인간세계 일만 나라는 맑은 광명 우러른다	人間萬國仰淸光
화주는 땅에서 나와 온갖 사물을 밝히고	火珠出地明羣物
평실[141]은 하늘을 다니며 모든 별 아우른다	萍實行天合衆陽
다만 사사로운 마음 없이 포용하여 반드시 비추니	但使無私容必照
물동이로 덮었다고 어느 누가 어두워짐을 원망 하리[142]	覆盆誰復怨荒荒

노주에 내려앉는 기러기 蘆洲落鴈

기러기 날아오면 서리 내리는 구월이지	鴈正來時九月霜
몇 차례나 가로질러 형양[143] 땅에 내렸나	幾行斜斷下衡陽
그림자 갈대밭 지나니 강 마을이 저물어 가고	影過蘆荻江村暮
울음소리 물가에 떨어져 별포에 길게 퍼지네	聲落汀洲別浦長
붉은 여뀌 하얀 마름 칠택[144]에 떠 있고	紅蓼白蘋浮七澤
석양에 가랑비가 삼상[145]을 지나가네	夕陽踈雨過三湘
높게 날아가는 길 아득히 넓지만	高飛路有冥冥闊

| 주살에 걸리지 않으려거든 미끼를 피하여라 | 矰繳須能避稻粱 |

원운

쓸쓸한 갈대밭에 된서리가 내리고	葦荻蕭蕭着戰霜
추위에 놀란 기러기 떼 이미 볕을 따르네	驚寒陣翮已隨陽
물가 저 멀리 가을바람 따라 내리고	汀洲遠逐金風落
구름바다 떠나자마자 옥새¹⁴⁶가 길구나	雲海初辭玉塞長
하나하나 갈대 물고 주살을 피하고	一一含蘆避矰繳
쌍쌍이 달빛에 울부짖으며 소상으로 향한다	雙雙叫月向瀟湘
탁 트인 하늘은 높이 나는 길을 막지 않지만	層霄不隔高飛路
부디 한 몸 꾀하려 미끼 찾아 나서지 마라	莫作身謀就稻粱

해당화 핀 언덕에 졸고 있는 갈매기 棠岸眠鷗

해당화와 갈매기 둘이 서로 어울려서	棠花鷗鳥兩相宜
언덕 위에 상종하나 무슨 의도 있겠는가	岸上相從豈有爲
붉은빛 비출 때에 흰빛이 분명해지고	紅照曜時堅白處
흰빛이 비추는 곳엔 붉은빛이 질투한다	白光輝處妬紅時
연지 머금은 이슬을 어느 누가 엿보며	臙脂泣露人誰管
눈과 달 밝기 다툼을 어찌 스스로 알리	雪月爭鮮自豈知
새는 날지 않고 꽃은 말이 없는데	鳥不飛歸花不語
꽃은 새의 꿈을 지니고 꿈속에서 따르네	花將鳥夢夢中隨

원운

| 해당화 핀 언덕은 따뜻이 잠자기 제일 좋은 곳 | 煖眠棠岸最相宜 |
| 느릿느릿 날지만 생각이야 어찌 게으르랴 | 翂翂寧從意怠爲 |

만 리 긴 하늘 날아서 다하는 곳에	萬里長天飛盡處
반규의 석양빛이 오고 갈 때이라네	半規斜日去來時
맑은 모래 쌓인 눈이 마음과 함께 깨끗하고	明沙積雪心同淨
푸른 바다 성난 파도 꿈에서도 모르네	碧海驚波夢不知
혹 어떤 한가한 사람이 갈매기를 좋아하면	倘有閒人好鷗鳥
기심 잊을 수 있으리니 일생을 따르리라	忘機能得一生隨

남쪽 못에 푸른 연잎 南塘碧荷

집 남쪽의 연못 그 물빛이 하늘을 담았는데	屋南塘水水涵天
천하의 명화 중에 어느 것이 연꽃만 하랴	天下名花孰若蓮
비를 받친 일산이 기우니 구슬 흩어져 부서지고	擎雨蓋傾珠散碎
못을 덮은 옷이 흔들리니 영롱하게 아롱지네	冒池衣擺彩團圓
옥정[147]에서 나온 뿌리 연뿌리 배와 같고	根從玉井如船藕
염계[148]에서 나는 향기 탁한 아름다움을 벗어났네	香發濂溪出濁妍
겉은 곧으나 속이 비었음은 아는 이 아무도 없고	外直中通人莫識
꽃 가운데 군자요 물 가운데 신선이다	花中君子水中仙

원운

반 이랑이 한 조각 하늘을 겨우 훔쳤는데	半畝纔偸一片天
거울 속엔 물이 모이고 물속에는 연꽃이 모이네	鏡中鍾水水鍾蓮
물결 티끌에 버선 생겨 붉은 꽃이 번창하고	波塵生襪朱花冒
깃 일산이 구슬 기울이니 푸른 잎이 둥글다	羽蓋傾珠碧葉圓
순령[149]의 화롯불과 혹독한 뜨거움을 다투고	荀令爐燻爭酷烈
사공[150]의 시 구절과 고움을 다툰다	謝公詩句鬪嬋妍
태화봉 꼭대기의 그 열매를[151]	寧知太華峯頭實

| 먹고 병을 고치고 신선이 된 줄을 어찌 알리 | 入口痾痊便覺仙 |

동쪽 울타리에 핀 국화 東籬黃菊

중양절重陽節에 핀 국화 떨기 금을 뿌려 놓은 듯	叢菊重陽若散金
적막한 동쪽 울타리에 지음마저 끊어졌네	東籬寂寞絶知音
가을 하늘 맑은 이슬 아름다운 색 보태 주고	高秋玉露滋佳色
이른 새벽 된서리에 괴로운 마음 안고 있네	淸曉嚴霜抱苦心
야인의 초막집 안으로 향기를 보내오고	香送野人茅屋底
싸늘한 대 오래된 소나무 그늘에 잎이 무성하네	葉繁寒竹古松陰
꽃 따다 술에 띄우는 것 무슨 뜻인지 아는가	掇英汎酒知何意
그대 위해 바람 앞에서 세 번 향기 맡고 마시노라	爲爾臨風三嗅吟

원운

산뜻하고 화려한 누런 국화 금을 흩어 놓은 듯	粲粲黃花如散金
계응[152]이 천고에 바로 그 지음이라네	季鷹千古是知音
달빛 받은 고상한 풍모에서 참다운 성품을 보고	高標受月看眞性
서리를 이기는 굳센 절개에서 고심을 안다	勁節凌霜識苦心
향기가 성근 울타리 뚫고 시원함이 뼛속에 사무치는데	香透疎籬淸徹骨
차가운 비에 잎이 늘어져 가만히 그늘 지운다	葉低寒雨暗生陰
꽃을 따다가 술에 띄우니 풍류 거기에 있건만	掇英泛綠風流在
삼경[153]에 그 누가 진사의 시에 화답하리	三逕誰賡晉士吟

설령에 층층으로 된 소나무 雪嶺層松

눈 덮인 일천 봉우리엔 일만 그루 소나무가 있는데	雪壓千峯峯萬松
솔은 푸르고 눈은 희어 그림자 겹겹이라	松青雪白影重重
허공에 높이 솟은 파란 절벽 은빛으로 바뀌었고	浮空翠壁飜銀壁
땅을 파고든 창룡이 옥룡으로 변했구나	掘地蒼龍變玉龍
구슬 같은 달빛 나오니 아름다운 나무 울창하고	璧月光生瓊樹蔚
거센 바람 불어오니 바다의 파도처럼 일렁인다	雄風吹送海濤汹
맨 마지막에 마르는[154] 굳은 절개로 우뚝 서 있나니	後彫勁節亭亭立
어찌 현명[155]을 향해 낯빛을 고치리	肯向玄冥也改容

원운

천 길 산꼭대기에 만 장의 소나무	千仞岡頭萬丈松
높고 낮게 쌓인 눈이 겹겹으로 눌러 있다	高低積雪壓重重
하늘 받친 누운 일산 은빛 학이 서리었고	擎天偃盖盤銀鶴
골짝을 벗어난 긴 몸은 옥룡이 거꾸러진 듯	出壑長身倒玉龍
경림에 달 비추니 맑은 그림자 흩어지고	月照瓊林清影散
요해에 바람 이니 성난 파도 일렁인다	風生瑤海怒濤汹
세밑 추위에 홀로 서서 곧은 마음 간직하였으니	歲寒獨立貞心在
어찌 푸른 봄을 향해 얼굴 고치는 일 즐겨 하리	肯向青春作冶容

비 오는 뜰에 흐드러진 대나무 雨庭亂竹

아름답구나! 빗속에 늘어진 저 낭간[156]	猗猗雨裏挺琅玕
하나하나 뜰 앞에 작고 큰 창 세워 놓은 듯	箇箇庭前檠戟攢
잘린 잎이 구름 티니 칼 뽑았나 의아하고	截葉拂雲疑劎拔
얽힌 뿌리 땅 위에 솟으니 용이 서렸나 놀라네	盤根出地訝龍蟠

소리는 오랑캐 피리 소리 전하듯이 바람에 연주되고	聲傳羌笛風爲奏
상령[157]을 띤 눈물인지 이슬 마르지 않았네	淚帶湘靈露未乾
시원한 그늘을 고치지 않으니 마치 날 기다리는 듯	不改淸陰如待我
이 대나무야말로 눈서리 추위에도 견딜 수 있으리라	此君能保雪霜寒

원운

뜰 가득히 빙 둘러 시립侍立한 푸른 낭간	滿庭環侍碧琅玕
소낙비에 쇠잔한 그루터기 칼과 창이 모여 있네	急雨梢殘劍戟攢
잠깐 드리운 까만 열매 기품 있는 봉이 먹고	練實乍垂威鳳食
뽑기 어려운 깊은 뿌리 늙은 용이 서린 듯하네	深根難拔老龍蟠
가락은 해곡에 비껴 바람이 오히려 울리고	律擬嶰谷風猶響
소상을 띤 눈물인지 이슬 마르지 않았네	淚帶瀟湘露未乾
달이 밝아 부서지는 금 사슬을 잡아 둘 양이면	留得月明金鎖碎
서리 같은 가지와 옥 잎의 그림자에 찬 기운 나네	霜枝玉葉影生寒

〈소상팔경〉의 운을 따서 【원운은 수록하지 않았다.】
次韻瀟湘八景【原韻不錄】

동정호의 가을 달 洞庭秋月

[1]

동정호 푸른 물에 가을이 가득한데	洞庭湖水十分秋
가을 달이 빛을 날려 물속에 도장을 찍었네	秋月揚輝印碧流
희고 맑은 일륜(달)은 옥거울인가 의심케 하고	皎潔一輪疑玉鏡
유리 같은 일천 이랑 창주158에 다다른 듯	琉璃千頃卽滄洲
때로 울며 흩어졌다 모이는 놀라 잠 깬 해오라기	時鳴散聚驚眠鷺
동쪽 서쪽에서 그물처럼 모여드는 노 없는 배로구나	網集東西放棹舟
밤 되자 차가운 금빛 물결 날뛰나니	入夜寒波金踴躍
청아한 놀이 기쁘구나 악양루를 차지했네	淸遊喜占岳陽樓

[2]

금풍159 솔솔 부는 동정호의 가을에	金風蕭瑟洞庭秋
벽월이 빛을 흘려 상수에 흐르네	璧月流輝湘水流
밝은 빛은 천만 이랑 유리 바다를 뚫고	明透琉璃千萬頃
찬 기운은 얕고 깊은 물가의 갈대에 침투하네	冷侵蘆荻淺深洲
부드럽게 움직이는 그림자는 동서의 언덕이요	沖融動影東西岸
한만160하게 뜬 빛은 오르내리는 배들이다	汗漫浮光上下舟
넓고 넓은 강 하늘은 모두가 옥부(신선 궁궐)이니	皓皓江天皆玉府
악양루岳陽樓161가 변하여 광한루 되었구나	岳陽飜作廣寒樓

소상강의 밤비 瀟湘夜雨

[1]
나그네 기러기 돌아갈 곳은 바로 소상강이요	鴈賓歸處是瀟湘
밤비가 이어질 때 푸른 대는 울창하다	夜雨連時蔚翠篁
부는 바람에 잎이 부딪혀 가을은 쓸쓸하고	葉打流風秋瑟瑟
번뜩이는 가지에 이슬이 우니 바다는 망망하다	枝翻泣露海茫茫
빗방울은 제자[162]의 천년 한을 보태고	滴添帝子千年恨
소리는 외로운 신하 몇 치 창자를 끊는다	聲斷孤臣幾寸腸
창오[163]로 머리 돌리니 시름만 많아지려 하고	回首蒼梧愁欲老
아롱진 반죽[164] 위에 눈물 흔적 오래이다	斑斑竹上淚痕長

[2]
먹구름이 땅에 깔려 어두운 소상이요	陰雲接地暗瀟湘
찬비는 하늘을 헤매다 대나무에 뿌려진다	冷雨迷天灑竹篁
성긴 음향音響 고요한 갈대를 어지러이 울리고	踈韻亂鳴蘆荻靜
괴로운 소리는 아득한 바다 파도 처량하게 끊네	苦聲悽斷海濤茫
다함없이 내리는 장맛비는 파도 눈물 보태고	淋漓不盡添波淚
억울함을 견디지 못해 애끓는 한을 마신다	欝抑難堪飲恨腸
머리 돌리니 창창한 하늘이 저물려고 하고	回首蒼蒼天欲暮
구의산[165]은 긴 구강에 접해 있네	九疑山接九江長

평평한 백사장에 내리는 기러기 平沙落鴈

[1]
만 리 하늘 남쪽에 어찌 집이 있으랴	萬里天南豈有家
소상의 강가요 동정호의 백사장이로다	瀟湘江畔洞庭沙
옥새로부터 구름 속 먼 길을 왔고	來從玉塞雲中遠
금담을 날아 지나니 해 아래로 비끼었다	飛過金潭日下斜
아침에는 파란 안개 건너서 푸른 물에 떠 있고	朝度碧烟浮綠水
밤에는 싸늘한 달을 따라 갈대꽃 속에서 잔다	夜隨寒月宿蘆花
구의산 아래요 창오의 북쪽인데	九疑山下蒼梧北
유유한 신세 저절로 멀었다 가까웠다 하네	身世悠悠自邇遐

[2]
산 아래는 맑은 물이요 강가에는 모래밭이라	山下淸江江上沙
평평한 모래밭 기러기 떼는 본래 집이 없도다	沙平幾隊本無家
단풍잎 밖으로 줄을 지어 건너가고	丹楓葉外行行度
흰 파도 가에 진을 치고 비껴 있네	白浪堆邊陣陣斜
주살을 피해 오니 신세가 편안하고	矰繳避來身世逸
미끼 먹을 생각 버리니 우모가 화사하다	稻粱謀去羽毛花
상강 남쪽이요 못물 북쪽으로 볕 따라 옮기니	湘南潭北隨陽轉
수국이 아득하여 길이 멀어지려 하네	水國茫茫路欲遐

먼 포구로 돌아가는 배 遠浦歸帆

[1]

쓸쓸한 돛배 그림자 먼 포구浦口로 돌아가고	帆影蕭蕭遠浦歸
갈대꽃과 단풍잎은 석양에 희미하네	荻花楓葉夕陽微
해변 시가지 노을에 잠기니 새들은 급히 날아들고	烟沉海市投禽急
강 마을에 바람이 거세지니 낙엽이 흩날린다	風亂江鄉落葉飛
젖은 노가 흔들리는 바닷가엔 붉은 여뀌 언덕이요	濕櫓搖邊紅蓼岸
삿대 삐걱대는 곳에는 푸른 이끼 낀 자갈밭이다	鳴枻軋處綠苔磯
흰 갈매기 다 흩어지고 황혼에 비 내리니	白鷗散盡黃昏雨
틀림없이 고기 잡는 어부의 낚싯배가 드물겠구나	認得漁人釣艇稀

[2]

어느 곳에서 외로운 배가 연이어 돌아오는가	何處孤舟歸復歸
동정호의 호수 넓어 전망이 아득하네	洞庭湖闊望依微
바람 앞에 점점이 낙엽처럼 나부끼고	風前點點飄如葉
새는 밖으로 가물가물 나는 듯이 빠르다	鳥外茫茫疾似飛
돛은 석양을 띠고 버드나무 언덕에 나직한데	帆帶夕陽低柳岸
노는 가을 그림자 흔들어 이끼 낀 자갈에 뿌린다	櫓搖秋影濺苔磯
해문에 조수 밀려가고 강 하늘이 저무는데	海門潮退江天暮
물빛이 창창하니 갈매기와 해오라기 드무네	水色蒼蒼鷗鷺稀

어촌에 지는 해 漁村落照

[1]

산 아래 긴 강 흐르고 강가의 마을이 있어	山下長江江上村
멀리 희미한 저녁 해가 봉문을 비춘다	依依返照照蓬門
비릿한 연기에 땅거미 지자 닭이 홰에 오르고	腥烟欲暝雞棲定
바닷가 시가지에 찬 기운 생기니 불 부는 입술 들썩인다	海市生寒唇吹齜
붉은 노을 해문에 끌리니 빛이 길을 쏘고	紅曳海門光射道
하늘 끝에 해 기우니 그림자 흔적 비스듬하다	輪傾天畔影斜痕
저녁 조수에 가시 사립문 밖에 배 들어오고	暮潮舟入荊扉外
포구 나무 짙은 그늘에 날이 점점 어두워진다	浦樹陰陰日漸昏

[2]

저녁연기 이는 곳에 어촌 마을 있는 줄 알겠고	暮烟生處認漁村
지는 해 붉음을 삼키니 해문으로 들어간다	落照吞紅入海門
떨기 풀 짙은 그늘에 차가운 빛이 어두컴컴해지고	叢芮陰陰寒色暝
가벼운 돛 팔랑팔랑 저녁 바람에 펄럭이네	輕帆閃閃夕風齜
오고 가는 사람 적어 길에는 그림자 없고	往來人少蹊無影
성두에 빛이 생겨 물에 흔적을 남긴다	星斗光生水透痕
자려 드는 새 드무니 다듬이질 소리 끊어지고	宿鳥已稀砧杵斷
층층 파도의 메아리에 황혼에 달이 뜬다	層波有響月黃昏

노을 속 절의 저녁 종소리 烟寺暮鍾

[1]

아득한 강가에 몇 점의 노을이 일고	江上微茫幾點烟
푸르스레한 몇몇 봉우리 석양 하늘에 있네	數峯蒼翠夕陽天
흰 구름 저문 곳에 종소리 떨어지고	白雲暮處鍾聲落
붉은 나무 가을 끝에 어두운 빛이 이어진다	紅樹秋邊暝色連
덤불 찾는 새들은 언덕 버드나무에 숨고	尋藪鳥投汀柳後
양식을 화주하는 스님은 동문 앞에 이른다	化糧僧到洞門前
상방이 하방과 서로 막힌 것 아니니	上方不與下方隔
고깃배 불과 강가 단풍에 길손이 잠을 설치네	漁火江楓惱客眠

[2]

산 아래 긴 강 흐르고 강 위엔 노을 지는데	山下長江江上烟
산 위에 가로지른 노을 강 하늘을 누르네	烟橫山上壓江天
아득히 푸르른 빛 닫아걸고 험준한 산으로 숨으니	蒼茫鎖斷屛顔隱
검푸른빛 출렁거려 푸른 옥이 이어진 듯하네	紫翠崩騰碧玉連
동구에 들려올 때는 싸늘한 빛 밖이요	引洞來時寒色外
뱃전에 울리는 곳은 저녁 구름 앞이네	到舡鳴處暮雲前
사찰이 여기서 멀지 않음을 알겠나니	也知不遠招提境
선정 속에 잠든 선승을 놀라게 하리라	驚破禪僧定裏眠

강가 하늘에 저녁 눈 江天暮雪

[1]

찬 바람 부는 초저녁의 동정강에	陰風薄暮洞庭江
이른 아침에 겨울 눈이 봉필[166] 창에 내린다	朔雪崇朝蓬蓽窓
나는 나비 그림자 난만하게 춤추는 꽃을 찾고	飛影蝶尋花亂舞
성난 조수는 서로 부딪치는 물결 소리 보낸다	怒聲潮送浪相撞
찬 기운 생기는 수국엔 홀로 떠가는 고깃배요	寒生水國漁舟獨
얼어 죽을 듯한 산자락에는 한 쌍의 새가 잠들었네	凍殺山樊宿鳥雙
사구의 행인들 다리가 후들후들 떨리는데	沙口行人堪戰股
어디에 가서 옷을 잡히고 가득 찬 술항아리 얻을거나	典衣安得酒盈缸

[2]

얼어붙은 눈밭이 아득하여 구강이 어두워지고	凍雪茫茫暗九江
상천이 저물려 하여 가시 창문 닫는다	湘天欲暮掩荊窓
한기가 고기 그물에 침노해 끈이 얼어 부러지고	寒侵釣網氷條折
냉기가 수염에 붙어 고드름이 부딪친다	冷着吟髭溜穗撞
나무 위의 구슬 꽃은 광채가 밝고	樹上瓊花光皎皎
바람 앞에 분분한 나비 그림자 쌍쌍이네	風前粉蝶影雙雙
이곳은 정녕 산음의 밤과 같나니	此間正似山陰夜
어디서 유영[167]의 가득한 술항아리 얻으랴	安得劉伶酒滿缸

산 저자에 비 갠 날의 남기 山市晴嵐

[1]
내리던 비가 개더니 흐렸다가 다시 개고	行雨晴陰陰復晴
비 갠 날 걷히지 않은 남기嵐氣 비껴 따라 걷히네	晴嵐未捲捲隨橫
가로지른 가게 몇 리의 어촌이 어두워지더니	橫鋪數里漁村暗
어두움 지나자 천 겹의 포구 나무 가벼워지네	暗度千重浦樹輕
옅은 안개 강 누르니 강 구름이 푸르고	輕霧壓江江靆碧
푸른 구름 시내에 잠겨 시내 노을 밝아 오네	碧雲沈磵磵霞明
밝음 사라진 먼 산에 산 저자는 저물고	明滅遠山山市暮
저문 하늘을 가로질러 기러기 날아간다	暮天斜斷鴈南行

[2]
산골 저자 깊어 가는 밤 장맛비도 개고	山市迢迢宿雨晴
하늘 가득한 남기는 몇 겹이나 비껴 있나	滿天嵐氣幾重橫
보슬비 내리는 못가 나라 갈대숲이 촉촉하고	霏微澤國蒹葭濕
실바람 부는 산마을에 풀과 나무 가벼워라	搖曳山鄉草木輕
숲에서 해가 떠오를 때에는 짙고도 맑은데	林照出時濃又淡
물안개 피어오르는 곳엔 어두웠다 다시 밝네	水烟低處暗還明
소상강 언덕에 떠돌이 장사꾼을 생각해 보면	想應商旅瀟湘岸
동쪽 서쪽 길을 잃고 먼 길을 다니리	迷失東西遠近行

정언[168] 민창도[169]를 모시고 산을 유람하다
【차운을 붙임】

奉閔正言【昌道】遊山【附次韻】

견여는 어느 곳으로 갔다가 다시 왔는가	肩輿何處去還來
산골 비 보슬보슬 늦은 저녁에야 개었구나	洞雨霏霏向晚開
몇 겹의 산봉우리는 새로 그린 묵화와 같고	幾疊峯巒新潑黛
거듭거듭 굽이도는 시냇물은 이끼 모양 띠고 있네	重回澗水漾生苔
기이한 풍경 보려고 멀리 들어갔으나 골짜기 찾기 어렵고	窺奇遠入難尋壑
흥에 끌려 멀리 나아갔으나 정대가 끊어졌네	引興遙臨絶頂臺
다리가 피곤하여 저 언덕에 오를 수가 없어서	病脚不能登彼岸
석단에 우두커니 서서 홀로 서성인다	石壇延佇獨徘徊

차운次韻

상인이여, 이 사람 다시 온 걸 이상히 여기지 마소	上人休訝客重來
가슴에 푸른 산을 안고 다만 잠시 열어 보려고 하네	襟抱青山只暫開
신령한 바위 굴 엿보려 해도 비탈진 절벽 길이 끊어졌고	靈穴欲窺全截磴
이끼에 반쯤 묻힌 오래된 비석은 읽어 보기 어려워라	古碑難讀半埋苔
소요하며 이윽고 들어오니 하늘은 끝이 없고	逍遙已入天無極
오르고 오르면 그 땅에 누대 있다고 누가 말했나	登陟誰言地有臺
당일에 호계에서 세 사람이 웃었던 곳	當日虎溪三笑處
시만 읊고 보지 못하니 또다시 배회한다	吟詩未見更徘徊

평양 감사 권해[170]의 〈묘향산에 노닐며〉 운을 따서
【원운을 붙임】

次權西伯【瑎】遊香山韻【附原韻】

묘향산에 꽃비가 한창 몽몽[171]한데	妙香花雨正濛濛
평양 감사 봄을 타고 약산 동쪽에 올랐네	西伯乘春藥岜東
저 옛날 단군檀君께서 나라를 세운 뒤에	檀帝昔年開鑿後
오늘은 당위[172]가 지휘하고 있구나	棠威此日指揮中
삼천 법계에는 정모[173] 늘어섰고	三千法界旌旄列
사십 관방에는 절제가 웅장하다	四十關坊節制雄
산에 가득한 노을과 안개가 흥취를 거두어서	收拾滿山烟霧趣
억지로 시를 지어 공공[174]으로 화답하네	强題詩勾答空空

원운

예전에 홍몽[175]하여 구름 끼고 천둥 치는 천지에	雲雷天地昔鴻濛
천제天帝가 신인을 보내 해동을 돌보셨네	帝降神人眷海東
기이한 자취를 남긴 지금의 박달나무 아래에	異跡祇今檀木下
석양 속에 황폐한 누대는 예전과 다름없네	荒臺依舊夕陽中
온갖 냇물은 모두 넓은 바다로 모여들고	百川皆會朝宗一
많은 골짜기 다투는 추세 그 기세 웅장하다	衆壑爭趨氣勢雄
밤 되자 솔바람은 젓대 불어 연주하는데	向夜風松笙鼓發
섭섭타, 용어[176]는 층공을 내려가네	怳然龍馭下層空

오은을 생각하며
憶梧隱

여기서 경화[177]까지는 몇 천 리나 되는가	此去京華里幾千
오촌[178] 어느 곳에서 참 신선을 찾을꼬	梧村何處訪眞仙
오색구름 쌓인 속이라 하늘은 당연히 가깝고	五雲堆裏天應近
한 지팡이 가는 곳에 땅 저절로 가파르네	一錫行邊地自偏
직접 뵈었던 경광[179]이 어제 일 같은데	親炙耿光如在昨
아득해라 그 소식은 어느새 해를 넘겼네	杳茫消息已經年
어떻게 하면 결정코 남방에 노는 날을 얻어	何由定得南遊日
주문[180]을 두드려 금연에서 뵐거나	逕叩朱門謁錦筵

감회가 있어 관서 당헌에 올림 [2수]
【민취도[181]가 당시 바깥일로 정소[182]한 폐단이 있었다.】
有懷上關西棠軒【二首】【閔就道時有外事呈訴之蔽】

[1]

감당[183]께서 남긴 은애 천 년토록 생각게 하는데	甘棠遺愛想千年
욕심에 막힌 티끌 마음이라 하소연할 인연 없네	茅塞塵心訴[1]莫緣
봉황의 좁쌀을 닭이 빼앗아 먹는 것 견디지 못하고	鳳粟不勝雞奪食
이리의 위엄은 반드시 호랑이의 큰 권세를 빌려야 하네	狸威要假虎雄權
붕새가 만 리 먼 길에서 돌아옴은 어이 그리 늦으며	鵬程萬里歸何晚
토끼의 굴속은 세 굽이라[184] 달리고 또 돈다	兎窟三廻走且旋
복분[185]을 통철하게 밝힘은 물길을 터 주는 듯하고	洞燭覆盆河決塞
안개를 시원하게 걷어서 푸른 하늘을 보이시네	豁如披霧覩靑天

[2]

노상에서 떠돌던 삼사 년 동안의 일들이	路上踽蹡三四年
선정 중에 들어서도 마음에 자꾸 걸린다	定中心事涉攀緣
속티를 벗지 못해 가슴속에 천불이 나고	塵機未脫胷生火
단정[186]을 다루기 어려워 손은 권세를 잃었네	丹鼎難調手失權
가고 오며 자주 드나드는 것 사람들은 괴이하게 여기는데	人怪徃來頻出入

---

1) ㉘ '訢'은 '訴'인 듯하다. 이하 동일.

나 자신도 오랫동안 빙빙 떠도는 행리를 가여워 한다	自憐行李久盤旋
대궐 향해 부르짖는 한 소리가 진실로 황공하오나	叫閽一訴*誠惶恐
덮어 주고 실어 주며 생성하는 하늘에 빌 뿐이다	訴²⁾載生成只祝天

---

2) ㉠ '訴'은 '覆'을 잘못 옮긴 것이다.

평안도백이 이미 과기[187]가 되었기에 사례로 올리다
西伯已准瓜期上謝一章

진관의 안절[188]로서 이미 임기가 찼나니	按節秦關已准年
하황[189]의 서류庶類가 외람되게 인연 맺었네	遐荒庶顡[1]猥夤緣
고단하게 남은 민물은 생업이 편안하고	孑遺民物生安業
아침저녁으로 산 구름을 관리할 권한을 얻었네	早晚山雲管得權
해수[190]에 구름 적으니 하늘에 태양이 비추고	海戍雲微天日照
요원[191]에 덕의 바람 불어와 풀이 눕는다	遼原草偃德風旋
우로[192]에 젖게 된 일 얼마나 다행인가	獲霑雨露偏多幸
요행히도 사사롭게 입은 은혜 천지와 맞먹도다	幸荷恩私配地天

---

1) ㉘ '顡'는 '類'인 듯하다.

앞의 시운을 따서 평안도 순상 합하에게 올림
次前韻上平安巡相閤下

묘향산에 사는 중이 산문山門을 나와	妙香山衲出山來
남명¹⁹³을 건너려 하자 붕새 길 열리네	欲徙南溟鵬路開
우악에 오르니 하늘이 지척처럼 가깝고	牛嶽攀登天近尺
패강¹⁹⁴이 다한 곳에는 물이 이끼와 비슷하다	浿江澌下水如苔
감당나무 음덕이 널리 퍼지니 햇살처럼 빛나고	棠陰遠播光輝日
석장 짚고 멀리 찾아 누대를 오르내린다	錫杖遙尋上下臺
동쪽 양지의 거리에는 녹다 남은 눈이 있어	殘雪東陽街衖路
풍화를 우러러보며 배회한다네	爲瞻風化且徘佪

남쪽을 유행하려고 하였으나 이루지 못하고, 철도에 내려가 겨울을 보내고, 강서 서학산에 와서 머물면서 천왕사에 거듭 유람하던 차에, 문득 지난날 한림 홍돈[195]을 만나 노닐던 기억이 나서 짓다

欲作南行。而啓行未果。下鐵島過冬。來居江西棲鶴山。而重遊天王寺。忽憶前日逢洪翰林【暾】。而共遊偶題。

진경[196]에서 봉별하고 첫걸음을 내딛고는	奉別秦京擧步初
강에 가득한 풍랑에 그 고생이 어떠했던가	滿江風浪苦何如
심한 추위에 철도 섬은 교룡蛟龍의 방과 이웃했고	祁寒鐵島隣蛟室
한여름의 강주는 학이 사는 곁에 있네	盛夏江州傍鶴居
소식 전할 인편 없어 옥부를 묵히었으니	消息無便陳玉府
마음속 회포를 쓰고 지우기에 얼마나 허비했나	心懷幾費掃灰書
지팡이 짚고 우연히 아산사를 지나다가	行笻偶過牙山寺
신선처럼 노닐던 옛 자취를 떠올려 보네	像想仙遊舊跡餘

평양 관아에 있는 상산정의 운을 따서
【권해의 원운을 붙임】
次韻平壤上衙上山亭【附元韻權瑎】

풍경을 보려고 구태여 높은 언덕 찾을 필요 없으니	不須風景訪崇阿
패수 강가에 있는 산정이 바로 거기인 것을	即此山亭浿水涯
겹겹이 늘어선 산은 푸른빛을 띠었고	列岳重重浮翠色
끊임없이 흐르는 강 푸른 물결 일렁인다	長江衮衮漾靑波
금성[197] 백치[198]는 하늘이 연 부府요[199]	金城百雉天開府
일천 마을에 불 피우는 연기는 밥을 짓는 집이로다	烟火千村鼎食家
비단 감당나무 베지 말라는 노래뿐만 아니라	不但甘棠歌勿伐
전해지는 아름다운 시 홀로 다 차지했네	播傳佳詠獨占多

원운

한 조각 높은 정자 굽이진 언덕 누르고 있는데	一片危亭壓曲阿
팔창의 맑은 조망眺望 끝없이 넓구나	八窓淸覩浩無涯
하늘가에 솟은 산에 일천의 봉우리 푸르고	天邊岳出千頭碧
성 위에 달린 강은 반면이 파도로다	城上江懸半面波
저물녘 평평한 잡초밭은 기자의 나라요	日暮平蕪箕子國
늦은 봄 교목은 을지문덕乙支文德[200] 집이로다	春深喬木乙支家
공사公事 여가에 술을 가지고 올라와서 돌아보니	公餘把酒登臨顧
이 흥취가 남루[201]에 비교해 어느 쪽이 더 많은가	此興南樓較孰多

관서 도백의 〈향산 가는 길〉에 차운하여
次西伯香山途中口占

구태여 천태산 적성²⁰²을 찾을 필요 없어라	不必天台訪赤城
묘향산 겹겹의 푸르름이 눈앞에 가로질러 있는 것을	香山積翠望中橫
긴긴 숲에 비 지나니 꽃이 다투어 피어나고	長林雨過花爭發
넓은 들에 봄 깊으니 풀이 질펀해지려 하네	大野春深草欲平
깃발 그림자를 해가 옮기니 구름 함께 떨치고	旗影日移雲共拂
피리 소리 바람이 보내오니 새가 울어 화답한다	角聲風送鳥和鳴
흰 구름에 머리 돌려 보니 구릉이 멀어지고	白雲回首丘陵遠
단대에 오르고파 태청²⁰³에 물어본다	欲上檀臺問太淸

구월산 봉림암의 제호를 따서
次題九月山鳳林庵

마음은 장벽처럼 하여 모든 인연을 끊고	心如墻壁息諸緣
목마르면 요경瑤京의 월굴 샘물 마신다	渴飮瑤京月窟泉
산 이름은 동리인데 가을 국화 계절이요[204]	山號東籬金菊節
암자 이름은 서백[205]인데 옥황[206]의 해라네	庵名西伯玉璜年
몽염[207]이 성을 쌓아 오랑캐를 막던 땅이요	蒙恬卜築防胡地
혜원[208]이 수행했던 결사[209]의 산마루네	慧遠勤修結社巓
호랑나비와 장주는 모두가 다 꿈이요	胡蝶莊周都是夢
황연한 신세 하늘에 오른 듯하네	怳然身世若登天

설총 상인에게 차운하여 주다
次贈雪聰上人

눈앞에 펼쳐진 구름과 남기嵐氣를 사면에서 거두니	望裏雲嵐四面收
산속에 있는 난야210의 한 뜰이 그윽하구나	山中蘭若一庭幽
삼경에 빗방울은 오동나무에 떨어지고	梧桐雨滴三更夜
가을 구월에 바람은 금수강산에 불어 헤친다	錦繡風披九月秋
깊은 우물 솟는 샘물 평평하여 거울을 닦아 놓은 듯	深井聳泉平拭鏡
반천에 걸린 밝은 달은 굽기가 갈고리 같네	半天明月曲成鈎
빈방 안에 밝음이 생기니 인가 연기 적막하고	白生虛室人烟寂
마음과 눈을 데리고 화루에 올라간다	心目相將上畫樓

수양산에서 와서 보림암에서 여름을 지내고 가을에 만우로 돌아가는 정욱 상인을 송별하며
送淨旭上人來自首陽過夏寶林秋歸灣右

육환[211] 금석은 손안의 지팡이요	六環金錫手中節
팔로의 이름난 산은 발밑의 자취로다	八路名山脚下蹤
백일의 생애는 큰길을 혐오했고	百一生涯嫌大道
구삼의 선열은 높은 산에서 배불렀네	九三禪悅飽高峯
원성이 나타난 곳엔 많은 말이 그치고	圓成顯處云云止
방광이 밝아진 때엔 일마다 게으르다	方廣明時事事慵
만우는 옛날에 안립했던 자리니	灣右昔年安立地
모개를 잡아 열고 금종을 두드려라	把開茅盖叩金鍾

우산에서 백양산 운문암의 지휘 스님을 만나, 삼성 뇌건 등 여러 스님의 소식을 두루 듣고 〈정토사〉의 운을 따라 남은 생각을 부치다
牛山逢白羊山雲門菴僧智輝備諳三省雷健諸大師消息。仍次淨土寺韻。以寄餘懷。

우암에서 백암사白巖寺 스님을 만났는데	牛巖得見白巖僧
운문 문중의 지혜와 재능 두루 알려 주었네	備諗雲門種智能
도덕은 구산[212]처럼 밝고도 정중했고	道德丘山明鄭重
마음속 생각 간절하여 그리움만 더해 간다	心懷繾綣暗添增
더운 바람과 비 그치니 주림이 울창하고	炎風雨捲珠林蔚
변방의 달빛 잠기니 금수가 맑구나	塞月光涵錦水澄
만 리 하늘가 놀이를 아직도 다하지 못해	萬里天遊猶未盡
영남으로 돌아가는 길에 다시 오르려 한다	嶺南歸路欲重登

또 청원과 지책 두 선인에게 부침
又寄清遠智策兩禪人

두 스님은 당시에 정토사 스님으로	二妙當時淨土僧
진공과 속제[213]에 둘 다 능하였네	眞空俗諦兩俱能
선문에서 부르고 응함에 마음은 항상 생각하고	禪門喚應心常憶
부평 같은 자취 부침으로 한恨만 더 늘어난다	萍跡浮沉恨轉增
온갖 풀은 봄바람에 비단을 짜고	百草春風花錦織
천 강물에 밝은 달은 수궁을 비추는데	千江夜月水宮澄
천지에 남북이 없다면 얼마나 좋으랴	何便天地無南北
학 동생과 구름 형이 한곳으로 오를 것을	鶴弟雲兄一處登

서울로 돌아가는 용강 사군[214] 유구징[215]을 송별하며
奉別龍岡柳使君【龜徵】還京

오산도 우악도 다 같이 봄바람인데	鰲山牛嶽一春風
풀과 나무가 비와 이슬 속에 빛을 발한다	草木光輝雨露中
영각[216]에서 거문고 노래로 춤을 출 때	鈴閣絃歌欣蹈舞
범륜梵輪의 종과 북이 요행히도 가까이 있네	梵輪鍾鼓幸西東
아홉 갈래의 하늘 길에서 조종[217]으로 가나니	九衢天路朝宗去
천 리 먼 관하(변방)인지라 꿈에서나 생각이 통하리라	千里關河夢想通
석실과 주문이 이로부터 막히리니	石室朱門從此隔
봉성[218]을 돌아보지만 오색구름에 갇혀 있네	鳳城回望五雲籠

영서 의흠이 모습을 바꾼 후 처음으로 만나서
靈瑞義欽變形後初見偶題以示

산과 물이 일찍이 똑같은 세속을 벗어난 하늘 아래	山水曾同物外天
여섯때 맑은 경쇠 울리며 금선[219]께 예 올렸네	六時淸磬禮金仙
향로에 난사[220]를 사르고 삼업을 태우며	爐焚蘭麝燒三業
표주박으로 한천의 물을 길어 온갖 인연 씻어 냈지	瓢汲寒泉滌萬緣
은실에서는 내가 특별하게 가까이 모심을 입었고	恩室我蒙偏近侍
법문에서는 남들이 함께 전해 편다고 말을 하였는데	法門人說共傳宣
묵비사염[221]이 어찌 경계가 되는 말이겠는가	墨悲絲染胡爲誡
서로 마주 대하여 말없이 눈물만 흘리노라	相對無言涕泗漣

이익주[222]의 시운을 따서
次韻示李生【益周】

누더기[223]와 학 그림자[224]는 바다 동서에 있으나 　　鶉衣鶴影海西東
천축天竺의 달과 중화中華의 풍속은 눈 밑에서 통하네 　　竺月華風眼底通
지금이나 예전이나 일이관지一以貫之에 정밀할 수 없나니 　　今古不能精一貫
강과 산을 어떻게 삼공[225]과 바꿀 수 있겠는가 　　江山安得換三公
행단[226]의 궐리[227]와는 아득히 먼 밖이요 　　杏壇闕里微茫外
자기[228]의 함관은 손가락으로 가리킬 만한 곳이네 　　紫氣函關指點中
귀양 온 신선을 만나자 구슬 가루 떨어지고 　　邂逅謫仙瓊屑落
계수나무 향기 바람 속에 또 하늘 바람이 부네 　　桂香風裏又天風

석골산 난야로 돌아가는 연종 대사를 전송하며
【스님의 고향이다.】
次送蓮宗大師歸石骨山蘭若【師之故地也】

넓고 넓은 푸른 바다에 좁쌀 한 알 같은 이 몸	滄海無邊一粟舡
화살처럼 빠른 세월에 동우[229]가 지나갔네	光陰箭疾逝東隅
주먹을 쥐어도[230] 침발 던질 곳을 만나기 어려운데	握拳難遇投針鉢
목숨을 건들 어찌 유추[231]가 끊어짐을 감당하겠는가	懸命何堪絶紐樞
예봉을 꺾는 그대는 넉넉히 직절[232]할 수 있는데	挫銳饒君能直截
참다움 도모해도 나는 좋은 계책 모자람이 부끄럽네	謀眞愧我乏良圖
산으로 돌아가면 이미 마음 편안히 할 곳 얻으리니	還山已得安心地
무엇 때문에 불을 보이려고 번거롭게 화로를 헤치랴	示火何煩更撥爐

성일 신족이 삶을 버린 돌 위에 가서 슬픈 감회를 읊다
行到性一神足捨生石上有感寫哀

겁석[233]도 잠깐 사이라 크기가 바늘 같고	刼石須臾大若針
공 가운데 물색이라 지금을 떠난 것이 아니네	空中物色不離今
물거품은 일어났다 사라지나 모두 물로 돌아가고	浮漚起滅同歸水
환화[234]가 오르내리지만 모두 마음속에 있다네	幻化昇沉悉在心
업으로 지은 빚 서로 찾아 좌계[235]를 가졌거늘	業債相尋持左契
죽음의 마는 무엇 때문에 번갈아 침노하는가	死魔何爲縱交侵
근심·슬픔·괴로움·번뇌를 되풀이해 설하지 마라	憂悲苦惱休重說
천진에 깊이 취해 일체를 맡겼느니라	深醉天眞一切任

보성 스님의 운을 따서
次寶晟師韻

이 몸 고달픈 먼 길에서 몇 번이나 나루를 물었던가	形役長途幾問津
어느 곳에 몸을 숨겨야 미혹한 세계 벗어날까	隱身何處脫迷倫
석실에서 공을 관하는 한가한 날이요	觀空石室偸閒日
호산에서 의기양양한 성품을 기르는 사람이라	得意湖山養性人
안락한 곳에서 명교^{名敎[236]}를 스스로 달가워하니	名敎自甘安樂地
깨달음의 봄 동산에서 적광을 누가 엿보랴	寂光誰管覺園春
인연 잊어 이미 괴안국의 꿈[237]을 끊으니	忘緣已斷槐南夢
머무름 없는 생애 육진[238]을 벗어났네	無住生涯出六塵

차운하여 총탁 스님에게
次韻示揔卓師

생애는 물과 돌 연꽃을 포용하고 있는데　　　　　生涯水石荷包容
땅의 베개 하늘의 이불과 용 서린 발우 하나라　　地枕天衾鉢一龍
일만 이천 봉우리 꼭대기에서 일찍이 달구경 했고　萬二峯頭曾玩月
삼천 리 길 어구에서 또 바람을 바라보았지　　　　三千路口又瞻風
백승으로 전에 놀았던 땅을 소요하면서　　　　　逍遙白乘前遊轍
옛날 심었던 황매와 소나무를 손가락으로 가리킨다　指點黃梅舊植松

소림의 문을 닫고 벽을 향해 관하는 밤에　　　　門掩少林觀壁夜
기도하는 향로에는 상서로운 향 연기가 짙구나　　祝香爐上瑞烟濃

은거하는 소식을 내동에 사는 황 처사 문방에 부침
幽居消遣寄內洞黃處士文房

공업을 어찌 꼭 돌 위에 새겨야만 하는가	功業何須石上銘
생애가 우연히 골짜기에서 편안하면 되는 것을	生涯偶得谷中寧
뽕나무와 삼을 심지 않았으니 누에 입이 아니요	桑麻不植非蠶口
먹고 마심에 냄새나는 것 버리니 그것이 향기일세	飮啖祛葷是美馨
골짜기에 가득한 찬 소리는 바람이 떨어지는 메아리요	滿壑寒聲風落響
온 뜰을 메운 맑은 그림자는 달이 몸을 나눈 것이라네	一庭淸影月分形
골짜기 깊고 산길이 머니 아무도 찾아오는 이 없어	洞深山遠無人到
혼자서 포단[239]에 앉아 성령을 참구하네	獨坐蒲團究性靈

정색 상인에게 차운하여 주다 [2수]
次贈精賾上人【二】

[1]

지팡이 짚고 멀리 묘향산에서 돌아왔나니	扶藜遙自妙香還
반나절의 맑은 이야기가 길손의 얼굴이라	半日淸談客裡顏
바위틈의 국화 스러지는 향기는 굳은 절개를 지녔고	巖菊淺香持苦節
산마루의 소나무 울리는 물결은 여울물 소리를 뒤흔드네	嶺松波響撼鳴灘
연지가 역력하니 마음에 생각이 어리고	蓮池歷歷凝心想
화장이 중중하니 눈을 놓아 읽어 본다	華藏重重縱目看
시비를 가지고 와서 나에게 분별하라 하지 말라	莫把是非來辨我
인간의 천착이 나와는 아무 상관이 없다네	人間穿鑿不相關

[2]

가을바람 맞으며 산을 넘고 물을 건너 찾아왔나니	跋涉秋風杖錫來
사립문에 해가 지자 동문이 열리었네	柴荊落日洞門開
경문을 답하는 곳에 우담발화²⁴⁰ 피고	經文答處曇花發
시와 게송 지을 때 옥가루²⁴¹가 쌓인다	詩偈題時玉屑堆
예원²⁴²에서 도리의 나무를 거듭 만났고	藝苑重逢桃李樹
명당²⁴³에 또다시 동량의 재목을 얻었네	明堂又得棟樑材
견실堅實한 숲의 잎사귀들은 천년의 은택이거니	堅林末葉千年澤
음덕蔭德 입은 아손은 옛 업이 돌아온다	蔭覆兒孫舊業廻

밤에 신기한 꿈을 꾸다가 깨어 시를 지어 기록함
夜有神夢覺而爲題以記

법계에서 남쪽으로 105성을 순방하고서[244]	法界南詢百五城
깊은 바다 건너 동으로 몇 천 리나 지났는가	重溟東涉幾千程
시비의 바닷속에서 부침에 놀아나고	是非海裏浮沉戲
역순의 길 가운데 앉고 눕고 하였다네	逆順途中坐臥行
화살을 입에 물고 몸을 보호하니 어찌 재주가 넉넉하며	囑鏃保身誰剩藝
벼랑에서 뛰어내려 골수는 다했으나 생은 온전하네	飛崖磬髓自全生
산으로 돌아가는 깜깜한 길 인도하는 좋은 꿈 꾸니	歸山冥導成佳夢
사람 아닌 신이 나의 뜻에 감동한 줄 알겠구나	知有非人感我情

용아랑 강제상의 운을 따서
龍衙郞姜【濟相】韻次

반평생 마음의 일이 소두[245]에 들어	半生心事入搔頭
운수로 돌아다니다 어느새 머리가 희었네	雲水驅馳鬢已秋
갈고닦아 일찍이 세속 경계 벗어나리라 기약했건만	磨擦早期超世域
잇고 열어 줌에 어찌 높은 이들을 쳐다볼 수 있으랴	繼開安得仰高流
금모래 바다 언덕은 삼마발[246]이요	金沙海岸三摩鉢
외짝 학과 외로운 구름은 하나의 비구이다	隻鶴孤雲一比丘
용성을 지나다가 외람되게 뵈었던 저녁에	爲過龍城干謁夕
공空과 유有에 대하여 이야기 나누며 함께 묵었네	談空說有共淹留

또 연환체²⁴⁷ 시를 지어 보여 줌
又以連環體次示

복전福田의 옷과 석장으로 머리를 돌려 보니　　　　田衣錫杖打回頭
팔도八道의 총림에서 사십 년을 보냈네　　　　　　八路叢林四十秋
불을 피운 빈 사발에는 모기와 등에가 빠지고　　　火發空漚蚊蚋泊
텅 빈 방에 밝음이 생겨 길상한 일이 흐르네²⁴⁸　　白生虛室吉祥流
냇물은 필련²⁴⁹ 끌어다 옷깃과 띠를 두르고　　　　川拖匹練圍襟帶
수건은 오사²⁵⁰를 털어 언덕과 골짜기를 감쌌네　　巾拂烏紗岸壑丘
천암동 속에 있는 절에 한 번 누운 뒤로　　　　　一臥千岩洞裏社
토상에서 솔잎을 먹으면서 오래도록 머문다네　　　土床松食且遲留

적궤자[251] 강수일의 시에 화답하여 보여 줌
和示吊詭子姜【壽一】

절반의 화산을 누구와 함께 나눌꼬	一半華山誰與分
하늘은 이불이요 땅은 베개며 마을 입구는 문이라네	天衾地枕洞爲門
수레나 말을 탄 의관은 만날 수 없고	不逢東馬衣冠過
오직 계단 끝에서 지저귀는 새들만 있다네	惟有階除鳥雀誼
달이 금물결을 쏘니 표주박은 절로 차갑고	月射金波瓠自冷
향로에 서전[252]이 사라졌으나 오히려 따뜻하다	香銷瑞篆火猶溫
책상에 쌓인 가득한 글자는 항상 눈을 가리나니	堆床滿字恒遮眼
어느새 서쪽 산봉우리 저녁 빛으로 바뀌었네	不覺西岑換夕曛

또 적궤자의 운을 따서 【원운을 붙임】
又次吊詭子韻【附元韻】

세상일이 분분하여 모래 위의 모래 같은데	世諦紛紛沙復沙
이 몸은 곳을 따라 얼마나 달팽이처럼 맴돌았나	此身隨處幾盤蝸
띠로 이은 집 위에는 바람과 구름이 쌓였고	茅茨屋上風雲積
서리와 눈처럼 흰 머리에서 많은 세월 알겠네	霜雪頭邊歲月多
밤에 골짜기에 배를 옮기어 꿈에 취해 헤매고	夜壑舟移迷醉夢
봄 하늘에 날 저무니 미친 꽃이 현란하다	春天日暮眩狂花
내일 아침도 다음 날 저녁도 항상 이와 같을 터이니	明朝後夕恒如此
어지러운 시시비비를 어찌할거나	是是非非奈若何

원운

싸늘한 가을 소리 금모래에 쌓이고	秋聲慘慄集金沙
쓸쓸한 초옥은 달팽이 집처럼 작네	草屋蕭條少似蝸
높은 나무에 바람 부니 누런 낙엽 떨어지고	高樹有風黃葉落
고요한 창에 문종이 없으니 흰 구름만 많구나	靜囱無紙白雲多
유람하는 사람은 흥을 띠고 산을 대하고 앉아	遊人帶興山當座
운석[253]이 시를 읊으니 붓이 꽃을 토하는구나	韻釋吟詩筆吐花
맑은 경쇠 한 소리에 티끌 생각 흩어지니	淸磬一聲塵慮散
황홀해라 이 몸이 무하유향無何有鄕[254]에 있는 건 아닌지	怳疑身世在無何

칠불사 백승루에서 학산 군수 조정만을 모시고 부르는 운자로 시를 지음

七佛寺百勝樓奉鶴山倅趙【正萬】呼韻

가사 자락 날리며 먼 곳에서 왔나니	一衲翩翩自遠來
화루 높다란 곳에 저녁 구름 피어난다	畫樓高處暮雲開
삼천 리 들 밖은 하늘과 바다가 잇닿아 있고	三千野外天連海
열두 간 난간 앞에는 돌이 누대가 되었구나	十二欄前石作臺
작은 돛배 흔들흔들 옥거울에 흔적 남기고	短艇搖搖痕玉鏡
흐르는 노을 방울방울 구슬 잔에 넘친다	流霞滴滴溢瓊盃
푸른 산과 맑은 물의 여러 가지 흥취가	靑山白水般般趣
시 읊는 속에 다 들어와 운어[255]를 재촉한다	都入吟中韻語催

붕의 편지를 보고 우연히 쓰다
見鵬書偶題

천지에서 오월에 편지가 왔나니	書自天池五月來
계수나무 꽃 피는 시절에 직접 열었네	桂花時節手封開
스님은 백지를 따라 풍운처럼 모이고	僧隨百指風雲會
법은 삼승을 굴려 누대를 오르내리리	法轉三乘上下臺
낙안의 금화에 지팡이를 걸어 놓고	樂岸金華今掛錫
가야산 해인사에 잔을 띄우리	倻山海印芝浮盃
어느 때나 북명에서 날개 돌이켜	北溟返翼知何日
백학봉 아래에 터 잡기 재촉하리	白鶴峯前卜築催

강서의 조 군수[256]를 봉별하며
奉別江西趙

여러 번 강서 읍으로 내려와	數向江西邑里來
근민당[257] 아래에서 합장하고 맞이했네	近民堂下手叉開
명학지[258]를 굽어보니 거울처럼 맑은데	瞰臨鳴鶴池如鏡
청천강 언덕에 누대 만든 이야기 나누다	討說淸川岸作臺
백승루 위에서 사운 시를 짓고	百勝樓中詩四韻
가을바람 속에서 술 석 잔을 마신다	九秋風裏酒三盃
나는 북으로 안산의 길 오르려	我要北上安山路
동헌東軒에서 이별하고 발걸음을 재촉하네	拜別琴軒下錫催

강서 군수에게 차운하여 보이다
次示江西倅

문을 닫은 빈 뜰 밖엔 나그네 발길 드물고	門掩空庭外客稀
밤이 되자 밝은 달이 창문을 비춘다	夜來明月照囟扉
금전²⁵⁹에 절운을 다함없이 읊조리고	錦牋絶韻吟無盡
영각 높은 난간에서 돌아가는 꿈을 꾼다	鈴閣高軒夢有歸
물결에 놀란 길가 소나무는 비를 맞아 더욱 차고	驚浪迓松添雨冷
서리에 버틴 울타리 국화는 바람을 끌어 향기롭다	傲霜籬菊引風霏
머리를 돌리나니 학산은 어디쯤에 있는가	鶴山回首知何許
천 길 우뚝 높은 산이 자미궁紫微宮²⁶⁰에 들어갔네	千仞崔嵬入紫微

백록산 환희사의 벽상 운을 따라 【갑인년 8월 18일에 현종 임금이 승하하셨다.】
白鹿山歡喜寺次壁上韻【甲寅八月十八日顯宗昇遐】

백록 동쪽에 환희사歡喜寺란 이름난 절이 있으나	歡喜名藍白鹿東
나그네 유람하는 자미는 그와 같기 어렵네	旅遊滋味也難同
창가 밝은 달은 기자 당년의 달이요	囱明箕子當年月
활짝 열린 문은 단군 옛 나라의 바람이다	門豁檀君舊國風
오래된 법당에 천 개 등은 삼세를 비추고	古殿千燈三世照
싸늘한 뜰의 외줄기 길은 네거리로 통하였네	寒庭一路四衢通
위태로운 시대라 정녕 임금이 돌아가신 날을 만나	時危正値天崩日
나그네 시름과 기우는 두 가지 다 끝이 없네	客慮杞憂兩不窮

보현사에서 지리산 연곡사의 형 노스님께 [2수]
普賢寺贈智異山燕谷寺迥老師【二】

[1]

지팡이 하나로 먼 곳에 유람을 아끼지 않나니	不惜遊方一杖遙
마음대로 이 한 몸을 따라 구름 좇아 떠돈다	任從身世逐雲飄
남쪽 성으로 도 묻고자 신마를 몰아가고[261]	南城問道驅神馬
북쪽 산으로 진인 찾아 단교[262]를 건너네	北岳尋眞過斷橋
법계의 한 티끌에 아직도 막혀 있으나	法界一塵猶有隔
공문이라 사상[263]은 이미 다 사라졌네	空門四相已全銷
보현사 안에서 향을 사르는 밤에	普賢寺裏燒香夜
밝은 달빛에 맑은 이야기가 고요를 깨뜨리네	明月淸談破寂寥

[2]

납승衲僧이 가을 구름 걷으며 산해의 먼 길을	衲捲秋雲山海遙
온 천지 남쪽 북쪽으로 표표히 길을 나선다	地天南北任飄飄
가슴에 해와 달을 품으니 삼청[264]의 세계요	胷呑日月三淸界
기운이 무지개를 토하니 만 길 다리로다	氣吐虹霓萬丈橋
천 리의 나그네 마음 관서關西의 길이 멀고	千里客懷關路遠
오경에 돌아가는 꿈 나그네 혼 녹는구나	五更歸夢旅魂消
서로 만나 나는 건몰[265] 따름을 부끄러워하고	相逢愧我隨乾沒
십 년 동안 임천에서 적요와 벗을 한다	十載林泉伴寂寥

묘향산 동관음 선당에서 금강산으로 돌아가는 상능 스님을 전송하며
香山東觀音禪堂送尙能歸金剛山

십 년 동안 운수 생활 한 벌 삼베옷으로	十年雲水一麻衣
걸맞지 않은 행장에 시비가 끊어졌네	齟齬行裝絶是非
궁항[266]을 찾아오니 옛 생각에 흐뭇하고	窮巷來尋饒故意
명승지에서 송별하니 지는 해가 아쉽구나	名區送別惜殘輝
보슬보슬 저녁 비에 온갖 꽃이 만발하고	廉纖暮雨羣芳發
화창한 봄날이라 먼 나무들 희미하다	駘蕩陽和遠樹微
천 리 봉래산蓬萊山에 홀로 돌아가나니	千里蓬山獨歸去
중향봉衆香峯의 연월이 꿈속에 아련하리	衆香烟月夢依依

고성 만경암에서 진사 양만영의 운을 따라
姑城萬景庵次楊進士【萬榮】韻

산이 굽이돌고 돌이 막아 길을 통하기 어려워서	山回石礙路難通
칡넝쿨과 담쟁이를 부여잡고 범궁[267]에 이르렀네	援葛捫蘿到梵宮
새로 수리한 동우라서 윤환輪奐[268]이 아름답고	棟宇新修輪奐[1]美
덕 높고 연로한 스님들이라 세속 인연 비웠구나	僧徒舊老俗緣空
추위를 무릅쓰고 멀리 한상[269]의 눈을 밟고	冒寒遠躡韓湘雪
세속을 버리고 다시 열자[270]의 바람을 타네	遺世還乘列子風
문원은 옛날부터 동원(趙州)을 모셨는데	文遠從來東院侍
시선[271] 중에 넉넉히도 똥벌레를 얻었네[272]	厮禪贏得糞中蟲

---

1) ㉠ '奧'는 '奐'의 오자인 듯하다.

동양 태수 양현망[273]에게 올림
上東陽太守【楊顯望】

아름다운 명성 익히 듣고 식형[274]을 원하지만	飽耳休聲願識荊
유생과 승려가 고영[275]이 다르니 어찌할꼬	奈如儒釋異枯榮
남쪽 바다 만 리에서는 붕鵬이 날개를 치고[276]	南溟萬里搏鵬翼
북쪽 산 천암에선 학의 울음 동무한다	北岳千岩伴鶴鳴
관로에서 쑥대를 전전하니 발섭[277]에 괴로워하고	關路轉蓬勞跋涉
군재에서 안개를 헤치고 인명[278]을 뵙는다네	郡齋披霧謁仁明
외로운 이 몸이 다행히 엄승의 은혜를 입어	孤蹤幸荷嚴丞惠
바람 불고 눈 덮인 깊은 산에서 양생을 바라네	風雪深山冀養生

진사 양만영이 태수를 풍자한 시의 운을 따서
次楊進士【萬榮】諷太守

사림의 근저는 침쇠하지 않나니	詞林根柢不侵衰
찬란한 문장들은 백세의 스승이다	燦爛文章百世師
학해의 물결을 돌렸으니[279] 이런 날이 없는데	學海回瀾無此日
선궁의 계수나무 꺾음[280]이 어이 그리 더딘고	僊宮折桂有何遲
뛰어난 그 재주는 삼동사에 쓸 만하고	雄才足用三冬史
일운[281]은 도리어 칠보시[282]도 꺼려 하네	逸韻還嫌七步詩
기족[283]을 응당 앞으로 천 리에 펼칠 터이니	驥足應將千里展
큰 명성 어찌 한 나라에만 알려짐을 만족하겠는가	鴻名豈肯一邦知

혜진 사미에게 준 두 편의 시. 하나는 수행의 길을 잃을까 경계하고 대비함이며 다른 하나는 연방으로 돌아가는 길을 가르쳐 줌이다
贈慧眞沙彌二章。其一誡備迷途。其二指歸蓮邦。

[1]

인간세계에는 팔고가 다투어 치달리나	人間八苦競驅馳
천상의 삼청에도 오쇠[284]가 있다네	天上三淸亦五衰
하루 종일 유유히 사욕을 억제하여 잊으며	竟日悠悠忘克己
해를 마치도록 온 힘을 다해 사사로운 경영을 즐기네	終年役役樂營私
한평생의 사업이란 병 속에 갇힌 새요	一期事業逢瓶雀
천겁의 윤회는 꼬리 끄는 거북[285]이라	千劫輪廻曳尾龜
스스로 꺼꾸러지고 엎어지는 것 정말로 불쌍하다	自倒自顚眞可憨
부디 그대는 머뭇거리지 말고 학업을 참구하라	願君叅學勿遲遲

[2]

연화 정토 세계의 즐거움이 가볍지 않나니	蓮花淨土樂非輕
아미타불阿彌陀佛 십념[286]하여 거기에 태어나라	十念彌陁得徃生
옥전[287]과 경루[288]는 편히 쉬기 좋은 곳이요	玉殿瓊樓宜偃息
황금 모래 보배의 땅은 경행하기 알맞은 곳이다	金沙寶地可經行
신통과 지혜를 어느 누가 다 갖추랴	神通智慧人誰並
은근히 정진함에 나는 정성을 다한다네	精進慇懃我克誠
다음 날 서방정토에 가서 유희하는 곳에	異日西歸遊戱處
어떤 공업이 있어 영화롭지 못하리	有何功業不爲榮

종산에 다시 와서 노닐다가 우연히 수사 양만상을 만나 며칠 동안 현담을 나누고 몇 장의 시를 주기에 그 운을 따라 보이다

重遊鍾山偶逢楊秀士來訪數日玄話有贈數章即次示【萬祥】

[1]

잘 도망해 호표의 문안에 깊이 숨어서	嘉遁深藏虎豹扃
십 년 동안 서릿발 같은 칼날 가는 법을 배웠네	十年霜刃學磨硎
탐욕의 바다에 잠기어 사람들 다 취했는데	沉潛欲海人皆醉
신령스러운 산에서 거리낌 없이 나 홀로 깨어 있네	放曠靈山我獨醒
밝은 날 삼청에는 꿈도 잠도 없으니	白日三淸無夢寐
붉은 티끌 세계의 팔고는 바람 불고 천둥 친다	紅塵八苦競風霆
바쁜 속에서야 한가한 세계의 풍경을 어찌 알리	忙中豈識閒中景
한림에 봄이 찾아드니 달빛이 창틈으로 비추네	春入寒林月入欞

[2]

명승지에서 질탕한 바깥 인연 끊었는데	名區跌宕外緣刪
한 점 아득해라, 하늘 끝에 산이 있네	一點微茫天際山
학의 골격이라 밤에 꿈도 잠도 없는데	鶴骨淸宵無夢寐
잔나비 노는 뜰은 대낮에도 편안하고 한가롭네	猿庭白日足安閒
황금모래와 옥 같은 나무는 참으로 신선 세계요	金沙玉樹眞仙界
골짜기 달과 바위 바람은 바로 옛 얼굴이네	壑月巖風是舊顔
이로부터 숲과 물이 사람 세상 막고 있으니	自是林泉人世隔
시사야 근심과 걱정에 맡겨 둔들 어떠하리	不妨時事屬虞艱

묘향산에서 종악으로 가 홀로 선적을 즐기면서[289]
自香山投鍾岳樂獨善寂

좋은 산 아름다운 물을 청려[290]에 맡겼나니	佳山美水任靑藜
바다의 달과 바위의 바람에 길이 헷갈리지 않네	海月岩風路不迷
묘향산의 동천에 일찍이 지팡이를 걸었는데	香岳洞天曾掛錫
선봉의 절벽과 골짜기 여기가 비제[291]이네	鐥峯崖壑此飛梯
무심한 들 두루미는 수시로 내려앉고	無心野鶴隨時下
무슨 심사인지 산 원숭이는 도처에서 울어 대네	有意山猿到處啼
이로부터 연기와 노을은 모두 친구가 되겠거니	自是烟霞俱伴侶
무엇 때문에 바깥 사람들과 괴롭게 제휴하랴	外人何必苦提携

진사 양만영과 수재 양만상의 양서루에 시를 지어 부치다
寄進士楊【萬榮】秀才楊【萬祥】兩書樓下

반산에 비 흩뿌릴 때 홀로 누대 올라가니	牛山斜雨獨登臺
늦은 봄에 동양을 몇 번이나 돌아보았던가	春暮東陽首幾回
예사로 지나쳐 버린 좋은 계절을 늘 서러워하고	佳節每嗟容易過
등한히 찾아오는 이별의 시름 금하기 어려워라	別愁難禁等閒來
오늘의 이 풍광에 혼이 먼저 끊어지고	風光此日魂先斷
시와 술은 어느 때나 또다시 눈앞에 펼쳐진다	詩酒何時眼又開
게다가 지는 달밤에 자규마저 울어 대니	更有子規啼落月
소리마다 호소하는 듯하여 슬픔을 못 견디겠네	聲聲似訴不堪哀

보덕사 경하하는 자리에서 군수가 지은 시의 운을 따서【이서우292가 용강의 군수로 있다.】【원운을 붙임】
普德寺慶席次主倅韻【李瑞雨守龍岡】【附原韻】

사월에 용성에서 범석을 열었는데	四月龍城梵席開
기도하기 위해 때때로 사르는 향 옥로에 재가 되네	祝香時爇玉爐灰
우도293로 다행히 삼 년 동안 정사政事를 시험했는데	牛刀幸試三年政
기족은 원래 백리재294가 아니라네	驥足元非百里才
대낮에는 금당295에서 도가의 책을 펼쳐 읽고	白日琴堂披道帙
양춘에는 옥첩을 선대에 부치노라	陽春玉牒寄仙臺
우리 군수가 인과 애를 겸하지 않았더라면	我侯不是仁兼愛
어떻게 이 숲에서 보낸 한 통 편지를 받을 수 있으랴	安得林中一紙來

원운

병이 들어 공당을 늦게서야 열었더니	卧病公堂晚始開
갇혀 있는 마음 가물가물 불 꺼진 재와 같네	羈心黯黯似寒灰
전생에 가만히 연등불을 섬겼는데	前生伏事燃燈佛
현재는 비단 만드는 재주 못 됨을 부끄러워하노라	現在慙非製錦才
푸른 사자 달려서 보배 자리를 잡고자 하나	欲趨靑獅板1)寶座
붉은 말을 타고 구름 누대 오르기가 어렵네	難騎紫馬上雲臺
총림의 덕 높은 스님들 만일 서로 사랑한다면	叢林老宿如相愛
미묘한 말씀 편지로 써서 보내 주면 다행스럽겠소	幸寄微言一紙來

---

1) 옙 '板'이 저본에는 '扳'으로 되어 있다.

이름을 훔치고 형체를 도적질하여 이욕에만 골몰하며, 심지어는 사나운 풍속으로 관습을 이루고 눈을 부릅뜨고 독을 발하며 의기양양하여 금지하기 어렵고, 마침내는 인륜을 어지럽히기에 돌아가기를 생각하며 뜻을 말함【2수】

有濫號竊形。汨於利欲。至於獷俗成習。瞋目發毒。揚揚難禁。竟至亂倫故。思歸言志。【二律】

[1]

길은 같은데 수레가 다르면 본래 시끄럽거늘	同途異轍固紛如
어떤 사람을 인도하려고 녹거를 장만했나²⁹⁶	引導何人設鹿車
온 세상이 다 어그러져 잔나비는 옷을 찢고	擧世乖張猿裂服
이 한 몸은 표락하여 새가 갈대밭에 깃들이네	一身飄落鳥栖蘆
걸桀의 조정에선 요堯의 말을 해서는 안 되나니	桀庭決不陳堯語
마군의 굴에서는 오히려 불서를 천양하기 어렵다	魔穴猶難闡佛書
난새와 봉황은 본래 닭과는 짝하는 게 아니니	鸞鳳本非雞伴侶
오색구름 짙은 곳에 허공으로 올라가고 싶어라	五雲深處欲凌虛

[2]

이름난 절은 원래 봉황이나 용이 사는 법인데	名藍自是鳳龍居
법의 땅이 지금은 박쥐 터가 되었네	法地今成鳥鼠墟
만 리를 펄펄 나는 하늘 밖의 학인데	萬里飄飆天外鶴
일 년 동안 낙수의 물고기로 살았네	一年栖止樂¹⁾中魚
전단나무 아래로 누가 먼저 달려가나	栴檀樹下誰揮㩉²⁾

---

1) ㉠ '樂'이 저본에는 '濼'으로 되어 있다.
2) ㉮ '㩉'은 '㩳'인 듯하다.

이리와 호랑이 무리 속에서 아직도 머뭇거리네	豺虎羣中尙趑趄
어느 곳 깊은 산이 세상 벗어난 곳인가	何處深山離世地
가을바람아 멀리 가라, 지팡이 천천히 날아가게	秋風遠去錫飛徐

병진년에 호패가 있었기에 번뇌가 생겨 회포를 써서 태수에게 줌
丙辰年有戶佩故。心有煩惱。仍以述懷呈太守。

근래에 심사가 삼대처럼 어지럽나니	近來心事亂如麻
시국에 놀라 울렁거림을 어찌하리오	時警洶洶奈若何
어찌하면 적송자赤松子[297]의 벽곡[298]을 따를 수 있을지	安得赤松追辟穀
부질없이 현도[299]에서 마귀 쫓는 법 배움이 부끄럽소이다	謾慚玄道學驅魔
승려의 이름이 이미 군대에 편성되었거늘	僧名旣已編軍旅
선禪의 꿈으로 어떻게 벽라[300]를 두를 수 있으리	禪夢那能繞薜蘿
다행히 우리 군수의 커다란 풍화를 입었는데	幸荷我侯風化大
동천에는 구름과 비가 아직도 침범하네	洞天雲雨尙凌摩

계식 도자에게 차운하여 주다【석보를 장난으로 풀이하기에 시구에 언급하였다.】
次贈戒湜道者【解釋譜戲故勾及之】

청주에게 한 벌 옷을 얻어 받고서	領得靑州一領衣
비로소 지금이 옳음을 알아 지난번 잘못을 뉘우쳤다	始知今是悔前非
무대 위에서 허수아비 그림자 놀리는 일이 끝나니	棚頭弄罷傀儡影
길 입구에 해와 달빛이 다 사라져 쇠잔하구나	路口消殘日月暉
천 리의 수운 행각 지팡이를 따르고	千里水雲隨杖錫
한 향로에 향불의 정미를 물어본다	一爐香火問精微
근원으로 돌아가면 본래 길거리 일과는 상관없나니	還源本不途中涉
사념을 극복하고 여기에서 꼭 기대는 일 끊어라	剋念斯須絶倚依

문희 상인에게 차운하여 주다
次贈文喜上人

마음 편히 하고 도에 합하는 방법을 비로소 통했나니	安心合道始通方
부디 구름처럼 한가하거나 물처럼 바쁘게 서둘지 말라	遮莫雲閒與水忙
장통[301]은 말을 잘 알아 방불하기 구하였는데	長統解言求髣髴
자운[302]은 하필이면 담 밖에서 물리쳤나	子雲何必郤門墻
학의 다리는 길고 오리 다리는 짧은 게 다 하늘이 준 것이요	鶴長鳧短皆天賦
가을에는 국화 피고 봄에는 난초가 피나 각자 향기롭다네	秋菊春蘭各自香
다행히 간짓대[303]를 몸에 지니고 다니다가 광대놀이를 하니	幸得隨身竿木戲
이 세간 어느 곳인들 광대놀이 할 마당을 만나지 못하겠는가	世間何處不逢場

강선루에 올라
登降仙樓

해동에 이름난 승경勝景 강선루304	海東名勝降仙樓
얼마나 많은 날을 우러러 사모하다 오늘에야 와 노는가	幾日傾瞻此日遊
결구한 솜씨 반수305의 조화인 줄 알겠고	結搆僶俺知造化
시의 문장은 최이306의 풍류를 생각게 한다	賦詩崔李想風流
점점이 푸른 산은 푸른 소라를 벌여 놓은 듯하고	蒼山點點靑螺列
흐르는 파란 물은 알록달록한 익조가 떠 있는 듯하네	碧水溶溶彩鷁浮
석양의 노을과 기러기 너머로 고개 돌려 보니	回首夕陽霞鶩[1]外
갈대꽃과 단풍잎은 똑같이 가을이네	荻花楓葉一般秋

---

1) 옌 '鶩'이 저본에는 '鷔'으로 되어 있다.

정암에서 판사 계형을 만났는데 그가 유산시축을 꺼내 보여 주기에 그 시축에서 운을 따서 시를 지어 줌
淨庵逢戒浻判事。出示遊山詩軸。仍次軸中韵以贈。

미천 석도안을 하찮게 보나니	眇視彌天釋道安
풍류와 아름다운 규범이 가난을 업신여기네	風流懿範篾迦難
연하 속의 법체는 홍진을 벗어났고	煙霞法體紅塵表
수월307 속에 선금은 백일의 끝이로다	水月禪襟白日端
양손의 한 자루 칼은 서릿발 같은 채색이 늠름하고	兩手單力[1]霜彩凜
두 눈썹의 외짝 눈은 번개 빛처럼 싸늘하다	雙眉隻眼電光寒
신족통神足通으로 만 리 먼 길 돌아오는데	歸來萬里通神足
꿈속에 강과 산은 그 길이 꼬불꼬불하구나	夢裡江山路屈盤

---

1) ㉮ '力'이 저본에는 '刀'로 되어 있다.

또 판사 계형의 기유에 주다
又贈冏判事紀遊

삼한의 수백 고을을 두루 다 돌아다니며	行盡三韓數百州
우리 해동의 산수를 실컷 유람하였네	我東山水飽優游
임금 고을의 꽃구경엔 푸른 구름 드리웠고	看花帝里靑雲暗
신선 구역의 달구경은 붉은 노을 떠 있는 듯	玩月仙區紫靄浮
직지사直指寺와 가야산 해인사를 구경하고	直指伽倻窺海印
경문 미륵사를 들러서 관주를 지나왔다	慶聞彌勒過官洲
요천에 학이 돌아오니 강 단풍이 늦었는데[308]	遼天鶴返江楓晩
남쪽 지방 훌륭했던 유람을 앉아서 이야기하네	坐說南中作勝遊

용학산 법운암[309]에 올라
登龍鶴山法雲庵

저물녘에 용악에 들어가 구름다리 건너가니	暮投龍岳躡雲梯
파르라니 깎아지른 듯 회계산會稽山[310]을 닮았구나	積翠嵯峨似會稽
산목과 왜송이 들쑥날쑥 빽빽하고	散木矮松森上下
오뚝한 바위와 촉석이 높낮이를 다툰다	危岩矗石競高低
한 구역 깨끗한 절에 이 몸이 화현化現한 듯	一區淨刹身如化
온갖 기이한 경치에 눈이 희미해진다	萬景奇觀眼欲迷
적교에서 고개 돌리니 용이 물에 누워 있어	回首狄橋龍臥水
얼마 동안을 오가면서 붉은 무지개를 밟았노라	徃來多少踏虹霓

양산 태수에게 올림
上陽山太守

낮에는 경행을 하고 밤에는 잠을 자니	晝則經行夜則眠
삼매 가운데 맑은 흥취 새삼 소연하구나	定中淸興更翛然
바람이 눈을 보내 은꽃을 깔아 주고	條風送雪銀花鋪
달이 구름을 헤치니 옥거울이 뚜렷하다	桂月披雲玉鏡圓
양산으로 가는 길이 막혀 돌아갈 꿈만 꾸고	路隔陽山歸去夢
골 깊은 종악엔 두어 사람 선객禪客만 있네	洞深鍾嶽兩三禪
일 년 동안 이 몸을 이양[311]한 것 그 누구의 은혜인가	一年頤養伊誰惠
어진 태수님께 하례하오니 나의 하늘이오이다	爲賀仁侯我二天

추붕 상인에게 줌
贈秋鵬上人

사자가 여우 울음소리 내는 걸 부끄러워하나니	却慚師子野干鳴
이로부터 여우가 다니는 길을 코끼리는 가지 않는다	自是狐蹤匪象行
삼천세계가 마치 한 오라기 터럭 같고	世界三千如一髮
팔만의 전제[312]가 헛소리임을 알겠네	筌蹄八萬卜虛聲
승류의 찰해는 파도가 너무도 높고	乘流刹海波瀾濶
전승의 공문은 앞다퉈 말을 가리키는구나[313]	戰勝空門指馬爭
전단나무 숲 아래를 나 홀로 걸어가나니	獨步栴檀林下路
여래의 자리에 이르면 자네가 함생이로세	到如來地子含生

원실 대사 청량을 봉별하며 [2수]
奉別圓實大師【淸亮】【二】

[1]

용호의 법지를 이을 자가 그 누구인가	龍湖法地後其誰
십 년 동안 종산에서 조용하게 편히 살았네	十載鍾山宴晦時
불자를 잡은 현기는 말과 침묵 사이에 드러나는 것 아니니	握塵玄機非語默
채찍을 엿보는 도사 노릇 어찌 편의롭겠는가	窺鞭道士豈便宜
중화의 바람과 천축의 달은 선문의 삼매요	華風竺月禪三昧
주막과 어부의 마을은 한 가지의 지팡이라	酒肆漁村杖一枝
해후가 둘 다 어려움은 똑같이 눈이 막아서니	邂逅二難同掩雪
종적이 부질없이 지루함을 부끄러워하네	却慚蹤跡謾支離

[2]

무착과 천친[314] 같은 형과 아우가	無着天親弟與兄
우연히 종악에서 함께 맹세하고 다짐했네	偶然鍾岳共尋盟
일 년 동안 같은 책상에서 등불 켜고 이야기 나누었고	一年同榻然燈話
천 리에 이별하고 눈을 무릅쓰고 돌아다녔네	千里分裾冒雪行
수운처럼 오고 가나 오히려 취미는 다르고	來去水雲猶異趣
북쪽 남쪽 천지에서 각각 삶을 즐겼네	北南天地各聊生
어찌하리, 관산의 길에 머리 돌릴 적에	不堪回首關山路
수시로 갈가마귀만 나무 위에서 울어 대는데	時有寒鴉上樹鳴

발우를 물리치며 뜻을 말함【청량 스님이 발우를 주면서 편양 선사의 발우라고 하기에 언급한다.】【2수】
却其鉢言志【淸亮師以鉢贈。稱鞭羊鉢故及之。】【二】

[1]

일천이 년 동안 내려오며 투쟁이 견고하여	千二年來鬪諍堅
다투어 임제³¹⁵의 바른 종지 전한다고 일컫네	競稱臨濟正宗傳
우는 아이 달래는 돈이 누런 낙엽인 줄 알지 못하니	兒啼不識錢非葉
소 발자국 찾음이 어찌 뗏목과 통발의 비유인 줄 알겠는가	牛跡安知筏喩筌
향상이 어떻게 토끼가 다니는 길에서 놀겠는가	香象豈曾遊兎逕
짧은 두레박줄로는 깊은 샘의 물을 길어 올리지 못한다	短綆難得汲深泉
사람들은 의발이 장차 법을 전한다고 말들 하지만	人道鉢衣將作法
둥근 달이 원래 맑은 냇물에 떨어진 것이 아니라네	月輪元不落淸川

[2]

허위허위 총령을 걸은 외짝 짚신 바빴는데	葱嶺翩翩隻履忙
몇 년이나 지나 동국에 또다시 편양인가	幾年東國又鞭羊
오월에 바람이 불어 구름을 날려 흩어 버리고	風揚吳越雲飛散
싸늘한 못에 물이 고요하니 달그림자 빛이 난다	水止寒潭月影光
봄 못에서 돌을 잡고도 사람들은 의기양양해하는데	執石春池人自得
각수에서 꽃을 뽑아 들고도 내가 제일이 아니라 하네	拈花覺樹我非長
상행하여 이미 떠나 계봉이 멀어졌는데	上行已去雞峯遠
응기에 은밀히 법을 붙였다고 누가 말했는가	應器誰言密付藏

구룡산으로 이사하여 [2수]
移徙九龍山呼韻【二】

[1]

세모에 용암으로 지팡이 짚고 오니	歲暮龍巖杖錫來
난산[316] 깊은 곳에 골짜기 문이 열렸네	亂山深處洞門開
얼음은 천 길 시내에 푸른 옥을 담고 있고	氷函碧玉千尋澗
돌은 일백 길 누대에 연꽃을 피웠구나	石作蓮花百丈臺
맑은 기미 조발하니 그늘진 골짜기의 울림이요	助發淸機陰壑籟
봄뜻을 독점하니 눈 쌓인 뜰에 매화로다	獨占春意雪庭梅
이미 묵은해는 가고 새해도 절반이나 지나니	已除歲去新正半
세월이 날마다 재촉함을 갑자기 깨닫겠구나	陡覺年光日日催

[2]

물병과 지팡이 들고 표연히 설산을 찾아오니	飄然瓶錫雪山來
골짜기 숲속에 구불구불 돌길이 열렸구나	林壑盤紆石逕開
옥 경쇠와 금종이 절에서 울려 오고	玉磬金鍾鳴佛刹
계수나무 꽃과 솔방울이 선대에 떨어진다	桂花松子落仙臺
언덕 얼굴이 해를 향하니 버들의 눈썹이 펴지고	岸容向暖伸眉柳
산의 뜻이 추위를 찌르니 매화 이마가 터진다	山意衝寒破額梅
법지의 풍광을 다 실어 옮기지 못하니	法地風光輸不盡
발우 소리 재촉한 양객[317]이 도리어 부끄럽네	還慚梁客鉢聲催

경규 스님이 내방하여 선물을 주기에 사례하며
贈敬規見訪有饋以謝

향성[318]에서 작별하고 오랜 세월 지났는데	握別香城節序淹
용수를 찾아와 안부를 묻는다	委尋龍樹問凉炎
몸을 잊고 도와 계합하면 맑기가 담박하고	忘形道契淸如淡
입에 좋은 맛난 음식은 흐려서 청렴을 해친다	悅口珍羞濁害廉
학탑에 마주 앉아 이야기하니 달빛이 가득하고	鶴榻對談山月滿
호계에서 이별하니 골짝 구름 엷어진다	虎溪相送洞雲纖
사해에서 같은 가풍으로 형과 아우 되었으니	同風四海爲兄弟
강호에 자취 남긴 것 또한 싫어하지 않으리	寄跡江湖且不嫌

대운 스님이 자반을 보내왔기에 사례하며
謝大雲師送佐飯底

일미라 함은 항상 매실을 말해 온 지 오래인데	一味家常久說梅
맑고 참다운 활계로 괴로운 마음 재가 되었다	淸眞活計苦心灰
국을 끓일 때 소금이 빠질까 걱정하지 말라	調羹遮莫傷鹽去
밥을 먹고는 부질없이 발우 씻을 물을 돌리네	喫飯空敎洗鉢廻
장병을 때려 부수고 나는 손뼉을 치는데	打破醬瓶吾拍掌
좌합[319]을 제봉하는 데는 자네가 재주 있네	題封佐盒子懷才
탐간[320]에 돌아가는 스님 편을 빌리지 않나니	探竿不假歸僧便
여러 해 동안 체재 갖추는 그대에게 하례하노라	爲賀年來具體裁

세상을 경책하여 뜻을 말하다【서문이 있었다.】【8수】
警世言志有序【八首】

[1]

밝고 밝은 해탈한 몸 그 누가 얽어매었나	誰縛明明解脫身
본래 나고 죽음도 없고 또한 사람이란 것도 없다	本無生死亦無人
마니摩尼를 물에서 꺼내도 물은 원래 흐려지지 않고	末尼出水元非濁
맑은 거울을 누대에 건다고 어찌 먼지가 털어지랴	明鏡臨臺豈拂塵
한 올의 나환은 마치 검푸른 먹을 뿌린 듯	一髮螺鬟如潑黛
몇 가지의 꽃다운 얼굴은 찡그리는 얼굴³²¹조차 즐겁다	幾枝花臉逞工嚬
자연 그대로의 면목이 원만하게 성취된 곳에	自然面目圓成處
어찌 수고롭게 분 바르고 화장하여 새로 고칠 필요 있나	脂粉何勞一着新

[2]

사람마다 원만한 성취는 누구나 평등한 일이기에	平等圓成箇箇人
생애가 부족함이 없고 또 맑고 참답다네	生涯不歉又淸眞
옥호³²²와 가을 물은 원래 맑고 투명하건만	玉壺秋水元明徹
금곡³²³과 요대는 스스로 가까이한다	金谷瑤臺自比隣
대나무 할아버지와 오동나무 손자는 가지가 이어지고	竹祖桐孫枝繼繼
소의 머리와 말의 입은 그 말이 순순하다	牛頭馬口語諄諄
대방가³²⁴ 밑에 끝이 없는 땅에	大方家下無窮地
몇 백 번이니 새가 울어 봄을 희롱했는가	幾百般啼鳥弄春

[3]
격외의 마음을 전한 영취봉에서	格外傳心靈鷲峯
꽃 뽑아 들자 웃음 드려 맑은 바람에 보냈네	拈花獻笑送淸風
서천의 해와 달은 천 등을 밝혔고	西天日月燈千照
동토의 총림엔 다섯 잎의 꽃이 피었네³²⁵	東土叢林葉五紅
화살촉을 깨무는 기봉을 어느 누가 잡으랴	嚙鏃機鋒誰捉敗
채찍을 엿보는 절도는 저절로 영롱하다	窺鞭節度自玲瓏
가엾어라, 근세의 다른 집안 아이들이여	可憐近歲他家子
귀신의 굴속에서 졸면서 부질없이 괴로워한다	瞌睡徒勞鬼窟中

[4]
하루 열두 시를 저녁에는 갔다가 아침에는 오면서	暮去朝來十二時
때때로 들어서 한 덩어리 의심을 깨친다	時時擧覺一團疑
고양이가 쥐를 잡듯 배고플 때 밥을 생각하듯 하고	如猫捕鼠飢思食
병든 이가 의사 찾듯 어미가 아이를 그리듯 하네	似病求醫母憶兒
이것은 운문의 간시궐³²⁶이 아니면	不是雲門乾屎橛
아마도 백장의 야호리³²⁷일 것이다	除非百丈野狐狸
깔깔대고 웃으며 박수를 치니 천하가 놀라고	呵呵拍手驚天地
온갖 풀 끝에 살아 있는 조사의 뜻이 분명하다	百草明明活祖師

[5]
참선을 하지 못한다면 염불이 제격이지	落得叅禪念佛宜
끊임없이 이끌고 때때로 나아가네	提撕罔間趂時時
사생의 같은 자식이라 그 은혜 아비보다 더하고	四生一子恩逾父
두 곳 다 같은 마음이라 어미가 아이를 그리워하듯 하네	兩處同心母憶兒

마흔여덟 가지 자비의 서원 그 정성이 간절하고	六八慈悲誠切切
삼천 가지 고뇌가 또다시 잡아끄는데	三千苦惱更遲遲
어찌하여 연대의 길로 가려 하지 않고	盍歸乎去蓮臺路
칠취를 달려가며 스스로 갈림길에서 우는가[328]	七趣奔馳自泣歧

[6]

고통에서 구제하고 즐거움을 주는 자비 스스로 기약이 있나니	拔與慈悲自有期
나무아미타불 이 여섯 글자가 그것이라네	南無六字佛阿彌
연꽃이 피어 있고 보배 나무 있는 곳이 내가 돌아갈 국토요	蓮花寶樹吾歸土
황금빛 몸에 옥호[329]를 지니신 분이 나를 인도할 스승이시다	金色玉毫我導師
낮과 밤 때때로 부질없는 생각을 없애고	晝夜時時除妄想
경행하는 걸음걸음에 참다운 모습 우러른다	經行步步仰眞儀
다만 바라는 건 임종하는 날 극락에 왕생하여	徃生只願臨終日
옥전과 경루를 내 마음대로 다니는 것이라네	玉殿瓊樓任所之

[7]

형상을 훔쳐 비구의 단에 거만하게 앉아서	竊形高踞芘蒭壇
으스대는 위세는 가섭과 아난보다 더하네	卓犖威稜跨葉難
책이 가득 쌓인 책상에서 교만하게 맛난 음식이나 논하고	虬[1)]帙堆床驕說食
사방으로 통하는 자리에 앉아 편안히 지내는 승려들 깔본다	通方在座篾師安
법문에선 고금을 말하지만 가슴속은 말이요	法門今古襟裾馬

예의와 규모에 대해서는 어리석고 미련하다	禮義規模憒懂頑
비록 제호가 있다 하나 그릇이 없는 걸 어이하랴	縱有醍醐何器缺
백 년을 헛되이 보내니 다만 승려들이 쇠잔해질 뿐이네	百年虛喪只僧殘

[8]

정녕하신 부처님 말씀 부지런히 실천해야 하나니	丁寧金口苦孜孜
팔만 가지 참다운 경전만이 백대의 스승이라네	八萬眞經百世師
하나의 커다란 인연은 오직 경절문徑截門[330]뿐이거니	一大因緣唯徑截
육진의 풍경이 모두 다 사라진다	六塵風境更支離
해와 달이 세월 재촉함을 노끈으로 잡아매지 못하나니	長繩不繫烏催兎
덜어 내고 녹이기 어려움이 새가 거북을 업는 격이네 [331]	減割難銷鳥負龜
보고 또 보아라, 어느새 섣달 삼십일이 되었나니	臘月看看三十日
비단이 뚫어지면 참새가 날아가니 지옥행이 결정된다[332]	縠穿飛雀定泥犂

---

1) ㉮ '虻'가 저본에는 흐리게 나와 있어 식별이 어려우나 '凡'에 가깝다.

북도의 여러 명산을 유람하는 형 스님에게 줌
贈泂師遊賞北道諸名山

만 리의 봄 산이 한 폭의 그림 같은데	萬里春山一畫圖
높고 낮은 연경[333]에 넋 나가기 충분하네	高低烟景足神驅
푸른 비단 같은 그림자 속에 돌아가는 사람 멀고	綠羅影裡歸人遠
붉은 비단 같은 석양빛에 지친 새 외롭구나	紅錦光中倦鳥孤
점점이 많은 산은 변방의 들을 둘러 있고	點點羣峯圍塞野
아득히 넓은 바다 구름에 닿아 있네	茫茫大海接雲衢
명승지 밑에는 아담한 보금자리	名區底處爲窠臼
세간을 벗어날 때 나 여기 오려네	出世間時我亦趍

함산에서 이정영[334]을 만나
咸山逢李正英

금천[335]의 푸른 바다에서 예전에 함께 놀았고	金天碧海昔同遊
옥 같은 나무에 맑은 시내인 지금은 가을 구월이네	玉樹淸溪九月秋
천 리의 꿈속의 혼은 구름처럼 모였다 흩어지고	千里夢魂雲聚散
십 년의 부평초 같은 인생은 물처럼 잠겼다 떠오른다	十年萍跡水沉浮
함관에서 이별한 후 얼굴이 어렴풋이 기억나는데	咸關邂逅依俙面
나그네 몸으로 배회하니 못내 잊지 못해 시름한다	逆旅徘徊繾綣愁
내일 성문을 나가 손 흔들며 이별하고 나면	明日出城揮手別
낙민교 밖의 길이 유유하리라	樂民橋外路悠悠

행흡 스님에게 차운하여 주다
次韻贈幸洽

솔개 날고 물고기 뛰는 경지[336]는 저절로 그지없나니 　鳶飛魚躍自無窮
성인의 지혜로 통하기 어렵다면 어찌 세상의 총명이랴 　聖智難通豈世聰
침묵을 지키거나 혀를 차는 일과는 아무 관계 없나니 　非干守默兼彈舌
채찍을 휘두르고 소나무를 잡는 일[337] 어찌 즐겨 간섭하랴 　肎涉揮鞭與執松
은한에 비 개니 밤중에 달이 밝고 　銀漢雨晴中夜月
석단에 구름 걷히니 구월의 가을바람이라 　石壇雲捲九秋風
텅 빈 창 고요한 봉래산 방에서 　一窓虛靜蓬萊室
베갯머리 찬 시내 소리에 기러기 울어 예네 　枕畔寒溪又塞鴻

춘파 시고 중의 운을 따서
次椿坡藁中韻

동해의 봉래산에 특별한 집이 있으니	東海蓬山別有家
맑고 참다운 경물이 여기에만 많구나	淸眞景物此偏多
높고 낮은 산봉우리 더욱 기이한 형상이요	高低岳岫尤奇狀
멀고 가까운 낭간[338]에 또 기이한 꽃이로다	遠近琅玕又異花
천 길에 만 겹으로 바위 위에 또 돌이 있고	千丈萬重岩上石
짙게 깔렸다 옅게 퍼지는 골짝 속의 노을이다	或濃還淡洞中霞
찾는 스님 약 캐러 갔는데 어찌 번거롭게 물으리오	尋師採藥何煩問
소나무 아래 구름 깊어도 길은 어긋나지 않으리	松下雲深路不差

어산[339] 응 스님에게 줌
贈應魚山

조수潮水 소리가 일깨워 춤을 좋아하는 성품이라	性愛潮音喚發機
맑은 범패로 천도재를 올리는 의식이 제일 어울려	最宜淸梵薦修儀
어산에 물이 잦아지니 천뢰[340]가 고요하고	水落魚山天籟靜
안탑에 구름이 피어오르니 계풍이 불어오네	雲開鴈塔桂風吹
경루와 보전에 향과 꽃을 올리는 날이요	瓊樓寶殿花香日
옥진과 금성으로 예 올리고 염불하는 때로다	玉振金聲禮念時
여섯 명이 소리 높이 창唱하니 서방이 밝아져	六名高唱西方曉
악마의 성과 귀신의 나라로 하여금 귀의하게 하는구나	能使魔城鬼國歸

법기와 계방 두 스님에게 줌
次贈法器桂芳二師

흰 구름 같은 마음 자취 영고를 벗어 버리고　　白雲心跡脫榮枯
평생에 개에겐 불성이 없다는 걸로 일삼았네[341]　事業生平狗子無
석동에 봄이 돌아오니 꽃이 늦게 피고　　　　　石洞春廻花晚發
사문에 나그네 이르니 학 한 마리 날아오르네　　沙門客到鶴飛孤
산중에서 요행히도 안개와 노을의 진면목을 보고　山中幸見烟霞面
세속 밖 수월 같은 몸 사랑하노라　　　　　　　物外偏憐水月軀
하룻밤 자고 이별이라 정도 채 풀지 못했는데　　經宿別離情未洽
숲속 새 서로 부르는 소리에 견디기 어려워라　　不堪林下鳥相呼

원명 도인에게 줌
贈圓明道人

격외³⁴²를 같이 참구함이 어찌 우연이랴	格外同叅豈偶然
염화³⁴³의 비밀한 뜻 서로서로 전해졌네	拈花密旨遞相傳
손가락을 잊어야³⁴⁴ 유사³⁴⁵의 달을 볼 수 있고	人能忘指流沙月
도는 스스로 말이 없어야 소실선³⁴⁶을 이루리	道自無言少室禪
일천 성인의 한 문은 마음이 곧 부처이고	千聖一門心卽佛
중생의 삼매는 그 자리에서 신선에 오른다네	衆生三昧地昇仙
섬을 바라보니 오석³⁴⁷이 때때로 나타나고	望洲烏石時時見
강가 달과 솔바람은 다행히도 걸림이 없네	江月松風幸莫筌

복창군[348]의 행차 수레를 받들며 [2수]
奉福昌君行軒下【二】

[1]

종친의 아들이요 유성[349]으로 성군을 도우니	宗子維城輔聖君
행장[350]과 출처를 어찌 말로 다하랴	行藏出處豈云云
정기는 몇 번이나 연경의 눈 속에 휘날렸고	旌旗幾拂燕京雪
검패[351]는 때때로 자금[352]의 구름에 울렸다	劍佩時鳴紫禁雲
봉래산에서 사물을 구경하며 도술을 연마하고	玩物蓬萊治道術
영해에서 풍경을 관람하며 인문을 살폈네	觀風嶺海察人文
깊은 산속의 풀과 나무도 남은 은택을 입어	窮山草木霑餘澤
번화한 금수강산도 우러러 기뻐하는 것 같다	錦繡繁華似向欣

[2]

벽해의 봉래산에 별유천지別有天地[353]가 있으니	碧海蓬萊別有天
밝은 날에 삼청에서 참 신선이 내려왔다	三淸白日降眞仙
오색구름 그림자 속에 깃발이 펄럭이고	五雲影裡飜旌旆
일만 폭포 소리 가운데 관현이 섞여 있다	萬瀑聲中雜管絃
겹겹이 쌓인 옥 봉우리 위아래가 가지런하고	重疊玉峯齊上下
붉고 누런 비단 잎은 곱고 예쁨을 다툰다	紅黃錦葉競嬋娟
자주색 노을 깊은 곳 금단[354]에 올라	紫霞深處金壇上
한 잔의 경장瓊醬[355]으로 백 년 동안 취하리라	一酌瓊漿醉百年

홍 감사의 〈금강산을 유람하며〉 운을 따서
次洪監司遊金剛山韻

먼 곳에서 옥절이 풍악산에 다다르니	玉節遙臨楓岳山
방미[356]와 학골[357]이 숲속에 나와 맞네	厖眉鶴骨出林間
붉은 노을의 골짜기에 피리 소리가 돌을 뚫고	笛聲透石丹霞洞
푸른 물의 물가에는 깃발이 바람에 나부낀다	旗影飜風碧水灣
구월의 가을 경치 시로 읊기 난감하고	九月秋光吟裏苦
삼청의 밝은 해는 꿈속에 한가롭다	三淸白日夢中閑
일만 이천 봉우리 꼭대기 돌아오니	歸來萬二千峯頂
한만천유[358]에 잡고 오를 게 있어 다행이다	汗漫天遊幸可攀

유점사 주지 성탄의 시운을 따서 [2수]
次楡岾寺住持韻【性坦】【二】

[1]
시 짓는 법 가풍 이룬 이 한때에	詩法成家此一時
천 길 문장의 광채를 여기에서 보겠구나	文光千丈見於斯
금이 여수에서 나오니 사지[359]가 충분하고	金生麗水四知足
옥이 형산에서 나오니 세 번 바침이 마땅하다[360]	璞出荊山三獻宜
땅에 던지면 맑은 소리가 속인의 귀를 놀라게 하고	擲地淸聲驚俗耳
하늘에 이야기하면 아름다운 말이 풍기[361]를 쏟는다	談天綺語瀉風期
편사[362]로도 오히려 장성을 공격할 만하고	偏師尙可長城攻
전예[363]는 소단[364]에서 그 가치 영원하리	戰藝騷壇價不虧

[2]
요령을 떨치고 벼리를 제시함이 다행히 때에 맞아	振領提綱幸及時
정성을 다하여 향을 사르고 종사[365]를 기원한다	薰誠點爇祝玆斯
법당에는 삼뢰[366]가 진동하나 총림은 조용하며	三雷殿震叢林靜
만세를 부르는 산문에 성군의 덕화德化가 마땅하다	萬歲山呼聖化宜
옥촉이 항상 비추니 백성들의 업이 즐겁고	玉燭恒調民樂業
금구[367]엔 영원히 제물 올려 누구 허물 기약하나	金甌永奠孰愆期
십 년의 바람과 서리 속에 학교송鶴翹松[368]이여	風霜十載翹松鶴
비와 이슬 같은 천은天恩도 없어지지 않으리라	雨露天恩亦不虧

수택 스님에게 주다
贈水澤師

물 모여 개천 이루어 닿는 곳마다 통하며	水到成渠觸處通
네모지든 둥글든 그릇 따라 쓰임이 무궁하네	方圓隨器用無窮
어룡의 붓 아래선 어진 은택이 되고	魚龍筆下爲仁澤
버드나무 가지 끝에선 은혜 바람 시원하네	楊柳枝邊洒惠風
대지에 온갖 새싹 적시지 않는 것 하나도 없고	大地群萌誰不沐
넓은 하늘 모든 성인도 다 은혜 입었네	普天諸聖亦咸蒙
밤낮없이 도도하게 조종으로 흘러내려	滔滔日夜朝宗去
만 갈래 천 냇물이 동해로 들어가네	萬派千溪東海中

풍담 스님 비음기碑陰記³⁶⁹의 시운을 따서 [2수]
次楓潭碑陰韻【二】

[1]

꼭두서니의 붉은색과 쪽의 푸른색을 내가 알지 못하나 　　茜絳藍靑我未知

발침과 봉전은 대사가 바로 그런 인물이네 　　鉢針鋒箭大師其

　그 가운데 정일³⁷⁰은 요堯가 순舜에게 전한 것이요 　　厥中精一堯傳舜

　거문고 줄에 아양³⁷¹은 백아가 종자기를 만남이라 　　絃上峩洋白遇期

　영악의 활짝 웃었던 사람과 같은 이는 그 누구이며³⁷² 　　靈岳破顔云孰是

　행단에서 비파를 내려놓은 이는 또 누구인가³⁷³ 　　杏壇鏗瑟定阿誰

　사문³⁷⁴의 도가 있으니 하늘이 어찌 없앨 것인가 　　斯文道在天何喪

　천년의 금선이 법의를 주셨느니라 　　千載金仙授法衣

[2]

아름답구나, 저 분진³⁷⁵의 크게 깨달으신 스님으로 　　猗彼汾津大覺師

마니주摩尼珠가 흐린 물을 비춰 맑힘과 정녕 같으시네 　　末尼照水正如之

　십이의 높은 가격은 이웃 나라를 속이고 　　價高十二欺隣國

　삼천을 쏘는 광명은 팔유³⁷⁶를 통하네 　　光射三千透八維

　해바라기처럼 기우는 많은 스님들 진역을 잊고 　　衆衲傾葵忘珍域

　오디 먹은 온갖 마귀들 자비를 얻었네³⁷⁷ 　　群魔食葚得慈悲

　비석과 탑을 세우는 일은 모두 부질없는 일이니 　　豐碑樹塔渾餘事

　기꺼워라, 대사의 도덕은 온 세상이 다 안다네 　　道德偏憐擧世知

진사 이사상[378]의 〈은신거〉의 운을 따서
次李進士【士常】隱新居韻

맑은 호수 일대에는 만 이랑의 모래밭	一帶淸湖萬頃沙
휘늘어진 언덕의 버들에 비 그친 뒤 노을이라	依依岸柳拂晴霞
강 단풍에 고깃배는 고소사의 풍경이요	江楓漁火姑蘇寺
고죽(참대)과 누런 갈대 분포 마을 풍경이라	苦竹黃蘆溢浦家
풀이 푸른 나룻가엔 배를 대지 않았고	靑草渡邊舟不繫
갈매기 나는 섬에 물이 끝이 없도다	白鷗洲上水無涯
많은 현인賢人 날로 모여 오래도록 시 읊으니	群賢日集因長詠
지나가는 나그네들 진영화[379]인가 의심하네	過者還疑晋永和

서방[380] 강수일의 운을 따서 회답하다
次姜書房【壽一】韻回示

용성에서 이별한 지 어느새 일주년이 지났는데	龍城一別已周年
이 가을에 안부 편지 전하지 못한 것이 한이로다	鴈信三秋恨未傳
이별할 때 정녕한 말 아직 귀에 남아 있고	別語丁寧猶在耳
보낸 마음 못 잊어 함이 부질없이 쌓여 간다	離懷繾綣謾成纏
강 구름과 물가의 나무는 봄 하늘의 밖이요	江雲渭樹春天外
한수와 오산은 꿈속에 아련하다	漢水烏山夜夢邊
어떻게 하면 서주에서 은혜 베푸는 날을 만나	安得西州布惠日
난간에서 바람과 달빛에 함께 머무를 수 있을까	一軒風月共留連

아헌 강제상에게 부침
寄姜亞軒【濟相】

용아에서 여러 날 묵었던 일을 추억하면서	追憶龍衙累日淹
망신루 아래서 몇 번이나 우러러보았던가	望宸樓下幾攀瞻
동정의 봄 속에 한가롭게 시름을 보내고	洞庭春裏閑愁遣
한묵[381]의 숲에는 부질없는 흥만 더한다	翰墨林邊漫興添
경국이 만일 선의 꿈으로 들어온다면	京國若爲禪夢入
동천[382]은 오히려 은혜 바람 편안함을 생각할 텐데	洞天猶想惠風恬
강호에서 이별하고 서로 잊은 지 오래	江湖散跡相忘久
남쪽 기러기 올 때 북쪽 잉어는 물에 잠기리	南鴈來時北鯉潛

설암 추붕 스님의 생 마침을 애도함 [2수]
挽雪岩秋鵬捨生【二】

[1]
삶은 어이 그리 훌륭하고 죽음은 어이 그리 바쁜고	生何勝也死何忙
오십여 년 세월이 부싯돌 불빛같이 빠르구나	五十餘年石火光
문자를 늘어놓는 것도 오히려 잠꼬대 같은 것	文字鋪張猶夢寐
문도들 모여듦이 강랑³⁸³과 같구나	門徒聚會亦蜣蜋
서산의 적파로 유명한 종장이었으며	西山嫡派名宗匠
남쪽 나라 외로운 혼 아득히 먼 길로 떠나셨네	南國孤魂去杳茫
부운 같은 인생의 죽고 삶 아무도 모르고	起滅浮雲人不識
삶과 죽음은 늙건 젊건 일정한 게 아니라네	存亡老少說非常

[2]
나서부터 오십여 년을 세상 피해 도망했는데	生餘五十世間逃
어느 곳 진향에서 열조를 찾으시나	何處眞鄕訪列曹
푸른 하늘 아득하여 하늘 길이 먼데	碧落蒼蒼天路遠
황천은 아득하고 나하³⁸⁴는 넘실거리네	黃泉渺渺奈河滔
먼 길 몽택에는 영혼이 머물지 않는다 하니	脩途夢宅靈無住
상품의 연대를 걸음은 고달프지 않으리	上品蓮臺步不勞
낙안의 금화에 적멸로 돌아가니	樂岸金華歸永寂
눈이 그치고 구름은 걷히나 북쪽 바람만 거세구나	雪晴雲散北風高

월계 상인에게 줌
贈月桂上人

동쪽 골짜기에 처음 떠오르는 백옥 쟁반	東谷初昇白玉盤
은하수에 갈고 갈려 저절로 둥글어졌구나	轉磨銀漢自團團
광명은 금모[385]의 요지연[386]에 흐르고	光流金母瑤池宴
그림자는 상비[387]가 타는 보배 거문고를 쏜다	影射湘妃寶瑟彈
정련이 강물을 맑혀 바닥까지 투명하고	靜練澄江明到底
응화가 땅을 얼려 찬 기운이 나온다	凝華凍陸氣生寒
달 속에 계수나무 찍어 낸다 말하지 말라	休言斫却月中桂
밝게 빛남은 예나 지금이나 늘 일반이라네	今古淸輝鎭一般

뜰 앞 소나무
庭松

글을 짓는 어느 누가 이 뜰 가에 심었는가 　　著書誰種此庭邊
늙은 나무 용 비늘은 몇 년 세월 흘렀는가 　　樹老龍鱗月幾年
빽빽한 잎은 우레 치고 비 오는 날 더욱 무성하고 　密葉森森雷雨日
찬 가지는 눈서리 내리는 날 더욱 낙락[388]하도다 　寒枝落落雪霜天
학교송鶴翹松의 이슬방울은 가지 뒤집힌 뒤요 　　鶴翹露滴枝飜後
문을 열고 스님이 내다봄은 눈 쌓이기 전이었네 　　僧看門開雪滿前
가장 좋은 때는 달 밝고 바람 떨치는 밤인데 　　最好月明風拂夜
혹은 파도 소리인가 혹은 거문고 소리인가 의심하네 　一疑溟浪一牙絃

강서 이등귀의 시운을 따서
次李江西登龜韻

만수를 어찌 북두의 잔에 기대하리	萬壽何期北斗盃
강 골짜기에 물러나 쉬니 배회할 수 있구나	退休江谷得徘徊
등귀사[389] 안에서 그 누구와 같이할꼬	登龜寺裡人誰共
명학지[390] 둘레를 나 혼자 돌아다니네	鳴鶴池邊我獨來
눈을 무릅쓰고 핀 꽃 그 향기가 길에 가득하고	冒雪花開香滿路
서리를 견디고 피어난 계수나무 해가 누대에 이르렀네	凌霜桂發日臨臺
떨어지는 낙엽에 가을 생각 견디지 못하나니	秋懷不耐猶搖落
형양으로 가는 기러기 소리 저물 무렵 애절하네	鴈叫衡陽向暮哀

시운을 따서 감회를 읊음
感懷次韻

연대의 몇째 층에 살고 있는가	居在蓮臺第幾層
풍류욕을 끊은 해운 스님이라	風流欲斷海雲僧
이십 년 공문의 생활에 천문이 멀고	空門二十天門逈
삼천 찰해에 성품 바다 맑아라	刹海三千性海澄
녹야원鹿野苑의 구륜[391]은 팔제[392]를 통하고	鹿野俱輪通八諦
취암의 신자[393]는 모든 승乘을 깨달았네	鷲岩身子會諸乘
서천西天의 28조사祖師와 동토東土의 6조사가	二三四七東西土
어찌 번거롭게 불 속의 얼음처럼 나왔다 사라졌나	出沒何煩火裡氷

성 장실에게 차운하여 보이다 [2수]
晟丈室次示【二】

[1]
검각 서쪽 개천에서 여러 해를 놀았고	劒閣西川數載遊
벽경³⁹⁴과 규장³⁹⁵의 풍류를 좋아했네	壁經虯藏好風流
이산³⁹⁶의 해와 달을 주머니 속에 긁어 넣고	尼山日月囊中括
인토의 하늘과 땅을 손바닥에 거두었네	印土乾坤掌上收
흰 두루미와 신선 종적 누가 맡아 관리할까	白鶴仙蹤誰管領
푸른 부평초 같은 신세 슬픔과 걱정이 끊어졌네	青萍身世絶悲憂
천지가 장구한 무하유향에	天長地久無何有
비와 구름 시행施行하여 나왔다간 사라지네	雨施雲行出沒頭

[2]
남화선자(莊子)가 소요하며 노니나니	南華仙子逍遙遊
학鸑과 구鳩와 곤鯤과 붕鵬 크고 작은 부류들	鸑鳩鯤鵬大小流
명산 궁발³⁹⁷과 월영의 나라요³⁹⁸	冥山窮髮越郢國
범초³⁹⁹와 팽상을 누가 가히 거두리	凡楚彭殤誰可收
대괴가 탄식할 때 일만 구멍이 성을 내고⁴⁰⁰	大塊噫時萬竅怒
거센 바람이 그침과 만물의 움직임⁴⁰¹에 애락을 근심한다	濟厲調刀¹⁾哀樂憂
숙儵과 홀忽이 돌아오자 혼돈이 죽었나니⁴⁰²	儵忽歸來混沌死
천하의 도술은 오작烏雀의 머리로다	道術天下雀烏頭

---

1) 옙 '刀'는 '刁'의 오자인 듯하다.

일현 대사에게 줌
贈一玄大師

큰 비구들 중에 최상의 대인이니	大比丘中上大人
국다 존자[403]는 파순[404]의 항복 받았지	麴多尊者伏波旬
티끌 같은 세계에서 때를 따르고 곳을 따르며	隨時隨處塵塵界
자신도 이롭고 남에게 이익 주니 사물마다 새롭다	利己利他物物新
고달프면 잠을 자고 배고프면 먹는 것 즐거운 일이요	困睡飢飡稱樂事
나무하고 나물 캐며 계절 따라 맞춰 사네	拈柴擇菜合良辰
마음 잊으면 마음이 편해지는 법을 이미 터득했고	忘心已得安心法
세상을 벗어나 남음 없으니 세상살이 진실하네	出世無餘處世眞

쌍해 스님의 죽음을 애도함
挽雙海師

평생에 한 번 만났다 하여 어찌 인연이 없다 하리	生平一面豈無緣
죽음으로 이별하고 보니 우리 둘 묘연하구려	死別千秋兩杳然
눈물 대신 비가 쏟아져 바다로 흘러들고	雨替淚垂流入海
쌓인 한에 구름 더해 하늘을 가리네	雲添恨積蔽於天
구원[405] 어디로 그대의 혼 돌아갔나	九原何處魂歸去
삼매의 광명 속에 눈이 열리려 하네	三昧光中眼欲穿
끝이로구나 재 되어 날아가 사라진 뒤에	已矣灰飛烟滅後
새는 지저귀고 사람은 웃으며 풀만 더부룩하구나	鳥啼人笑草芊芊

물놀이하는 여러 생도에게 보여 줌
示水浴諸生

손님의 몸으로 찬 바위에 이르러 좌망[406]하니	客到寒岩得坐忘
신선이 귀양으로 내려와 훌륭한 놀이가 오래구나	謫仙來降勝遊長
고상하고 청아한 담론에 단방[407]이 그윽하고	高談雅論丹房奧
탈속[408]과 멀건 국으로 정시[409]가 곁에 있다	脫粟明羹淨侍傍
기수에 목욕하고 시 읊으며 돌아가는 정일한 흥취요	沂浴詠歸精一趣
벽을 향해 마음 자취 관하는 수운의 마을이다	壁觀心跡水雲鄕
특별히 백 자 간짓대(竿木) 끝으로 옮겨 가는 날에	別有竿頭移轉日
낭산과 풍수에 마음껏 비상하리	朗山澧水儘翶翔

오산 아래에서 청안 스님을 만나 시운을 따서 줌 【청안이 운파 준의 회하에 있었기 때문에 첫 구에 언급하였다.】
烏山下逢淸眼次贈【眼在雲坡俊會故初勾及之】

운파의 회하에 있다가 산문을 내려왔기에	雲坡會下下山來
오석봉 앞에서 직접 목격할 수 있었다	烏石峯前目擊開
형상 밖의 현기는 허공 그림자를 모으는 것이요	象外玄機空撮影
환중의 도계는 경대鏡臺에 임하는 것이다	環中道契鏡臨臺
허깨비 세상에 거려[410]는 한단의 꿈[411]이요	蘧廬幻世邯鄲枕
나그네의 청아한 이야기에 명정[412]의 잔이로다	逆旅淸談酩酊盃
바닷가의 달과 강가 구름의 끝없는 뜻을	海月江雲無盡意
바빠서 다 이야기하지 못하고 이별을 재촉한다	匆匆不盡別離催

고향 산문으로 돌아가는 빈발암 청민 스님을 송별하며
次別賓鉢淸敏師歸故山

이천 년의 뒤인지라 점점 소조蕭條해지니	二千年後轉蕭條
비단 저고리 입은 그 누가 구품 도포 입으랴	綉襖人誰九品袍
천 겹 설악에서 부질없이 늙어 버렸고	雪岳千重空潦倒
만 리 천지를 실컷 돌아다니며 구경했네	天地萬里飽逍遙
허깨비 세상에 부휴함이 거북이 껍질에 숨은 것 같나니	浮休幻世龜藏殼
얼마나 많은 사문이 새처럼 둥지를 가려 앉을까	多少沙門鳥擇巢
장맛비가 잠깐 개자 하늘이 탁 트이니	積雨乍晴空宇宙
이때의 행리는 저절로 도도하다	此時行李自陶陶

안락와에서 뜻을 말함 [2수]
安樂窩言志 [二]

[1]

무진한 뿌리를 가지고 있는 대약수왕은	大藥樹王無盡根
가지가 나누어지고 줄기가 우뚝하여 향 가운데 제일이다	分枝擢榦衆香尊
요지의 못물이 쏟아져 내리니 흰 구름이 가리고	瑤池西注白雲遏
설령의 남쪽 꼭대기에 숨 쉬는 기운이 시끄럽다	雪嶺南顚噫氣喧
난야에 걸린 편액扁額 참 부처의 그림자요	蘭若揭扁眞佛影
청허가 남긴 광명 화옹의 흔적이라	淸虛遺照化翁痕
내가 바라는 건 결사하여 죽기를 기약함이니	我要結社期終老
안락국 금선의 짝이 되는 혼일레라	安樂金仙主伴魂

[2]

고려 말 조정의 해당화 뿌리로서	祖庭麗季海棠根
아름다운 법 남겨 주어 많은 사람이 존중했네	貽厥徽猷衆所尊
오래된 짙푸른 소나무는 가지 그림자가 무겁고	從古翠松枝影重
지금의 파란 노송나무는 잎사귀 소리가 시끄럽다	至今蒼檜葉聲喧
강 마을 매화는 5월이면 □□ 다시 떨어지는데	江梅五月□還落
나무 그루터기에선 어느 해에 남긴 흔적 흩어지나	杌木何年散作痕
동원의 서쪽 가 푸른 잣나무여	東院西邊靑黛栢
소림에 오신 뜻이요 조주의 혼일레라	少林來意趙州魂

흉년이 들어 백성들이 고달파함
年荒民困

흉년이 너무도 심한 데다 서리마저 일찍 내렸으니 　年荒莫甚早嚴霜
사람의 일은 소광[413]하고 구점[414]만 화려하다 　人事踈狂口點粧
언 배처럼 새파란 얼굴로 날 저문 거리에서 통곡하고 　靑面凍梨啼暮巷
발가벗은 채 추위에 소름 돋아 아침볕에 오들오들 떤다 　赤身寒粟戰朝陽
관에선 환곡 갚으라, 사포[415]를 독촉하며 채찍질하고 　官還私逋催鞭扑
시전에는 약탈과 자행이 잦고 도둑은 담을 길처럼 드나드네 　市奪行攙寇路墻
백성들이 말하길 전행[416]을 척리[417]로 삼으니 　民曰餞行爲跖利
하늘[418]이 무엇으로써 시비[419]를 밝힐 수 있으리 　老天何以辨雌黃

처관 학도에게 차운하여 줌
贈處寬學道次韻

번뇌의 그물을 찢어 없애 버리고 한가하게 노니니 裂袪塵網得優游
깊고 얕음에 따라 게려[420]하는 배움의 바다 그윽하다 揭厲沉浮學海幽
단풍나무 가지 아래 뜻 세우고 날과 달을 보내고 樹志楓柯銷日月
나무 그늘 늪에서 선정에 들어 봄과 가을 지낸다 安禪樾渚度春秋
신령한 근원 깊은 곳에선 꼬리를 흔들면서 구하고 靈源深處要搖尾
알음알이 물결이 일 때는 머리를 내밀 줄 안다 識浪起時解出頭
여룡의 턱 아래에 있는 여의주를 뺏어다가 奪取驪龍頷下寶
단금주[421]에서 인민들과 함께 즐기리라 與民同樂檀金洲

돌아가는 연초 스님을 송별하며 [2수]
次送演初師還歸【二】

[1]
무착은 무엇 때문에 오정에서 놀았던가 　　　無着何爲五頂遊
균제⁴²²를 만난 뒤에 경계境界 맑고 아늑했네 　　均提邂逅境淸幽
금강굴 속에서 어느 누가 삼 일 밤을 잤으며 　　金剛窟裡誰三宿
운수 행각 떠돈 날이 몇 가을이나 지났는가 　　雲水途中想幾秋
간짓대를 몸에 지녔으니 다시 광대놀음 할 수 있고 　竿木在身能再蹉
죽비를 손에 들었으니 천 사람을 꾸짖는다 　　粥篦隨手讓千頭
몸을 잊고 백십을 지냈단 말 들어 알고 있는가 　　忘軀百十知聞未
봄바람에 구시⁴²³하는 법을 조주에게 물어보라 　久視春風問祖洲

[2]
여러 진인眞人들과 한만하게 놀기를 바랐더니 　　只願羣眞汗漫遊
예주궁⁴²⁴ 안에서 기이한 경치 맘껏 구경했네 　　蘂珠宮裏飽奇幽
홍애⁴²⁵에서 박수 친 게 어느 해이며 　　　　洪崖拍手知何歲
협령에서 등을 나눔 어느 가을이던가 　　　　夾嶺分燈芝甚秋
기운과 소리가 서로 호응함에 괘설을 구하였고 　相應氣聲求卦說
한 가지에서 나고 죽음에 암두를 생각한다 　　同條生死想岩頭
부침은 흡사 동쪽으로 흐르는 물과 같은데 　　浮沉有似東流水
백로주의 언덕 가엔 풀만 푸르구나 　　　　　青草岸邊白鷺洲

한휘 상인에게 차운하여 줌
次贈漢輝上人

선재동자 몸을 잊고 법계를 유람터니	忘身法界善財遊
물의 빛과 산의 풍광은 옛길에 그윽하다	水色山光古路幽
무봉탑[426]이 열리니 온 나라가 황금빛이요	無縫塔開金一國
불향화[427]가 피어나니 천추의 달이로다	不香花發月千秋
장사의 소식은 삼춘의 뜻이요	長沙消息三春意
방노의 기관은 백초의 끝이로다	龐老機關百草頭
기승奇勝을 거두어 감추어서 수습한 뒤에	掩勝潛奇收拾後
사생을 아들 삼아 남주에 살려네	四生爲子宅南洲

서산 대사의 〈산영루〉 운을 따서[428]
次西山大師山映樓韻

나는 무지개 물을 누르니 땅도 또한 아까운 경치고	壓水飛虹地亦慳
높은 누각이 파도를 깔보니 동한에 으뜸이라	凌波傑閣冠東韓
바람 앞의 댓잎 소리는 삼청의 옥비파 소리요	三淸玉瑟風前竹
달빛 아래 여울물 소리는 요금[429] 타는 한 곡조라	一曲瑤琴月下灘
구름 비단에 봄꽃이라 부귀가 넉넉하고	雲錦春花多富貴
붉은 단풍 가을 그림자에 가난함이 없구나	楓酣秋影匪艱難
자주색 노을 깊은 곳은 맑은 시내 위인데	紫霞深處淸溪上
난간은 굽이굽이 푸른 산을 마주했네	曲曲欄干對翠巒

서현 스님이 와서 신 방백이 가을에 순방한다고 말해 주며 나의 시를 묻기에 근체시[430]를 보여 주다
瑞顯來說申方伯秋巡。有問余之詩故。以近體吟留。

배움 바다에 미미한 자취가 우물 안의 개구리요	學海微蹤井底蛙
바위 굴 속에 틀어박혀 살면서 세월만 보낸다	蟄居巖穴送年華
풍류나 예악은 아직도 담 보듯이 하나니	風流禮樂猶墻面
문무의 의관을 어찌 끝자락이나마 바라리오	文武衣冠豈望涯
봉황 부절符節이 일만 이천 봉을 유람하러 온다 하니	鳳節巡遊峯萬二
신선의 뗏목이 한만하게 성하를 떠다닌다	仙槎汗漫地星河
아! 슬프다, 나는 십 년 동안 소나무에 깃든 학이라	嗟余十載翹松鶴
감당의 송덕가를 저버림이 부끄럽소	愧負甘棠頌德歌

이정빈이 주 수재에게 준 시운을 따서
次韻李庭馪贈朱秀才

잠홀[431]을 기대하기 어려운 이 백령이라	簪笏難期此百齡
나그네 행각이 마치 물 위에 떠다니는 부평초 같다	客行飄若水中萍
상재[432]의 시름 끝에 꿈에서 몇 번이나 놀랐는가	幾驚桑梓愁邊夢
천지의 길가마다 정자에 두루 의지하였네	遍倚乾坤路上亭
영락한 나그네 회포에 머리는 희어지려 하고	零落旅懷頭欲白
시흥을 다듬는 눈은 푸른빛을 머금었네	翦裁詩興眼含靑
산문을 나서니 이 천지에 어떠한 신세인고	出門天地何身世
고개 돌려 보니 함관에는 바다 빛이 어둡구나	回首咸關海色冥

준기 대사에게 부침
寄俊機大師

명승지 어느 곳에서 노을 낀 옷자락을 끄는가	名區何處曳霞裾
차츰차츰 흘러가는 세월이 십 년이나 지났구나	荏苒星霜十載餘
바람과 달이야 언제 온 천지에 달랐던 적 있었으랴만	風月豈曾天地異
산과 강은 오히려 북쪽과 남쪽이 소원하네	山河猶自北南踈
서로 그리워 몇 밤이나 장주莊周의 나비가 되었던가[433]	相思幾夜莊生蝶
각각 잊어버리니 혜자의 물고기가 되도다[434]	各忘千江惠子魚
다행히 봉호[435]에서 있었던 옛 약속을 찾아서	幸有蓬壺尋舊約
모든 것 다 거두어 좋게 돌아감이 해롭지 않으리	不妨收卷好歸歟

내원암에 머물며 청허당이 술회한 시에 차운하여
次韻居內院淸虛堂述懷

청허의 방장실에 소요하며 사나니	淸虛丈室寄逍遙
묵은 흔적이 어렴풋하여 한이 사라지지 않네	陳迹依俙恨未消
돌을 던지며 법 전하는 발우를 누구와 다투었던가	擲石誰爭傳法鉢
시내에 걸쳐 있는 허공을 밟으며 여교를 건너노라	跨溪空踏度驢橋
벽 틈으로 햇빛이 들어와 남은 먹물 비추고	壁間遺照餘殘墨
창고 속에 진경을 표주박으로 당긴다	藏裡眞經引汲瓢
풀 우거진 문 앞 작은 길엔 사람 만나기 드물고	門逕草深人罕遇
부질없이 집안 노래 가지고 어초[436]에 답한다	謾將家曲答漁樵

향운 상인에게 차운하여 줌
次韻贈香雲上人

상현달 하현달의 둥글고 이지러짐 무슨 상관이랴	圓缺何嫌上卜弦
거두고 폄과 행하고 그침을 천연에 맡겼네	卷舒行止任天然
광명장 속에선 범부와 성인이 똑같고	光明藏裡凡同聖
부싯돌 불빛 같은 인생은 바다가 뽕밭으로 변했다네	石火人間海變田
비와 바람에 막힐 때엔 천겁의 달이요	風雨隔時千劫月
물과 구름 깊은 곳은 하나의 호천[437]이라	水雲深處一壺天
전단나무 숲속의 침향각에서	栴檀樹裏沉香閣
누구와 더불어 혼돈 이전을 환호할까	誰與歡呼混沌前

처인 상인에게 차운하여 줌
次贈處忍上人

어지러운 꿈속에 이 한 생을 부쳤나니	夢裡紛紜寄此生
고통 바다의 인간들 가는 곳마다 위태롭네	人間苦海逝波傾
세속을 벗어난 곳에 깃들여 사니 산은 천 겹이요	栖遲物外山千疊
적막한 숲속에는 한마디 새소리뿐이로다	寂寞林中鳥一聲
성긴 비 지나가자 가을 해가 저물어 가고	踈雨過來秋日暮
멀리서 불어오는 바람이 새벽 종소리를 보내온다	遠風吹送曉鍾鳴
푸른 옥 같은 시냇물은 홍진을 끊고	玉溪水紅塵斷[1)
기둥 앞에 높이 누운 잠 절로 깨었네	高臥前楹睡自醒

―――――――
1) ㉘ 이 구에는 빠진 글자가 있는 듯하다. (편자)

암자에 올라 풍열 스님의 시운을 따서
上庵次豐悅韻

백 년의 이 신세를 남가에 붙였으니	百年身世付南柯
가는 곳마다 이 생애는 사해가 내 집이다	隨處生涯四海家
마산의 향적을 시름 속에서 가고	香積馬山愁裡徃
우악의 보림은 꿈속에 지나왔네	寶林牛岳夢中過
길을 거슬러 지팡이 짚고 오르니 이끼 길이 뚫리고	逆蹊杖躡穿苔逕
바다로 가서 배를 띄우니 푸른 모래를 건너간다	臨海舟行涉綠沙
흥을 타고 오고 가며 행락할 뿐이거니	乘興去來行樂耳
양주는 어이하여 갈림길 많다 울었던가	楊朱何泣路歧多

영적암에 이르러 초겨울 그믐에 우연히 쓰다
到靈寂庵初冬晦日偶題

법문의 도제들이 동쪽과 서쪽에서	法門徒弟自東南
신광사 상암에 노루처럼 모였네	麕集神光寺上庵
영적실에서 도를 강하고 선을 담론하며	講道談禪靈寂室
향 사르고 경쇠 치면서 아침저녁으로 참례한다	焚香扣磬暮朝叅
두꺼비 정기와 계수나무 넋[438]은 둥글었다 기울었다	蟆精桂魄從圓缺
술잔에 궁사의 독 토할까 마실까 헷갈린다[439]	盃毒弓虵混吐含
세상의 맛이 너무 시어 혀와 입술이 깔깔한데	世味酸嚴唇舌澁
물과 구름 어느 곳에 정갈한 사찰을 지을거나	水雲何處卜精籃

형익 상인에게 차운하여 줌
次贈泂益上人

우리 부처님 멀리서 극락 가는 방법 전하셨는데	我佛遙傳極樂方
도사의 명호가 수무량[440]이라 하셨네	導師名曰壽無量
연꽃 떨기 속에 금산이 우뚝 솟아 있고	蓮花叢裡金山聳
줄 늘어선 나무 그늘 속에 보배 잎새 꽃다워라	列樹陰中寶葉芳
아홉 품계 위계[441]를 차례차례 올라가니	九品位階登次第
온종일 하늘 음악에 밝은 광명 방사放射하네	六時天樂放明光
남섬부주 하열한 무리 정성이 간절하면	南洲劣輩如誠切
잠시간에 항상 불변하는 적멸에 뛰어오르리	頃刻超生寂滅常

염불게의 운을 따서 진익 사미에게 줌 [4수]
念佛偈次贈振翼沙彌【四】

[1]

아미타불 국토를 시방세계 중생들이 흠모하니	彌陁國土十方欽
팔고와 일천 마군魔軍 어떻게 침노하랴	八苦千魔何有侵
오탁 세계 미혹한 중생 한결같은 우러름을 감응하고	濁世羣迷葵仰感
진신의 도사께서 밝은 거울처럼 비춰 보네	眞身導士鏡光臨
꽃 사이의 온갖 새는 법의 말씀을 선양하고	花間衆鳥音宣法
못 밑에 흐르는 모래 황금을 물처럼 쏟아 낸다	池底流沙水注金
보배 그물 옥 수풀이 바람에 움직여 음악을 연주하고	寶網瓊林風動樂
백천 가지 삼매가 마음속에 저절로 생기네	百千三昧自生心

[2]

크고 깊은 원력을 온 세상이 흠모하나니	弘深願力世皆欽
서방의 극락세계는 괴로움이 침범하지 못한다	極樂西方苦不侵
십념의 공 이룩하여 물러남이 없으니	十念功成無退轉
아홉 가지 꽃이 피어 갑자기 올라가 노니리라	九枝花發忽登臨
귀에 가득한 음악 연주 소리마다 청아하고	盈聰樂奏聲聲雅
연꽃 나와 발 받치니 걸음마다 황금이라	襯足蓮生步步金
무량광의 음성이 모두 법을 연설하니	無量光聲皆演法
어떻게 번뇌의 그림자가 선의 마음 흔들겠나	有何塵影撓禪心

[3]

천룡天龍이 보호하고 귀신들도 흠모하나니	龍天呵護鬼神欽

극락에는 원래 괴로움이 침노하는 일 없다네	極樂元無苦害侵
늘어선 나무의 짙은 그늘 편히 쉬기 적절하고	列樹陰濃宜憩息
층층의 좋은 누각은 올라가 놀기 좋구나	層樓閣勝可登臨
겹겹이 둘러친 그물 광명 속에 사람들 옥과 같고	網重光裡人如玉[1)
하늘에서 꽃비 내릴 때는 땅에서 황금 솟네	天雨花時地湧金
마흔여덟 가지 깊은 서원 큰 자비로 중생을 건지시니	六八願深慈濟大
마음으로 귀의하지 않는 중생 하나도 없네	衆生無一不歸心

[4]

십성과 모든 현인 누군들 흠앙하지 않으리	十聖諸賢孰不欽
삼재442와 오포443도 본래 침범하지 못하네	三災五怖本無侵
하루 십이시 중에 가만히 관념觀念하고	冥觀十二時中念
선 자리에서 삼천세계 바깥까지 다다른다	立地三千界外臨
모양을 여읜 형상이 있나니 백옥의 터럭444이요	離相有形毫白玉
고요 속에 광명이 항상 비추는 진금의 빛이시다	寂光常照色眞金
팔공덕의 물445 위에 연꽃이 피어 있고	八功德水蓮花上
무량광의 몸은 바로 자신의 마음이라	無量光身是自心

---

1) 역 '玉'이 저본에는 '王'으로 되어 있다.

봄 동안 감옥에 있으면서 읊던 시가 우연히 생각나서
偶憶春間在囚時口號

성글지만 새어 나가지 못하는 그물이 넓고 넓더니	踈而不漏網恢恢
공경스러워라 탕왕의 덕이여, 한 면에 열어 놓았네[446]	湯德欽哉一面開
황하를 건너려면 배와 노가 커야 하고	欲渡黃河舟楫大
백설에 오르려면 혜풍이 불어와야 한다	將登白雪惠風來
삼춘이 빨리 지나가니 꽃이 머리에서 시들고	三春倏過花凋鬢
구리에 살아 돌아오니[447] 꿈에 재촉 있었네	九里生還夢有催
아침저녁 등 밝히고 향을 살라 만수를 기원하니	夕點朝焚呼萬壽
수로[448]에서 뿜어 나오는 상서로운 연기가 싸이네	獸鑪噴出瑞烟堆

영성 스님의 시운을 따서
次靈性師韻

부처는 바로 중생 마음의 부처이니	佛是生心佛
중생은 부처님 마음에서 나오는 게 아니다	生非佛心生
중생의 마음에 부처가 상응하나니	生心佛相應
부처도 아니요 부처 아님도 아니라네	非佛亦非生

산중사시사
山中四時詞

봄 春

맑은 해는 푸른 산의 마을에 더디 떠오르고	晴旭遲遲翠山塢
숲속 곳곳에 핀 꽃들은 붉은 비를 날린다	林花處處飛紅雨
동방[449]에 비단 휘장 봄 추위 스며들고	洞房蘿幌襲春寒
박산[450]에 나부끼는 한 올의 연기 향기롭다	博山烟飄香一縷
깊숙이 사는 사람 잠에서 깨 마른 오동나무에 기대고[451]	幽人睡罷據枯梧
옥 사발을 여러 번 당겨 맛있는 제호[452]를 마시노라	玉甌屢引瓊醍醐
비스듬히 걷은 겹주렴에 대낮에도 고요하고	斜捲重簾白日靜
쌍쌍의 제비 새끼가 진창길에 떨어지네	雙雙乳鷰墮泥塗
무성한 푸른 풀은 이미 땅에 가득하고	萋萋碧草已滿地
동산 속 온갖 사물 아름다운 운치 내네	園中萬物生佳致
바위 앞에 핀 꽃은 천기를 누설하고	岩前花笑洩天機
온갖 풀 밝고 밝게 파릇파릇 돋아나네	百草明明活底意
봄 산의 소식은 장사에 부치고	春山消息屬長沙
계절의 풍광은 선가에 둘러 있네	節物風光繞禪家
온종일 시 읊다가 나무 아래 기대고 있으니	沉吟盡日倚樹下
아름다운 새들이 지저귀고 바람과 햇볕 온화하네	好鳥嚶嚶風日和

여름 夏

푸른 이끼 온 땅에 가득하고 나무 그늘은 엷은데	蒼苔滿地樹陰薄
등나무 평상에 돌을 베고 누웠으니 범각이 드높구나	石枕藤床敵[1]梵閣
어깨에 벗어 멘 일곱 근 장삼[453]에 땀이 배고	汗凝肩袒七斤衫
단선[454]이 바람 불어 구름 같은 장막 흔들리누나	呼風團扇搖雲幕
요지에는 구연화가 가득 피어 있고	瑤池開滿九蓮花
겹주렴에 해가 옮겨 오니 숲 그림자 비끼었네	日轉重簾林影斜
조량[455]에 해가 길고 제비는 새끼를 불러오는데	雕樑晝永燕引子
약란[456]에 사람 없으니 벌이 일 시작을 알리네	藥欄無人蜂報衙
누더기 옷 꿰매다가 고달파서 낮잠이 깊었는데	補衲慵來午睡重
봉황은 꽃을 물고 천주[457]에 드나드네	薦厨出入啣花鳳
금우당 위에 목어[458]가 울어	金牛堂上木魚鳴
장주의 나비 꿈에서 놀라 일어났네	驚起莊周化蝶夢
남쪽에서 법을 묻던 도반들이 같은 배를 매어	南詢法伴結同舟
화려한 우담발화 나루 머리로 돌아오네	采采曇花歸渡頭
무단히 석양 밖으로 고개를 돌려 보니	無端回首夕陽外
여러 산봉우리 아련한데 여름비가 그쳤네	數峯微茫炎雨休

가을 秋

연궁에 가을 닥치니 차가운 밤 길기만 하고	蓮宮秋逼寒宵永

---
1) 옐 '敵'가 저본에는 '敵'으로 되어 있다.

옥로에 젖은 주림 범패 소리 냉랭하다	玉露珠林梵唄冷
성단459에 달이 떨어지고 밤이 깊어지니	星壇月落夜將闌
푸른 향 연기 잦아들고 촛불 그림자 낮아지네	碧篆香殘低燭影
옥루에 종 울리니 메아리가 울려 퍼지고	鍾鳴玉漏響丁東
하늘 밖에선 추위에 놀란 변방 기러기가 운다	天外驚寒報塞鴻
아침에 떠오르는 싸늘한 해 동쪽 산마루를 나오고	杲杲寒日出東嶺
바람 불어 비단을 번뜩이니 단풍 숲이 붉구나	風翻錦繡楓林紅
구름이 타고 나무에 불붙어 불 깃발이 펼쳐지니	然雲燒樹火旗展
흡사 온 천지에 구화가 구르는 듯하다	恰似乾坤九火轉
이때에 서늘한 바람 일진이 불어오니	是時涼風一陣來
천 바위 만 골짜기에 붉은 구름 걷힌다	千巖萬壑彤雲捲
기울어진 절벽에 낙엽 떨어지니 산이 여위어 가고	傾厓木落瘦生山
푸른 하늘에 원숭이 울부짖고 시냇물은 잔잔하네	天蒼猿叫溪水潺
산속 집 어느 곳에 백주460가 익었는가	山家何處白酒熟
울타리 밖에 서리 잦으니 바위의 국화가 아롱지네	籬外霜繁巖菊斑

겨울 冬

차가운 바위 냉기가 사무치고 밤은 맑고 조용한데	寒岩冷徹夜清肅
일만 구멍에선 씽씽 불고 바람에 나무가 성낸다	萬竅寥寥怒風木
눈 쌓이고 얼음 얼어 새벽빛이 희미한데	積素凝華曙輝微
은 촛불에 빛 보태니 아침 해가 찬란하다	光添銀燭晃朝旭
언 베개에 몸 누이니 삼베옷이 싸늘하고	形開凍枕布衣寒
소나무 가지에 학 놀라니 신선 꿈이 쇠잔하다	鶴警松梢仙夢殘
쨍그랑쨍그랑 옥 경쇠 소리에 축성께 절을 하고	珊珊玉磬拜竺聖

금선의 단상에 육수⁴⁶¹의 향을 피우노라	六銖香爇金仙壇
백설을 노래하며 읊다가 자주 붓을 꾸짖는데	歌吟白雪屢呵筆
절조의 운은 삼오칠언三五七言⁴⁶²이 아니로다	絶調韻非三五七
흥이 인다고 어찌 꼭 섬계⁴⁶³를 찾을까	乘興何須訪剡溪
눈 내린 창 어둠이 깔릴 적 세율⁴⁶⁴을 맞이하네	沉冥雪囱迎歲律
목마르면 물 마시고 배고프면 밥 먹으니 저절로 마음 편하거늘	飢湌渴飮自安心
눈 속에 서서 어찌 꼭 소림(달마 대사)에 물으리오⁴⁶⁵	立雪何須問少林
처마 밑을 돌면서 공부(두보)의 도를 생각하고	巡簷忽憶工部道
얼어붙은 성긴 가지가 반쯤은 웃음을 못 참네⁴⁶⁶	冷蕋²⁾疎枝半不禁

---

2) ㉠ '蕋'은 '蘂'의 오자인 듯하다.

묘향산 은봉에서 보덕굴 자징 대사에게 부침
香山隱峯寄普德窟自澄大師

은봉의 산수 가장 기이하고 절묘한데　　　　　隱峯山水最奇絶
나는 설봉의 그 말을 처음으로 들었네　　　　　我初聞之雪峯說
하얀 벼랑 푸른 절벽은 보월의 세계요　　　　　白崖靑壁寶月界
부용화 몇 떨기가 구름 밖에 나와 있네　　　　　芙蓉數朶雲外出
깊은 곳의 암자가 고요하여 인가 연기 끊어졌으니　幽庵寥閴絶人煙
세상을 피하여 편안히 참선에 들 만한 굴이로다　　可以逃世安禪窟
팔월에 놀러 왔다가 요행히 이 풍경 만나니　　　八月來遊幸偶爾
기이한 장관 이에 맞설 곳 없음 새삼 느끼네　　　斗覺奇觀難爲匹
이때 가을바람에 날도 저물어 가려 하는데　　　是時秋風欲向晚
붉은 단풍에 푸른 잣나무 어쩜 저리 울창한가　　酣楓黛栢何蓊鬱
천만 길 산봉우리 꼭대기에 절이 있는데　　　　寺在峯頭千萬仞
산허리를 두른 길이 삼백 굽이나 되는구나　　　路轉山腰三百曲
옥 같은 돌 위를 흐르는 물 한 길로 쏟아지고　　琮琤石瀨瀉一道
비단 같은 산 구름은 오색을 머금었네　　　　　錦繡峯雲銜五色
가을바람에 겨울 기운 정말로 늠름하니　　　　商風朔氣正凜凜
유월에도 오히려 추워 갈포를 입지 못하네　　　六月猶寒衣不葛
귀신도 감추고 아껴서 엿볼 수 없고　　　　　　鬼秘神慳不能窺
한가롭게 솔뿌리를 의지해 영발467을 꿈꾸네　　閑倚松根夢瀛渤
동천의 석선468으로 묘명한 곳 들어가니　　　　洞天石扇入杳冥
기화요초469 그 가짓수도 다양하게 많구나　　　琪花瑤草多品秩
풍마가 끄는 난거470가 삼대처럼 늘어섰고　　　風馬鸞車列如麻
특이한 형상에 기묘한 용모가 더욱 황홀하구나　異狀奇容殊怳惚
물 색깔과 구름 기운 아득한 이 사이에　　　　水光雲氣莽蒼間

바람을 모는 수의⁴⁷¹가 구절⁴⁷²에 날린다	御風銖衣飛九節
동문의 대숲 길이 유달리 험한 곳으로 통했는데	洞門篁逕殊谽險
소나무 바람에 시냇물 온갖 골짜기를 지나가네	松風澗水度萬壑
돌아오는 길에 마음과 혼이 갑자기 확 트이는데	歸來心魄忽蕩漾
환하게 밝던 달이 떨어지니 가을 산이 고요하네	形開月落秋山寂
나는 티끌 인연을 다 없애지 못한 걸 한스러워하나니	恨我塵緣未盡磨
신선과 범인이 이로부터 운니⁴⁷³처럼 멀어져 있구나	仙凡從此雲泥隔
남들은 나의 즐거움과 즐겁지 않음을 말하지만	人言我樂我不樂
얼굴에 가득한 풍애⁴⁷⁴ 진토에 묻혀 있다	滿面風埃塵土汨
오늘은 천천히 은봉으로 날아가려 하노니	此日徐飛隱峯杖
채비를 차리니 앞길이 무릎 앞에 다가온다	傲裝前途來促膝
예전에 왔던 곳을 다시 와서 하룻밤 지내니	重遊舊地經一宿
평생에 쌓인 가슴속의 불길 말끔하게 씻어 냈다	洗淸平生胸火熱
나무뿌리 먹고 구름옷 입는 일 이로부터 시작이라	木食雲衣從此始
비로소 상인과 더불어 천석에 맹세했네	始與上人盟泉石
동방의 등촉 밤이 이미 깊었건만	洞房燈燭夜已闌
새로운 회포 모두 다 쏟아 내고 비로소 붓을 놓네	爲寫新懷聊放筆

조정 대사에게 줌
贈祖挺大師

상계[475]의 세상이 갔다고 말하는데	像季世云徂
어떤 사람이 한량없는 수명을 누리는가	何人無量壽
탐욕의 이리 육매[476]를 맺고	貪狼結六媒
성냄의 호랑이가 삼수[477]를 즐긴다	嗔虎嗜三受
가시덤불이 열 자도 넘도록 깊으니	荊棘丈餘深
동량의 재목 어디서 빼어나리	棟樑材何秀
큰 집을 경영하여 이룩하고 나니	經營大廈成
덮어 보호함에 일천 무리 모였구나	廕庇千群聚
깊이 계합하여 마음을 전할 수 있으니	深契得心傳
통발을 잊어버리고 비로소 주고받네	忘筌始受授
이를 일러 조정생이라 하나니	是曰祖挺生
바른 법을 당겨 돌이켜 머물게 하네	挽廻正法住
아득하여라, 땅을 휩쓰는 무리들	茫茫匝地徒
종일토록 동서로 분주하게 치달리네	終日東西走
나도 역시 저 길 속에 있나니	我亦在途中
꼬리 끄는 거북과 벗하네	曳尾龜相友

거오 강수일에게 차운하여 부침
次韻寄據梧姜【壽一】

한 구역 외딴 산에 티끌 먼지가 끊어졌는데	孤山一域絶纖埃
지붕 위엔 푸른 솔이요 뜰 아래는 오동나무로다	屋上靑松庭下梧
속고봉 앞에는 다니는 사람이 적고	束高峯前少人行
심검당 안에는 성불도가 있다	尋劒堂中成佛圖
학과 구름 형제 되어 한자리에 모였으니	鶴弟雲兄同聚會
도인에게 도가 있어 산이 외롭지 않네	道人有道山不孤
더구나 그곳 땅 주인은 왕을 도울 재주이니	況復地主王佐才
이윤伊尹[478]·주공周公[479] 같은 재능 삼우반三隅反[480]이네	才與伊周反三隅
금성옥진[481]으로 좋은 울음을 떨치고	金聲玉振振善鳴
백 리의 고을에 분우[482]가 병든 백성 살렸네	百里分憂蘇民癃
지초와 난초 같은 보배 나무로 큰 재목을 이어서	芝蘭寶樹繼大材
젊은 나이에 큰 명성을 팔도에 드날렸네	蚤歲鴻名喧八區
일기[483]는 오히려 천지의 너그러움도 부러워하고	逸氣猶嫌天地寬
바람과 달을 품을 만한 도량이라 번거롭게 얽히는 일 없네	風襟月抱無煩紆
고산[484]처럼 고절하여 앞과 뒤가 똑같거늘	孤山孤絶前後同
소자[485]가 스님을 찾았듯 어찌하여 가지 않는가	蘇子尋僧盍徃乎
세모의 하늘에 엷은 구름 드문드문 떠 있고	踈踈微雲歲暮天
명아주 지팡이 짚고 시 읊으며 반쪽 어깨 으쓱인다	半聳吟肩藜杖扶
세상 밖에서 단약丹藥 구움은 뒷세상의 준비요	物外燒丹慣後劫
산속에서 도업道業을 연마함은 앞길을 통함이다	山中鍊業通前途
경산의 당중에서 정승을 참구하고	經山堂中叅政昇

잣나무 뜰 앞에서 기구[486]를 노래한다	栢樹庭前頌崎嶇
저 언덕에 올라가니 멀리 조망이 펼쳐지고	登臨彼岸展遐眺
온 산에는 눈이 가득 호수에는 얼음이 가득하네	雪滿千山氷滿湖
현악 연주 실컷 들으면 음악이 도리어 번잡하고	絲絃耳飫樂還繁
범패 음악 심사하면 탁수濁水 속의 마니주라	梵韶心思濁中珠
티끌을 벗어나는 높은 목표 어찌 쉽게 얻으리오	出塵高標豈易得
다른 이들은 분분한 운수의 무리이다	餘子紛紛雲水徒
백설을 고상하게 읊으니 화답할 이 누구인고	白雪高吟和者誰
김이중과 대우부라네	金爾重與大愚夫
우부는 이로부터 어리석고 또한 늙었나니	愚夫自是愚且老
동이 속에 움츠린 거북이 첨유[487]를 안고 있네	龜縮盎中擁襜褕
맑고 참된 아름다운 경계를 담자[488]할 수 있으며	清眞佳境獲噉蔗
앉아서 창상滄桑[489]을 보니 유무를 알겠노라	坐看滄¹⁾桑知有無
이 시기는 일양[490]이 처음 생긴 현영[491]의 계절이라	是時玄英一陽節
하늘에서 헤매는 육출[492]이 얼음 항아리에 엉기었네	迷天六出凝氷壺
여러 날을 금모래 밭에서 함께 노닐었고	數日金沙共遊衍
삼산의 신선 빚[493]을 같이 즐기었다	三山仙債同歡娛
언덕의 매화는 추위에 부딪혀 봄기운 뿜어내려 하고	隴梅衝寒欲放春
술 통자의 술은 잘 빚어져 걸러 마시기 썩 좋다	榼酒發釀美可䰞
온화한 이야기와 웃음소리 온 집 안에 가득하니	溫溫笑語一堂上
마치 혜근이 소동파를 대하는 듯하다	惠勤如對東坡蘇
이로부터 해마다 오고 가는 사람들	從此年年去來人
이 일을 다 이야기하곤 주저하며 못 떠나리	說破此事應踟蹰

---

1) 옘 '滄'은 '滄'의 오자인 듯하다.

김수 이중에게 차운하여 사례로 부침
次謝寄金秀而重

지난번 고산 산꼭대기 사찰에 갔을 때에	頃徃孤山山上刹
구름문을 두드려 벗겨 내고 거오 선생[494]을 뵈었지	剝啄雲扉謁據梧
거오의 뛰어난 재능은 일찍부터 박아[495]하여	據梧高才早博雅
왼편에는 경서요 오른편엔 화도가 있었네	左有經書右畵圖
서가에 꽂힌 아첨[496]에는 시포가 가득하고	架揷牙籤詩鋪滿
옥가루처럼 쏟아 내는 이야기는 성가가 고고하다	談霏玉屑聲價孤
일만 이랑의 큰 바다는 텅 비고 넓어 아득하며	汪洋萬頃莽空濶
천 리의 뜰 앞에 작은 길은 모퉁이가 없다	逕庭千里無方隅
인의 바람이 불어오니 풀과 나무 기뻐하고	仁風吹萬草木欣
사방 멀리 덕의 소리 온 천하에 들리었네	德馨四遠聞寰區
그와 함께 노니는 이 누구인가? 두 김생이라	與遊者誰兩金生
덕의 물 용 마을에 산과 늪이 여위었네	德水龍村山澤癯
온 나라에 퍼진 명성 온갖 풀이 한쪽으로 쏠리고[497]	海內名聲偃衆草
우주 안의 도추[498]는 번거로운 얽힘이 없다	寰中道樞無煩紆
손님과 주인의 풍류는 그림자와 메아리처럼 따르니	賓主風流影響隨
높은 산에 올라 시를 주고받거니 어찌 가지 않겠는가	登臨酬唱盍徃乎
잔나비와 학을 불러 외딴 암자를 지키라 하고	招呼猿鶴守孤庵
울퉁불퉁한 험한 산길을 지팡이 짚고 걸어간다	犖确山逕行節扶
산은 높아 만 길이라 쳐다볼수록 더욱 높고	山高萬仞仰彌高
길은 삼청을 가리키나 나아가기 어렵구나	路指三淸難進途
마치는 비위로 된 산이라 갈수록 험난하고	馬峙巖巒轉崔崒
오산은 아득히 멀어서 진실로 기구하다	鰲山迢遞誠崎嶇

기구한 길 드나들며 우러러보고 굽어보는 가운데	崎嶇出入俯仰中
강과 산에는 눈이 가득하고 호수에는 얼음이 가득하다	雪滿江山氷滿湖
급고독원給孤獨園[499] 지척에는 기수가 둘러 있고	孤園咫尺祇樹圍
낭풍[500]에는 신선의 무리가 빽빽하게 벌여 있네	閬風森列神仙徒
기린 뿔과 봉황의 부리를 세상 사람들은 알지 못하고	獜角鳳觜世莫知
시의 호걸 술의 성인은 모두가 장부이네	詩豪酒聖皆丈夫
사해에 높은 이름 영성을 떨치었으니	四海高名振英聲
미천은 그 누구인고? 승가의 보주라네	彌天是誰僧寶珠
세 신선이 솥발처럼 앉아서 고퇴[501]를 견주는데	三仙鼎坐較敲推
한 어리석은 이는 곁에서 유무에 대해 이야기한다	一愚忝厠談有無
여러 날 운방에서 다 함께 유희하면서	數日雲房共遊戲
세 사람이 신선 빚을 함께 즐기었다	三生仙債同歡娛
이때에 바람은 세차게 부는 데다 눈보라조차 심하니	是時風饕又雪虐
새하얀 하늘과 땅이라 봉호인가 헷갈린다	乾坤皓皓迷蓬壺
적멸 속 맑은 이야기에 옥 같은 이 드러내고	寂滅淸談啓玉齒
사그라져 가는 일흥을 금잔으로 풀고 있네	銷搖逸興金盃觥
햇빛에 반짝이는 은꽃이 영롱하게 비치고	耀日銀花映玲瓏
솜을 찢는 차가운 위엄은 첨유에 엄습한다	折綿寒威襲襜褕
이미 이르러 복지에 오른 것을 어찌 꺼리랴	已到何嫌登福地
다시 만나 놀기로 예약하고 도소주屠蘇酒[502]를 마시네	重遊預約飮屠蘇
어떻게 하면 단단한 노끈으로 밝은 해를 잡아맬 수 있으랴	安得長繩繫白日
한 세상을 이와 같이 떠나지 않고 함께 놀았으면	一世如是同跙跼

유거잡영 – 소동파의 뇌주 팔운을 따서
幽居雜詠次東坡雷州八韵

[1]
납극[503]으로 청구로[504]를 다니다가	蠟屐靑丘路
돌아와서 보니 삼백주를 거쳤구나	歸來三百州
야승[505]의 집에서 한가롭게 놀았으니	優游野僧家
처음부터 끝까지 참다운 흥취였네	眞趣尾粘頭
세상의 일은 바로 전제이니	世事是筌蹄
수고우[506]를 길들이고 항복받아라	調伏水牯牛
다만 돌 하나를 놓는 데 달렸나니	只這一着子
만호후를 무엇에 쓰리	何須萬戶侯

[2]
괴로움의 바다 천 이랑 물결에	苦海波千頃
참 근원의 깊이는 얼마나 될까	眞源深幾許
구름과 비는 번복이 심하고	雲雨多翻覆
서리와 이슬은 추위와 더위를 건넌다	霜露度寒暑
합장을 하고 금산金山을 우러르고	合爪仰金山
경건한 마음으로 낙토에 달려간다	虔心馳樂土
때마침 바람과 달의 마군을 만나	時值風月魔
연기와 안개가 임무를 잃는다	失却烟霧務

[3]
그윽한 삶이라 하는 일이 적어	幽居少經過
묵묵히 층층 봉우리만 마주한다	默默對層岑

소나무와 대나무는 빛깔 잘 어울리고	松竹色相好
산과 물은 아양 뜯는 거문고이네	山水峩洋琴
운자가 없으니 시에 어떻게 화답할꼬	沒韵詩誰和
너무 젖지 않은 차를 스스로 마신다[507]	不濕茶自斟
저물어 가는 해를 앉아서 바라보니	坐看天日暮
새들은 쌍쌍이 숲으로 날아드네	雙雙鳥投林

[4]

광막한 무하유에서	廣莫無何有
세상 밖을 소요하며 노닌다	消搖方外遊
잠기지도 않고 또 들뜨지도 않으며	不沉又不擧
기쁠 것도 없고 역시 근심도 없다	無喜亦無憂
마음을 깨달으려 삼매에 들고	達心處三昧
부처님 뵈려고 오구[508]를 여읜다	觀佛離五求
삼만 육천 날을	三萬六千日
인연 따라 잘 살아간다	隨緣好淹留

[5]

영대에 홀로 앉아서	獨坐一靈臺
삼신산의 약도 캐지 않는다	不採三山藥
명명한 본래의 해탈이요	明明本解脫
적적한 아련야[509]라네	寂寂阿練若
근체시로 우음 시를 읊고	近體詩偶吟
마음 씻는 차를 스스로 잔질한다	洗心茶自酌
섣달이 다 가고 한 해가 저물려 하니	臘盡歲將除
봄이 오면 꽃들이 울긋불긋 피겠지	春來花灼灼

[6]
우습구나, 저 골개숙510이여	可笑滑介叔
모래 뿌리기에 어찌 그리 구구한고	撒沙何區區
나무 그루터기 지키며 부질없이 토끼를 기다리고	守株枉待兎
통발을 잃어버리고 어찌 고기를 잡을꼬	迷筌安得魚
텅 비우고 고요한 데서 생각을 잊었으니	空寂忘懷也
죽은 승냥이와 늑대나 무엇이 다르랴	何殊死豺狙
유일한 길이 마치 활줄처럼 곧나니	一路直如絃
장안으로 통하는 평탄한 길이라네	長安坦坦途

[7]
어진 이에게 양보하여 온 세상이 칭송한 이는	讓賢擧世稱
태백과 우중이었네511	泰伯兼虞仲
황제와 치우는	黃帝與蚩尤
어이하여 창과 칼을 동원했나512	何以干戈動
공명은 한 올 터럭처럼 가볍고	功名一髮輕
도덕은 천 균만큼 무겁다	道德千鈞重
때때로 북풍이 얼굴을 때려	北風時拂面
주공을 꿈꾸다 놀라 깨난다	擎起周公夢

[8]
난산 옆의 띠를 베고	誅茅亂山側
대중을 떠나 삭거513하네	索居而離群
거두고 폄에는 본래 무심하나니	卷舒本無心
구름이 나풀나풀 산머리에 나온다	飄飄出岫雲
시름이 많아도 가난은 걱정하지 않고	多愁不憂貧

오래 취한다고 어찌 기분 좋기 위함이랴	長醉豈爲醺
홀로 성인인 황권[514]을 모시고	獨陪黃卷聖
보곤[515]으로서 천군께 조회하네	補袞朝天君

또 팔운 시의 운을 따서
又次八韻

[1]

그대는 보지 못했는가	君不見
허리에 십만 관의 돈을 두르고	腰纏十萬貫
학을 타고 양주로 오르는 것을[516]	騎鶴上楊州
그들은 바로 번화자[517]들로서	乃是繁華子
어찌 눈이 머리에 내릴 줄을 알았으랴	安知雪吹頭
유일한 법을 배우지 못하는 이들은	不學一法子
치마와 저고리 입힌 소와 무엇이 다르랴	何異襟裾牛
헛된 삶이요 또한 물결 같은 죽음이거늘	虛生又浪死
허덕거리며 사는 저 공후公侯들이여	紛紛公與侯

[2]

또 보지 못했는가	又不見
푸른 바다가 변해서 뽕밭이 되는 것을[518]	滄海變桑田
온갖 일들이 다 그러하다네	萬事皆如許
가을에 피는 국화와 봄에 피는 난초는	秋菊與春蘭
혹독한 추위와 찌는 듯한 더위를 겪는다네	酷寒又炎暑
어제는 이 세상 사람이었는데	昨日世上人
오늘 아침엔 소나무 아래 흙이 되었네	今朝松下土
참다운 법을 배워 널리 펴는 것을	不如學眞訣
자신이 힘쓸 일로 삼느니만 못하네	弘法自家務

[3]

또 보지 못했는가	又不見
동쪽 바닷가에 있는 봉래산	東海蓬萊山
일만 이천 봉우리를	一萬二千岑
하얀 달은 옥계에 쏟아지고	雪月瀉玉溪
솔바람 소리 진秦나라 요금인 것을	風松秦瑤琴
배고프면 풀뿌리를 캐어 먹고	草食飢來餐
목마르면 산의 차를 끓여 마시네	山茶渴即斟
아무 일 없이 오뚝하게 앉았으니	兀然無事坐
봄이 돌아오면 숲에는 꽃이 가득하리	春廻花滿林

[4]

또 보지 못했는가	又不見
북쪽 바다에 곤과 붕이 있어	北溟有鯤鵬
만 리를 소요하며 노니는 것을[519]	萬里逍遙遊
비둘기는 느릅나무에 모여 앉아서	鷽鳩搶榆榜
남쪽으로 가려는 붕을 도리어 근심한다[520]	圖南還自憂
저 아름다운 청춘 아이들이여	彼美青春子
허덕이며 경영하여 무엇을 구하려는고	營營何所求
구하려고 하는 것 제 한 몸뿐이건만	所求在一身
그 한 몸인들 또한 오래 머물 수 있겠나	一身且遲留

[5]

또 보지 못했는가	又不見
여정[521]이 황제가 되었던 날	呂政皇帝日
헛되이 불사약을 구했던 일을	枉求不死藥

천각을 본떠서 아방궁[522]을 지었으니	阿房象天閣
그 웅장한 회포 어느 누가 그와 같으랴	壯懷誰我若
북쪽에 만리장성을 쌓아	北築萬里城
부질없이 오랑캐를 막으려고 생각했네	防胡謾斟酌
얼마 안 가서 포차가 바빴고	不日鮑車忙
여산에는 귀신불이 반짝였다	驪山鬼火灼

[6]

또 보지 못했는가	又不見
풍환은 전사에 있으면서	馮驩在傳舍
종일토록 무슨 일로 구구했던가	終日何區區
천고에 사람들의 비웃음을 사면서	千古買人笑
앉아서 밥상에 고기 없음을 탄식했네[523]	坐嘆食無魚
아침에 세 개 주고 저녁에 네 개를 준다 하여	朝三暮四耳
성급하게 여러 원숭이를 성나게 했네	遽發怒衆狙
상산사호[524] 노인들은	商山四皓老
들고 날 때 어느 길로 통했던가	出入何通途

[7]

또 보지 못했는가	又不見
천하의 제후들을 바르게 통합한 이로	匡合天下侯
제나라 사람들은 관중[525]을 칭송했다	齊人稱管仲
중니[526]의 제자로 참예하지 않았고	不叅仲尼徒
증서[527]는 발끈 화를 내었다	曾西怫然動
명리名利는 털끝처럼 지극히 작고	利名分毫末
인의는 구산처럼 무겁다	仁義丘山重

맥없이 느른하게 초당에 누워	頹然臥草堂
어지러운 일들로 허황한 꿈을 꾼다	紛紜是大夢

[8]
또 듣지 못했는가	又不聞
서천의 이십팔조와 동토의 여섯 조사께서	四七與二三
한 사람에게만 전하고 많이 전하지 않은 것을	一人傳不羣
이 세간과 출세간에	世間出世間
헛된 이름을 뜬구름에 걸었구나	虛名掛浮雲
대각께선 바르게 두루 아시는데	大覺正徧知
중생들은 천 날 동안 늘 취해 있네	衆生千日醺
무궁한 문에 드나드는 이는	出入無窮門
우뚝한 그대와 나일진저	軒軒我與君

천암사 동자들의 모임
千岩社童子會

[1]
복성 동쪽에 있는 탑은 오백 년 총림이니	福城東塔半千叢
선남자의 남행에 제일공[528]이라네	善子南行第一空
모래 장난 소꿉장난 아기자기 귀여운데	沙聚戲嬉從巧倩
베주머니 찢어서 나누어 줍은 자웅을 다투었다	布囊分裂競雌雄
기름을 태워 밝음을 이음은 반딧불 창가의 괴로움이요	焚膏繼晷螢囱苦
밤을 새우고 해가 다 가도록 눈빛 어린 책상에서 공부했다	達曙窮年雪榻工
두루 포함하는 건곤은 다함이 없는 창고요	納納乾坤無盡藏
겹겹이 이루어진 산과 물은 사사롭지 않은 풍도이다	重重山水不私風
국청사 가운데 저 천암의 아래에서	國淸寺裡千岩下
한산 습득과 동일함을 보고 알았네	看取寒山拾得同

[2]
중예문 앞에 동자들 모임이 있는데	衆藝門前童子叢
모래 쌓인 모래톱 위에 층탑이 허공에 들어 있다	聚沙汀上塔層空
비로소 지극한 도는 많은 글자에 있지 않음을 알겠고	始知至道非多字
처음으로 어린아이들이 바로 대웅임을 믿겠네	方信群蒙是大雄
새벽에 일어나면 손 모아 경쇠 소리 따라 허리를 굽히고	曉起擎拳從磬折

해가 조금 옮겨 가면 합장을 하고 큰 공부에 열중한다	日移叉手做鴻工
글 읽는 소리가 중생들의 말인 줄 그 누가 알랴	唔咿誰識衆生說
서계[529]는 내가 들으니 태고의 풍도라 하네	書契吾聞太古風
명주의 포대 화상[530]이 부호하여 이끌어 주던 곳에	明州布袋提携處
유희하는 어느 누가 그 영향과 같을거나	遊戲何人影響同

기성(평양)으로 돌아가는 의현 스님을 송별함
送義玄師歸箕城

멀리 기성에서 온 손이 봄에 혼자 돌아간다네	箕城遠客春獨歸
꽃다운 풀에 봄바람 솔솔 부는데 가랑비마저 내리네	芳草東風又細雨
둔덕 머리 버드나무와 울금 가지를 꺾어	陌頭楊柳欝金枝
관서로 가는 그대에게 선물로 증정한다	折取贈送關西路
관서로 가는 길이 여기서 몇 천 리인가	關西路幾千里
멀리 초나라 하늘을 바라보니 날이 저물려 한다	遙望楚天天欲暮
은근히 부탁하노니 그대 잘 가시었다가	殷勤爲報去善爲
올 때에도 예전처럼 그대로라고 좋은 말 전해 주소	來時好道猶如故

새해 전날 밤 덕담으로 축원함
分歲德談祝願

본사

    총림을 절제節制하고 산문을 위호衛護하는 통가대부通嘉大夫로서 자수동동紫綬銅童인 주지 화상 아무 보체保體는 호령을 발하여 시행하되 성화星火와 같이 빠르게 시행되기를 바랍니다.

    상전像殿(법당)과 경대經臺에 등불을 켜고 향을 사르며, 저녁에는 북을 치고 아침에는 종을 치며, 공양을 올리고 예배하는 지전知殿[531] 법사 아무 보체는 세 가지로 지은 업이 청정해지고 하루 육시六時를 경건하게 공경을 다하도록 해 주기를 바랍니다.

    보고하는 편지와 서목書目, 그리고 통문通文[532]과 패자牌字[533]와 오고 가는 편지, 글씨와 그 밖에 모든 문서를 담당한 상방上方(주지실)의 기실記室[534] 아무 보체는 종이를 펼치고 붓을 달릴 때 문장에 가점加點[535]하는 일이 없게 되기를 바랍니다.

    감당甘棠의 세류細柳[536]와 백 리쯤 되는 고을의 오두五斗[537]와 열부列符와 영종營從(시종), 공수供需[538]와 지대支對(손님 접대)를 담당한 수승首僧의 임무를 관장하는 아무 보체는 손님을 맞아들이고 전송해 보내는 일에 백천 가지로 길상한 일만 있기를 바랍니다.

    각 요사채 또는 조용한 방에서 편안하게 앉아서 마음을 맑히고 위와 아래의 대중을 거두어 보살피며 자황紫黃의 진퇴를 담당한 각 방의 요주寮主인 아무 보체는 상벌을 분명히 하고 하나를 징계하여 일백을 경계하도록 해 주기를 바랍니다.

    방료房寮를 청소하고 온갖 무너진 곳을 수리해 일으키며 천만 촌락에 살고 있는 대중에게 권선하여 함께 극락으로 돌아가게 하는 소임을 맡은 화주化主[539] 선사 아무 보체는 선한 법의 문으로 중생들을 거두어서 크게 인도하는 스승이 되게 해 주기를 바랍니다.

本寺

叢林節制。衛護山門。通嘉大夫。紫綬銅章。住持和尙【某人】保体。發號施令。星飛火急。

像殿經臺。點燈然香。暮鼓晨鍾。供養禮拜。知殿法師【某人】保体。三業淸淨。六時虔恭。

報狀書目。通文牌字。徃來尺牘。翰墨文書。上方記室【某人】保体。拂紙走筆。文不加點。

甘棠細柳。百里五斗。列符營從。供需支對。首僧掌務【某人】保体。迎來送去。百吉千祥。

各寮靜室。燕坐淸心。攝衆上下。進退紫黃。各房寮主【某人】保体。賞罰分明。徵一誡百。

房寮洒掃。百廢俱興。千村萬落。衆善同歸。化主禪師【某人】保体。攝善法門。作大導師。

사암 통용

괴로움의 바다에는 자비의 배이고 깨달음의 길에는 황금 노끈[540]이며 용 같은 의리와 호랑이 같은 엄격한 계율로 종지를 부호扶護하고 교학을 세우는 조실祖室 법사 아무 보체는 도가 높고 덕이 많아 귀신들도 흠모하게 되기를 바랍니다.

마음은 형상 밖에 통하고 도력은 황중黃中을 계합하여 이취理趣를 거듭 펴고 정안正眼을 결택하는 중실中室의 대사 아무 보체는 정법안장正法眼藏[541]으로 물결을 되돌려서 기강을 바로잡게 하기를 바랍니다.

비야리성毗耶離城에서 침묵했던 유마힐維摩詰 거사와 같이, 마갈제국磨

竭提國에서 관문을 닫고 수행하셨던 석가모니와 같이 바른 영슬을 높이 끌어 일으키고 요긴한 나루를 앉아서 결단하는 동당東堂의 선덕禪德 아무 보체는 삼관三關542을 뚫고 나가 화살촉이 지나간 뒤의 한 화살이 되기를 바랍니다.543

취모검吹毛劍544을 거꾸로 잡고 법령을 온전하게 끌어 일으키며 콧구멍으로 기운을 내고 산악을 안렬安列하는 서당西堂의 선덕 아무 보체는 부처님의 부촉을 받아 교화의 문을 열어 크게 베풀어 주기를 바랍니다.

잣나무 장림杖林545에서 풀로 옷을 만들어 입고 소나무 잎을 먹으며 화두를 자세히 참구하느라 먹고 자는 것도 잊다가 때로는 부질없이 수고만 하는 무심한 도인 아무 보체는 칠통漆桶546을 쳐부수고 백천 가지 삼매를 깨달아 마치기를 바랍니다.

백련대白蓮臺(극락세계)를 생각하면서 손에는 맑은 구슬(염주)을 굴리며 여섯 자의 법문과 염불삼매에 드는 극락 사문 아무 보체는 법계의 모든 중생과 함께 왕생극락하기를 바랍니다.

『화엄경』과『법화경』, 사교四敎와 사집四集과『전등록』과『선문염송』을 횡설수설하며 지묵삼매紙墨三昧에 드는 경론의 학자 아무 보체는 문자의 계박을 풀고 자신의 갈등에서 벗어나기를 바랍니다.

부낭浮囊547 같은 간절한 의지와 꽃을 꿰듯이 마음을 통하여 오명五明548으로 사방을 호위하고 먼저 깨달은 사람이 뒷사람을 깨우치는 상행上行의 도제徒弟 아무 보체는 선법과 율장으로 대법사가 되기를 바랍니다.

10년 동안 절을 감독 관리하여 총림의 백장으로서 언어로 사람들을 이끌고 승가의 기강을 건립하는 유나維那549 판사判事 아무 보체는 윗사람을 받들어 섬기고 아랫사람을 도와 이롭게 해서 옛 가풍과 법도를 이어 가게 되기를 바랍니다.

연화대에 주야 육시로 예를 올리고 박산博山 향로에 오분향五分香550을 피우며 녹야원의 상종霜鐘551을 울리고 계봉雞峯의 설발雪髮인 지전知殿 상인 아무 보체는 부처님을 중심으로 오른쪽으로 세 바퀴를 돌고 시방의 삼보에 신례信禮하기를 바랍니다.

남해의 해조음 같고 어산에서 옥 같은 소리를 떨치는 범패의 청아한 소리로 모든 사람이 즐겨 듣게 하는 분수도사焚修導師 아무 보체는 삼업三業을 경건하고 공손하게 하며 일음一音의 원만한 음성을 가지기를 바랍니다.

크게 치고 작게 치며, 살리는 종을 치고 죽이는 종을 치며, 와관瓦官에서 무릎을 갈기고 풍교楓橋에 배를 대는 종두상인鍾頭上人 아무 보체는 잠을 깨워 귀경歸敬을 재촉하고 이근원통耳根圓通으로 반문자성返聞自性하기를 바랍니다.

상간上間과 하간下間을 부지런히 오고 가면서 나무를 하고 나물을 뜯으며, 낱낱이 빠짐없이 널리 두루 청하는 일을 담당한 청소사문請召沙門 아무 보체는 만수曼殊(문수)가 법연法筵의 용상龍象 대덕들에게 청하여 알리기를 바랍니다.

죽비로 등을 두드리고 백십의 낭간琅玕으로 참다운 기미를 조발助發하고, 수마睡魔를 쫓아내는 간당사미看堂沙彌 아무 보체는 정진에 잡된 것이 섞이는 일이 없게 하고, 불퇴전不退轉552의 경지에 나아가기를 바랍니다.

청전淸田의 광채553요 단하丹霞를 접대하며554 국사의 부름에 세 번 응답하며555 화림華林 선사의 이공二空556의 일처럼 집사근시執事近侍 아무 보체는 종사를 잘 보필하여 좌우로 부지런히 오고 가기를 바랍니다.

교리交梨와 화조火棗557와 은행과 금도金桃를 선원仙源558에서 따다가 경주경주廚(薦瓊之廚)에서 맛있는 음식을 만들어 내는 과두조화果頭造化 아무 보체는 알알이 환단還丹559을 만들되 윤이 나고 힘 있는 모양과 아주 흡사하게 되기를 바랍니다.

만두와 증편과 박탁飥飥과 호병胡餠으로 손가락을 빠는 어린아이와 어느 마음에 점을 찍으려 하느냐는 할멈의 방변560을 짓는 조병병두造餠餠頭 아무 보체는 운문雲門의 활계活計로 부처님과 조사님을 초월하기 바랍니다.

금우金牛 화상의 조화[561]와 향적香積 세계의 성대한 변화처럼 위로는 사성四聖께 공양하고 아래로는 삼도三塗를 먹여 살리는 반두운증飯頭雲蒸 아무 보체는 여섯 가지 맛이 지니는 세 가지 덕으로 법희法喜와 선열禪悅을 맛보게 하기를 바랍니다.

양자강의 물을 길어다 돌솥에서 차를 끓여 내어 조주처럼 차 마시기를 권유하여 장주의 꿈에서 돌아오게 하는 다두비구茶頭比丘 아무 보체는 근심 어린 신선의 번뇌를 없애 주고 서암瑞巖처럼 불러 깨치게 하기를 바랍니다.

텃밭에서 채소를 뜯어다 밑 없는 광주리에 담아 일육一六[562]의 맑은 샘물을 떠다가 휘저어 소금과 장을 만들어 내는 갱두선화羹頭禪和 아무 보체는 혀끝에 눈을 갖추고 있어 국을 마셔 보지 않고도 국 맛을 알아차리게 되기를 바랍니다.

수양산의 고사리[563]와 진주鎭州의 무[564]를 재를 넘는 구름처럼 잘게 썰고 연못의 달처럼 곱고 얇게 썰어 반찬을 만드는 숙두필추熟頭苾蒭[565] 아무 보체는 격식을 초월한 밥상에 좋은 음식을 공양하게 되기를 바랍니다.

뿌리가 없는 채소와 흙이 없는 동산에 비가 내리지 않아도 물에 젖고 봄이 아니어도 싹이 터서 밤을 이어 뿌리를 내리는 아무 보체는 법수法水에 흠뻑 젖어 보리菩提가 자라기를 바랍니다.

명화明花가 찬란하게 피고 층층이 보배 일산으로 덮어 봄은 단 가운데 피어나고 그림자는 허공 밖에 추어올리는 안배와 준비를 맡은 도인 아무 보체는 화보華報(꽃)와 과보果報(열매) 그리고 온갖 선으로 장엄되기를 바랍니다.

『천자문』을 통해서 올바르게 살고 『십팔사략十八史略』을 인생의 등불로 삼는 유동儒童과 이동吏童과 글씨를 배우는 어린아이와 글자를 배우는 어린아이의 장로長老와 사장師長 아무 보체는 아침저녁으로 초달草撻하여 맑고 탁한 일에 성현처럼 되게 이끌어 주기를 바랍니다.

그릇마다 다 금이라 단련하고 단련하여 백 번을 단련하며, 본래 밝았던 것을 밝히고 밝히며 처음부터 드러났던 것을 나타내고 나타내려고 하는 불식문인拂拭門人 아무 보체는 밝고 분명하게 비추어 대원경지大圓鏡智[566]를 이루기 바랍니다.

월굴月窟[567]에서 구슬을 받들고 요천瑤泉[568]에서 구슬을 씻듯이, 때와 더러운 것을 씻어 내고 미묘한 촉감과 밝음을 펼치는 수관화상水觀和尙 아무 보체는 주수삼매呪水三昧로 법신이 청정하게 되기를 바랍니다.

진봉秦封(소나무)을 꺾어 취하고 규로潙爐를 깊이 파헤치며 삼경(밤 11시~새벽 1시) 깜깜한 밤에 어두운 거리에 하나의 횃불이 되고 노주露柱[569]에 방광放光하는 아무 보체는 어두운 곳이면 비추어 주지 않음이 없는 큰 광명의 창고가 되기를 바랍니다.

날과 달이 해를 재촉하고 지옥에서 겁을 논하며, 명계冥界와 양계陽界에서 온갖 괴로움을 겪는 중생들에게 재물과 법 등을 베푸는 화초화승花草化僧 아무 보체는 모든 고초를 불쌍히 여기고 가엾게 생각하여 자비로 널리 제도하기를 바랍니다.

재물의 골짜기에 출납出內하며 권소券䟽의 기록에 주력하기 위하여 중산中山[570]에서 토끼를 잡으러 달리고 묵지墨池[571]에서 물고기가 튀어나오게 하는[572] 운주기실運籌記室 아무 보체는 문장의 근원은 삼협三峽의 물이 거꾸로 쏟아지듯[573] 하여 귀신이 울고 바람이 놀라게 하기를 바랍니다.

상판上判[574]과 하판下判, [575] 사할四喝[576]과 팔방八棒, [577] 불사佛事와 법사法事에 바람처럼 따르고 구름처럼 따르는 결판판수決判判帥 아무 보체는 넓은 문을 원만하게 통하여 팔八 자로 활짝 열게 되기를 바랍니다.

상행上行과 중행中行의 일체 만사를 차례차례 절제하여 바람이 불면 풀이 한쪽으로 눕는 것과 같게 하는 호령도감號令都監 아무 보체는 불문의 기둥과 주초와 같아서 불사를 잘 건립하게 되기를 바랍니다.

말과 되와 홉으로 되어 헤아리고 나순籮脣과 발도鉢跳와 상중하를 두루 공양하되 재시財施와 법시法施, 이 두 가지를 공평하게 골고루 보시하는 전좌典座[578] 아무 보체는 법희의 자량資糧을 원만하게 갖추어 충만하게 되기를 바랍니다.

여섯 가지 업무를 지휘하고 온갖 일을 통관統管하여 권형權衡을 장악하고 방편으로 조화를 이루는 도대별좌都大別座 아무 보체는 일체의 무루無漏를 증득하여 온갖 선善으로 함께 돌아가게 되기를 바랍니다.

뜰 장막을 벗어나서 운수雲水에 들어가되, 혹은 부역賦役을 피해 도망하기도 하고 혹은 입신양명을 기대하기도 하는 글자를 배우는 어린아이 아무 보체는 예의를 알게 하여 큰 비구가 되기를 바랍니다.

불법의 도량 가운데에서 승려와 속인이 모일 때에 안팎을 청소하고 자리를 펴고 방석을 깔았다 거두었다 하는 진색산인陳色山人 아무 보체는 진생陳生이 상탑牀榻을 시설한 것처럼 백장이 자리를 걷은 것[579]처럼 하기를 바랍니다.

단우檀牛와 수고우水牯牛, 필마駜馬와 양구良駒로 뿔이 나고 가죽을 둘러쓰며 쟁기를 끌고 무거운 짐을 짊어지고 다니는 마왕馬王과 우왕牛王 각각 등 보체는 천 리에 바람을 쫓고 오제五帝와 자웅을 다투게 되기를 바랍니다.

조역祖域에서 베고 구원하며 허정虛精에서 사로잡고 놓아주며 등봉鄧峰에서 밥을 먹고 당상唐相에서 사물을 해치며 집집마다 밤에 사냥하는 얼룩 고양이와 검은 고양이는 속히 업보를 벗어나 호단毫端을 돌출하기 바랍니다.

寺庵通用

苦海慈舟。覺路金繩。義龍律虎。扶宗樹敎。祖室法師【某人】保体。道高德重。鬼仰神欽。

心通象外。道契黃中。重宣理趣。決擇正眼。中室大師【某人】保体。正法眼藏。廻瀾正綱。

杜口毘耶。掩關摩竭。高提正令。坐斷要津。東堂禪德【某人】保体。透出三關。箭後一鏃。

倒握吹毛。全提法令。鼻孔出氣。安山列岳。西堂禪德【某人】保体。受佛付囑。大施門開。

栢樹杖林。草衣松食。衆詳廢忘。時或徒勞。無心道人【某人】保体。撞破漆桶。百了千當。

心想白蓮。手挑明珠。六字法門。三昧念佛。極樂沙門【某人】保体。法界含靈。願生九品。

華嚴法華。敎集傳拈。橫說竪說。紙墨三昧。經論學者【某人】保體。領破文繁。還我葛藤。

浮囊志切。貫花心通。五明四圍。先覺覺後。上行徒弟【某人】保體。禪法律藏。作大法師。

監寺十年。叢林百丈。言語該人。建立僧綱。維那判事【某人】保體。上承下利。終古風猷。

蓮花六時。博山五分。鹿苑霜鐘。雞峯雪髮。知殿上人【某人】保體。右繞三匝。信禮十方。

南海潮音。魚山玉振。梵唄淸雅。諸人樂聞。梵修導師【某人】保體。三業虔恭。一音圓音。

大扣小扣。殺槌活槌。瓦官劈膝。楓橋到舡。鍾頭上人【某人】喚¹⁾起催歸。圓通返聞。

上間下間。進前退後。拈柴擇菜。一一普請。請召沙門【某人】保體。曼殊白槌。法筵龍象。

背觸竹箆。百十琅玕。助發眞機。驅除睡魔。看堂沙彌【某人】保體。精無雜糅。進不退轉。

光彩靑²⁾田。接待丹霞。國師三應。華林二空。執事近侍【某人】保體。輔弼宗師。左去右來。

交梨火棗。銀杏金桃。摘取仙源。化出瓊厨。果頭造化【某人】保體。還丹顆顆。大同油油。

饅頭餛子。飥飥胡餅。癡兒舐指。婆子點心。造餅餅頭【某人】保體。雲門活計。超佛越祖。

金牛造化。香積變盛。上供四聖。下給三塗。飯頭雲蒸【某人】保體。六味三德。法喜禪悅。

汲水楊江。烹將石鼎。趙州勸喫。莊周夢廻。茶頭比丘【某人】保體。騷仙散悶。瑞巖喚醒。

家園菜物。沒底籃盛。一六明水。亂後鹽醬。羹頭禪和【某人】保體。舌頭具眼。飮不濕羹。

首陽薇蕨。鎭州蘿葍。細切嶺雲。薄批潭月。熟頭苾芻【某人】保體。出格盤排。正好供養。

無根菜子。沒土家園。不雨浸灌。非春抽芽。連夜生根【某人】保體。法水霑潤。菩提滋長。

灼灼明花。層層寶盖。春發壇中。影拂空外。排備道人【某人】保體。華報果報。萬善莊嚴。

千字居正。史略剪燈。儒童吏童。筆學字學。老長師長【某人】保體。草撻晨昏。清濁聖賢。

器器皆金。鍊鍊百鍊。本明明明。始現現現。拂拭門人【某人】保體。了了照明。大圓鏡智。

月窟承珠。瑤泉漱玉。滌垢蕩穢。妙觸宣明。水觀和尙【某人】保體。呪水三昧。清淨法身。

折取秦封。深撥瀉爐。三更黑月。一炬昏衢。露柱放光【某人】保體。無幽不燭。大光明藏。

日月催年。淤泥論刼。冥陽衆苦。財法等施。花草化僧【某人】保體。凡楚哀憐。慈悲普度。

出內財谷。注記劵疏。中山兎走。墨池魚飛。運籌記室【某人】保体。詞源倒峽。泣鬼驚風。

上判下判。四喝八棒。佛事法事。風從雲從。決判判帥【某人】保體。圓通普門。八字打開。

上行中行。一切萬事。次第節制。風行草偃。號令都監【某人】保體。桑門柱石。建立佛事。

斗量升合。籮唇跨跳。上中下供。財法二施。平均典座【某人】保體。法喜資粮。具足充滿。

指揮六務。統管萬事。掌握權衡。方便造化。都大別座【某人】保體。一切無漏。萬善同歸。

出於庭幃。入於雲水。或逃賦役。或期立揚。字學童蒙【某人】保體。可知禮也。作大比丘。

佛法場中。緇素會時。洒掃內外。展卷鋪陳。陳色山人【某人】保體。陳生設榻。百丈卷席。

檀牛水牯。駑馬良駒。戴角披毛。牽犁負重。馬王牛王【各各】保體。千里追風。五帝爭雄。

祖域斬救。虛精擒縱。喫食鄧峯。害物唐相。家家夜獵。斑猫黑猫。速離業報。突出毫端。

---

1) ㉑ '唤' 앞에 '保體'가 빠진 듯하다. 2) ㉠ '青'은 '淸'의 오자인 듯하다.

임종게
臨終偈

뜬구름은 그 실체가 본래 없는 것	浮雲自體本來空
본래 공한 것은 바로 광대한 허공이라네	本來空是太虛空
허공 속에서 구름이 일고 사라지나니	太虛空中雲起滅
일고 사라짐 어디서 오나 본디 공한 것을	起滅無從本來空

주

1 참의參議 : 조선 시대 육조六曹에 소속된 정3품 당상관직.
2 권중경權重經(1642~1728) : 조선 후기의 문신. 본관은 안동. 자는 도일道, 호는 정묵당靜默堂·손재巽齋. 영의정을 지낸 권대운權大運의 손자이다. 숙종 15년(1689) 증광문과增廣文科에 병과로 급제하였고 사가독서賜暇讀書를 하였다. 이듬해 사서司書에 임명되고, 교리·헌납·이조좌랑을 거쳐 숙종 17년(1691) 수찬·이조정랑에 임명되었으며, 이듬해 사간·승지 등을 역임하였다. 이어서 대사성에 승진하였다가 숙종 20년(1694) 이조참의가 되었다. 이해 그를 등용한 민암閔黯 등이 실각한 갑술옥사甲戌獄事가 일어나 관직이 삭탈되고 전라도 옥구현沃溝縣 고군산도古群山島에 위리안치圍籬安置되었다. 숙종 34년(1708) 전리田里에 방귀放歸된 후 경종 원년(1721)에 풀려났으며, 이듬해 전라도 관찰사에 기용되었다. 경종 3년(1723) 함경도 관찰사를 지냈으며 다음 해 형조참의에 임명되었다. 영조 4년(1728)에 조카 이인좌李麟佐가 난을 일으키자 자살하였다. 문집에 『靜默堂集』이 있다.
3 보산진保山鎭 : 조선 시대 대동강 하류에 있었던 군진軍鎭이다.
4 조사의 뜻(祖意) : 불도를 전할 때 언어나 문자에 의지하지 않고 바로 이심전심以心傳心하는 종지宗旨, 곧 선종禪宗의 종지를 조의祖意라고 한다. 조사의祖師意라고도 한다. 이에 비해 부처님 말씀에 따라서 세운 종지, 곧 화엄종·천태종 등의 뜻을 교의敎意라고 한다.
5 소 모는 법(打牛) : 남악 회양南嶽懷讓이 마조 도일馬祖道一에게 "비유하면 수레에다 소를 매서 끌게 하는데 수레가 가지 않거든 소를 때려야 하겠는가, 수레를 때려야 하겠는가?(比牛駕車。車若不行。打牛卽是。打車卽是。)"라고 하여 선의 깨우침을 알린 이야기에서 나온 말이다.
6 성해性海 : 진여眞如의 이성理性이 깊고 넓음을 바다에 비유하여 이르는 말. 불덕佛德이 원만히 구비된 경지이다.
7 묵적墨翟(B.C. 475?~B.C. 390?) : 춘추전국시대 노나라의 사상가인 묵자墨子의 본명. 당시의 어수선한 혼란기를 극복하기 위한 대안으로 겸애兼愛와 교상리交相利 등을 주장하였으며, 그의 이러한 사상은 이후 묵가墨家라는 하나의 학풍을 형성하였다.
8 묵적은 하얀~걸 슬퍼했고 : 묵자의 "깨끗한 하얀 실이 새까맣게 물드는 것을 슬퍼하였다.(墨悲絲染)"라는 말은 사람의 본성이 본래 실처럼 흰 바탕이지만 실이 검게 물들면 다시 희어질 수 없는 것과 같이, 그릇되고 나쁜 습관에 빠져들어 마침내 참된 본성을 잃어버리게 되는 것을 슬퍼한다는 뜻이다.
9 양주楊朱(B.C. 440?~B.C. 360?) : 춘추전국시대의 사상가. 존칭으로 양자楊子라고도

상권 • 285

한다. 위아설爲我說을 제창하여 묵가와 함께 세력을 떨쳤으나 상세한 것은 분명하지 않다. 맹자孟子의 평에 의하면 자신의 터럭 하나를 뽑아 천하에 이익이 된다 해도 하지 않겠다는 철저한 자기중심주의자로, 세계의 문제보다 개인적·내면적 문제를 중시하는 장자莊子 등의 사상과 유연類緣 관계가 있다. 자기중심 사상의 요점은 생명 존중은 물론 나아가 감각적 욕망의 해방과도 관계가 있다.

10 양주는 갈림길에서 통곡하고 울었지 : 양자가 갈림길에 서서 어느 쪽으로도 갈 수 있음을 보고, 사람의 근본은 같으나 그 결과는 어떻게 행동하느냐 하는 행위에 따라 달라진다는 것을 깨닫고 울었다는 고사를 인용한 말이다.

11 지리支離 : 지리소支離疏의 준말. 지리소는 장자가 꾸며 낸 인물로, 몸은 비록 불편해도 정신은 충실하게 유지하면서 국가의 명에 시달림을 받지 않는 자유인의 비유로 곧잘 쓰인다. 『莊子』「人間世」에 "꼽추인 지리소는 국가에서 무사를 동원할 적에도 활개를 치고 다니며 큰 공사를 일으킬 적에도 병신이라고 제외되는데, 병자에게 곡식을 나누어 줄 때면 으레 3종鍾의 곡식과 열 다발의 땔나무를 받곤 하였다."라는 말이 나온다.

12 나는 용을~하는 이요 : 『莊子』「列禦寇」에 "주평만朱泙漫이 지리익支離益에게서 용을 잡는 기술을 배우느라 천금이나 되는 집안의 재산을 탕진하였다. 마침내 3년 만에 그 기술을 완전히 터득했으나 그것을 써먹을 길이 없었다."라고 하였다. 기술만 높고 쓸곳이 없는 것을 말한다.

13 그대는 호랑이를~자질 아니라 : 『後漢書』「馬援傳」에 후한의 마원馬援이 조카인 엄돈嚴敦을 훈계하면서, "고니를 그리다 보면 오리와 비슷하게라도 되겠지만, 호랑이를 잘못 그리면 거꾸로 개처럼 되기 십상이다.(刻鵠不成尙類鶩。畫虎不成反類狗。)"라고 한 고사가 전한다. 고원高遠한 일을 이루려고 기대하다가는 끝내 이루기 어려움을 비유한 것이다. 이 시에서는 상대방이 학문과 기예가 뜻대로 성취되리라는 덕담으로 해석된다.

14 삼신산(三山) : 중국 전설에 나오는 봉래산蓬萊山·방장산方丈山·영주산瀛洲山을 말한다. 이 산들은 발해渤海 바다 가운데에 있는데 신선들이 살고 불사약不死藥이 있으며, 새와 짐승이 모두 희고 황금으로 지어진 궁궐이 있다고 한다.

15 남쪽 바다~리의 붕새(鵬)로세 : 『莊子』「逍遙遊」에 나오는 말이다.

16 오경五更 : 하룻밤을 초경初更·이경二更·삼경三更·사경四更·오경의 다섯으로 나누었을 때의 다섯째 부분. 새벽 3시부터 5시 사이를 말한다.

17 이월에 피는 꽃인가 의심했네 : 두목杜牧의 시 〈山行〉에 "수레 멎고 앉아서 석양의 단풍 감상하노니, 단풍 든 잎새가 이월 꽃보다 더 붉구나.(停車坐愛楓林晚。霜葉紅於二月花。)"라는 구절이 있다.

18 「보안경普眼經」: 『圓覺經』 「普眼章」을 말한다. 이 장은 보살이나 말세의 중생들이 여래의 청정한 원각圓覺을 얻으려면 계율을 철저히 지키고 항상 정진을 게을리하지 말아야 할 것과 몸과 마음이 무성無性인 이치 등을 가르치며, 아我와 법法이 공空함과 『華嚴

經」에서 말하는 이사무애理事無礙 등을 설하고 있다.
19 원효元曉(617~686) : 신라 때 고승. 속성은 설薛씨이고, 설총薛聰의 아버지이다.
20 의상義湘(625~702) : 신라 때 고승. 우리나라 화엄종의 개조이다.
21 금천金天 : 가을 하늘 또는 서쪽 하늘을 이르는 말이다.
22 고려 말기의~분 화상 : 백운 경한白雲景閑·태고 보우太古普愚·나옹 혜근懶翁慧勤을 말한다.
23 금륜金輪 : 금륜보金輪寶·윤보輪寶·윤륜이라고도 한다. 전륜왕 칠보七寶의 하나. 전륜왕이 즉위할 때 동방에 나타나 광명을 놓으면서 왕에게 와서 그 다스림을 돕는다는 하늘의 금강륜보를 말하는데, 여기서는 국왕을 의미한다.
24 구고九皐 : 구고에 대하여 주자朱子는 "고皐는 못 속의 물이니, 그 물이 넘쳐흘러 구덩이가 만들어져서 밖으로부터 아홉 굽이를 돌아온 것이니 그 깊고 먼 것을 비유한 것이다.(皐。澤中水。溢出所爲坎。從外數至九。喩深遠也。)"라고 풀이하였고, 송나라 때의 복씨는 "연못의 굽이진 것을 고라 하는데, 『초사楚辭』의 주를 보라.(濮氏曰澤曲曰皐。見楚辭註。)"라고 하였으나 두 설명 모두 구九에 대한 숫자의 해설이 명확히 나타나지 않고, 『釋文』에서는 "한시에서 말하는 구고는 아홉 굽이진 연못이다.(釋文曰漢詩云九皐。九折之澤。)"라고 하였다. 위의 세 설명을 종합해 볼 때 구고는 '아홉 굽이진 늪'으로 보아야 할 것이다.
25 후조後彫 : 『論語』「子罕」의 "날씨가 추워진 다음에야 송백이 그 푸른빛을 끝까지 잃지 않는다는 사실을 알 수가 있다.(歲寒然後。知松柏之後彫也。)"라는 말에서 유래한다. 세한歲寒은 어지러운 세상을, 송백松柏은 절조를 상실하지 않은 군자를 비유한다.
26 운손雲孫 : 원래는 먼 자손을 뜻하는 말로 자기부터 제7대가 잉손仍孫이고, 잉손의 아들 곧 제8대 자손이 운손이다. 여기에서는 이 그림을 그린 이금남의 호인 듯하다.
27 사선정四仙亭 : 강원도 고성군 삼일포三日浦의 작은 섬에 있는 정자. 고려 충숙왕 때 강원도 존무사存撫使 박숙정朴淑貞이 세웠다고 전한다. 삼일포라는 이름은 영랑永郞·술랑述郞·안상安祥·남석행南石行 등 신라의 사선四仙이 3일 동안 이곳에서 놀았다는 전설에서 유래한다.
28 네 신선(四仙) : 신라 때의 네 국선國仙 영랑·술랑·안상·남석행을 말한다.
29 서도西都 : 지금의 평양을 이르는 말. 고려 광종 때 수도 개경을 황도皇都로 개칭하고 서경西京 즉 평양을 서도라고 하였다.
30 교목喬木 : 가지가 무성하게 뻗고 줄기가 굵으며 곧게 자란 큰 나무. 우뚝 솟은 오래된 나무를 일컫기도 한다.
31 수재秀才 : 머리가 좋고 재주가 뛰어난 사람을 말한다. 예전에 아직 결혼하지 않은 남자를 높여 이르던 말이기도 하다.
32 수사洙泗 : 노나라의 수수洙水와 사수泗水라는 두 강을 말한다. 공자가 이 두 강 사이

에서 학당을 열고 제자들을 가르친 데서 공자의 학學 또는 그 학통을 가리킨다. 수사학洙泗學은 공자의 가르침과 그 학통, 즉 공맹의 학인 유학을 이른다.

33 주자朱子 : 송나라 때 유학자 주희朱熹(1130~1200)의 존칭. 자는 원회元晦·중회仲晦, 호는 회암晦庵·회옹晦翁·운곡산인雲谷山人·창주병수滄洲病叟·둔옹遯翁. 복건성 우계尤溪 출생이다. 막내아들 주재朱在가 그의 유언을 수록하여 편찬한 『朱文公文集』 100권, 속집 11권, 별집 10권이 있으며, 여정덕黎靖德이 문인과의 평생 문답을 수록하여 편찬한 『朱子語類』 140권이 있다.

34 기자箕子 : 전설상의 기자조선箕子朝鮮을 세운 시조. 이름은 서여胥餘 또는 수유須臾라고 한다.

35 귀녕歸寧 : 시집간 딸이 친정집에 가서 문안하는 것을 가리킨다. 『詩經』 「周南」 〈葛覃〉에 "돌아가서 부모를 문안하리라.(歸寧父母)"라고 한 데서 유래한다.

36 동정洞庭의 봄 : 동정춘洞庭春은 동정춘색洞庭春色의 준말로, 맛 좋기로 유명한 동정산에서 나는 귤로 빚은 술을 말한다. 혹은 그 귤을 말하기도 한다. 소식蘇軾의 시 〈洞庭春色〉 서문에 "安定郡王以黃甘釀酒。謂之洞庭春色。色香味三絶。"이라는 구절이 나온다.

37 만사挽詞 : 죽은 사람을 슬퍼하여 지은 글. 만사輓詞로도 쓰며 만장挽章(輓章·挽丈)이라고도 한다.

38 한단邯鄲의 꿈 : 인간의 부귀영화나 인생의 영고성쇠榮枯盛衰가 다 꿈같이 부질없음을 비유하는 말. 노생盧生이 한단의 장터에서 도사 여옹呂翁의 베개를 베고 잠들어 있는 동안 일생의 경력을 모두 꿈꾼 고사에서 나온 말로, 인간 일생의 영고성쇠는 한바탕 꿈에 지나지 않음을 비유한 말이다.

39 적벽赤壁 : 후한 건안建安 13년(208)에 조조曹操의 대군이 장강을 따라 동으로 내려와 오나라를 공격하자, 오나라 장수 주유周瑜가 유비劉備와 합세하여 화공火攻을 써서 겨우 3만의 군사로 이곳에서 격파하였다. 암벽이 붉은색을 띠고 있어 적벽이라 한다.

40 아성牙城 : ① 주장主將이 거처하는 성. ② 어느 부류의 세력이 자리 잡고 있는 가장 중요한 근거지를 비유하는 말.

41 궁宮·상商·각角 : 음악의 기본 음률인 오음五音, 즉 궁宮·상商·각角·치徵·우羽를 말한다.

42 비比·부賦·흥興 : 비는 비유법比喩法, 부는 직서법直敍法, 흥은 일종의 상상想像 혹은 연상법聯想法을 말한다.

43 고화膏火 : 불에 구운 맛있는 고기. 『莊子』 「人間世」에 "산의 나무는 유용하기 때문에 스스로 해를 당하고, 기름은 불이 붙기 때문에 스스로 저를 태운다.(山木自寇也。膏火自煎也。)"라고 한 데서 온 말로, 전轉하여 사람이 재능이나 번뇌로 인하여 스스로 괴로움을 당하는 것을 비유한다.

44 높은 산(屛顏) : 잔안屛顏은 산이 높고 험준하게 솟아 있는 모양을 말한다.
45 백업白業 : 선업善業을 일컫는 말이나 여기에서는 백수白手의 의미로 쓰였다. 아무것도 하지 않고 노는 사람이라는 뜻으로 스님 자신을 가리킨다.
46 『황정경黃庭經』: 도가道家의 양생법養生法을 기술한 책.
47 이천二天 : 또 다른 하늘이라는 뜻으로 큰 은인을 일컫는 말. 사람은 항상 천은天恩을 입고 사는데, 하늘 이외에 다시 인간의 은혜가 있음을 의미한다. 후한 순제 때 소장蘇章이 기주 자사冀州刺史가 되었는데, 그 친구 청하 태수淸河太守가 탐장貪藏한 사실을 조사할 때 태수에게 술을 청해 마시며 매우 좋은 기색으로 하였다. 태수가 기뻐하여 말하기를 "남들은 한 하늘이 있는데 나는 두 하늘이 있다."라고 하였다는 고사가 있다.
48 양만영楊萬榮 : 조선 숙종 때 문과에 급제하여 예조좌랑·결성현감 등을 지냈다. 덕산에 살았고 효행이 지극하여 정문旌門이 세워졌다.
49 곤붕鯤鵬 : 『莊子』에서 인용한 말로 뜻이 큰 것을 비유한다.
50 설령대雪嶺臺 : 묘향산 설령대를 말한다. 조선 후기 가사歌辭인 〈香山錄〉에 나온다.
51 부처의 종자(佛種) : 불종佛種은 불종성佛種性이라고도 한다. 부처가 될 수 있는 소질과 가능성, 잠재력 등을 말하며, 모든 중생이 본디 갖추고 있는 부처의 성품이다.
52 땅이 좁으니~춤을 추고 : 한나라 문제文帝가 궁중에서 왕들을 모아 연회를 하며 즐거워서 춤을 추는데, 장사왕長沙王이 춤이 서툴러 소매를 조금 돌리고 말았다. 문제가 까닭을 물으니 장사왕이 "땅이 좁아서 소매를 마음대로 돌릴 수 없습니다."라고 대답하자, 문제는 다시 몇 고을을 더 봉해 주었다.
53 모공찰毛孔刹 : 터럭 구멍의 불국토. 『華嚴經』에서 선재동자善財童子는 여러 선지식으로부터 각각 하나씩의 해탈문을 얻는다. 마지막으로 보현普賢보살을 만나 보현의 모공찰로 들어가는데 그것이 법계에 들어간다는 입법계이다.
54 조사석趙師錫(1632~1693) : 본관은 양주. 자는 공거公擧, 호는 만회晩悔 또는 만휴晩休, 시호는 충헌忠憲. 현종 원년(1660)에 진사가 되고, 현종 3년(1662) 증광문과에 을과로 급제하여 검열檢閱·봉교奉敎·정언正言·사서司書·이조정랑을 거쳐 황해도와 강원도, 경기도 등의 관찰사를 역임하였다. 숙종 6년(1680)에 예조판서가 되고, 숙종 13년(1687) 이조판서를 거쳐 우의정에 승진하였다. 그때 김만중金萬重이 장희빈張禧嬪의 어머니와의 오랜 연문戀聞을 왕에게 알렸으나 도리어 김만중이 처벌되었다. 이듬해 좌의정이 되어 그가 동평군東平君 항杭의 가까운 친척인데도 동평군을 논하고 처벌받은 박세채朴世采와 남구만南九萬 등을 변호하여 왕의 노여움을 사기도 하였다. 숙종 15년(1689) 돈녕부영사敦寧府領事에 올랐으나 그다음 해 왕세자 책봉 하례에 참석하지 않았다는 이유로 고성固城에 유배되어 2년 뒤 죽었다.
55 형운衡雲이 걷히니 : 형산衡山의 구름이 걷혀 분명히 보인다는 뜻으로, 성심誠心이 마귀의 장애를 잘 없앤다는 뜻이다.

56 삼소三笑는 호계虎溪의 이별이요 : 진성유陳聖俞의 『廬山記』에 나오는 말로, 여산에 살고 있던 동진의 학승 혜원慧遠 법사는 일찍이 산문 밖으로 나가는 호계의 다리를 건너지 않으리라 다짐한 바 있었다. 그런데 하루는 옛 친구인 도연명陶淵明과 육수정陸修靜의 방문을 받고 두 사람이 돌아갈 때 이들을 전송하여 서로 이야기하면서 가다가 모르는 사이에 호계의 다리를 지나쳐 버리고는, 이 일을 두 벗에게 말하고 세 사람이 손뼉을 치면서 크게 웃었다. 이것을 세상에서 호계삼소虎溪三笑라 한다.

57 등왕각滕王閣 : 등왕滕王에 봉해진 당나라 고조의 아들 이원영李元嬰이 홍주洪州의 도독都督으로 있을 때 세운 누각이다. 왕발王勃의 「滕王閣序」가 유명한데, 그 마지막 구에 "한 글자로 똑같이 부賦 하니 네 운韻의 시가 이루어졌도다.(一言均賦四韻俱成)"라고 하며 칠언절구를 노래하였다.

58 사숙私淑 : 존경하는 사람에게 직접 가르침을 받을 수는 없으나 그 사람의 도道나 학문을 본으로 삼고 배우는 것을 이르는 말. 사私는 절취竊取, 즉 '남몰래 마음속으로'라는 뜻이고, 숙淑은 선善을 말한다. 『孟子』「離婁」에 "맹자가 말하기를 '나는 공자님의 제자가 되지는 못했지만 나는 공자의 가르침을 사람들을 통해 사숙하였다.'(孟子曰。予未得爲。孔子徒也。予私淑諸人。)"라고 한 데서 나온 말이다.

59 사해四海의 고명한~닦는 일가一家라 : 사해는 습착치習鑿齒, 미천彌天은 진晉나라 도안道安을 말한다. 도안이 양양襄陽에 있을 적에 재사才士 습착치가 와서 "나는 사해 습착치요.(四海習鑿齒)"라고 하니, 도안이 "나는 미천 석도안이오.(彌天釋道安)"라고 하였다. 이 고사를 빗대어 시적 대상을 높인 표현이다.

60 두수斗水 : 미천하고 곤궁한 사람을 구원해 주는 것을 비유한 말. 『莊子』「外物」에 "주周(장자)가 어제 오는데 도중에서 누가 부르는 자가 있기에 뒤를 돌아보니, 수레바퀴 자국의 괸 물속에 붕어가 있었다.……그 붕어가 말하기를 '나는 동해東海의 파신波臣인데, 당신이 두승斗升의 물로써 나를 좀 살려 주지 않겠느냐?'고 하였다."라고 한 데서 나온 말이다.

61 연하煙霞의 고질痼疾 : 자연을 매우 사랑하는 것이 마치 고치지 못할 병이 든 것과 같음을 뜻하는 말. 『唐書』에 의하면 당나라 전유암田游巖이 벼슬을 마다하고 깊은 산속에 은거隱居하였는데 고종이 친히 방문하여 편안하냐고 물으니, "신臣은 산수를 사랑하고 저녁 안개와 노을을 좋아함이 고질병이 되었습니다.(臣所謂泉石膏肓。煙霞痼疾者也。)"라고 대답하였다고 한다.

62 삼상三常 : 의복·음식·수면을 말한다. 『緇門警訓』「潙山大圓禪師警策」에 "몸가짐을 엄히 하되 세 가지 상주물은 부족한 듯하게 하라.(進道嚴身。三常不足。)"라고 하였다.

63 팔부八部의 신장神將 : 불법을 지키는 여덟 수호신. 천룡팔부天龍八部·용신팔부龍神八部라고도 한다. 천天(Ⓢ Deva)·용龍·야차夜叉(Ⓢ Yaksa)·건달바乾達婆(Ⓢ Gandharva)·아수라阿修羅(Ⓢ Asura)·가루라迦樓羅(Ⓢ Garuda)·긴나라緊那羅(Ⓢ

Kimnara)·마후라가摩睺羅伽(⑤ Mahoraga). 이 천룡팔부중은『法華經』등 대승경전에 많이 나오며 사천왕四天王에 소속되어 있다.

64 금낭편錦囊篇 : 당나라 시인 이장길李長吉은 놀러 나갈 때 반드시 아이종에게 비단 주머니를 들고 따르게 한 뒤 시를 지어 그 주머니 속에 넣었는데, 저녁에 돌아와서 보면 주머니에 시가 가득하였다는 데서 인용한 말로 아름다운 시를 많이 지었다는 의미이다.

65 속명사續命寺 : 황해도 서흥군 오운산에 있는 사찰. 신라 법흥왕 15년(528) 4월에 아도阿道 화상이 창건하였다고 하나 그 근거는 정확하지 않다.

66 풍담楓潭 : 조선 중기의 선승. 법명은 의심義諶(1592~1665)이고, 풍담은 법호이다. 속성은 유柳씨, 본관은 문화文化이며, 경기도 통진 출신이다. 현종 6년(1665) 3월 금강산 정양사正陽寺에서 입적하였는데 안색이 살아 있을 때와 다름이 없었다고 한다. 제자는 500명이 넘었고, 이름이 알려진 70명의 제자 중 정원淨源·설제雪齊·도안道安·명찰明察·자징自澄·도정道正·법징法澄·장륙莊六 등은 종지宗旨를 선양하여 각각 일파를 이루었다.

67 금란지교金蘭之交 : 친구 사이의 매우 두터운 교분을 뜻하는 말로, 『周易』 「繫辭 上」에 "두 사람이 마음을 같이하니 그 예리함이 쇠를 끊는다. 마음을 같이하는 말은 그 향기가 난초와 같다.(二人同心. 其利斷金. 同心之言. 其臭如蘭.)"라고 한 대목에서 유래한다.

68 이문移文 : 관부 문서의 하나로 격문檄文과 더불어 어떤 대상을 성토하는 글이다. 남제南齊 때 주옹周顒이 일찍이 남경의 북산北山에 은거하다가 조정의 부름을 받고 해염현령海鹽縣令이 되었는데, 그 후 임기를 마치고 조정으로 돌아가는 길에 다시 북산에 들르려고 하였다. 이때 북산에 은거하고 있던 공치규孔稚圭가 주옹의 변절을 못마땅하게 여긴 나머지, 북산 신령의 이름을 가탁假託하고 관청의 이문을 본떠서「北山移文」을 지어 그로 하여금 다시는 북산에 발을 들여놓지 못하도록 하였다고 한다. 전하여 은거하려는 계책을 의미한다.

69 대유령大庾嶺 : 신수神秀의 무리가 의발을 빼앗으러 쫓아오자 육조 혜능慧能 대사가 발우를 바위 위에 엎어 놓았다고 하는 고개.

70 삼화三花 : 인도에 서식하는 패다수貝多樹를 말한다. 패다수는 1년에 꽃이 세 번 피므로 삼화수三花樹라 부른다. 이 나무의 잎으로 불경을 썼기 때문에 삼화의 세계란 곧 불교의 세계를 뜻한다.

71 칠엽七葉 : 부처님 입멸 후에 1차 결집을 했던 칠엽굴七葉窟을 말한다. 이에서 불교 경전을 의미하는 말로도 쓰인다.

72 마니주摩尼珠 : 마니는 ⑤ mai의 음사. 주옥珠玉의 총칭. 보주寶珠. 주옥은 악을 제거하고 흐린 물을 맑게 하며, 재난을 피하는 덕이 있다고 한다.

73 육환장六環杖 : 석장錫杖(⑤ khakkhara)의 다른 이름. 육환금석六環金錫. 비구가 지니고 다니는 열여덟 가지 물건 중 하나로 긴 막대기의 일종이다. 장두杖頭에 여섯 개의 고리

가 달려 있어 붙은 이름인데, 여섯 개의 고리는 육도六道에 윤회하는 중생을 상징한다.
74 분위分衛 : Ⓢ piṇḍapāta. 빈다파다賓茶波多·빈다파저가賓茶波底迦라고도 음역하고, 탁발托鉢·걸식乞食·단타團墮라 번역한다. 십이두타행의 하나로, 수도하는 이가 날마다 남의 집 문전에 가서 옷과 밥을 얻는 일을 말한다.
75 삼의三衣 : 불가의 세 가지 가사袈裟. 즉 대의大衣·오조五條·칠조七條 세 가지 옷을 말한다.
76 내원암內院庵 : 평안북도 영변군 묘향산에 있던 절. 내원사라고도 한다.
77 권여權輿 : 권權은 저울대, 여輿는 수레 바탕을 뜻하는 말로, 저울을 만들 때는 저울대부터 만들고 수레를 만들 때는 수레 바탕부터 만든다는 뜻에서 사물의 시초, 기원, 창시를 의미한다.
78 지장암地藏庵 : 강원도 금강산에 있던 절인 듯하다.
79 구점口占 : 초고草稿를 만들지 않고 즉석에서 글귀를 입으로 남에게 전수하는 일.
80 몇 삼삼(幾三三) : 우두牛頭 문하의 항주杭州 무착 문희無著文喜가 오대산 화엄사 금강굴에서 문수文殊의 화신인 노인과 문답하던 중 전삼삼 후삼삼前三三後三三이라 말하였다. 이때 삼삼三三이라는 것은 보통의 수가 아니라 유한의 수량을 초월한 무한의 수를 말한다.
81 체임遞任 : 정해진 임기가 차서 그 직책을 바꿈. 체직遞職과 같은 말이다.
82 존양存養 : 존심양성存心養性의 준말로, 본심本心을 보존하고 정성正性을 배양한다는 뜻. 『孟子』「盡心 上」에 "본심을 보존하고 정성을 배양하는 것은 하늘을 섬긴 것이다.(存其心。養其性。所以事天也。)"라고 하였다.
83 삼무루법三無漏法 : 삼무루학三無漏學이라고도 한다. 계戒·정定·혜慧를 흐르고 새어나감이 없이 닦아 가는 것을 말한다. 법계체성法界體性을 지키지 못하고 망령된 생각이 쉴 새 없이 흘러나오지 못하도록 하는 공부에 세 가지 중요한 것이 있는데, 곧 계율과 선정과 지혜가 그것이다. 이것을 삼학三學이라고도 한다. 이 세 가지는 근본적으로 다른 것이 아니고 서로 통하고 같이 이어진 것이다.
84 여덟 가지 부재不財 : 선정을 방해하는 근심(憂)·괴로움(苦)·기쁨(喜)·즐거움(樂)·심尋·사伺·내쉬는 숨(出息)·들이쉬는 숨(入息)을 재물에 비유해서 한 말이다. 팔재환八災患이라고도 한다.
85 텅 비우니(沖虛) : 충허沖虛는 잡념을 버리고 마음을 비우는 것, 혹은 하늘로 올라가 신선이 되는 것을 뜻한다.
86 아주鵝珠 : 어떤 비구가 보석 가는 집에 걸식하러 갔는데, 마침 그 집의 주인이 왕의 명으로 값진 보석을 갈고 있었다. 잠시 주인이 자리를 비운 사이에 그 집에서 기르는 거위가 돌아다니다 보석을 먹어 버렸다. 주인이 자리에 돌아와 보석이 없어진 사실을 알고는 걸식 온 비구를 의심하고 문책하였다. 비구는 아무 말도 하지 않고 묵묵히 있

을 뿐이었다. 그가 본 대로 말하면 거위는 당장 죽게 될 것이기 때문이었다. 주인은 그 비구를 결박해 놓고 훔친 보석을 내놓으라고 몽둥이로 마구 갈겼다. 상처에서 피가 방울방울 떨어지자 곁에 있던 거위가 흘린 피를 먹으려고 가까이 다가섰다. 주인은 홧김에 거위를 발로 차 죽이고 말았다. 비구는 이를 안타까워하며 그제야 사실대로 말하였다. 주인은 눈물을 흘리며 참회하고 진심으로 부처님께 귀의하였다. 이때부터 이 비구를 아주비구라고 불렀다. 『大莊嚴論經』.

87 학수鶴樹 : 부처님이 열반한 인도 북부 구시나가라성에 있던 사라쌍수의 별칭이다. 부처님께서 구시나가라성의 서북쪽으로 흐르는 발제하跋提河 언덕에 있던 사라수 여덟 그루가 둘씩 마주 서 있는 사이에 자리를 깔게 하고 열반에 드니 그 숲이 하얗게 변한 데서 이런 이름이 붙었다. 학림鶴林이라고도 한다.

88 영재鈴齋 : 주지가 머무는 재사齋舍.

89 적광옹寂光翁 : 적광정토寂光淨土의 부처님, 즉 적광여래寂光如來를 말한다. 밀교에서는 대일여래大日如來라고 한다.

90 숭산실嵩山室 : 숭산嵩山은 달마 대사가 9년 동안 면벽面壁했던 곳이며, 실室은 그 선실禪室이었던 암굴이다.

91 안심安心 : 달마 대사가 9년 동안 면벽한 안심입명처安心立命處를 의미한다.

92 화표주華表柱 : 무덤 앞 양쪽에 세우는 한 쌍의 돌기둥. 돌 받침 위에 팔각 기둥을 세우고 맨 위에 둥근 머리를 얹는다. 『搜神後記』 권1에 "요동遼東 사람 정영위丁令威가 신선이 되고 나서 천 년 만에 학으로 변해 다시 고향을 찾아와서는 요동 성문의 화표주 위에 내려앉았는데, 소년 하나가 활을 쏘려 하자 허공으로 날아 올라가 배회하면서 '옛날 정영위가 한 마리 새가 되어, 집 떠난 지 천 년 만에 이제 처음 돌아왔소. 성곽은 의구한데 사람은 모두 바뀌었나니, 신선술 왜 안 배우고 무덤만 이리도 즐비한고.(有鳥有鳥丁令威。 去家千年今始歸。 城郭如故人民非。 何不學仙冢纍纍。)'라고 탄식하고는 사라졌다는 전설이 전한다."라고 하였는데 여기에서 나온 말이다.

93 도도산桃都山의 오경에 우는 닭 : 도도산은 『玄中記』에 "동남쪽에 도도산桃都山이 있고, 위에는 큰 나무 한 그루가 있는데 도도桃都라고 부르며, 나뭇가지가 3천 리에 걸쳐 뻗어 있다. 위에는 하늘을 나는 천계天鷄가 있어 해가 처음 떠서 이 나무를 비추면 그 새가 운다. 그 새가 울면 천하에 모든 닭이 따라서 운다."라고 하였다. 『藝文類聚』에는 "닭은 양陽을 상징하는 남방의 동물이다. 화양火陽은 만물을 동하게 하여 불꽃이 솟는다. 그러므로 해가 뜨면 닭이 우니 자연히 날이 밝아 온다."라고 하였다.

94 장주莊周의 꿈 : 장자가 꿈에 나비가 되어 날아다녔다. 그는 꿈이 깬 다음 원래 자신은 인간이었는데 꿈에 나비가 된 것인지, 원래 나비인 자신이 꿈속에서 인간이 된 것인지 판단하기 어려워 고심하였다는 고사가 있다.

95 함곡관函谷關 개들이~잠꼬대를 했는가 : 전국시대 제나라의 맹상군孟嘗君이 진秦나라

에 구류되어 죽게 되었는데, 그의 식객食客 한 사람이 궁중의 창고에 기어들어 호백구狐白裘를 훔쳐 와서는 왕이 총애하는 궁녀에게 뇌물로 주고 풀려났다. 말을 달려 도망가다가 밤중에 함곡관에 이르러 나가지 못할 때, 또 다른 식객 하나가 닭 울음소리를 내어 다른 닭들이 따라서 일제히 울자 문지기가 날이 새는 줄로 알고 문을 열어 주어 위기를 모면하였다. 『史記』 권75 「孟嘗君傳」 참조.

96 성완成琬(1639~?) : 본관은 창녕. 자는 백규伯圭, 호는 취허翠虛. 아버지는 성후룡成後龍이다. 현종 7년(1666) 병오 식년시式年試에 진사 2등 8위로 합격하였다. 시로 이름이 있었다. 일찍이 통신사 제술관製述官으로 일본에 다녀왔고 관직이 찰방에 이르렀다. 문집으로 『翠虛集』이 있다.

97 사당沙棠 : 곤륜산에 있는 나무 이름으로 신선의 배를 만드는 재목이다. 이 나무의 열매를 먹으면 물에 빠져도 몸이 둥둥 뜬다고 한다. 이백李白의 시에 "목란나무 상앗대를 걸친 사당나무 배에(木蘭之沙棠舟)"라는 구절이 있다.

98 삼변지三變地 : 삼변정토三變淨土를 말한다. 『法華經』 「寶塔品」에 나온다. 시방세계에서 찾아오는 화신불化身佛을 수용하기 위해 부처님께서 세 번에 걸쳐 국토를 청정하게 하고 늘린 사실을 가리킨다.

99 권중경權重經 : 주 2 참조.

100 운방雲房 : ① 구름이 끼는 높은 집. 도사道士 또는 스님들이 거처하는 방. ② 사찰의 요사채.

101 명공明公 : 높은 벼슬아치를 높여 부르는 말. 명예와 지위가 있는 사람에 대한 존칭.

102 수성愁城 : 걱정되고 고민스러운 처지. 고민스러운 상태에 빠진 것을 말한다.

103 청주종사靑州從事 : 좋지 못한 술은 평원독우平原督郵라 하고 좋은 술을 청주종사라 한다. 평원에 격현鬲縣이 있고 청주에 제현齊縣이 있는데, 좋지 못한 술은 가슴(鬲)에서 오르내리고 좋은 술은 배꼽(臍)까지 내려간다는 뜻으로 옛 선비들 사이에서 은어로 쓰이던 말이다.

104 청금靑襟 : 청금靑衿과 같은 뜻. 청색의 옷. 본디 주나라 때 학자의 복장인데, 조선시대 성균관에 입학한 생원生員을 가리키는 말로 사용하였다.

105 축분竺墳 : 불경佛經. 축竺은 천축天竺(인도), 분墳은 유래가 오래된 책(古書)을 말한다.

106 종산鍾山 : 곤륜산의 별칭. 섬서陝西에 있는 높은 산으로 여름에도 눈이 녹지 않아 설산雪山이라고도 한다. 신선 서왕모西王母가 이곳에서 산다고 하여 신선 세계의 대명사로 쓴다.

107 아미산峨嵋山 : 송나라의 소식蘇軾이 호주湖州에서 귀양살이할 때 그곳 하남성 겹현郟縣에 있는 아미산이 고향 촉蜀에 있는 아미산과 닮았다 하여 작은 아미산이라 이름을 붙이고, 그 아미산을 그리면서 고향에 대한 그리움을 달랬다고 한다. 서로 그리워함을 의미한다.

108 도사都事 : 조선 시대에 벼슬아치의 감찰과 규탄을 맡아보던 종5품 벼슬. 충훈부忠勳府·의빈부儀賓府·의금부義禁府·개성부開城府·중추부中樞府에 각각 한 명씩, 충익부忠翊府에는 두 명, 오위도총부五衛都摠府에는 네 명을 두었다. 또한 각 도에도 도사를 두었는데, 관찰사와 함께 지방을 순력하고 규찰하는 임무를 담당하였다.
109 윤건綸巾 : 흰 베로 만든 두건. 옛날 은사隱者나 풍류인들이 썼다고 한다. 진晉나라 도연명이 백륜건白綸巾을 쓰고 지냈다고 한다.
110 연하煙霞 : 고요하고 아름다운 산수의 경치.
111 네 개의 강(四瀆) : 중국의 4대 강을 가리키는 말로 양자강揚子江·제수濟水·황하黃河·회수淮水를 말한다. 오악五岳(숭산嵩山·태산泰山·항산恒山·화산華山·형산衡山)과 함께 신앙의 대상이 되었다.
112 정형穽陘 : 우뚝 솟은 산세로 가운데가 움푹한 부뚜막 모양의 지형.
113 쌍청雙淸 : 마음가짐과 하는 일이 다 깨끗함.
114 영주산瀛洲山 : 발해 가운데에 있다고 하는 삼신산三神山의 하나. 여기에는 신선들이 살며 불사약不死藥이 자란다고 한다. 제주도를 가리키기도 한다.
115 김창흡金昌翕(1653~1722) : 조선 후기의 학자. 기사환국 때 아버지가 사사되자 형인 창집·창협과 함께 은거하였다. 후에 관직이 내려졌으나 모두 사양하였다.
116 육념六念 : 육념법六念法·육수념六隨念이라고도 한다. ① 염불념佛 – 부처님은 십호十號를 구비하고 대자대비한 광명을 놓으며 신통이 무량하여 중생의 고苦를 구제하니, 나도 부처님과 같기를 염원念願함, ② 염법념法 – 여래의 설하신 법은 큰 공덕이 있어서 중생에게 좋은 약이 되니, 나도 이를 증득하여 중생에게 베풀고자 염원함, ③ 염승念僧 – 스님들은 여래의 제자로서 무루법無漏法을 얻고 계戒·정定·혜慧를 갖추어 세간의 좋은 복전福田이 되니, 나도 승행을 닦으려고 염원함, ④ 염계念戒 – 모든 금계禁戒는 큰 세력이 있어서 중생이 착하지 아니함을 제하니, 나도 정진하여 계를 호지護持하려고 염원함, ⑤ 염시念施 – 보시행은 큰 공덕이 있어서 중생의 간탐중병慳貪重病을 제하니, 나도 보시하여 중생을 섭수攝收하려고 염원함, ⑥ 염천念天 – 욕계欲界·색계色界·무색계無色界의 하늘들이 자연히 쾌락을 받음은 일찍 지계하고 보시하는 선근善根을 닦은 연유이니, 나도 공덕을 쌓아서 저 하늘에 나려고 염원함. 사람이 이 육념을 닦으면 마음에 선정을 얻어 열반에 이르게 된다.
117 반은 삼승三乘이요 반은 육경六經이네 : 삼승은 불경, 불교 이야기를 뜻하고, 육경은 유가의 경전(『詩經』·『書經』·『禮記』·『樂記』·『易經』·『春秋』)을 말한다.
118 도연명陶淵明(365~427) : 동진의 시인. 이름은 잠潛, 호는 오류선생五柳先生. 연명은 자이다. 심양尋陽 시상柴桑 사람이다. 전원과 술을 벗 삼아 살아간 중국의 유명한 시인 가운데 한 사람으로 손꼽힌다. 사부辭賦 〈歸去來辭〉 외에 「五柳先生傳」·「桃花源記」 등의 산문이 있다.

119 팽상彭殤 : 팽조彭祖와 상殤. 팽조는 상고시대에 800살을 살았다는 전설적인 인물이며, 상은 미성년으로 죽은 것을 말하는데, 16~19세에 죽으면 장상長殤, 12~15세에 죽으면 중상中殤, 8~11세에 죽으면 하상下殤, 7세 이하에 죽으면 복服이 없는 상이라고 한다.『儀禮』「喪服傳」註.
120 총섭摠攝 : 고려·조선 시대 승려의 직책. 언제부터 사용되었는지는 알 수 없으나 고려 말에 나옹懶翁이 선교도총섭禪敎都摠攝을 지낸 기록이 있다. 본격적으로 사용한 것은 조선 시대에 들어와서이다. 명종 21년(1566)에 선교양종禪敎兩宗을 폐지하면서 판사직判事職도 없어졌다가 선조 때 임진왜란이 일어나자 팔도에 각 두 명씩 총섭을 새로 두었다.
121 헌원軒轅 : 중국 고대 전설상의 제왕인 헌원씨軒轅氏를 말한다. 성은 공손公孫이며 헌원은 이름이다. 삼황오제의 하나로 문명을 발전시켰으며 도교의 시조로 추앙받고 있다.
122 음탁飮啄 : 새가 물을 마시고 먹이를 쪼아 댄다는 뜻으로, 사람이 음식을 먹고 살아가는 것을 말한다.
123 경행經行 : 승려가 좌선 중에 졸음이 오거나 피로할 때 심신을 가다듬기 위하여 경문을 외면서 일정한 장소를 조용히 걷는 행보. 움직이면서 하기 때문에 행선行禪이라고도 한다.
124 급원給園 : 기수급고독원祇樹給孤獨園의 준말. '기수'는 절이 자리하고 있는 숲의 주인이던 기타祇陀태자의 이름을 딴 것이며, '급고독'은 재물을 내어 이 절을 세운 급고독(수달다須達多의 별명) 장자의 이름을 딴 것이다.
125 벽돌 갈아~옮겨 가리라 : 부처가 되기 위해 좌선하고 있다고 대답하는 마조 도일 앞에서 남악 회양이 벽돌을 들어 바위에 갈았다. 도일이 이유를 묻자 회양은 거울을 만든다고 하였다. 도일이 "벽돌을 간다고 어찌 거울이 되겠습니까?"라고 하자, "벽돌을 갈아서 거울을 만들지 못하거늘, 어찌 좌선을 하여 부처를 이루겠는가? 소가 수레를 몰고 가는 것과 같으니, 수레가 가지 않으면 수레를 때려야 옳은가, 소를 때려야 옳은가?"라고 하였다.『景德傳燈錄』권5.
126 차천로車天輅(1556~1615) : 조선 중기의 문신이자 문인. 본관은 연안. 자는 복원復元, 호는 오산五山·난우蘭嵎·귤실橘室·청묘거사淸妙居士. 개성 출신으로 식軾의 아들이고 운로雲輅의 형이다. 삼부자 모두가 일대에 이름 높은 문사였고, 세인들로부터 '삼소三蘇'라 불렸다. 서경덕徐敬德의 문인으로 선조 10년(1577) 문과에 급제하여 개성교수開城敎授를 지냈다. 선조 19년(1586) 과거 부정 사건에 관계되어 명천明川에 유배되었다가, 선조 21년(1588) 문재文才가 있어 용서되어 이듬해 통신사 황윤길黃允吉을 따라 일본에 다녀왔다. 문장에 뛰어나 선조가 명나라에 보내는 대부분의 외교문서를 전담하게 했으며, 임진왜란 때에는 명나라에 원군을 청하는 서한도 썼다.

문명文名이 명나라에까지 떨쳐 동방문사東方文士라는 칭호를 받았으며, 봉상시판관奉常寺判官을 거쳐 선조 34년(1601) 교리가 되어 교정청校正廳의 관직을 겸임하였고, 광해군 때 봉상시첨정奉常寺僉正을 지냈다.

127 감호鑑湖 : 절강성에 있는 호수 이름. 경호鏡湖·장호長湖 등으로도 불린다. 당나라 현종 때 비서감祕書監을 지낸 시인 하지장賀知章이 만년에 도사道士가 되어 고향으로 돌아갈 적에 현종이 감호의 섬계剡溪 한 굽이를 하사하였다는 고사가 있다.

128 요해瑤海 : 달밤의 하늘. 옥같이 푸른 하늘의 비유.

129 벽단碧壇 : 하늘에 있는 단壇.

130 삼청三淸 : 도교에서 말하는 천상 세계로, 신선이 살고 있다는 궁의 이름. 삼동三洞의 교주가 사는 최고의 선경仙境인 옥청경玉淸境·상청경上淸境·태청경太淸境의 세 선경을 말한다. 또한 도교의 삼신三神인 옥청원시천존玉淸元始天尊·상청령보도군上淸靈寶道君·태청태상로군太淸太上老君을 말하기도 한다.

131 우개羽蓋 : 신선이 타는 수레. 혹은 깃털로 장식한 수레 덮개.

132 「강상수심부江上愁心賦」 : 당나라 때 문인 장열張說이 지은 시부.

133 반랑潘郎 : 진晉나라 반악潘岳을 가리킨다. 무제武帝가 적전籍田에 임하여 친히 밭을 갈 때 「籍田賦」를 지어 천하에 문명을 떨쳤다. 『晉書』 권55.

134 활화活畫 : ① 살아 있는 것 같은 그림. ② 그림같이 아름다운 경치를 비유적으로 이르는 말.

135 옥경玉京 : 백옥경白玉京의 준말. 도교에서 말하는 천제天帝의 거소居所인데 보통 황제의 도성을 가리킨다.

136 부상扶桑 : 동해의 해가 뜨는 곳에 있다는 신령스러운 나무(神木), 또는 그것이 있다는 곳. 「山海經」「海外東經」에 "양곡暘谷에 부상이 있으니 열 해(日)가 멱 감는 곳이다."라고 하였고, 「十洲記」에는 "부상은 푸른 바다 가운데 있으니 키가 몇천 길이요, 둘레가 천여 아름인데 해 뜨는 곳이다."라고 하였으며, 『淮南子』「天文訓」에는 "해가 양곡暘谷에서 돋아 함지咸池에서 목욕을 하고 부상에서 솟는다."라고 하였다.

137 화주火珠 : 원래는 볼록렌즈를 화주라 하는데, 여기에서는 태양을 화주로 비유하였다.

138 구불구불(輪囷) : 윤균輪囷은 높고 큰 모양 또는 구부러진 모양을 말하는데, 햇살이 구불구불하게 비쳐 나가는 모습을 상징한 말인 듯하다.

139 팔황八荒 : 팔八은 동·동남·남·서남·서·서북·북·북동의 여덟 방향을 말한다. 황荒은 아주 먼 땅이라는 뜻이다.

140 금계金雞 : 동해 바다에 부상扶桑이라는 나무가 있고 해가 그 가지에서 떠오르는데 그때 금계가 운다고 한다.

141 평실萍實 : 수초水草의 열매인데, 옛날 초왕楚王이 강을 건너다가 평실을 얻었는바, 크기는 말(斗)만 하고 붉기는 태양과 같았으며, 먹어 보니 꿀처럼 달았다는 고사가 있

다. 태양의 다른 이름으로 쓰기도 한다.
142 물동이로 덮었다고(覆盆)~어두워짐을 원망하리 : 복분覆盆은 엎어 놓은 동이라는 말로, 성군의 밝은 빛을 받지 못한 채 깜깜한 어둠 속에 놓여 억울하게 되었다는 뜻으로 흔히 쓰는 표현이다. 『抱朴子』「辨問」에 "일월도 비치지 않는 곳이 있고, 성인도 알지 못하는 경우가 있다. 그러나 어찌 이 때문에 성인의 일을 비난하고 신선이 없다고 할 수야 있겠는가. 이는 삼광三光이 복분의 내부를 비추지 못한다고 책망하는 것과 같다."라고 하였다.
143 형양衡陽 : 중국 형산衡山 남쪽 즉 형양에 회안봉回雁峯이 있는데, 이곳을 기점으로 해서 기러기들이 남북으로 왕래하며 이동한다고 한다. 참고로 왕발의 「滕王閣序」에 "기러기의 군진이 추위에 놀라, 형양 물굽이에 소리가 끊어졌네.(雁陣驚寒, 聲斷衡陽之浦)"라는 표현이 있다.
144 칠택七澤 : 초나라 땅의 여러 호수. 여기서는 사방의 못이라는 의미이다.
145 삼상三湘 : 호남성 임상현臨湘縣에 있는 동정호로 흘러드는 강 이름들을 말한다. 보통 상湘은 '삶는다, 끓는다'라는 뜻으로 강의 물줄기가 격류를 이루며 급히 흐르는 상수湘水(湘江)를 일컫는다. 상수는 동정호로 흘러드는 남쪽의 강줄기 중 가장 크고 길다. 삼상은 소상瀟湘·증상烝湘·원상沅湘을 말하는데, 소상은 소수瀟水가 호남성 영원현寧遠縣에서 발원하여 상수로 흘러드는 강이라고 하여 붙여진 이름이다. 증상은 증수烝水가 호남성 형양현衡陽縣에서 발원하여 상수와 만나 흐르는 강인 데서, 원상은 동정호로 흘러드는 원수沅水와 상수가 만나 흐르는 강인 데서 이렇게 부른다.
146 옥새玉塞 : 감숙성 돈황敦煌 서북쪽에 있던 옥문관玉門關의 별칭. 장안長安에서 서쪽으로 3,600리 떨어진 돈황군敦煌郡에 있었으며, 한나라 때 중원에서 서역西域으로 들어가는 관문이었다.
147 옥정玉井 : 중국 오악五岳의 하나인 화산華山 꼭대기에 있는 못 이름이다. 이 못에는 1천 잎의 연꽃이 피는데, 그 뿌리를 복용하면 우화등선羽化登仙한다는 전설이 있다.
148 염계濂溪 : 북송의 유학자인 주돈이周敦頤(1017~1073)를 가리킨다. 자는 무숙茂叔이며 염계는 호이다. 여산廬山에 은거하며 집 근처의 시내에 고향에 있는 염계의 이름을 붙여 세상에서 그를 '염계 선생'이라 불렀다. 저서로 『太極圖說』과 『通書』, 산문으로 「愛蓮說」 등이 있다.
149 순령荀令 : 상서령尙書令을 지낸 후한 순욱荀彧의 별칭.
150 사공謝公 : 남조 송나라의 시인 사영운謝靈運(385~433)을 말한다. 진晉나라 명장名將 사현謝玄의 손자이며 강락공康樂公의 작위를 얻었다. 문제 때 시중侍中에 이르렀으나 참언讒言에 의해 죽었다. 그의 청신한 시풍은 후대에 큰 영향을 끼쳤으며 불교에도 조예가 깊었다.
151 태화봉太華峯 꼭대기의 그 열매를 : 한유韓愈의 〈古意〉에 "태화봉 꼭대기에 옥정의

연이 있으니 10장이나 되는 연꽃이 마치 배와 같도다.(太華峯頭玉井蓮。開花十丈藕如船。)"라고 한 데서 인용한 구절이다.
152 계응季鷹 : 진晉나라 장한張翰의 자. 제왕齊王 경囧에게 벼슬하여 동조연東曹掾으로 있다가, 가을바람이 불어오자 불현듯 고향의 고채菰菜와 순챗국, 농어회가 생각나 관직을 그만두고 돌아갔다는 고사가 전한다. 『晉書』권92.
153 삼경三逕 : 뜰의 세 갈래 작은 길. 한나라 때 은사隱士 장후蔣詡가 뜰에 소나무(松)와 국화(菊), 대나무(竹)를 심어 놓고 구중求仲·양중羊仲과 교유하며 고요하게 노닐었던 고사에서 유래한 말이다. 『漢書』권72 「蔣詡傳」.
154 맨 마지막에 마르는(後彫) : 후조後彫는 늦게 시든다는 말이다. 다른 것은 모두 시들어 떨어져도 소나무와 노송나무만은 시들어 떨어지지 않는다는 뜻이다. 『論語』「子罕」에 "공자가 이르기를 날씨가 추워진 뒤에야 소나무와 노송나무가 시들어 떨어지지 않음을 안다.(子曰。歲寒然後。知松柏之後彫也。)"라는 말이 나온다.
155 현명玄冥 : 전욱顓頊의 신하로 바람과 바다의 신. 곤鯤이라는 물고기의 변신. 손에 저울추를 들고 겨울을 관장한다고 한다.
156 낭간琅玕 : 중국에서 나는 경옥硬玉의 한 가지. 어두운 녹색 또는 청백색이 나는 반투명한 아름다운 돌로, 예부터 장식에 많이 쓰인다. 아름다운 대나무를 칭하기도 한다.
157 상령湘靈 : 요임금의 두 딸인 아황娥皇과 여영女英을 일컫는다. 모두 순임금에게 시집 갔는데 순임금이 창오蒼梧에서 죽게 되자 상수湘水 길을 따라 뒤쫓아 가면서 통곡을 그치지 않아 눈에서 피가 흘렀다고 한다. 피눈물이 대나무 위로 흘러서 대나무에 얼룩얼룩한 반점이 물들었는데, 이 대나무를 상비죽湘妃竹 또는 소상반죽이라 부른다.
158 창주滄洲 : 삼국시대 위나라 완적阮籍의 "창주를 굽어보며 지백에게 사례하고, 기산에 올라 허유에게 절을 한다.(臨滄洲而謝支伯。登箕山以揖許由。)"라는 글에서 유래한 것으로, 이후 산수 좋은 은사隱士의 거처라는 뜻으로 쓰이게 되었다.
159 금풍金風 : 사시四時를 오행五行에 대비하면 봄은 목木, 여름은 화火, 가을은 금金, 겨울은 수水에 해당하므로 금풍은 가을바람을 말한다.
160 한만汗漫 : 되는대로 내버려 두고 등한함.
161 악양루岳陽樓 : 호남성 악양岳陽에 있는 누각으로 중국 고대 4대 명루名樓 중 하나이다. 동쪽으로는 파릉산巴陵山이 있고 서쪽으로 동정호와 접해 있다. 악양고성岳陽古城의 서문 위에 있다. 삼국시대 동오東吳의 대장 노숙魯肅이 이곳에서 수군을 훈련하기 위해 열군루閱軍樓를 지었다.
162 제자帝子 : 요임금의 딸 상부인湘夫人을 말한다. 고대에는 '자子'를 남녀에 통용하였다.
163 창오蒼梧 : 순임금을 장사 지낸 곳으로, 지하에 묻힌 성군聖君을 뜻한다. 순임금이 39년 동안 황제의 자리에 있다가 남쪽을 순수巡狩하던 중 창오의 들판에서 죽은 고사가 전해진다. 『史記』「五帝本紀」.

164 반죽斑竹 : 순임금이 창오의 들판에서 죽은 뒤 그의 두 왕비 아황과 여영이 사모하는 정을 억누르지 못해 서로 통곡하면서 상수에 빠져 죽었는데, 그때 흘린 눈물이 대나무 위에 떨어지면서 얼룩이 져 반죽이 되었다는 고사가 있다. 『逑異記』.
165 구의산九疑山 : 호남성 영원현 남쪽에 있는 주명朱明·석성石城·석루石樓·아황娥皇·순원舜源·여영女英·소소簫韶·계림桂林·자림梓林 등 아홉 봉우리의 산으로, 모두 모양이 같게 생겨서 보는 사람이 누구나 어느 봉이 어느 봉인지 어리둥절하여 의심을 내게 되므로 구의九疑라 이름하였다고 한다. 창오산蒼梧山이라고도 하는데, 옛날 순임금의 무덤이 있다 하며 옆에 소상강瀟湘江이 있다.
166 봉필蓬蓽 : 봉호蓬戶와 필문蓽門이라는 뜻으로, 가난한 집 혹은 그 생활을 비유하는 말.
167 유영劉伶 : 진晉나라 때 시인. 자는 백륜伯倫. 죽림칠현竹林七賢의 한 사람으로 장자의 사상을 실천하였으며, 술을 좋아하여 〈酒德頌〉을 짓기도 하였다.
168 정언正言 : 조선 시대 사간원에 속했던 정6품 벼슬.
169 민창도閔昌道(1654~?) : 본관은 여흥驪興. 자는 사회士會, 호는 화은化隱. 숙종 4년(1678) 증광문과에 을과로 급제하고 이듬해 문과중시에 병과로 급제하였다. 정언正言·헌납獻納·부교리副校理 등을 지내고, 숙종 15년(1689) 홍문록弘文錄에 올랐다. 숙종 16년(1690) 사가독서하고 이조좌랑과 승지, 경상도 관찰사를 역임한 뒤 숙종 19년(1693) 대사성이 되었다. 경종 2년(1722) 신임사화辛壬士禍로 장수에 유배되었다. 문장과 글씨에 능하여 곽산의 개원사開元寺 불량비佛糧碑, 영변의 보현사普賢寺 월저대사비문月渚大師碑文 등을 찬하였다.
170 권해權瑎(1639~1704) : 본관은 안동. 자는 개옥皆玉, 호는 남곡南谷. 호조판서 대재大載의 아들이다. 현종 6년(1665) 정시문과庭試文科에 응시하여 병과로 급제하였다. 저서에 『魯論註解』·『士範三十五篇』·『義經辨疑』가 있고 문집으로 『南谷集』 등이 있다.
171 몽몽濛濛 : 먼지·비·안개·연기 따위가 자욱한 모양.
172 당위棠威 : 『詩經』 「國風」 〈甘棠〉에 "무성한 팥배나무를 자르지도 베지도 마라. 소백님이 멈추신 곳이라네. 무성한 팥배나무를 자르지도 꺾지도 마라. 소백님이 머무신 곳이라네.(蔽芾甘棠. 勿翦勿伐. 召伯所茇. 蔽芾甘棠. 勿翦勿敗. 召伯所憩.)"라고 하였다. 이 시는 소공昭公이 백성을 위하여 일하다가 감당나무 아래에서 쉬었으니 그 나무를 건드리지 말라는 내용으로, 덕치德治의 관리 소공에 대한 백성들의 애정과 존경심이 어떠했는지 짐작할 수 있게 한다. 여기서는 평양 감사의 치덕을 감당에 비유하여 팥배나무의 위엄으로 말한 것이다.
173 정모旌旄 : 의장儀杖인 정절旌節과 모절旄節을 아울러 이르는 말.
174 공공空空 : 십팔공十八空의 하나로, 육근六根 등의 내신內身과 육경六境 등의 외경外境과 거기 의지한 아아我·아소我所는 모두 실체가 없으며 자성自性이 없는 공한 것인데, 그 공도 또한 공한 것이므로 집착할 것이 아니라는 뜻이다.

175 홍몽鴻濛 : 홍鴻은 크다, 몽濛은 어둡다는 뜻으로 홍몽은 매우 어두운 것을 말한다. 우주가 형성되기 이전부터 있어 온 천지의 원기 혹은 그와 같은 혼돈 상태를 가리키는 말로, 끝없이 펼쳐진 바다나 하늘을 뜻하기도 한다.
176 용어龍馭 : 천자나 높은 관리가 타고 다니는 수레.
177 경화京華 : 번화한 서울을 일컫는 말.
178 오촌梧村 : 봉황은 오동나무에 깃들인다는 말에서 신선이 사는 마을을 뜻한다.
179 경광耿光 : ① 밝은 빛. ② 덕이 성대한 모양의 비유. ③ 빛나는 위엄威嚴.
180 주문朱門 : 붉은 칠을 한 문이라는 뜻으로, 지위가 높은 벼슬아치의 집을 비유해서 이르는 말. 관청을 말하기도 한다.
181 민취도閔就道(1633~1698) : 본관은 여흥. 자는 정숙正叔. 숙종 때 좌의정을 지낸 민희閔熙의 아들이며, 판중추부사判中樞府事를 지낸 청백리 강백년姜栢年의 사위이다. 어려서부터 학문을 좋아하고 덕행을 갖추었다. 숙종 원년(1675) 증광문과에 을과로 급제한 후 홍문록에 오르고, 수찬·교리·헌납·이조좌랑 등을 거쳐 동부승지와 대사간을 지냈다. 숙종 19년(1693) 청차사행淸差使行 박창한朴昌漢을 수행하여 청나라에 다녀오는 등 외교 분야에도 업적을 남겼다. 청나라에서 귀국하여 형조판서에 올랐다.
182 정소呈訴 : 소장訴狀·고장告狀·소지所志 따위를 관청에 제출하는 것. 때때로 임금의 행차 앞에서 제출하기도 하였다는 기록도 보인다.
183 감당甘棠 : 어진 관리가 훌륭한 정사를 베풀어 백성에게 은택을 끼쳤다는 뜻. 옛날 소백召伯이 남국南國을 순행하면서 문왕文王의 교화를 펼 때 감당나무 아래 머물렀는데, 그 뒤에 백성이 그 은덕을 잊지 못하여 차마 나무를 베지 못하였다는 고사에서 나온 말이다. 『詩經』「召南」 참조. 여기에서는 관서 도백을 말한다.
184 토끼의 굴속은 세 굽이라 : 『戰國策』「齊策」에 "토끼가 뜻밖의 환난을 피하기 위하여 세 개의 탈출구를 미리 파 놓는다."라고 한 데서 인용한 말이다.
185 복분覆盆 : 근거 없는 죄를 뒤집어쓰고 하소연할 곳 없는 억울한 심정을 말한다.
186 단정丹鼎 : 신선이 먹는 단약丹藥을 달이는 솥. 『瑯環記』에 "천년 묵은 거북이 봉래산 아래 신을 찾아와서 단정 씻은 물을 마시면, 곧 날개가 돋쳐 변화무쌍하게 된다."라고 하였다.
187 과기瓜期 : 참외가 익을 시기라는 뜻으로, 어떤 직무를 띠고 멀리 나가 있던 벼슬아치가 임기가 만료되는 시기, 부임하였다가 교대하는 시기를 말한다. 『左傳』「莊公」 8년조에 "제후가 연칭과 관지보를 규구로 보내어 지키게 하면서 '외가 익을 때 보내니 명년 외가 익을 때 교대시키겠다.'(齊侯 使連稱管至父 戍葵丘 瓜時而往曰 及瓜而代)"라고 한 고사에서 유래한다.
188 안절按節 : 조선 시대 임시 외관직으로, 한 방면을 맡아서 다스리는 관찰사의 직무를 수행하는 직책이다.

189 하황遐荒 : 왕성王城에서 멀리 떨어진 오랑캐의 땅. 여기서는 도성에서 멀리 떨어진 변방을 말한다.
190 해수海戍 : 바닷가의 수자리.
191 요원遼原 : 요의 들판. 조선과 중국 사이의 요동벌.
192 우로雨露 : 비와 이슬이라는 뜻으로, 임금이나 지위 높은 관리의 은혜를 비유하는 말.
193 남명南溟 : 『莊子』「逍遙遊」에 "붕새가 남명으로 옮기려고 할 적에 물결이 3천 리를 치고 회오리바람을 일으키며 구만리 상공으로 높이 떠 날아간다.(鵬之徙於南溟也。水擊三千里。搏扶搖而上者九萬里)"라고 한 데서 나온 말이다.
194 패강浿江 : 대동강의 옛 이름.
195 홍돈洪暾(1654~?) : 본관은 남양南陽. 자는 승기承基, 호는 오은梧隱. 숙종 5년(1679) 식년시식年試 진사에 1등 4위로 급제하였다.
196 진경秦京 : 본래는 진秦나라 서울 장안을 말하는데 여기에서는 평양을 가리킨다.
197 금성金城 : 쇠로 만든 성이라는 뜻으로, 산하가 요새지要塞地로 되어 견고함을 말한다. 『漢書』「蒯通傳」에 "모두 쇠로 만든 성과 끓는 못이 되어 공격할 수 없다.(皆爲金城湯池。不可攻也)"라고 하였다.
198 백치百雉 : ① 길이 300장丈인 성성(墻). 1치는 길이가 3장, 높이가 1장이다. ② 성 위의 조그마한 담(女墻)을 치雉라 한다. 『文選』「鮑照蕪城賦」.
199 금성金城 백치百雉는~연 부府요 : 평양성을 둘러싼 성벽이 장엄함을 묘사한 것이다.
200 을지문덕乙支文德 : 고구려 영양왕 23년(612) 수나라의 우중문于仲文과 우문술宇文述이 113만여 명의 수륙水陸 양군으로 고구려를 침범하였을 때 살수薩水(지금의 청천강)에서 수나라의 후군後軍을 무찔러 대승한 인물이다. 침착 대담하고 지략과 무용에 뛰어났으며 시문詩文에도 능하였다.
201 남루南樓 : 유루庾樓라고도 한다. 진晉나라 유량庾亮이 자사刺史로 나가 무창武昌을 다스릴 적에, 달 밝은 밤에 부하들이 풍월을 즐기고 있는 남루에 올라가서 자리를 함께하며 마음껏 회포를 풀었던 고사가 있다. 『世說新語』「容止」.
202 적성赤城 : 절강성 천태산天台山 남쪽에 있는 산으로, 토석의 색깔이 붉고 모양이 성첩城堞과 같이 생겼다고 하여 붙여진 이름이다. 『文選』에 수록된 손작孫綽의 「遊天台山賦」에 "적성의 노을을 들어서 표지를 세운다.(赤城霞擧而建標)"라고 하였다.
203 태청太淸 : 도가道家에서 말하는 신선 세계로 삼청三淸 중의 하나이다. 공중으로 40리를 올라가면 그곳이 태청이라 하는데, 선경 또는 하늘을 뜻한다.
204 산 이름은~국화 계절이요 : 도연명의 시 〈飮酒〉에 "동쪽 울 아래에서 국화꽃을 따다가, 유연히 남산을 바라보노라.(採菊東籬下。悠然見南山)"라는 구절이 있다. 동리東籬라는 지명에서 도연명의 시를 연상한 것이다.
205 서백西伯 : 서쪽 제후의 우두머리라는 뜻으로 주나라 무왕의 아버지인 문왕을 가리킨

다. 이름이 희창姬昌이었기 때문에 서백창西伯昌이라고도 불렸다.
206 옥황玉璜 : 강태공姜太公이 위수渭水에서 물고기를 낚는데 곧은 낚시를 썼으니 물고기가 잡힐 리 없었고, 옥황을 하나 낚아 얻었는데 글이 있기를 "주나라가 천하를 얻는다."라고 쓰여 있었다.
207 몽염蒙恬(?~B.C. 209) : 진秦나라의 장군. 대장군을 지낸 몽무蒙武의 아들이다. B.C. 221년 제나라를 멸망시킬 때 큰 공을 세웠다. B.C. 215년 흉노匈奴 정벌 때 활약이 컸으며 이듬해 만리장성을 완성하였다. 북쪽 변경을 경비하는 총사령관으로서 상군上郡(섬서성 부시현膚施縣)에 주둔하였다. 시황제始皇帝가 죽자 환관 조고趙高와 승상 이사李斯의 흉계로 투옥되어 자살하였다.
208 혜원慧遠 : 염불 결사結社인 백련사白蓮社의 개조. 속성은 가賈씨, 시호는 변각辨覺·원오圓悟. 산서성 영무寧武 출생. 여산廬山에 살았기 때문에 여산 혜원廬山慧遠이라고 불러, 수나라 때 지론종地論宗의 학장學匠인 정영사淨影寺의 혜원과 구별한다. 장안에 온 구마라습鳩摩羅什과 불교 교의에 대하여 문답하고, 불자는 제왕을 예배할 필요가 없다고 주장해 『沙門不敬王者論』을 저술하여 국가권력에도 저항하였다. 또 승가바제僧伽婆提에게 청하여 『阿毘曇心論』과 『三法度論』을 재번역하게 하고, 담마류지曇摩流支로 하여금 『十誦律』을 완역하게 하는 등 중국 불교를 학문적으로 확립하였다.
209 결사結社 : 여러 사람이 공동의 목적을 이루기 위하여 사회적인 결합 관계를 맺음, 또는 그 단체.
210 난야蘭若 : 아란야阿蘭若의 준말. 공한처空閒處를 말한다. 한가롭고 고요하여 비구들이 수행하기에 적당한 곳이다.
211 육환六環 : 승려가 짚는, 고리가 여섯 개 달린 지팡이.
212 구산丘山 : 진晉나라 때 고승 축도생竺道生이 호구산虎丘山에서 돌멩이를 모아 놓고 『涅槃經』을 강의하며 '실유불성悉有佛性'의 법문을 펼치자, 돌멩이들이 부처의 본의本意에 맞는다며 고개를 끄덕였다는 일화가 전한다. 『蓮社高賢傳』 「道生法師」 참조. 여기서는 축도생을 이르는 말이다.
213 진공眞空과 속제俗諦 : 진공은 불교의 이치이고 속제는 세속의 진리이다.
214 사군使君 : 임금의 명령을 받들고 나라 밖이나 지방에 온 사신使臣의 경칭. 군수나 현령 등 지방관을 지칭하기도 한다.
215 유구징柳龜徵(1649~1713) : 조선 후기의 문신. 본관은 문화文化. 자는 중구仲久. 조선 초 개국원종공신으로 우의정을 지낸 유관柳寬의 9대손이며, 현감을 지낸 유운뢰柳實賚의 아들이다. 숙종 4년(1678) 사마시司馬試에서 진사 3등으로 합격하고, 숙종 6년(1680) 별시문과別試文科에서 병과로 급제하여 좌랑을 거친 뒤 부사에 이르렀다. 평생 경시經史를 두루 섭렵하고 학문에 몰두하였다. 성품이 청렴 강직하여 말단 지위에 있을 때도 뇌물을 들고 귀현貴顯의 집에 출입하는 것을 남부끄럽게 여겼다. 이를 들은

같은 종문宗門의 상국相國 유상운柳相運이 그를 한번 만나기를 청하였으나 이에 응하지 않아 도리어 칭찬을 들었다. 네 읍의 수령을 역임할 때 한결같이 멸사봉공滅私奉公의 자세로 임하여 치적이 많았다. 그 뒤 관계와 인연을 끊고 빈부득실貧富得失에 초월하였다.

216 영각鈴閣 : 한림원翰林院 혹은 장수나 지방 장관이 집무하는 곳. 영헌鈴軒과 같은 말로 지방 수령이 집무하는 관청.

217 조종朝宗 : 물이 바다에 모이는 것처럼 제후들이 천자에게로 향하는 것을 말한다. 『서경書經』「우공禹貢」에 "강수와 한수는 흘러 흘러 바다로 모여든다.(江漢朝宗于海)"라고 하였고, 『시경詩經』「소아小雅」〈면수沔水〉에 "넘쳐흐르는 저 강물이여, 바다로 흘러드는구나.(沔彼流水, 朝宗于海)"라고 하여 천하의 모든 물이 바다로 모이는 것을 말하였는데, 뒤에는 이를 빌려 봄에 제후가 천자를 뵙는 것을 조朝, 여름에 뵙는 것을 종宗이라 하였다.

218 봉성鳳城 : 장안의 이칭으로, 제도帝都 즉 나라의 수도를 가리킨다.

219 금선金仙 : 대각금선大覺金仙의 준말로 부처님을 가리킨다. 요즘 시대에는 불상佛像을 가리키는 말이기도 하다.

220 난사蘭麝 : 난초와 사향이라는 뜻으로, 향기가 짙은 좋은 향을 비유적으로 이르는 말. 양귀비의 몸에서 그 향이 풍겼다고 한다.

221 묵비사염墨悲絲染 : 춘추전국시대 사상가인 노나라 묵적墨翟의 말로, 사람은 습관에 따라 성性이 선하게도 악하게도 되는 것을 비유한 말이다. 묵적이 일찍이 실에 물들이는 것을 보고 울며 말하기를 "푸른 물감을 쓰면 실이 푸르러지고, 누런 물감을 쓰면 실이 누레지나니, ……물들이는 일을 신중히 하지 않아서는 안 된다.(染於蒼則蒼, 染於黃則黃, 所入者變, 其色亦變, 五入必而已則爲五色矣, 故染不可不愼也。)"라고 한 데서 온 말이다. 『묵자墨子』「소염所染」.

222 이익주李益周 : 미상.

223 누더기(鶉衣) : 순의鶉衣는 메추라기의 옷차림이라는 뜻으로, 군데군데 기운 해진 옷 또는 남루한 옷을 말한다. 여기에서는 스님 자신을 가리킨다.

224 학 그림자 : 선비 이익주를 말한다.

225 삼공三公 : ① 고려 시대 태위太尉·사도司徒·사공司空의 총칭으로 정1품 벼슬. 조선 시대 영의정·좌의정·우의정의 총칭으로 정1품 벼슬. ② 주나라의 관제官制. 왕을 보좌하여 군사와 정치의 대권을 쥔 최고의 관원으로 태사太師·태부太傅·태보太保를 말한다.

226 행단杏壇 : 학문을 닦는 곳. 공자가 제자들을 가르치던 유지遺址를 일컫는 말에서 유래한다. 그 유지는 산동성 곡부현曲阜縣의 성묘聖廟 앞에 있다. 『장자莊子』「어부漁父」에 "공자는 행단 위에 앉고 제자들은 그 곁에서 글을 읽었다.(孔子休坐乎杏壇之上, 弟子讀書。)"라고 하였다.

227 궐리闕里 : 공자가 태어난 마을로 산동성 곡부현 성안에 있는데, 뒤에 이곳에 궐리사闕里祠라는 사당을 세웠다. 수사洙泗(수수洙水와 사수泗水) 사이에 있다. 공자가 제자들을 가르친 곳으로 곧 공자를 가리킨다.

228 자기紫氣 : 서기瑞氣와 같은 의미로 성덕聖德이 있는 사람을 비유한 말. 옛날에 함곡관령函谷關令 윤희尹喜가 누각에 올라, 자기가 서쪽으로 뻗친 것을 보고는 성인이 그곳을 지나갈 줄 알고 있었는데, 과연 예측한 날짜에 노자老子가 그곳을 지나갔다는 데서 온 말이다. 『列山傳』에 "산해관에서 윤희가 바라보니 자기紫氣가 관 위에 어려 있었는데 과연 노자가 청우靑牛를 타고 그곳을 지나갔다."라는 '동래자기東來紫氣'의 고사가 실려 있다.

229 동우東隅 : 동쪽 모퉁이라는 뜻인데, 해가 거기에서 뜨므로 아침이라는 뜻이 되었다. 또 시작이나 처음 또는 소년 시기를 비유하기도 한다.

230 주먹을 쥐어도(握拳) : 『禪門拈頌』 제5권 160칙 「展手」에 "어떤 스님이 마조馬祖에게 또 묻기를 '부처와 도의 거리는 얼마나 됩니까?'라고 하자, 대답하기를 '도는 손을 편 것 같고, 부처는 주먹을 쥔 것 같으니라.'(又問佛與道相去多少。答云道如展手。佛似握拳。)"라고 하였다.

231 유추紐樞 : 추뉴樞紐. 문지도리와 인끈. 사물의 관건이나 서로 연결된 사물의 중심 부분을 비유하는 말이다.

232 직절直截 : 곧바로 헤아려 판단함.

233 겁석劫石 : 불교에서는 보통 연월일로써 헤아릴 수 없는 아득한 시간을 겁劫으로 나타낸다. 겁석이란 둘레가 40리나 되는 돌을 하늘 사람이 무게 3수銖밖에 안 되는 옷으로 100년마다 한 번씩 스쳐 그 돌이 다 닳아 없어지는 시간을 말한다.

234 환화幻化 : 실체가 없는 것을 현재에 있는 것같이 환술로 만들어 내는 것. 우주 만물이 환상처럼 변화하는 것을 말하기도 하니 곧 생사生死를 비유한 말이다.

235 좌계左契 : 채권자와 채무자가 각기 반쪽씩 갖는 채권 증서의 왼쪽 반으로 채권자가 가지는 쪽. 곧 채권 증서나 어음을 말한다. 『老子』 제78장에 "큰 원한을 풀었다 하더라도 반드시 앙금은 남는 법이니라. 그런데도 잘 해결된 것처럼 생각하고 안심할 수 있겠느냐? 그래서 성인은 채권으로 사람을 핍박하지 않느니라. 덕이 있는 이는 문서를 맡고, 덕이 없는 사람은 어떻게든지 빚을 받아 낸다. 하늘의 도는 특별히 친한 것이 없이, 언제나 착한 사람과 함께한다.(和大怨。必有餘怨。安可以爲善。是以聖人執左契。而不責於人。有德司契。無德司徹。天道無親。常與善人。)"라고 하였다.

236 명교名敎 : 지켜야 할 인륜의 명분을 가르침, 또는 그런 가르침을 말하는데, 여기에서는 부처님의 가르침을 이른다.

237 괴안국의 꿈(槐南夢) : 괴안국槐安國의 남가일몽南柯一夢. 당나라 9대 황제인 덕종(재위 780~804) 때 광릉廣陵 땅에 사는 순우분淳于棼이라는 사람이 술에 취해 집 앞의

큰 홰나무 밑에서 잠이 들었다가 괴안국 왕의 재상이 되는 꿈을 꾸었다. 잠에서 깨어난 순우분은 꿈이 하도 이상해서 홰나무 뿌리 부분을 살펴보니 과연 구멍이 있었다. 그 구멍을 더듬어 나아가자 넓은 공간에 수많은 개미 무리가 두 마리의 왕개미를 둘러싸고 있었는데 그곳이 괴안국이었다.

238 육진六塵 : 육식六識의 여섯 가지 대상 경계. 즉 빛깔(色)·소리(聲)·냄새(香)·맛(味)·닿아지는 대상(觸)·사고의 대상(法). 그것들이 본래의 청정한 마음을 더럽히므로 진塵이라 한다. 육경六境과 같다.

239 포단蒲團 : 여러해살이풀인 부들로 둥글게 엮어 만들어서 깔고 앉는 방석. 승려가 좌선할 때 쓰기도 한다.

240 우담발화優曇花 : [S] uḍmbara. 우담발라優曇跋羅·우담바라優曇婆羅 등이라고도 한다. 불교 경전에서 여래如來나 전륜성왕轉輪聖王이 나타날 때 꽃이 핀다는 상상의 식물로, 3천 년에 한 번 꽃이 핀다고 하며 이 때문에 매우 드물고 희귀한 일을 비유할 때 쓰인다. 작은 활엽수로 잎은 긴 타원형이며 열매는 여러 개가 모여 맺힌다고 한다.

241 옥가루(玉屑) : 설법이 옥가루처럼 쏟아져 나오는 것을 비유하거나 매우 잘 지은 주옥 같은 시와 글을 말한다. 여기서는 후자에 해당한다.

242 예원藝苑 : 저술하는 일을 담당하거나 서책을 간수하는 곳으로, 홍문관과 예문관 따위를 가리킨다.

243 명당明堂 : 주나라 천자가 제후에게 조회를 받고 제왕이 정교政敎를 밝히는 장소. 『孟子』「梁惠王」.

244 법계法界에서 남쪽으로 105성을 순방하고서 : 『華嚴經』 전체 39품 가운데 마지막 품인 「入法界品」에서 선재동자가 53인의 선지식善知識을 찾아가는 과정을 설해 놓은 것이다. 한편 본문에서는 선재동자가 105성을 순방했다고 하였지만 보통 110성을 순방한 것으로 본다.

245 소두搔頭 : 머리를 긁는다는 뜻으로, 그리움이나 번뇌 따위로 마음이 괴로운 모습을 형용하는 말이다. 『詩經』「邶風」〈靜女〉에 "사랑하되 만나지 못하여 머리 긁으며 머뭇거리도다.(愛而不見。搔首踟躕。)"라고 하였다.

246 삼마발三摩鉢 : [S] samāpatti. 등지等至라 번역한다. 선정(定)의 다른 이름이며, 삼마발저三摩鉢底 또는 삼마발제三摩鉢提(三摩拔提)라고도 한다. 정정을 등지라 함은 등等은 정력定力에 의하여 혼침惛沈·도거掉擧의 번뇌를 여의고 마음이 평정하며, 정력이 이런 상태에 이르게 하므로 지至라 한다.

247 연환체連環體 : 시의 마지막 구절을 다음 시의 첫 구절로 하여 짓는 시를 말한다. 이 시에서는 제1구의 끝 자인 '두頭' 자에서 '팔八' 자를 떼어 제2구의 첫 자로 하고, 제2구의 끝 자인 '추秋' 자에서 '화火' 자를 떼어 제3구의 첫 자로 한 것이다. 다음 구도 이와 같다. 고리처럼 이어졌으므로 연환체라 하며, 다음 구의 첫 자가 위의 구 끝 자에

감추어져 있으므로 장두체藏頭體라고도 한다.

248 텅 빈~일이 흐르네 : 『莊子』 「人間世」에 "저 텅 빈 경지를 보니 빈방에 밝음이 생겨 길상한 일이 모여 쌓인다.(瞻彼闋者,虛室生白,吉祥止止,)"라고 한 말에서 인용한 구절이다.

249 필련匹練 : 한 필의 누인 비단, 또는 하얗게 빛이 바랜 한 필의 백포白布.

250 오사烏紗 : 검은 깁. 오사모烏紗帽와 같은 말로 한적한 생활을 상징한다. 『南史』 「梁豫章王綜傳」에 "종綜이 형주荊州에 있으면서 항상 평복 차림으로 미행을 했는데, 오사포烏紗布로 모자를 만들어 쓰고서 밤이면 나다녔다."라고 하였다.

251 적궤자吊詭子 : 적궤吊詭는 지극히 이상한 말, 보통 사람은 이해하기 어려운 수수께끼 같은 말을 뜻한다. 『莊子』 「齊物論」에 "구丘와 너는 모두 꿈속에 있으며, 내가 너에게 이처럼 꿈이라고 말하는 것도 꿈이다. 이러한 말을 '적궤'라 한다."라고 하였다.

252 서전瑞篆 : 향을 피울 때 연기가 구불구불 올라가는 모습이 마치 전자篆字 같다고 하여 붙여진 말이다.

253 운석韻釋 : 시를 짓는 승려.

254 무하유향無何有鄕 : 장자가 말한 어떠한 인위도 없는 자연 그대로의 낙토樂土. 무위無爲의 빈 경지로 장자가 그리워하던 이상향을 말한다. 『莊子』 「應帝王」에 "이 세계 밖으로 나가 아무것도 없는 곳에서 노닐며 끝없이 넓은 들판에서 살려 한다.(以出六極之外,而遊無何有之鄕,以處壙垠之野,)"라고 하였다.

255 운어韻語 : 압운押韻의 어구.

256 조 군수 : 본 문집의 시 〈금구 군수에게 올림(上金溝倅)〉에 "그의 형 조근趙根은 일찍이 관서의 강서江西 군수였다."라는 부제가 있는 것으로 보아 이 시에서의 조趙는 강서 군수인 조근을 말하는 것으로 보인다.

257 근민당近民堂 : 고을 원이 정사를 보는 동헌東軒을 근민당이라 불렀다.

258 명학지鳴鶴池 : 평안남도 강서군 강서읍에 있는 못. 원래는 연당미륵지連塘彌勒池였는데 그곳의 군수를 지낸 조근이 명학지라고 개명하였다.

259 금전錦牋 : 이별에 즈음해 전별시를 적는 시축詩軸을 말한다.

260 자미궁紫微宮 : 태미원太微垣·천시원天市垣과 더불어 삼원궁三垣宮의 하나. 천제天帝가 거처한다는 북두성 북쪽에 있는 별자리를 가리키며 천자의 대궐을 비유하기도 한다.

261 남쪽 성으로~신마神馬를 몰아가고 : 『華嚴經』 「入法界品」에 선재동자가 남방을 유행하여 53명의 선지식에게 참문參問하였다는 말에서 인용한 시구이다.

262 단교斷橋 : 끊어진 다리. 적이 넘어오지 못하게 하려고 중간 부분을 끊어 버린 다리.

263 사상四相 : 생멸 변화하는 네 가지 양상. 곧 생겨남(生)·머무름(住)·변화함(異)·사라짐(滅).

264 삼청三淸 : 도교에서 말하는 천상 세계로, 신선이 살고 있다는 궁의 이름. 주 130 참조.

265 건몰乾沒 : ① 요행히 이익을 취함. 남의 물건을 빼앗음. ② 물을 말려 없애듯이 관아官衙에서 백성의 재물을 마구 몰수함.

266 궁항窮巷 : 좁고 으슥하고 쓸쓸한 뒷골목 또는 외딴 벽촌.

267 범궁梵宮 : 원래는 범천梵天의 궁전을 말하나 여기서는 깨끗한 암자라는 말로 쓰였다.

268 윤환輪奐 : 집이 크고 넓으며 아름다움.

269 한상韓湘 : 당나라 때 대문장가 한유의 종손從孫으로서 도술道術에 심취하여 선인仙人이 되었다는 이야기가 전해 온다. 『속선전續仙傳』에 "한상이 도술을 좋아하며 세상일에 얽매이지 않았는데, 언젠가 흙을 모으고 화분을 뒤집자 바로 꽃이 피면서 꽃잎 위에 '구름은 진나라 고개를 가로질러 가는데 집은 어디에 있는가? 남관에 눈보라 치니 말이 가려 하지 않네.(雲橫秦嶺家何在。雪擁藍關馬不前。)'라는 시구가 나타나게 하였다. 한유가 이 뜻을 이해하지 못하다가 뒤에 조주潮州로 좌천되어 가면서 중도에 눈보라를 만났는데, 이때 한상이 눈을 무릅쓰고 찾아왔기에 그곳의 지명을 물어보니 바로 남관이었다."라고 하였다.

270 열자列子 : 전국시대 도가의 사상가로서 전설적인 인물. 이름은 어구禦寇. B.C. 400년경 정鄭나라에 살았다고 전하나 『사기史記』에는 그 전기가 보이지 않고 『장자莊子』 「소요유逍遙遊」에 "열자는 바람을 타고 하늘을 날았다."라고 한 것으로 미루어 보아 장자가 허구로 가정한 인물로 추정된다.

271 시선廝禪 : ① 스승과 제자가 선법禪法을 서로 문답하면서 겨룸. 시廝는 '서로'라는 뜻. ② 사가師家와 학인學人이 서로 의론하고 문답함.

272 똥벌레를 얻었네 : 『선문염송禪門拈頌』 제12권 439칙 「투열鬪劣」에 "조주趙州가 일찍이 그의 시자 문원文遠과 토론할 때 투열鬪劣(열등한 입장을 골라서 발언하는 토론) 형식을 할지언정 투승鬪勝(수승한 위치에 서서 하는 발언)을 하지 않기로 하고 이긴 쪽이 호떡을 내야 한다 하니, 시자가 말하였다. '화상께서 정의를 세우십시오.' 그러자 선사가 말하였다. '나는 한 마리의 당나귀 같다.' 시자가 말하였다. '저는 말고삐 같습니다.' 선사가 말하였다. '나는 당나귀 똥 같으니라.' 시자가 말하였다. '저는 똥 속의 벌레 같습니다.'(趙州。嘗與侍者文遠。論議。鬪劣不鬪勝。勝者。輸餬餅。遠云。請和尙立義。師云。我似一頭驢。遠云。我似驢紂。師云。我似驢糞。遠云。我似糞中蟲。)"라고 하였다.

273 양현망楊顯望(1633~?) : 현종 10년(1669) 별시문과에 갑과甲科로 장원급제하였다.

274 식형식荊 : 한 시대의 모든 사람이 우러르고 사모하는 사람을 알게 되었다는 말. 형주荊州는 당나라 현종 때 형주 자사를 지낸 한조종韓朝宗을 말하는데, 평소에 숨은 인재를 발탁하기를 좋아하여 최종지崔宗之·엄무嚴武 등을 조정에 천거하였으므로 당시의 선비들이 그의 인정을 받는 것을 최대의 영광으로 생각하였다. 한조종이 형주 자사일 때 이백이 그에게 보낸 편지에 "살아서 만호후萬戶侯에 봉해질 것이 아니라 다만 한 번 한 형주를 알기를 원한다.(生不用封萬戶侯。但願一識韓荊州。)"라고 한

데서 유래하였다. 『古文眞寶 後集』「與韓荊州書」.

275 고영고영枯榮 : 고고枯는 세속을 버리고 고행하며 사는 것을 말하고, 영영榮은 입신양명하여 영달을 누리는 것을 말한다.

276 남쪽 바다~날개를 치고 : 『莊子』「逍遙遊」에 "붕새가 남명으로 옮기려고 할 적에 물결이 3천 리를 치고 회오리바람을 일으키며 구만리 상공으로 높이 날아간다.(鵬之徙於南溟也。水擊三千里。摶扶搖而上者九萬里。)"라고 하였다.

277 발섭跋涉 : 산을 넘고 물을 건너 먼 길을 수고하며 돌아다니는 것을 말한다.

278 인명仁明 : 어질고 명철하다는 뜻인데 여기서는 태수 양현망을 가리킨다.

279 물결을 돌렸으니(回瀾) : 회란回瀾은 '회광란장백천回狂瀾障百川'에서 나온 말로, 미친 듯이 함부로 흐르는 물결을 정상으로 돌리고, 모든 내를 다스려 동쪽으로 흐르게 한다는 뜻이다. 세태의 변천을 바로잡고 좋지 못한 유행을 막는다는 뜻으로 전용하기도 한다.

280 계수나무 꺾음(折桂) : 절계折桂는 계수나무 가지를 꺾는다는 뜻으로 과거에 급제하는 것을 비유한다.

281 일운逸韻 : 세속의 경지를 벗어난 뛰어나게 아름다운 시.

282 칠보시七步詩 : 삼국시대 위나라의 조식曹植이 지은 시. 조식은 문재文才가 뛰어났는데, 이것을 시기한 형 문제文帝(曹丕)는 일곱 걸음을 걷는 동안에 시를 짓게 하고 만일 못 지으면 죽이려고 하였으나 그는 과연 일곱 걸음 동안에 "콩대로 불을 지펴 콩을 볶으니, 콩알이 솥 안에서 서글피 우네. 본디 한 뿌리에서 생겨났거늘, 어찌하여 무참히 볶아 대는지.(煮豆燃豆萁。豆在釜中泣。本是同根生。相煎何太急。)"라는 〈燃豆詩〉를 지었다. 문사文思가 민첩한 것을 뜻한다. 『世說新語』「文學」.

283 기족驥足 : 준마의 말발굽이라는 뜻으로, 전하여 재주나 지략이 뛰어난 사람을 가리킨다.

284 오쇠五衰 : 천인天人의 복락이 다하여 죽으려 할 때 나타나는 다섯 가지 쇠하여지는 모양. 아무리 천인이라 할지라도 유한한 생명의 그물에서 벗어날 수는 없다. 죽음의 고통은 지옥의 고통보다 16배 더 크다고 한다. 천인에게 임종의 순간이 다가오면 다섯 가지 증세가 나타난다. 그런데 이 다섯 가지 증세도 작은 증세와 큰 증세로 나눈다. 작은 증세는 슬픈 소리를 내고, 몸에서 광택이 흐려지고, 목욕할 때 물방울이 몸에서 떨어지지 않고, 집착하는 마음이 생기고, 눈꼬리가 실룩거리는 등의 다섯 가지이다. 큰 증세는 머리 위의 꽃이 시들고, 겨드랑이 밑에서 땀이 나고, 옷에 때가 묻어 더러워지고, 몸의 위광威光을 잃고, 지금까지 낙樂에 만족하지 않고 더한 낙을 구하는 등의 다섯 가지이다.

285 꼬리 끄는 서북(曳尾龜) : 『莊子』「秋水」에 "장자가 복수에서 낚시를 하고 있는데 초나라 임금이 대부 두 명을 보내 말을 전하였다. '번거로우시겠지만 나라의 정치를 맡아

주시기 바랍니다.' 장자가 낚싯대를 든 채 돌아보지도 않고 말하였다. '듣자 하니 초나라에는 신령스러운 거북이 있는데 죽은 지 이미 3천 년이 지났다고 하더이다. 임금은 이것을 비단에 싸서 상자에 넣어 묘당廟堂에 모셔 놓았다는데, 이 거북으로 말하자면, 죽어서 뼈만 남기어 존귀하게 되고 싶어 하겠소, 아니면 살아서 진흙 속에서 꼬리를 끌고 다니고 싶어 하겠소?' '그야 살아서 진흙 속에서 꼬리를 끌고 다니고 싶어 하겠지요.' '그렇다면 가시오. 나는 진흙 속에서 꼬리를 끌고 다니며 살 터이니.'(莊子釣於濮水。楚王使大夫二人。往先焉曰。願以境內累矣。莊子持竿不顧曰。吾聞楚有神龜。死已三千歲矣。王以巾笥而藏之廟堂之上。此龜者。寧其死爲留骨而貴乎。寧其生而曳尾於塗中乎。二大夫曰。寧生而曳尾塗中。莊子曰。往矣。吾將曳尾於塗中。)"라고 하였다. 이 내용은 점을 치는 데 사용되어 죽은 다음에 묘당에 소중하게 받들어지기보다는 진흙땅에서 천하게 꼬리를 끌며 살지라도 살아 있는 것이 낫다는 비유이다.

286 십념十念 : 10은 가득 찬 숫자이며 끝맺는 숫자이다. 그러므로 열 번 염불한다는 것은 몸과 말과 생각의 삼업三業을 다 기울여 빈틈없이 염불하는 것을 말한다.

287 옥전玉殿 : 원래는 옥으로 꾸민 아름다운 궁전을 말하나 여기에서는 법당을 의미하는 말인 듯하다.

288 경루瓊樓 : 선경에 있다는 구슬로 장식한 누대樓臺를 이르는데, 여기에서는 사찰에 지어진 누각을 가리킨다.

289 홀로 선적善寂을 즐기면서 : 『妙法蓮華經』「譬喩品」에 "만일 중생이 부처님을 따라 세존의 법을 듣고 믿어 받아들여서 부지런히 정진하여 자연혜를 구하며, 홀로 선적을 즐기고 모든 법의 인연을 깊이 알면, 이 이름이 벽지불승이니라.(若有衆生。從佛世尊。聞法信受。慇懃精進求自然慧。樂獨善寂。深知諸法因緣。是名辟支佛乘。)"라고 하였다. 여기에서 '홀로 선적을 즐긴다'는 것은 세상의 영향을 받지 않음을 말한다. '적寂'은 쓸쓸하다는 뜻이 아니라 흔들리지 않는다는 뜻이니, 보통 인간은 세상의 영향을 받아서 남이 칭찬하면 우쭐하고 남이 욕하면 낙심하는데 그러한 것을 떠난 상태를 적이라고 한다.

290 청려靑藜 : 명아줏대로 만든 지팡이.

291 비제飛梯 : 운제雲梯와 같은 뜻으로서 높은 사다리를 말한다.

292 이서우李瑞雨(1633~?) : 조선 후기의 문신. 본관은 우계羽溪. 자는 윤보潤甫, 호는 송곡松谷. 이경항李慶恒의 아들이다. 숙종 원년(1675) 문장에 재주가 있다 하여 허목許穆의 추천을 받았다. 같은 해 정언正言이 되어 인조반정 이후 대북 가문 출신으로는 처음으로 청직淸職에 올랐다. 서인 송시열宋時烈의 예론과 그것을 따르는 김수항金壽恒을 공격하였으며, 7월에는 대신을 공격하는 이수경李壽慶을 두호하다 파직되었다. 이듬해 서장관으로 청나라에 다녀왔다. 남인으로 생활하다 숙종 6년(1680) 경신환국庚申換局 때 서인의 공격을 받아 유배되었으나 숙종 15년(1689) 기사환국己巳換

局으로 남인이 정권을 잡자 병조참의로 등용되었다. 그 뒤 김수항 등 서인을 공격하였으며, 인현왕후 축출 때 승지로 있으면서 숙종의 뜻을 받들었다. 숙종 17년(1691) 함경도 관찰사로 나갔다가 인삼에 대한 행정 처리를 잘못하여 삭직되었다. 이듬해 목내선睦來善이 문장으로 천거하여 예문관 제학이 되었으며, 그 이듬해 황해도 관찰사로 나갔다. 숙종 20년(1694) 갑술환국甲戌換局이 일어나자 삭제되었다가 숙종 23년(1697)에 풀려났다. 그해 남인을 등용하는 정책을 펴던 최석정崔錫鼎에게 청백함을 인정받아 왕이 서용하라는 명령을 내렸으나 현직에 나아가지는 못하였다.

293 우도牛刀 : 무성武城 고을을 잘 다스리던 자유子游에게 공자가 농담으로 "닭 잡는 데에 어찌 소 잡는 칼을 쓰리오.(割鷄焉用牛刀)"라고 한 데서 온 말로, 지방관으로 선정을 베푸는 것을 의미한다. 『論語』「陽貨」.

294 백리재百里才 : 한 고을을 맡아 다스리기에 적당한 자질의 소유자를 말한다. 『三國志』「龐統傳」에 "방사원龐士元(사원士元은 방통龐統의 자)은 백리재가 아니다. 그에게 치중治中·별가別駕의 소임을 맡겨야만 천리마처럼 치달릴 수 있게 될 것이다.(龐士元。非百里才也。使處治中。別駕之任。始當展其驥足耳。)"라고 하였다.

295 금당琴堂 : 선정善政을 베푸는 수령의 청사라는 뜻이다. 『呂氏春秋』「察賢」에 "(공자의 제자인) 복자천宓子賤이 선보재單父宰가 되어 선보單父를 다스릴 때 거문고(琴)만 타고 몸은 당堂 아래를 내려가지 않고도 선보가 잘 다스려졌다."라는 고사에서 나온 말이다.

296 어떤 사람을~녹거鹿車를 장만했나 : 『法華經』「譬喩品」 '火宅喩'에서, 어느 장자長者가 불이 붙고 있는 집 안에서 아무것도 모르고 뛰놀고 있는 아이들을 구하려고 문밖에 양거羊車·녹거鹿車·우거牛車가 있으니 나오라고 소리쳐서, 아이들이 문밖으로 뛰어나온 것을 보고 모두 꼭 같은 대백우거大白牛車를 주었다고 하였다.

297 적송자赤松子 : 상고시대의 신선 이름으로, 여러 서책에 나오는 사적事蹟이 서로 다르다. 적송자赤誦子 또는 적자여赤子輿라고도 한다. 『史記』「留侯世家」에 "장량張良이 '이제 세 치의 혀로써 제왕의 스승이 되어 만호萬戶를 봉작받고 지위가 열후에 올랐으니, 이는 포의布衣의 영광이 극에 이르렀다. 나는 이에 만족할 뿐이고, 다만 원하는 바는 인간의 일을 버리고 적송자를 따라 노는 것이다.'라고 하였다."라는 내용이 있다.

298 벽곡辟穀 : 도술의 하나로 곡식을 먹지 않고 솔잎·대추·밤 등을 조금씩 먹고 사는 방법. 『論衡』「道虛」에 "세상에서는 곡식을 먹지 않는 이를 도술하는 사람이라 한다."라고 하였다.

299 현도玄道 : 노장학老莊學을 말한다. 『道德經』1장에 "현묘한 가운데 또 현묘함을 온갖 미묘한 문(玄之又玄。衆妙之門。)"이라 한 데서 유래한 말이다.

300 벽라薜蘿 : 담쟁이나 칡덩굴 따위 또는 칡덩굴로 짠 베를 가리킨다. 전하여 은자隱者

또는 은자의 의복을 말한다.
301 장통長統 : 중장통仲長統(179~220)을 말한다. 자는 공리公理. 산양군山陽郡 고평高平 출신이다. 어려서부터 학문을 좋아하고 문사文辭에 능하였으며, 직언直言을 즐겨 당시 사람들이 광생狂生이라 부를 정도로 비판 정신이 투철하였다. 저서로 『창언昌言』 34편 10여만 어語가 있었다고 하나 전하지 않으며, 겨우 『後漢書』에 「理亂」・「損益」・「法誡」의 세 편이 남아 있을 뿐이다. 그 밖에 몇 개의 일문逸文이 여러 저서에 인용되어 있는데, 왕충王充・왕부王符 등과 마찬가지로 전통적인 유교 사상을 바탕으로 당시의 사상과 사회를 비판한 것으로 전해진다. 그는 또 자신의 호방하고 원대한 뜻을 표현하여 "백 가지 생각이 무슨 필요 있으랴, 지극한 요체는 내 마음속에 있는걸. 시름일랑 하늘 위로 날려 보내고, 근심일랑 땅속에 파묻어 두리.(百慮何爲。至要在我。寄愁天上。埋憂地下。)"라고 읊은 시가 있다.
302 자운子雲 : 한나라 성제成帝 때 사람으로, 이름은 양웅揚雄이며 성도成都에 살았다. 사람됨이 소탈하였으며, 젊어서부터 문장을 잘하여 이름을 떨쳤고, 임금의 부름을 받아 「甘泉」・「河東」・「長楊」 등을 지어 올리기도 하였다. 학문을 좋아하여 『揚子法言』・『太玄經』 등 많은 저서를 남겼는데, 내용이 아주 심오하였다. 『漢書』 권87 「揚雄傳」.
303 간짓대(竿木) : 당나라 사람들이 연극하는 데 쓰던 길이 세 자쯤 되는 막대기. 꼭두각시를 놀리는 사람이 가지고 다니는 막대기이다. 『禪門拈頌』 제7권 208칙 「圓相」에 "지해 본일智海本逸이 상당하여 이 이야기를 들어 말하기를 '간짓대 하나를 몸에 지니고 다니다가 넓은 마당을 만나면 연극을 한다 하리라.'(智海逸。上堂擧此話云。可謂竿木隨身。逢場作戲)"라고 한 대목이 있다.
304 강선루降仙樓 : 평안남도 성천군에 있던 누정. 고려 충혜왕 복위 4년(1343)에 창건되었으나 불타 없어지고, 조선 영조 44년(1768)에 개축하였으나 1951년 6・25전쟁 중에 파괴되었다. 조선 시대 성천객사成川客舍인 동명관東明館의 부속 건물로 중국 사신을 맞기 위한 연회장으로 사용하였다. 북한의 국보 문화유물 제32호이다.
305 반수般倕 : 반般은 춘추전국시대 노나라 사람 공수반公輸般이고, 수倕는 황제黃帝 때 사람 공수工倕로 모두 솜씨가 매우 뛰어난 목수이다. 공수반은 공수반公輸班 또는 공공共工이라고도 한다. 반般은 반般과 반班으로 통용한다.
306 최이崔李 : 당나라 때 시인인 최융崔融과 이교李嶠를 가리킨다.
307 수월水月 : 물속에 비친 달이라는 뜻으로 운수납자雲水衲子와 같은 뜻으로 쓰인다.
308 요천遼天에 학이~단풍이 늦었는데 : 고사에 '학상요천鶴上遼天'이라는 말이 있는데, 『搜神後記』에 "정령위丁令威는 요동 사람인데 영허산靈虛山에서 도道를 배우고 학으로 변신하여 요동으로 돌아와서 공중에 배회하며 '새여, 새여, 정령위는 집 떠난 지 천 년 만에 이제 돌아왔네. 성곽은 그대로인데 사람은 아니로다. 어찌 신선을 배우지 않고 무덤만 쌓여 있나.'라 하였다."라고 되어 있다.

309 법운암法雲庵 : 현재 평양특별시 만경대구역 용봉리, 옛 지명으로는 대동군 용산면 용봉리 용악산龍岳山에 있는 절이다.
310 회계산會稽山 : 절강성 소흥紹興 남동쪽에 있는 명산. 오나라 왕 부차夫差가 월나라 왕 구천勾踐을 포위한 곳.
311 이양頤養 : 이신양성頤神養性의 준말로, 마음을 올곧게 가다듬어 참된 고요함의 자리에 모아서 흔들림 없는 고요함을 만드는 것을 말한다.
312 전제筌蹄 : 전筌은 고기를 잡는 통발이고 제蹄는 토끼를 잡는 올무이다. 이 말은 어떤 목적을 달성하기 위한 방편方便이며, 통발과 올무는 결국 고기와 토끼는 아니듯이, 언설言說은 진리를 말할 것이로되 끝내 진리가 아니므로 진리를 구하려면 언설을 잊어야 한다는 뜻이다. 『莊子』 「外物」에 "통발은 물고기를 잡는 것이나 물고기를 잡고 나면 통발을 잊어야 하고, 올무는 토끼를 잡는 것이나 토끼를 잡고 나면 올무는 잊어야 하며, 말은 뜻을 나타내는 것이나 뜻을 얻고 나면 말을 잊어야 한다.(筌者。所以在魚。得魚而忘筌。蹄者。所以在兎。得兎而忘蹄。言者。所以在意。得意而忘言。)"라고 하였다. '제蹄'와 '제第'는 같은 의미로 쓰였다.
313 말을 가리키는구나(指馬) : 지마指馬는 지록위마指鹿爲馬의 준말로서 사슴을 가리켜 말이라고 한다는 의미이다. 간사한 꾀로 윗사람을 농락하고 아랫사람을 겁주어 멋대로 권세를 휘두르는 것을 말하는데, 진秦나라의 환관 조고趙高가 이세황제二世皇帝 호해胡亥에게 사슴을 가리켜 말이라고 속인 고사에서 유래한다. 위압적으로 남에게 잘못을 밀어붙여 끝까지 속이려 하는 것을 비유하기도 한다.
314 무착無着과 천친天親 : 인도 대승불교의 유명한 논사들이다. 천친은 무착의 아우로 세친世親이라고도 하는데, 형 무착의 권유로 대승에 귀의하여 크게 이름을 드날렸다.
315 임제臨濟(?~867) : 법명은 의현義玄. 속성은 형邢씨이며, 산동성 남화南華 출신이다. 출가 초기에는 교학敎學에 몰두하였다. 그러나 뒤에 교학이 세상의 고통을 일시적으로 치료하는 약이요, 불법의 근본 자리를 탐구하는 하나의 언구言句에 지나지 않음을 깨닫고는 일시에 배운 것을 다 던져 버린 뒤에 참선을 시작하였다. 조주 종심趙州從諗과는 고향이 같을 뿐 아니라 당나라 말기라는 격변의 시대를 산 동시대인이기도 하다. 그런데 같은 산동 사람이지만 북방인北方人의 기질을 유감없이 발휘하고 있는 스님은 조주가 아닌 임제이다. 조주는 오히려 온화한 남방인南方人의 기질에 가깝다. 그 때문에 조주의 선법을 여성적이라 한다면 임제의 선법은 남성적이며, 조주의 선법을 언설적言說的이라 한다면 임제의 선법은 행동적이고, 조주의 선법을 섬세하다고 한다면 임제의 선법은 거칠며, 조주를 기지機智의 인간이라고 한다면 임제는 우직愚直의 인간이다. 후대의 선종은 대개 스님을 개조로 하는 임제종을 말한다.
316 난산亂山 : 높낮이가 늘쭉날쭉 어지러이 솟은 산의 모습.
317 양객梁客 : 양나라의 소문염蕭文琰을 가리킨다. 남조의 제나라 때 경릉왕竟陵王 소자

량蕭子良이 우희虞羲·구국빈丘國賓·소문염 등의 학사學士들을 모아 놓고 초가 1치 탈 동안에 시 짓는 놀이를 하였는데, 소문염이 시간이 너무 길다고 하면서 바리때를 쳐서 울리는 소리가 그치는 사이에 시를 짓는 것으로 하고는 그사이에 즉시 시를 지었다고 한다. 『南史』 권59 「王僧儒列傳」.

318 향성香城 : 『般若經』에서 설한 법용法涌보살의 주처住處. 상제常啼보살이 이곳에서 몸을 희생하여 반야바라밀다般若波羅蜜多를 구하였다고 한다. 여기에서는 묘향산을 말하거나 아니면 스님이 거주하던 곳을 향성에 비유하여 말한 것으로 보인다.

319 좌합佐盒 : 자반을 담은 그릇.

320 탐간探竿 : 막대기로 물의 깊이를 저울질하는 것. 원래는 어부가 물고기를 잡을 때 막대기에 깃을 달아 유인하는 것을 말하는데, 선가에서 제자의 기량을 시험하는 것의 비유로도 쓰인다.

321 찡그리는 얼굴(工嚬) : 공빈工嚬은 당나라 사람 여향呂向의 '교소공빈巧笑工嚬'에서 나온 말로 눈살을 찌푸리는 것을 말한다.

322 옥호玉壺 : 물을 담는 옥병인데, 깨끗한 인품을 뜻한다.

323 금곡金谷 : 하남성 낙양시洛陽市 서북쪽에 있는 땅 이름. 진晉나라 무제 때 부자 석숭石崇이 그곳에 호화로운 별장(金谷園)을 만들어 놓고 호사를 누렸다고 한다.

324 대방가大方家 : 문장이나 학술이 뛰어난 사람.

325 동토의 총림엔~꽃이 피었네 : 『傳燈錄』에서 달마 대사가 "내가 동토東土에 와서 법을 전함으로 미혹迷惑됨을 풀어 주매, 마치 한 송이 연꽃에 다섯 송이가 핀 것 같은 결과가 자연히 이루어질 것이다."라고 한 말에서 연유하며, 육조 혜능惠能의 법계가 위앙종·임제종·조동종·운문종·법안종의 오종五宗으로 나뉘어 꽃피운 것을 말한다.

326 간시궐乾屎橛 : 똥 말리는 막대기라는 말. 『禪門拈頌』 제25권 1078칙 「乾屎橛」에 "운문에게 어떤 스님이 묻기를 '어떤 것이 부처입니까?'라고 하자, 선사가 대답하기를 '똥 말리는 막대기니라.'라고 하였다.(雲門。因僧問。如何是佛。師云。乾屎橛。)"라고 하였다.

327 야호리野狐狸 : 불락불매不落不昧의 공안. 백장타야호신화百丈墮野狐身話라고도 한다. 『禪門拈頌』 제6권 184칙 「野狐」에 "백장 선사가 상당上堂할 때마다 한 노인이 법을 듣고는 대중을 따라 같이 나가곤 하였다. 하루는 법을 듣고도 가지 않기에 백장이 묻기를 '당신은 누구냐?' 하니, 노인이 '제가 과거 가섭불일 때 이 산에서 살았는데 그때 어떤 학인이 묻기를 「크게 수행한 사람도 다시 인과에 떨어집니까?」 하기에, 제가 대답하기를 「인과에 떨어지지 않는다.」고 하였기에 여우의 몸을 받았습니다. 바라건대 화상께서 저를 대신하여 한마디 해 주십시오.' 하였다.(百丈。每日上堂。常有一老人。聽法。隨衆散去。一日。不去。師乃問。立者何人。老人云。某甲。於過去迦葉佛時。曾住此山。有學人。問大修行底人。還落因果也無。對云。不落因果。墮在野狐身。今請和尙。代一轉語。)"라고 하였다.

328 칠취七趣를 달려가며~갈림길에서 우는가 : 옛날에 양주楊朱가 선과 악의 분기점에서 악의 길을 향하는 사람이 많은 것을 슬퍼하여 눈물을 흘렸던 '양주읍기楊朱泣歧'의 고사에서 나온 말이다.

329 옥호玉毫 : 삼십이상三十二相의 하나. 부처님 두 눈썹 사이에 있는 희고 빛나는 가는 터럭.

330 경절문徑截門 : 불교에서 수선修禪할 때 단계적 절차를 거치지 않고 곧바로 진제眞諦를 터득하여 부처의 경지에 이를 수 있다는 지름길의 수행문修行門.

331 덜어 내고~업는 격이네. : 『初發心自警文』에 "세간의 소란을 버리고 저 진리의 세계로 오르는 데는 계율을 지키는 것이 좋은 사다리가 되나니, 그러므로 계행을 깨뜨리고 남의 복밭이 된다는 것은 마치 날개 부러진 새가 거북을 등에 업고 하늘을 나는 격이라 자신의 죄업을 녹이지 못하면 남의 죄업을 녹여 줄 수 없나니 계행 없이 어찌 다른 이의 공양을 받으리오?(棄世間喧。乘空天上。戒爲善梯。是故。破戒。爲他福田。如折翼鳥。負龜翔空。自罪。未脫。他罪。不贖。然豈無戒行。受他供給。)"라고 한 데서 인용한 말이다.

332 지옥행이 결정된다(定泥犁) : 이리泥犁는 나락가那落迦(Ⓢ naraka, niraya)의 준말. 지옥의 하나.

333 연경烟景 : ① 구름이나 연기 따위가 한가로이 어리어 있는 아름다운 경치. ② 아지랑이나 이내 따위가 아물거리는 아름다운 봄의 경치.

334 이정영李正英(1616~1686) : 조선 숙종 때의 문신. 본관은 전주. 자는 자수子修, 호는 서곡西谷, 시호는 효간孝簡. 글씨를 잘 썼는데 특히 전서篆書와 주서籀書에 뛰어났다. 글씨로는 해남의 「李舜臣鳴梁大捷碑」와 통진의 「閔箕神道碑」 등이 있다.

335 금천金天 : 음력 7월을 달리 부르는 말. 가을은 오행五行에서 금金에 속하기 때문에 금천이라고 한다.

336 솔개 날고~뛰는 경지(鳶飛魚躍) : 하늘에는 솔개가 날고 못에는 물고기가 뛴다는 뜻으로, 현상으로 나타나는 모습은 다르지만 관통하는 원리는 하나인 자연 만물의 이치, 천지조화의 묘용妙用을 말한다. 『詩經』 「大雅」 〈旱麓〉에 "솔개 날아 하늘에 이르고, 물고기는 못에서 뛰네.(鳶飛戾天。魚躍于淵。)"라는 구절이 나온다.

337 채찍을 휘두르고~잡는 일 : 『緇門警訓』 「傳禪觀法」에 "큰 가르침이 이미 널리 퍼지자 영명한 무리가 나누어 강의하는데, 주석을 단 이는 그 글자의 의미를 자랑하고 과목을 나눈 이는 그 구분 지음을 만족하게 여기며 총채를 움켜잡고 소나무 가지를 흔들지만 단지 임기응변의 묘미만을 숭상할 뿐이요, 어지러운 것을 풀고 날카로운 것을 꺾음에 오직 그 지혜와 칼날과 논술의 날카로운 기세만을 들여다볼 뿐, 나타내고자 하는 바는 모두 잊어버리고 문자에서 벗어나 여의기를 구하지 않는다.(以大敎旣敷。群英分講。註之者。矜其辭義。科之者。逞其區分。執搖松。但尙其乘機應變。解紛挫銳。唯觀

其智刃解鋒。都忘所詮。不求出離。)"라고 한 데서 인용한 구절이다.

338 낭간琅玕 : 주 156 참조.

339 어산魚山 : 원래는 범패 수도장의 발상지를 말하나 여기에서는 범패를 하는 사람을 말한다.

340 천뢰天籟 : 하늘의 피리 소리라는 뜻으로, 자연의 소리를 말한다. 『莊子』 「齊物論」에 "너는 사람의 피리 소리는 들었으나 땅의 피리 소리는 듣지 못했고, 너는 땅의 피리 소리는 들었을지라도 하늘의 피리 소리는 듣지 못했을 것이다.(汝聞人籟而未聞地籟。汝聞地籟而未聞天籟夫。)"라고 하였다.

341 평생에 개에겐~걸로 일삼았네 : 『禪門拈頌』 제12권 417칙 「佛性」에 "조주에게 어떤 스님이 묻기를 '개도 불성佛性이 있습니까?'라고 하자 선사가 '있다.'고 대답하였다.……다시 어떤 스님이 묻기를 '개도 불성이 있습니까?'라고 하자 선사가 대답하기를 '없다.'고 하였다.(趙州。因僧問。狗子還有佛性也無。師云有。……又有僧問。狗子還有佛性也無。師云無。)"라고 한 데서 조주의 '무無' 자 화두가 성행하게 되었다.

342 격외格外 : 선禪으로 통칭되는 불교의 수행 실천 방법이 중국에 와서 남북조시대 보리달마菩提達磨에 의해 정착되고, 당나라 때 육조 혜능에 의해 확립된 이른바 조사선祖師禪을 일컫는 말.

343 염화拈花 : 선종에서 선의 기원을 설명하기 위해 전해진 이야기. 『大梵天王問佛決疑經』에 최초로 나타나 있다. 석가모니가 영산회상靈山會上에서 법좌에 올라 꽃을 들어 대중에게 보이자 모두가 무슨 뜻인지를 몰라 망연하였는데, 대가섭大迦葉만이 부처의 참뜻을 깨닫고 미소를 지었다. 이에 석가모니는 "나에게 정법안장正法眼藏과 열반묘심涅槃妙心이 있으니 이를 대가섭에게 부촉附囑하노라."라고 하였다. 이 내용은 한국 선종에서 화두의 하나로 깊이 연구되었다. 교종에 대항하여 선 수행의 길을 제시하였으며 이심전심以心傳心의 뜻을 표현한 것이다.

344 손가락을 잊어야(忘指) : 손가락만 보고 가리키는 달은 보지 못함을 경계하는 말로, 달을 가리키는 손가락은 달을 보고 나서는 잊어버려야 한다는 말.

345 유사流沙 : 하천에서 물에 밀려 흘러내리는 모래.

346 소실선少室禪 : 달마선達磨禪을 말한다. 달마 대사가 소림굴에서 9년 동안 면벽하여 수행하였으므로 소실선이라 말한 것이다.

347 오석烏石 : 바탕이 단단하지 않고 빛이 검은 유리 광택이 나는 바윗돌. 비석·도장·기물·장식품 따위를 만드는 데 쓴다.

348 복창군福昌君(?~1680) : 이름은 정楨, 인조의 손자, 인평대군麟坪大君의 장남이다. 일찍이 진하겸사은사進賀兼謝恩使로 청나라에 다녀왔고, 숙종 6년(1680) 경신환국 때 아우 복선군福善君이 남인 허견許堅 등의 추대를 받고 역모를 꾀한다는 서인의 과격파 김석주金錫胄 등의 무고로 복선군·복평군福平君 두 아우와 함께 유배 끝에 사사

賜死되었다.

349 유성維城 : 왕족이라는 뜻. 『詩經』 「大雅」에 "임금의 적자嫡子가 성처럼 굳세도다.(宗子維城)"라고 한 데서 유래한 말이다.

350 행장行藏 : 용사행장用舍行藏의 준말로, 뜻을 얻어 세상에 도를 행하고 물러나 은거하는 것을 말한다. 『論語』 「述而」에 "써 주면 도를 행하고 버리면 도를 간직한 채 숨는 그 일을 오직 안회顔回 너와 나만이 할 수가 있다.(用之則行。舍之則藏。惟我與爾有是夫。)"라고 한 공자의 말에서 유래한다.

351 검패劒佩 : 칼과 옥패玉佩.

352 자금紫禁 : 자미원紫微垣에 속하는 궁금宮禁, 즉 천자가 거처하는 곳인 자금성.

353 별유천지別有天地 : 별세계別世界. 속세와는 매우 다른 좋은 세계. 별천지. 별건곤.

354 금단金壇 : 신선의 거처 또는 선경.

355 경장瓊醬 : 장생불사長生不死하면서 아무 걱정이 없이 편안히 지낼 수 있다는 선약仙藥.

356 방미厖眉 : 방厖은 '섞이다'라는 뜻으로, 방미는 흑백이 섞인 눈썹을 말한다. 백모白毛가 섞인 눈썹, 노인의 눈썹, 전하여 노인을 가리킨다.

357 학골鶴骨 : 신선의 풍채.

358 한만천유汗漫天遊 : 속세를 초월한 신선의 유람. 옛날 노오盧敖가 북해에서 노닐다가 이인異人 약사若士를 만나 함께 벗으로 노닐자고 청하자, 약사가 이에 응답하기를 "당신은 중주中州의 사람이다.……나는 구해九垓 밖에서 한만汗漫과 만날 약속이 되어 있으니 오래 머물러 있을 수가 없다."라고 하고는 곧바로 구름 속으로 들어가 보이지 않았다는 이야기가 전해 온다. 구해는 구천九天을 말한다. 『淮南子』 「道應訓」.

359 사지四知 : 넷이 안다는 뜻. 세상에 비밀이 없다는 말이다. 후한의 양진楊震이 형주자사荊州刺史로 부임했을 때 왕밀王密이 밤중에 찾아와 아무도 알 사람이 없다면서 금 열 근을 바치려 하자 "첫째 하늘이 알고, 둘째 땅이 알고, 셋째 내가 알고, 넷째 자네가 안다."라고 하며 받지 않았다는 데서 유래한 말이다. 여기에서는 온 천하가 다 아는 일이라는 의미인 듯하다.

360 옥이 형산荊山에서~바침이 마땅하다 : 형박삼헌荊璞三獻의 고사. 춘추전국시대 초나라 사람 변화卞和가 형산에서 박옥璞玉을 얻어 여왕厲王에게 드리니 왕이 속인다 하여 그의 왼발을 잘랐다. 무왕武王이 즉위하자 또 드리니 또 속인다 하여 그의 오른발을 잘랐다. 문왕文王이 서자 이에 박옥을 안고 형산 아래에서 울거늘 왕이 사람을 시켜 물으니, 그가 말하되 "신臣이 발 잘린 것을 서러워함이 아니오라, 보옥을 돌이라 일컫고 곧은 선비를 속임꾼이라 하니 그래서 서러워하나이다."라고 하자 왕이 사람을 시켜 그 박옥을 쪼개니 과연 그 속에 옥이 있었다.

361 풍기風期 : 신임 또는 우의. 계절이 바뀌면 그 계절에 따라 불어오는 바람이 달라지는 것을 기약할 수 있다는 뜻으로, 서로의 마음을 헤아려 어긋나지 않고 믿을 수 있

는 행동을 하는 사이를 뜻한다.
362 편사偏師 : 대규모 병력이 아닌 일부 병력의 군대를 이르는 말.
363 전예戰藝 : 조선 시대에 서당에서 연중행사로 하던 글짓기 경쟁으로 거접巨接 또는 접접이라고도 한다. 여름철에 정자亭子·누대樓臺·산사山寺 등에 모여 시부詩賦 등을 지어 실력을 겨루었는데, 고려 시대의 12도徒가 절간을 빌려 하과夏課를 한 데서 비롯되었다. 조선 시대에도 사학四學·향교鄕校 등 관학官學은 물론 서당 등 사숙私塾에서도 성행하였다. 이 행사는 대체로 음력 6월을 전후하여 열렸는데, 향중鄕中의 명유名儒·노사老士를 초대한 가운데 개접례開接禮라는 잔치를 연 다음, 동접東接·서접西接 등으로 편을 갈라 제목을 내놓고 겨루었으므로 이를 전예戰藝라고 하였다.
364 소단騷壇 : 시단詩壇을 말한다.
365 종사螽斯 : 종사는 메뚜기인데 한 번에 99개의 알을 낳는다 하여 왕후王后가 궁녀들과 화목하여 자손이 많음을 비유한 말이다. 『詩經』「周南」〈螽斯〉에 "수많은 메뚜기들이 화목하게 모였네. 그대의 자손들도 대대로 번성하리라.(螽斯羽。詵詵兮。宜爾子孫。振振兮。)"라고 하였다.
366 삼뢰三雷 : 소용騷聳을 달리 이르는 말. 삼삭대엽三數大葉(한국의 전통 성악곡인 가곡)을 뇌성처럼 부르는 곡이라는 뜻에서 이르는 말이다.
367 금구金甌 : 금으로 만든 단지. 술잔의 미칭. 국토가 견고함을 비유한다.
368 학교송鶴翹松 : 소나무의 일종. 한악韓偓의 시에 "학교송을 등나무가 휘휘 감아 죽이누나.(野藤纏殺鶴翹松)"라고 하였다.
369 비음기碑陰記 : 비석 뒷면에 기록하는 글.
370 정일정일精一 : 정일집중精一執中의 준말. 순수한 일념으로 중도中道를 지키는 것. 『書經』「大禹謨」에 나오는 말로 순임금이 우임금에게 나라를 전하면서 말하기를, "인심은 위태롭고 도심은 미약하니 순수한 일념으로 중도를 지켜야 할 것이다.(人心惟危。道心惟微。惟精惟一。允執厥中。)"라고 하였다.
371 아양峨洋 : 「아양곡峨洋曲」의 준말. 옛날에 백아伯牙가 탔다고 하는 악곡이다. 『列子』「湯問」에 "백아는 거문고를 잘 탔고 종자기鍾子期는 소리를 잘 들었다. 백아가 거문고를 타면서 뜻이 높은 산에 있으면 종자기가 말하기를, '좋구나, 아아峨峨하기가 태산과 같구나.(峨峨兮若泰山)' 하였고, 뜻이 흐르는 물에 있으면 종자기가 말하기를, '좋구나 양양洋洋하기가 강하와 같구나.(洋洋兮若江河)' 하였다. 그 후 종자기가 죽자 백아는 다시는 거문고를 타지 않았다."라고 하였다.
372 영악靈岳의 활짝~그 누구이며 : 영악은 영산靈山을 말하며, '활짝 웃었다'는 말은 영산회상에서 부처님이 꽃을 뽑아 들자 가섭이 미소 지은 일을 말한 것으로서 '누가 가섭과 같은 인물인가?'라는 말이다.
373 행단杏壇에서 비파를~또 누구인가 : 행단은 공자가 그 제자를 가르치던 은행나무 단

을 말한다. 이에서 유래하여 학문을 닦는 곳이라는 뜻으로 쓰인다. '비파를 내려놓았다(鏗瑟)'는 말은 『論語』「先進」에 나오는 말로, 공자가 증점曾點에게 자기 뜻을 말해 보라고 했을 때, 증점이 대답하기 위해 타던 비파를 땅에 놓은 것(鏗爾舍瑟)을 가리키는 것으로, '증점과 같은 사람은 누구인가?'라는 말이다.

374 사문斯文 : 사문은 원래 이 글, 이 학문, 이 도道라는 의미로, 유교의 학문·도의·문화 또는 유학자 즉 선비를 말하나 여기에서는 불문佛門을 가리키는 것으로 보인다.

375 분진汾津 : 통진通津의 옛 지명인 듯하다.

376 팔유八維 : 하늘, 또는 동서남북 사방과 네 간방間方을 합한 팔방.

377 오디 먹은~자비를 얻었네 : 『詩經』「魯頌」〈泮水〉에 "훨훨 나는 저 올빼미 반궁의 숲에 모여 앉아 우리 뽕나무 오디 먹고 우리 좋은 소리를 마음에 새긴다. 잘못을 깨달은 저 회수의 오랑캐들 찾아와 보배를 바치네.(翩彼飛鴞。集于泮林。食我桑葚。懷我好音。憬彼淮夷。來獻其琛。)"라고 하였는데, 그 주註에 이르기를 "회수 지역의 오랑캐들이 노나라 제후의 교화를 받아 악한 마음을 바꾸어 찾아와 온갖 보배를 바치는데, 마치 올빼미가 오디를 먹고 그 울음소리가 아름답게 변하는 것과 같다. 이 시는 비유로 처음에 교화를 따르지 않다가 마침내는 교화를 따라 착하게 변화함을 비유한 시이다.(註云。淮夷被魯侯之化。變惡來獻。如飛鴞之食葚變音。比初不從化者。從化爲善也。)"라고 하였다.

378 이사상李士常 : 이원형李元亨의 아들이며, 이문학관吏文學官을 지냈다.

379 진영화晉永和 : 진晉나라 목제穆帝 영화永和 9년(353) 3월 3일에 당시의 명사名士 41명이 난정蘭亭에 모여서 곡수曲水에 술잔을 띄워 계연禊宴을 베풀고 시를 읊으며 노닐었던 것을 말한다.

380 서방書房 : 벼슬이 없는 사람을 그 성과 아울러서 부르는 말.

381 한묵翰墨 : 문한文翰과 필묵筆墨이라는 뜻으로, 글을 짓거나 쓰는 것을 말한다.

382 동천洞天 : 도가의 용어로, 골짜기 안에 따로 있는 별천지라는 뜻으로 신선이 사는 세계를 가리킨다.

383 강랑蜣蜋 : 풍뎅잇과에 속하는 곤충. 쇠똥구리. 말똥구리.

384 나하奈河 : 사람이 죽으면 두 번째로 다다르는 곳이 초강왕전初江王殿이다. 죽은 뒤 27일 되는 날에는 반드시 이 왕궁에 당도하는데 이 왕궁의 본당은 나하라고 하는 큰 강의 기슭에 있고, 초강왕은 죽은 사람이 나하를 건너는 것을 관리한다고 한다. 죽은 사람이 왕궁 본당까지 가려면 세 가지 길 중 한 길을 따라 나하를 건너가야만 한다. 이 강의 상류는 얕은 여울물이 굽이치고, 중류에는 다리가 놓여 있으며, 하류는 수심이 깊을 뿐 아니라 물살이 세고 험난하다. 죽은 사람의 죄업이 무거우냐 가벼우냐에 따라 각각 다른 장소에서 이 강을 건너게 된다. 본당에 닿으면 생전의 죄업을 심판받는데 가벼우면 좋은 길로, 무거우면 나쁜 길로 끌려간다.

385 금모金母 : 선녀仙女인 서왕모를 지칭하는 말.
386 요지연瑤池宴 : 요지는 곤륜산 꼭대기에 있다는 신화 속의 못 이름으로, 서왕모가 자신의 거처인 이곳에서 주나라 목왕穆王을 영접하여 연회를 베풀었다는 전설이 전해 온다. 『穆天子傳』 권3.
387 상비湘妃 : 순임금의 두 비妃인 아황과 여영이 순임금이 남순南巡하다가 창오산에서 죽자, 소상강을 건너지 못하고 슬피 울다가 마침내 이 물에 빠져 죽어 상수湘水의 신이 되었다는 전설에 의한 것으로 상군湘君이라고도 한다.
388 낙락落落 : ① 쓸쓸한 모양. ② 단단한 모양. ③ 높이 뛰어난 모양.
389 등귀사登龜寺 : 평안남도 강서군 무학산에 있던 절. 등고사登高寺라고도 한다.
390 명학지鳴鶴池 : 주 258 참조.
391 구륜俱輪 : 아야교진여阿若憍陳如(S Ajñāta-kauṇḍinya)의 줄인 음역. 교진여憍陳如·교진나憍陳那·거륜居倫·거린居隣·구륜拘輪·구린拘隣·구린俱隣이라고도 한다. 본제本際라 번역한다. 석가모니의 제자로 5비구 중 한 사람이다.
392 팔제八諦 : 팔정도八正道 즉 정견正見·정사유正思惟·정어正語·정업正業·정명正命·정정진正精進·정념正念·정정正定을 말한다.
393 신자身子 : 사리불舍利弗(S Śāriputra)의 번역. 석가모니의 십대제자 중 한 사람으로 석가모니보다 나이가 많았으며 먼저 세상을 떠났다. 갖가지 지식에 해박하고 통찰력이 빼어나 제자들 가운데 으뜸으로 꼽혔으며, 지혜제일智慧第一 또는 법왕자法王子라고 불렸다.
394 벽경壁經 : 『書經』의 고본古本. 진시황이 서적을 모두 불사를 때 없어진 것을 한나라 때 복생伏生이 입으로 외워 전하였는데, 뒤에 노나라 공왕 때 공자의 옛집 벽 속에서 발견하였다 하여 붙여진 이름이다.
395 규장虯藏 : 용수보살이 바다의 용궁에 들어가 비장祕藏한 대승경전을 가지고 나왔다 하여 불경을 규장으로 표현한 듯하다.
396 이산尼山 : 이구산尼丘山의 준말로 산동성 곡부현 동남쪽에 있다. 공자의 아버지 숙량흘叔梁紇이 어머니 안顔씨와 함께 이구산에서 기도하여 공자를 얻었으므로 이름을 구丘라 하고, 자를 중니仲尼라 하였다. 『史記』 「孔子世家」.
397 궁발窮髮 : 극북極北의 불모지를 가리킨다. 땅에게는 초목이 모발이 되는데, 북방은 추운 지방이라서 초목이 자라지 않으므로 궁발이라고 한다.
398 명산冥山 궁발과 월영越郢의 나라요 : 이 시구는 반대쪽으로 가면 갈수록 다른 반대쪽과는 그만큼 더 멀어짐을 말한 것이다. 남쪽으로 가는 자가 초나라의 수도인 영郢까지 오고 나면 아무리 북쪽을 바라보아도 극북에 자리한 명산이 보이지 않는데, 그 이유는 명산으로부터 너무 멀리 가 버렸기 때문이라는 것이다. 『莊子』 「天運」.
399 범초凡楚 : 춘추시대 강대국인 초楚나라와 그의 속국인 범凡나라를 합해서 부르는

말.『莊子』「田子方」에 "초왕이 범나라 왕과 함께 앉았을 때 초왕의 좌우에서 '범나라는 망한다.'고 말하자, 범나라 왕이 말하기를 '우리 범나라가 망한다 해도 나 자신의 존재를 잃는 것은 아니다. 그렇다면 초나라가 존재하는 것도 결국 존재하는 것이 되지 못하니, 이것으로 본다면 범나라가 애당초 망한 것이 아니요, 초나라도 애당초 존재한 것이 아니다.'라 하였다.(楚王。與凡君坐。少焉。楚王左右曰。凡亡者三。凡君曰。凡之亡也。不足以喪吾存。夫凡之亡不足以喪吾存。則楚之存不足以存存。由是觀之。則凡未始亡而楚未始存也。)"라고 한 데서 온 말로, 원뜻은 존망存亡의 진리를 판정하기 어려움을 말한 것인데, 여기서는 강자와 약자, 나아가 온 세상의 뜻으로 쓰였다.

400 대괴大塊가 탄식할~성을 내고 : 『莊子』「齊物論」에 "거대한 흙덩어리가 기운을 내뿜나니, 그 이름을 바람이라 한다. 이것이 일어나지 않는다면 그만이지만, 일단 일어났다 하면 1만 개의 빈 구멍들이 성내어 울부짖기 시작한다.(夫大塊噫氣。其名爲風。是唯無作。作則萬竅怒呺。)"라고 한 구절에서 인용한 말이다.

401 만물의 움직임(調刁) : 조조調刁는 조조지조조調調之刁刁의 준말.『莊子』「齊物論」에 "거센 바람이 그치고 나면 소리 나는 모든 구멍이 텅 비어 있지만 만물이 흔들리는 것을 보지 못하는가?(厲風濟。則衆竅爲虛。而獨不見之調調之刁刁乎。)"라고 하였는데, 곽상郭象의 주註에 "조조調調와 조조刁刁는 움직이는 모양이다.(動搖貌也)"라고 하였다.

402 숙儵과 홀忽이~혼돈混沌이 죽었나니 : 『莊子』「應帝王」에 "남해의 임금은 숙儵이고, 북해의 임금은 홀忽이며, 중앙의 임금이 혼돈인데, 숙과 홀이 혼돈의 땅에서 만나 혼돈이 매우 잘 대접하였다. 숙과 홀이 혼돈의 덕을 갚으려 꾀하여 가로되, 사람은 일곱 구멍이 있어 보고 듣고 먹고 쉬는데, 이분은 없으니 시험하여 뚫어 주자고 하고 날마다 한 구멍을 뚫으니 7일 만에 혼돈이 죽었다.(南海之帝爲儵。北海之帝爲忽。中央之帝爲混沌。儵與忽。時相與遇於混沌之地。混沌。待之甚善。儵與忽。謀報混沌之德曰。人皆有七竅以視聽食息。此獨無有。嘗試鑿之。日鑿一竅。七日而混沌死。)"라고 하였다.

403 국다 존자麴多尊者 : 인도 제4대 존자인 우바국다 존자를 가리킨다. 일곱 살에 출가하여 스무 살에 상나화수商那和修에게서 구족계를 받았다. 교화한 이가 셀 수 없이 많아서, 한 사람 제도할 때마다 나뭇가지 하나씩을 석실에 넣었는데 가로세로 각각 36자, 24자인 석실에 나뭇가지가 가득하였다고 한다.

404 파순波旬 : 부처님과 그의 제자들의 수행을 방해한 마왕魔王의 이름. 악마는 보통 석가모니가 수도할 때 많이 나타났으나 이 악마는 부처가 된 후에 나타났다. 거대한 코끼리인 상왕象王으로 변하기도 하고 큰 뱀의 왕으로 변하기도 한다. 때로는 어린 소녀나 젊은 처녀로 변하기도 하고, 유부녀나 노파로 변신하여 수행자를 유혹하기도 한다. 제자 중에서는 특히 비구니에게 접근하여 유혹하거나 협박한다. 부처는 이에 대해 '내 마음은 고요하도다'라고 하여 유혹을 뿌리쳤다.

405 구원九原 : 구천九天과 같은 말이다. 구천은 하늘을 아홉 개의 방위로 나누어 이르는

말이다. 중앙은 균천均天, 동쪽은 창천蒼天, 북동쪽은 변천變天, 북쪽은 현천玄天, 북서쪽은 유천幽天, 서쪽은 호천昊天, 남서쪽은 주천朱天, 남쪽은 염천炎天, 남동쪽은 양천陽天이다.

406 좌망坐忘 : 고요히 앉아 잡념을 끊음. 도가에서 추구하는 수양으로, 앉아서 상대와 나에 대한 존재를 의식하지 않고 현실의 모든 것을 잊는 것을 말한다. 사물과 자기의 존재를 다 잊어버리고 담담하게 아무런 상념이 없는 정신세계를 말한다. 『莊子』 「大宗師」에 "안회가 말하였다. '저는 좌망하게 되었습니다.' 중니가 놀라서 물었다. '무엇을 좌망이라고 하느냐?' 안회가 대답하였다. '손발이나 몸이라는 것을 잊고 귀나 눈의 작용을 물리쳐서 형체를 떠나서 지식을 버리고 저 위대한 도와 하나가 되는 것 이것을 좌망이라 합니다.'(曰回坐忘矣。仲尼蹴然曰。何謂坐忘。顏回曰。墮肢體。黜聰明。離形去知。同於大通。此謂坐忘。)"라고 하였다.

407 단방丹房 : 도가에서 단약을 굽는 장소를 말한다.

408 탈속脫粟 : 탈속반脫粟飯의 준말. 겨우 껍질만 벗긴 쌀, 즉 현미로 지은 밥을 말하는데, 거칠고 변변찮은 음식을 의미한다. 안영晏嬰이 늘 이것을 먹었다고 한다. 『晏子』 「雜下」.

409 정시淨侍 : 삭발하고 물들인 옷을 입어 승려가 된 자를 통칭하는 말이다. 『西域記』에 이르기를 "1부를 강설하면 지사知事를 면제하고, 2부를 강독하면 토방과 가구를 더해 주며, 3부를 강설하면 시자侍者를 보내어 공경히 받들게 하고, 4부를 강설하면 정인淨人을 보내 주며, 5부를 강설하면 가마 타는 것을 허락한다 하였으니 승려가 되면 청정을 위하여 시중을 들어 주는 까닭에 정시라 일컫는다.(講一部則免知事。講二部則加士房資具。講三部則差侍者祗承。講四部則給淨人。講五部則許乘輿。謂爲僧者。爲淸淨給侍故。云淨侍。)"라고 하였다.

410 거려遽廬 : 객관客館을 말하는데, 한 번 자고 지나가면 그만이라는 뜻으로 인생에 비유한다.

411 한단의 꿈(邯鄲枕) : 인간의 부귀영화나 인생의 영고성쇠가 다 꿈같이 부질없음을 비유하는 말. 한단몽邯鄲夢·한단지침邯鄲之枕·한단몽침邯鄲夢枕·노생지몽盧生之夢·황량지몽黃粱之夢·일취지몽一炊之夢 등으로도 쓴다. 노생盧生이 한단의 장터에서 도사 여옹呂翁의 베개를 베고 잠들어 있는 동안 일생의 경력을 모두 꿈꾼 고사에서 나온 말로, 인간 일생의 영고성쇠는 한바탕 꿈에 지나지 않음을 비유한다.

412 명정酩酊 : 정신을 차리지 못할 정도로 술에 몹시 취함.

413 소광疎狂 : 덜렁대며 상규常規에 벗어나는 일. 상식에 어긋나는 일.

414 구점口點 : 초고草稿를 만들지 않고 즉석에서 글귀를 입으로 남에게 전수하는 일. 여기서는 가난을 구제한다는 말만 무성한 것을 말하는 듯하다.

415 사포私逋 : 개인적으로 체납된 빚.

416 전행餞行 : 길 떠나는 사람을 배웅하는 것. 여기서는 관리들이 임지를 떠날 때 전별餞別하며 걷는 사례의 폐단을 말한다.

417 척리跖利 : 옛날 노나라 도적 도척盜跖처럼 개인의 이익만을 위함.

418 하늘(老天) : 하늘도 명천明天과 노천老天이 있다 하였다.

419 시비(雌黃) : 자황雌黃은 비소와 유황의 화합물이다. 옛날 중국에서 오기誤記의 정정에 자황을 쓴 일이 있은 뒤부터 시문의 첨삭이나 변론의 시비를 일컫는다.

420 게려게厲 : 『詩經』「邶風」〈匏有苦葉〉에 "깊으면 옷 입은 채로 건너고 얕으면 옷을 걷고 건너네.(深則厲。淺則揭。)"라고 하였다.

421 단금주檀金洲 : 『大智度論』제35권 「釋習相應品」 제3의 1에 "'염부제閻浮提'라 한 것에서 '염부閻浮'는 나무의 이름이며, 그 숲은 무성한데 이 나무는 숲속에서 가장 크다. '제提'는 대륙(洲)을 말하는데 이 대륙 위에 이 나무숲이 있고 이 숲속에 강이 있으며, 그 밑바닥은 금모래가 깔려 있어서 염부단금이라 부른다. 염부나무 때문에 염부주라 부르며, 이 대륙에는 500의 작은 섬들이 빙 둘러 있는데 통틀어서 염부제라 한다.(閻浮提者。閻浮。樹名。其林茂盛。此樹。於林中最大。提。名爲洲。此洲上。有此樹林。林中。有河。底有金沙。名爲閻浮檀金。以閻浮樹故。名爲閻浮洲。此洲。有五百小洲。圍繞。通名閻浮提。)"라고 하였다. 그런 까닭에 염부주閻浮洲를 단금주라고 부르기도 한다.

422 균제均提 : 바라문의 아들. 일곱 살에 사리불에게 출가한 뒤 아라한과阿羅漢果를 증득하였고, 스님의 은혜를 생각하여 종신토록 사미沙彌로 시봉하였다.

423 구시久視 : 장생구시長生久視의 준말. 원래는 『老子』「守道」에 나오는 말이다. 도교에서의 수행법으로, 나고 죽음을 해탈하기 위하여 단전을 오래도록 관하여 선천의 기를 축적하는 법을 말한다. 보통 장생구시 네 글자를 불로장생으로 해석하기도 하는데 이는 논란의 여지가 있다. 시視를 활活로 보아 불로장생, 즉 생명의 극한까지 연장하는 것으로 이해하는 것인데 이는 잘못된 것인 듯하다.

424 예주궁蕊珠宮 : 원래는 도교 경전에 나오는 전설상의 선궁仙宮을 말하는데, 여기서는 절을 뜻하는 듯하다.

425 홍애洪崖 : 서산西山에 있는 큰 절벽을 말하는데, 여기에 은거했던 상고上古의 선인仙人 홍애선생을 일컫기도 한다.

426 무봉탑無縫塔 : 이음새가 없는 탑으로 진리를 상징한다. 『禪門拈頌』 제4권 146칙 「無縫」에 "혜충慧忠 국사에게 숙종 황제가 물었다. '스님께서 백 년 뒤 열반에 드시면 무엇을 해 드리리까?' 국사가 말하였다. '나를 위해 무봉탑을 세워 주시오.'(忠國師。因肅宗帝問。百年後。所須何物。師云。與老僧作箇無縫塔。)"라고 하였다.

427 불향화不香花 : 눈을 일컫는 말. 눈이 오면 풍년이 든다 해서 눈을 서화瑞花라 부르기도 하고, 또 향기가 없는 꽃이라 해서 불향화라고도 하며, 아름다운 티끌 같다고 해서 옥진玉塵이라고도 하였다.

428 『淸虛堂集』〈次金剛山山映樓板上韻〉의 내용을 소개하면 다음과 같다. "귀신이 응당 아낄 그림 같은 고루, 벽 위의 시문도 모두 유柳와 한韓이로세. 달빛 띤 구선은 천 길 솟은 소나무요, 수풀 너머 울리는 비파는 여울물 한 소리. 산중의 낙이 세상의 낙보다 낫고, 세상길 험난함이 촉도보다 더하도다. 금강의 진면목을 알고 싶으신가, 흰 구름 무더기 속 줄지은 봉우리로세.(高樓如畫鬼應慳。壁上風騷柳與韓。帶月癯仙千丈檜。隔林鳴瑟一聲灘。山間樂勝人間樂。世道難於蜀道難。欲識金剛眞面目。白雲堆裏列峯巒。)"

429 요금瑤琴 : 옥으로 장식한 거문고, 곧 거문고의 미칭이다.

430 근체시近體詩 : 한시의 한 체제. 고체시古體詩와 상대되며, 절구絕句·율시律詩·배율排律의 세 종류가 있다. 당나라 때 시의 형식이 갖추어졌으며, 고체시보다 작품상의 규칙이 엄격하여 구수句數의 제약은 물론 음수율과 글자 수가 제한되고 음위율音位律인 압운법押韻法, 음성률音聲律인 평측법平仄法 등이 일정하며 대우對偶의 구성 방식도 규칙성을 띤다.

431 잠홀簪笏 : 잠簪은 잠필簪筆로 관冠에 꽂던 붓을 말하고, 홀笏은 조회 때 신하가 가지는 수판手板으로 무슨 일이 있으면 그 내용을 거기에 기록하여 잊어버릴 것에 대비하는 용도로 쓰였다. 곧 벼슬살이하는 것을 뜻한다.

432 상재桑梓 : 뽕나무와 가래나무라는 뜻으로, 본래 공경해야 할 물건을 말했으나 뒤에는 향리鄕里에 대한 칭호로 사용하게 되었다. 『詩經』「小雅」〈小弁〉에 "뽕나무와 가래나무를 반드시 공경해야 한다.(維桑與梓。必恭敬止。)"라고 하였는데, 이는 부모가 생전에 누에를 치고 재목으로 쓰는 이 나무들을 담 아래에 심어 자손에게 생계의 방편이 되게 하였으므로 자손들이 부모의 유물인 이 나무들에 공경한다는 의미를 붙였다. 전전轉하여 부모의 유업遺業이 있는 고향을 가리키게 되었다. 여기서는 고향의 어버이를 생각한다는 것을 말하는 듯하다.

433 몇 밤이나~나비가 되었던가 : 옛날에 장주莊周가 꿈속에서 나비가 되었는데, 자신이 장주인 줄도 알지 못하였다. 그러다가 얼마 뒤에 깨어나니 바로 장주였다. 이에 장주가 꿈에서 나비가 된 것인지 나비가 꿈속에서 장주가 된 것인지를 알 수가 없었다. 『莊子』「齊物論」. 여기에서는 꿈을 여러 번 꾸었다는 말인 듯하다.

434 혜자惠子의 물고기가 되도다 : 『莊子』「秋水」에 "장자와 혜자가 호량에서 노닐 적에 물속에서 물고기가 노는 것을 보다가 장자가 '물고기가 매우 즐거워하는구나.' 하니, 혜자가 말하기를 '자네가 물고기가 아닌데 어떻게 물고기의 즐거움을 안단 말인가?' 하니, 장자가 대답하기를 '자네는 내가 아닌데 어떻게 내가 물고기의 즐거움을 모를 줄을 아는가?'라고 하였다.(莊子與惠子。遊於濠梁之上。莊子曰。儵魚出遊從容。是魚之樂也。惠子曰。子非魚。安知魚之樂。莊子曰。子非我。安知我不知魚之樂。)"라고 한 데서 온 말이다.

435 봉호蓬壺 : 바닷속에 있다는, 신선들이 사는 산인 봉래산蓬萊山을 말한다. 『拾遺記』

「高辛」에 "삼호三壺는 바로 바닷속에 있는 세 산으로, 첫째는 방호方壺인데 이는 방장산方丈山이고, 둘째는 봉호인데 이는 봉래산이고, 셋째는 영호瀛壺인데 이는 영주산瀛洲山으로, 모양이 마치 술병과 같이 생겼다."라고 하였다.

436 어초漁樵 : 고기잡이와 나무꾼, 곧 초야草野의 서민을 뜻한다.

437 호천壺天 : 선경仙境이나 승경勝境을 말한다. 동한 때 비장방費長房이 시장을 관리하는 자리에 있었는데, 시중에 어떤 노인이 약을 팔면서 가게 앞에 술병(壺) 하나를 걸어 놓고 시장이 파하자 그 속으로 뛰어 들어갔다. 비장방이 누각 위에서 그 모습을 보고는 보통 사람이 아니라는 것을 알았다. 다음 날 그 노인에게 가서 노인과 함께 그 술 단지 안으로 들어갔는데, 그곳에는 옥당玉堂이 있었으며 그 안에서 좋은 술과 기름진 안주가 끊임없이 나왔다. 이에 둘이 함께 마시고는 취해서 나왔다고 한다. 『後漢書』 권82 「方術傳」 〈費長房〉.

438 두꺼비 정기와 계수나무 넋(蟾精桂魄) : 달을 말한다.

439 술잔에 궁사弓蛇의~마실까 헷갈린다 : 『晉書』 「樂廣傳」에 "진晉의 악광樂廣이 친한 친구가 오랫동안 오지 않다가 다시 왔다. 광이 그 까닭을 물으니, 대답하기를 '전에 이 자리에서 술을 마실 때 잔 가운데 뱀이 있는 것을 보고 마음에 대단히 싫었으므로 마시고 난 뒤에 병이 들었다.'고 하였다. 그 당시 하남河南 청사廳事 벽 위에 뱀 모양을 그려서 칠한 각궁角弓이 걸려 있었다. 광이 생각하기를 '술잔 가운데 뱀이란 곧 각궁의 그림자였을 것이다.' 하고, 다시 전의 장소에 술을 차려 놓고 손에게 이르기를 '술잔에 다시 보이는가?' 하니, 대답하기를 '전에 보던 것과 똑같다.' 하였다. 광이 그 까닭을 말하니 친구가 의심이 풀려 오래된 병이 나았다."라고 한 데서 인용한 말이다.

440 수무량壽無量 : 아미타부처님을 이르는 말. 아미타는 한량없다는 뜻인데 여기에는 무량수無量壽와 무량광無量光의 뜻이 포함된다. 그러므로 아미타불은 한량없는 목숨과 광명을 지닌 부처님이라는 말이다. 또한 무량광은 지혜를 상징하고, 무량수는 자비를 상징하는 말이기도 하다.

441 아홉 품계 위계 : 불교의 일파인 정토교淨土敎에서 나눈 9등의 계위階位. 상上·중中·하下에 각각 상품上品·중품中品·하품下品의 세 개 품위品位가 있어 상상품·상중품·상하품, 중상품·중중품·중하품, 하상품·하중품·하하품 등으로 구분한다.

442 삼재三災 : 인도에서 세월을 계산할 때 산수로 미칠 수 없는 긴 세월을 겁劫이라 하는데, 그 겁말劫末에 일어나는 세 가지 재해를 말한다. 도병재刀兵災·질병재疾病災·기근재饑饉災의 소삼재와 화재火災·수재水災·풍재風災의 대삼재가 있다.

443 오포五怖 : 오공포五恐怖·오포외五怖畏·오외五畏라고도 한다. 아직 진리를 체득하지 못한 이가 품는 다섯 가지 두려움을 말한다. ① 살지 못할까 두려워함(不活畏), ② 악한 이름이 퍼질까 두려워함(惡名畏), ③ 죽음의 두려움(死畏), ④ 나쁜 세계에 태어날까 두려워함(惡道畏), ⑤ 대중들의 위엄과 덕망을 두려워함(大衆威德畏).

444 백옥白玉의 터럭 : 미간백호상眉間白毫相이라고도 한다. 부처님의 삼십이상 가운데 하나로 양쪽 눈썹 사이에 난 흰 터럭. 무량세계에 비친다고 하며 부처뿐 아니라 보살상에도 있을 수 있다. 이 터럭은 오른쪽으로 말려 있고 빛을 발하며, 부드럽고 눈처럼 희다고 한다.

445 팔공덕八功德의 물 : 여덟 가지 공덕을 갖추고 있는 물. 여덟 가지 공덕은 경에 따라 차이가 있다. ①『稱讚淨土經』에는 고요하고 깨끗함, 차고 맑은 것, 맛이 단 것, 입에 부드러운 것, 윤택한 것, 편안하고 화평한 것, 기갈 등의 한량없는 근심을 없애 주는 것, 여러 근根을 잘 길러 주는 것이라 하였고, ②『俱舍論』에는 달고, 차고, 부드럽고, 가볍고, 깨끗하고, 냄새가 없고, 마실 때 목이 상하는 일이 없고, 마시고 나서 배탈 나는 일이 없는 것이라고 하였다.

446 탕왕의 덕이여~열어 놓았네 : 『史記』「殷本紀」에 "湯出見野張網四面。祝曰自天下四方皆入吾網。湯曰嘻盡之矣。乃去其三面。祝曰欲左欲右。不用命乃入吾網。諸侯聞之。曰湯德至矣及禽獸。"라고 하였다.

447 구리九里에 살아 돌아오니 : 구리는 구리산九里山이다. 현재 강소성 서주徐州에 있는데, 전설에 따르면 초한전쟁楚漢戰爭 때 한신韓信이 구리산 앞에 진을 치고 십면에 매복하여 지략으로 항우項羽의 목숨을 취하였다고 한다. 전하여 꾀와 지략을 말한다.

448 수로獸鑪 : 동물 모양의 청동 향로.

449 동방洞房 : 깊숙한 데에 있는 방.

450 박산博山 : 향로의 이름인 박산로博山爐를 말한다.

451 마른 오동나무에 기대고(據枯梧) : 시시비비를 가리느라 피곤해진 머리를 쉬는 것을 말한다. 전국시대의 변론가인 혜시惠施가 사람들과 치열하게 토론을 벌인 뒤에 지친 몸을 휴식하는 모습을 '마른 오동나무 궤안에 기대어 눈을 감고 있다.(據枯梧而瞑)'라고 표현한 대목이 있다. 『莊子』「德充符」.

452 제호醍醐 : 정제한 우유를 말하나, 여기서는 미주美酒를 가리킨다. 당나라 백거이白居易의 〈將歸一絶詩〉에 "다시금 집의 술이 봄 맞아서 익는 것이 가련하니, 한 동이의 제호가 나오기를 기다리네.(更憐家醞迎春熟。一瓮醍醐待我歸。)"라고 하였다.

453 일곱 근 장삼(七斤衫) : 『禪門拈頌集』408칙「萬法」에 "조주에게 어떤 스님이 물었다. '만법은 하나로 돌아가지만 그 하나는 어디로 돌아갑니까?' 선사가 말하였다. '내가 청주에서 베 장삼 하나를 지었는데, 무게가 일곱 근이더라.'(趙州。因僧問。萬法。歸一。一歸何處。師云。我在青州。作一領布衫。重七斤。)"라고 한 데서 나온 말이다.

454 단선團扇 : 깁이나 종이로 만든 둥근 모양의 부채. 오색五色이나 알록달록한 색이 있고, 모양에 따라 동엽선桐葉扇·연엽선蓮葉扇·연화선蓮花扇·초엽선蕉葉扇 등이 있으며, 남자들이 집에 있을 때 이것을 부쳤다고 한다.

455 조량雕樑 : 아로새긴 대들보.

456 약란藥欄 : 약초를 심은 약초밭의 난간. 일설에는 작약이 난간을 에워싸고 있다는 뜻의 작약의 난간이라 하고, 약藥 또한 난欄의 의미로서 단순히 난간의 뜻이라는 설도 있다.

457 천주薦厨 : 풀 주방. 화초가 우거진 초원을 비유하는 말인 듯하다.

458 목어木魚 : 불사佛事에 쓰이는 사물 중 하나로, 물고기 모양으로 만들어진 법구法具. 모든 어패류의 영혼을 위해서 이 목어를 두드린다. 봉 두 개로 치며 저녁에는 홈이 넓은 곳부터 좁은 데로 치는데, 저녁에는 아홉 머리를 내리고 아침에는 아홉 머리를 올린다. 사물을 다루는 데는 아침과 저녁이 각각 다르다. 아침에는 운판을 치고 목어를 올리고 홍고북을 올린 다음 범종을 28번 올리며, 저녁에는 범종을 먼저 33번 치고 홍고북을 올리고 목어를 친 다음 운판을 맨 끝에 친다.

459 성단星壇 : 도교에서 일월성신日月星辰에 제사를 올리기 위하여 설치한 단.

460 백주白酒 : 찹쌀을 찐 다음 누룩과 물을 섞어 발효시킨 술. 서울 지방에서 주로 담그는 흰 빛깔의 술로 합주合酒라고도 한다. 『東國歲時記』・『林園經濟志』・『東國李相國集』・『山林經濟』 등에 백주에 대하여 기록되어 있다.

461 육수六銖 : 4분의 1냥쭝. 수銖는 고대의 중량 단위로 24수가 1냥이 된다.

462 삼오칠언三五七言 : 시의 별체別體로서 당나라 시인 이백이 일찍이 세 자, 다섯 자, 일곱 자로 된 육구시六句詩를 지어 '삼오칠언'이라 제題하였다. "가을바람 시원도 하고, 가을 달 밝기도 하여라. 낙엽은 모였다 다시 흩어지고, 갈까마귀는 나무에 앉았다 다시 놀래어 나는구나. 서로 생각하니 어느 날에나 만나 볼까? 이때 이 밤 심정 가누기 어렵네.(秋風淸。秋月明。落葉聚還散。寒鴉棲復驚。相思知見知何日。此時此夜難爲情。)"라고 하였는데 바로 이 시의 체를 따른 것이다.

463 섬계剡溪 : 진晉나라 때 은사隱士인 대규戴逵의 집이 있던 곳. 절강성의 조아강曹娥江 상류에 있다. 산음山陰에 살던 왕휘지王徽之가 눈 내리는 겨울 달밤에 혼자서 시를 읊다가 친구인 대규가 보고 싶어 배를 몰고 섬계로 향했는데, 대문까지 갔으나 하룻밤 새 흥이 다하여 되돌아왔다는 고사가 있다.

464 세율歲律 : 세시歲時와 같다. 춘하추동처럼 순서대로 구조화되어 있는 한 해의 질서, 한 해의 체계, 한 해의 짜임새 등의 개념이다. 번역할 때는 그냥 '해'라고만 해도 된다. 짜여 있는 시간적 질서 체계를 염두에 두고 '해'를 말한 것이다.

465 눈 속에~소림少林에 물으리오 : 선종 제2조인 혜가慧可가 40세에 숭산 소림사에 보리달마를 찾아가서 눈 속에 앉아 가르침을 구하였으나 허락하지 않자, 왼팔을 끊어 그 굳은 뜻을 보여 마침내 허락을 받고 크게 깨달았던 고사에 빗댄 것이다.

466 처마 밑을~못 참네 : 두보杜甫의 시에 "추녀 밑을 돌며 매화 찾아 웃음을 함께하려 하니, 싸늘한 꽃술 성긴 가지 반쯤은 웃음을 못 참는 듯.(巡簷索共梅花笑。冷蘂疎枝半不禁。)"이라는 표현이 있다. 『杜少陵詩集』 권21 〈舍弟觀赴藍田取妻子到江陵喜寄〉.

467 영발瀛渤 : 발해渤海.

468 석선石扇 : 부채 모양의 바위.

469 기화요초琪花瑤草 : 옥같이 고운 풀에 핀 구슬같이 아름다운 꽃.

470 난거鸞車 : 순임금이 타던 수레.

471 수의銖衣 : 선인仙人이 입는 옷. 수銖는 극히 작은 단위의 중량을 말한다.

472 구절九節 : 1년 가운데 9월의 계절을 이르는 말.

473 운니雲泥 : 하늘에 있는 구름과 땅에 있는 진흙이라는 뜻으로 천지의 차差, 즉 차이가 현격함을 이르는 말이다. 지위가 서로 크게 다르거나 살고 있는 곳이 서로 멀리 떨어진 것을 비유한다.

474 풍애風埃 : ① 바람과 티끌. ② 세상에 일어나는 어지러운 일. 풍진風塵과 같은 말.

475 상계像季 : 삼시三時의 하나. 부처님이 멸도한 후 1천 년(정법시正法時)을 지내고, 다음 1천 년 동안을 상법시像法時라 하니, 정법시와 비슷하게 수행한다는 뜻이다. 곧 상계는 상법 1천 년 동안의 말기末期를 말한다. 또는 상법과 계법 시대라 하여 계법은 말법과 같다고도 한다.

476 육매六媒 : 눈·귀·코·혀·몸·뜻의 여섯 가지 감각기관을 말한다. 『楞嚴經』 제4권에 "네 앞에 나타난 눈·귀·코·혀·몸·마음의 여섯 감각기관이 해로운 매개가 되어 스스로 가보를 겁략한다.(汝現前。眼耳鼻舌及與身心。六爲賊媒。自劫家寶。)"라고 하였다.

477 삼수三受 : 세 가지 감각. 고수苦受·낙수樂受·사수捨受. ① 고수 – 외계의 접촉에 의하여 몸과 마음에 받는 괴로운 감각, ② 낙수 – 바깥 경계와 접촉하여 즐거움을 느끼는 감각, ③ 사수 – 고수와 낙수에 속하지 않은 감각. 곧 괴롭지도 즐겁지도 않은 느낌. 수受는 바깥 경계를 받아들인다는 뜻이다.

478 이윤伊尹 : 은나라 탕왕 때 현신賢臣. 이름은 지摯. 탕왕을 도와 하나라 걸왕을 멸망시키고 재상이 되었다. 탕왕이 죽은 뒤에 그의 손자 태갑太甲이 탕왕의 제도를 파괴하자 동궁桐宮으로 축출하였다가 3년이 지나자 맞아들여 복위시키고 고향으로 물러났다. 『書經』.

479 주공周公 : 이름은 단旦. 주 왕조를 세운 문왕의 아들이며 무왕의 동생이다. 무왕과 무왕의 아들인 성왕成王을 도와 주 왕조의 기초를 확립하였다.

480 삼우반三隅反 : 네 모퉁이가 있는 물건의 한 모퉁이를 들어서 나머지 세 모퉁이를 유추하여 알아내는 것을 이르는 말로, 학문에 매우 힘쓰는 것을 비유한다. 공자가 "한 귀퉁이(一隅)를 가르쳐 주거든 그가 삼우로 미루어서 돌려 생각하지 못하면 반복해서 말해 주지 않았다.(擧一隅不以三隅反。則不復也。)"라고 하였다. 『論語』「述而」.

481 금성옥진金聲玉振 : 맹자가 공자의 덕德을 음악에 비하여 찬양한 말이다. 『孟子』「萬章」에 "공자 같은 이를 집대성한 이라고 하는데, 집대성했다는 것은 금속 소리를 울려 낸 데다가 옥 소리를 떨쳐 낸 것이니, 금속 소리를 울려 낸다는 것은 조리 있게 시

작하는 것을 말하고, 옥 소리를 떨쳐 낸다는 것은 조리 있게 끝맺는다는 것이다.(孔子之謂集大成. 集大成也者. 金聲而玉振之也. 金聲也者. 始條理也. 玉振之也者. 終條理也.)"라고 한 데서 인용한 글이다. 여기에서 금은 종鍾, 성은 선宣, 옥은 경磬, 진은 수收를 의미한다. 팔음八音을 합주할 때 먼저 종을 쳐서 그 소리를 베풀고 마지막에 경을 쳐서 그 운을 거두어 주악을 끝냄을 말하는데, 전하여 지덕智德이 갖추어 있음을 비유한다.

482 분우分憂 : 지방 관리를 이르는 말.

483 일기逸氣 : 세속을 초탈한 청수한 기운.

484 고산孤山 : 송나라 때 은사隱士인 임포林逋를 가리킨다. 그가 서호西湖의 고산에 집을 짓고 은거하면서 학 두 마리를 길렀는데, 놓아두면 창공을 날다가 다시 우리로 돌아오곤 하였다. 그는 항상 거룻배를 타고 서호에 떠다녔으므로 혹 그가 없을 때 손님이 찾아오면 동자가 나와서 학의 우리만 열어 놓았다. 그러면 그는 학이 날아오는 것을 보고서 손님이 찾아왔음을 알고 집으로 돌아오곤 하였다고 한다. 『宋史』「林逋傳」.

485 소자蘇子 : 동파東坡 소식蘇軾을 가리킨다.

486 기구崎嶇 : ① 산이 가파르고 험한 모양. ② 삶이 순조롭지 못하고 온갖 어려움을 겪는 상태에 있음. ③ 기험崎險함.

487 첨유襜褕 : ① 정조복正朝服이 아닌 단의單衣를 말함. ② 무릎을 가리기 위하여 허리 아래로 늘이는 장방형의 천(蔽膝). ③ 쾌자快子(直裾)를 말함. 쾌자는 소매가 없고 등솔기가 허리까지 트인 옛 전투복이다. 근래에는 복건과 함께 명절이나 돌에 어린아이가 입는다.『說文』에 "쾌자(直裾)를 첨유라고 한다(直裾。謂之襜褕。)"라고 하였다.

488 담자啗蔗 : 진晉나라 고장강顧長康이 감자甘蔗를 꼬리에서부터 먹어 들어가며, 점입가경漸入佳境이라고 말한 데서 유래한 말이다.

489 창상滄桑 : 창해滄海가 뽕나무밭(桑田)으로 바뀌는 것과 같은 세상의 엄청난 변화.

490 일양一陽 : 양陽은 처음 생긴다는 뜻으로, 남지일양생南至一陽生은 동지(남지는 동지의 별칭)에 양이 처음 생긴다는 말이다. 1년 12개월을 양월陽月과 음월陰月로 나누어 동짓달은 일양, 섣달은 이양, 정월은 삼양, 2월은 사양, 3월은 오양, 4월은 육양, 5월은 일음一陰, 6월은 이음, 7월은 삼음, 8월은 사음, 9월은 오음, 10월은 육음월이라고 하였다.

491 현영玄英 : 겨울의 별칭.

492 육출六出 : 눈(雪)의 별칭. 다른 꽃은 꽃잎이 다섯인데 눈은 여섯 각으로 이루어졌으므로 이런 이름이 붙었다.

493 신선 빚(仙債) : 남에게 시를 지어 주어 보답해야 할 빚이라는 의미로 쓰인 듯하다. 『蘇東坡詩集』〈與胡祠部游法華山〉에 "이번 유람 기념하는 새로운 시를 짓지 않는다면, 산속의 청정한 빚을 지게 될까 두렵도다.(不將新句紀玆游。恐負山中清淨債。)"라는

구절이 있다. 여기서 응용한 시구인 듯하다.
494 거오據梧 선생 : 거오는 강수일의 호이다. 바로 앞에 〈거오 강수일에게 차운하여 부침(次韻寄據梧姜【壽一】)〉이라는 시가 있다.
495 박아博雅 : 학식이 넓고 성품이 단아하다는 뜻.
496 아첨牙籤 : 댓가지로 만든 죽간竹簡과 같은 의미.
497 온갖 풀이 한쪽으로 쏠리고 : 『論語』「顏淵」에 "군자의 덕은 바람과 같고, 소인의 덕은 풀이라. 풀 위에 바람이 지나가면 반드시 바람에 쏠리어 따르게 마련이다.(君子之德風, 小人之德草, 草上之風, 必偃.)"라고 한 데서 나온 말이다.
498 도추道樞 : 『莊子』「齊物論」에 "저것과 이것의 대립이 그치는 것을 도추道樞라고 한다. 도추라야 비로소 환중을 얻고 환중을 얻어야 무궁한 변화에 호응할 수 있으니, 옳다는 것도 하나의 무궁한 것이며 그르다는 것도 또한 하나의 무궁한 것이다.(彼是莫得其偶, 謂之道樞. 樞始得其環中. 而應无窮. 是一無窮. 非亦一窮.)"라고 한 말에서 나온 것이다.
499 급고독원給孤獨園 : 기수급고독원祇樹給孤獨園의 줄인 음역. 이는 기타祈陀태자의 동산에 급고독(수달다의 별명) 장자가 지은 승원이라는 뜻인데, 급고독 장자란 고독한 이들에게 보시를 많이 한 부자라는 뜻이다. 석가 45년의 교화 기간 중 가장 오랜 기간 머문 곳이다. 석가와 출가한 승려들이 설법하고 수도할 수 있도록 수달다가 건립하여 기증하였다. 7층의 대가람으로 자못 웅장하였다고 하는데, 당나라 현장玄奘이 그곳을 순례하던 때는 이미 황폐되어 있었다고 전한다. 그곳의 죽림정사竹林精舍와 함께 2대 정사로 일컬어졌다.
500 낭풍閬風 : 곤륜산 꼭대기의 이름. 이곳에 선녀인 서왕모가 살고 있다는 전설이 있다.
501 고퇴敲推 : 퇴고推敲. 시문의 자구字句를 여러 번 생각하여 고치는 일. 당나라 시인 가도賈島가 과거를 보려고 경사京師에 나귀를 타고 가다가 시를 지었는데 "달 아래에서 중은 문을 민다.(僧推月下門)"라는 글귀를 얻고는 퇴推 자를 고敲 자로 고칠까 망설이며 결정하지 못하였다. 마침내 한유韓愈에게 물으니, 한유는 "고敲 자가 퇴推 자보다 좋다."라고 하였다. 『唐詩紀事』권40.
502 도소주屠蘇酒 : 사기邪氣를 물리치고 오래 산다 하여 설날 아침 차례를 마치고 세찬歲饌과 함께 마시는 찬술. 도라지·방풍·산초·육계를 넣어 빚는다.
503 납극蠟屐 : 밀랍을 칠하여 광택이 나게 한 나막신. 남조 송나라 때 사영운이 산에 오를 적에는 반드시 나막신을 신고 다녔다고 한다. 『晉書』「阮孚傳」에 "동진 때 조약祖約은 재물을 좋아하고 완부阮孚는 신(屐)을 좋아하여, 둘 다 누累가 되는 일이기는 하나 누가 좋고 나쁜 일인지 알 수 없었다. 어떤 이가 조약의 집에 가 보니 조약은 마침 돈을 세고 있다가 손이 이르자 세던 돈을 농 뒤로 치우고 몸을 기울여 가리면서 매우 부자연스러운 표정이었고, 완부의 집에 가 보니 그는 마침 나막신에 밀을 칠하다가

스스로 탄식하기를 "내 일생에 이 신을 얼마나 더 신을는지 모르겠다."라고 하며 기색이 자약하였으니, 여기에서 비로소 승부가 판가름 났다."라고 한 데서 온 말이다.

504 청구로青丘路 : 청구青丘는 동국東國을 가리킨다. 중국에서 우리나라를 일컫던 말이다.

505 야승野僧 : ① 시골 중. ② 절에서 살면서 불도를 닦고 실천하며 포교하는 사람. 본래는 그러한 단체를 일컫던 말임. ③ 미개한 승려라는 뜻으로, 승려가 자기를 낮추어 이르는 1인칭 대명사.

506 수고우水牯牛 : 검은 암소 혹은 거세한 물소. 참다운 사람의 진성眞性 또는 진기眞氣에 비유한 말인 듯하다. 수水는 북방에 해당하고 북방의 색은 흑색이라 검다는 의미를 지니고 있다. 여기서 수고우는 선천의 기氣를 뜻한다. 『禪門拈頌』 제7권 246칙 「順世」에 "조주가 남전南泉에게 '유有를 안 사람은 죽은 뒤에 어디로 갑니까?' 하니, 남전이 '앞산 시주한 집에 수고우가 되어 가리라.'라고 하였다. 조주가 '가르쳐 주심에 감사합니다.'라고 하니, 남전이 '어젯밤 삼경에 달이 창에 비쳤더라.'라고 하였다."라고 되어 있다.

507 너무 젖지~스스로 마신다 : 강희안姜希顔(1417~1464)이 지은 『養花小錄』에 "모든 찻잎에는 먼지가 잘 앉으니 수건으로 자주 닦아 주어 광택을 잃지 않게 해야 한다. 갈무리할 때는 차나무의 가지나 잎이 다른 물건에 닿지 않게 하고 춥지도 덥지도 않게 해야 하며, 또한 사람의 훈기나 화기에 가까이하지 말아야 한다. 물을 줄 때는 너무 젖지도 마르지도 않게 하고 뙤약볕을 쬐지 않도록 해야 한다.(茶葉喜着塵埃。 數用布子淨刷。 務令光膩。 收藏勿使枝葉接着他物。 寒暖亦宜得中。 亦勿近人火氣。 澆之不濕不燥。 勿曝畏日。)"라고 하였다.

508 오구五求 : 인간의 다섯 가지 근본 욕망. 눈·귀·코·혀·피부의 오관이 그 대상인 빛깔·소리·냄새·맛·닿는 것에 대해 일으키는 욕망. 또는 재욕財欲·색욕色欲·식욕食欲·명예욕名譽欲·수면욕睡眠欲을 이르기도 한다.

509 아련야阿練若 : ⑤ araṇya. 아란야阿蘭若·아란나阿蘭那·아란야阿蘭若迦·난야蘭若·아란양阿蘭攘이라고도 하고, 무쟁성無諍聲·적정처寂靜處·원리처遠離處라고 번역한다. 삼림이나 숲속을 뜻하며 출가한 수행자가 머무는 곳을 통칭한다. 수행하기에 적당한 한적한 곳으로서 삼림이나 넓은 들, 모래사장 등을 가리키며, 보통 촌락에서 1구로사拘盧舍(약 4리 또는 600보)나 반 구로사쯤 떨어진 곳에 있다.

510 골개숙滑介叔 : 『莊子』에 나오는 가상 인물로 요즘 말로 하면 '개그맨'이라고 할 수 있다. 『莊子』 「外篇」 〈至樂〉에 "지리숙과 골개숙이 명백의 언덕과 곤륜산의 틈인 황제가 전에 노닐다 쉬던 곳을 구경 갔다.(支離叔與滑介叔。 觀於冥伯之丘。 崑崙之虛。 黃帝之所休。)"라고 하였다.

511 어진 이에게~태백泰伯과 우중虞仲이었네 : 고공단보古公亶父에게는 맏이인 태백과 둘째인 우중 그리고 태강太姜이 낳은 막내 계력季歷 이렇게 세 아들이 있었는데, 계

력이 장차 서백西伯이 될 창昌을 낳자 그 창이 성덕이 있음을 알고는 계력에게 제위를 전할 뜻을 비쳤으므로, 태백과 우중이 아버지의 뜻을 알아차리고 형만荊蠻으로 망명하여 살면서 막내 계력에게 제위를 양보하였다. 『史記』「周本紀」.

512 황제黃帝와 치우蚩尤는~칼을 동원했나 : 사마천司馬遷(B.C. 145?~B.C. 86?)이 쓴 『史記』「五帝本紀」에는 "황제는 소전少典의 아들로 성은 공손公孫이요 이름은 헌원軒轅이다. 헌원이라는 이름은 수레와 수레 끌채라는 뜻으로 그가 수레를 발명했다는 신화와 관련 있다. ……황제가 동쪽으로 진출하여 염제炎帝(신농씨神農氏)를 물리치고 연맹을 결성하였으며, 구려족九黎族의 우두머리이던 치우와 탁록涿鹿에서 싸워 이긴 뒤 염제를 대신하여 연맹의 우두머리가 되었다."라는 내용이 기록되어 있다. 하지만 황제와 관련된 신화는 문헌에 따라 전승되는 내용에 차이가 있다.

513 삭거索居 : 사람을 피하여 한적한 곳을 찾아서 삶.

514 황권黃卷 : 책을 달리 이르는 말. 옛날에 좀이 슬지 않도록 황벽나무의 즙을 짜서 서책에 발랐던 데서 유래한다.

515 보곤補袞 : 곤직袞職은 임금의 직책으로, 보곤은 임금의 결점을 바로잡아 나간다는 뜻. 『詩經』「大雅」〈烝民〉에 "곤직에 궐실이 있으면 중산보가 메워 나간다.(袞職有闕。維仲山甫補之。)"라고 하였다.

516 허리에 십만~오르는 것을 : 『淵鑑類函』「鶴」에 "여러 사람이 모여 각자의 소원을 이야기하였다. 어떤 사람은 양주 자사楊洲刺史가 되고 싶다고 하고, 돈을 많이 벌고 싶다는 자도 있었으며, 어떤 사람은 학을 타고 하늘을 훨훨 날고 싶다고도 하였는데, 맨 마지막 사람은 나는 허리에 10만 관의 돈을 두르고 학을 타고 양주로 가서 자사가 되고 싶다고 하였다."라는 내용이 있다. 양주학楊州鶴은 모든 욕망을 한 몸에 모으려고 함을 비유한 말이다.

517 번화자繁華子 : 얼굴빛이 꽃같이 아름다운 사람. 또는 부귀하고 영달榮達한 사람.

518 푸른 바다가~되는 것을 : 『神仙傳』「王遠傳」에 "마고麻姑라는 선녀가 왕원王遠에게 말하기를 '그대를 만나 본 이후로 동해 바다가 세 번이나 뽕나무밭으로 변하는 것을 보았다.'"라고 하였다.

519 북쪽 바다에~노니는 것을 : 『莊子』「逍遙遊」에 "북쪽 바다에 물고기가 있으니 그 이름은 곤이다. ……그 물고기가 변해 새가 되는데 새의 이름은 붕이다. ……붕이 남쪽 바다로 옮겨 가려고 할 적에 물결이 3천 리를 치고 회오리바람을 일으키며 구만리 상공으로 높이 떠 날아간다.(北溟有魚。其名爲鯤……化而爲鳥。其名爲鵬。……鵬之徙於南溟也。水擊三千里。搏扶搖而上者九萬里。)"라고 하였다.

520 비둘기는 느릅나무에~도리어 근심한다 : 『莊子』「逍遙遊」에 "붕이 남쪽으로 날아가려 하자 매미와 비둘기가 붕을 비웃으면서 말하기를 '우리는 훌쩍 날아 느릅나무까지만 오르려 해도 때로는 오르지 못하고 떨어지곤 하는데, 어찌하여 구만리나 솟구쳐

남쪽으로 가는고?'(圖南。蜩與鷽鳩笑之曰。我決起而飛。搶楡枋而止。時則不至而控於地而已矣。奚以之九萬里而南爲。)"라고 하였다.
521 여정呂政 : 진시황을 말한다.
522 아방궁阿房宮 : 진시황이 세운 화려한 궁전.
523 풍환은 전사에~없음을 탄식했네 : 『戰國策』「齊策」에 "전국시대 제나라 맹상군孟嘗君의 식객食客인 풍환馮驩이 대접에 불만을 품고는 장협長鋏(장검)에 기탁하여 노래를 부르며 뜻을 표현하자, 맹상군이 몇 번이나 그 욕구를 충족시켜 주었다."라고 하는 고사가 전한다.
524 상산사호商山四皓 : 진시황 때 세상의 어지러움을 피하여 상산商山에 들어가 숨은 네 은사, 즉 하황공夏黃公 · 기리계綺里季 · 동원공東園公 · 녹리선생甪里先生을 말한다.
525 관중管仲 : 춘추시대 제나라 환공桓公을 도와 부국강병책을 써서 이적夷狄을 물리치고 주나라 왕실을 높이면서 천하를 일광一匡했던 명신名臣. 『史記』권62.
526 중니仲尼 : 공자의 자.
527 증서曾西 : 공자의 제자인 증삼曾參(曾子)의 아들.
528 제일공第一空 : 제일의공第一義空의 준말. 십팔공十八空의 하나. 진실공眞實空 · 진경공眞境空이라고도 한다. 대승의 열반을 말한다. 대승에서는 제법의 제1 원리인 열반은 소승에서 말하는 편진단공偏眞但空이 아니고, 공한 것까지도 공한 중도실상中道實相의 공이므로 제일의공이라 한다.
529 서계書契 : 문자를 말한다. 태곳적 중국에는 문자가 없어서 노끈으로 매듭을 맺어 정령政令의 부호로 삼다가, 복희씨伏羲氏가 제왕이 되고 나서 처음으로 문자를 만들어 사용하였다. 『周易』「繫辭」.
530 포대布帒 화상 : 포대布袋 화상으로 쓰기도 한다. 이름은 계차契此이고, 명주明州 봉화현奉化縣 사람이다. 후량 정명 2년(916) 3월에 명주 악림사嶽林寺 동쪽 행랑 밑 반석에 단정히 앉아서 "미륵 참 미륵이여, 천백억의 몸으로 나누어, 때때로 세속 사람들에게 보이나, 세속 사람들은 아무도 알지 못하더라.(彌勒眞彌勒。分身百千億。時時示時人。時人自不識。)"라는 게송을 남기고 죽었다. 그때 사람들은 포대 화상을 미륵보살의 화현이라 하여 그 모양을 그려서 존경하여 받드는 사람이 많았다 한다.
531 지전知殿 : 전주殿主. 선종에서 불전을 소제하고 향과 등의 불전에 대한 일체를 맡은 소임. 흔히 지전持殿이라고 쓰는데 이것은 잘못이다. 부전副殿이라고도 하며, 대웅전이나 다른 법당을 맡은 이를 노전爐殿 스님이라고 하여 큰방 불단을 맡은 부전과 구별한다.
532 통문通文 : 여러 성명을 적어 차례로 돌려 보는 통지문.
533 패자牌子 : 공서의 직인 따위가 찍혀 있는 문서류. 패지牌旨 · 패자牌子라고도 한다. 지위나 신분이 높은 사람이 아랫사람에게 전하는 문서를 뜻하기도 한다.

534 기실記室 : 선사禪寺에서 산문의 일에 대한 서류 따위를 만드는 소임, 곧 서기書記.
535 가점加點 : 문서의 틀린 부분을 고치는 것.
536 세류細柳 : 세류장군細柳將軍의 준말. 원래는 한나라의 주아부周亞夫 즉 주발周勃 장군을 말한다. 여기서는 군기를 엄히 다스리는 명장이라는 의미로 승려들의 기강을 엄격하게 관장한 직책을 말한다.
537 오두五斗 : 동진의 시인 도연명이 팽택현彭澤縣의 현령이 되었다가, 독우督郵가 팽택현에 왔을 때 아전이 의당 큰 띠를 띠고 독우를 뵈어야 한다고 하므로, 도연명이 탄식하기를 "내가 오두미五斗米 때문에 허리를 굽혀 향리鄕里의 소인小人을 섬길 수 없다."라고 하고는, 즉시 인끈을 풀어 던지고 팽택현을 떠나 버렸던 데서 온 말이다. 『晉書』 권84. 여기서는 작은 고을의 수령이라는 의미로 절의 주지를 말한 것 같다.
538 공수供需 : 절에서 손님에게 무료로 접대하는 음식.
539 화주化主 : 인가나 거리를 다니면서 여러 사람에게 시주를 얻어 오거나 법연法緣을 맺어 주고 사찰에서 사용할 비용을 마련하는 소임.
540 황금 노끈(金繩) : 이구국離垢國에서는 길의 양쪽에 황금으로 된 노끈을 쳐서 한계를 삼았다는 데서 온 말.
541 정법안장正法眼藏 : 청정법안淸淨法眼이라고도 하며, 선가에서는 이로써 교외별전敎外別傳의 심인心印을 삼는다. 원래 이 말은 바른 법은 눈에 감추어져 있다 하여 바른 수행을 하는 데 있어서 눈이 중요한 역할을 한다는 것을 말한다.
542 삼관三關 : 불도를 깨닫는 세 가지 관문.
543 삼관三關을 뚫고~되기를 바랍니다. : 『禪門拈頌』 제21권 915칙 「一鏃」의 '설두 중현雪竇重顯의 송頌'에 "가엾다. 한 활촉이 세 관문을 깨뜨리니 또렷또렷 분명한 것 화살 뒤의 길이로다.(可憐一鏃破三關。的的分明箭後路。)"라는 구절이 있다.
544 취모검吹毛劍 : 매우 날카로운 칼로서 칼날에 털을 얹고 불면 끊길 정도라고 한다.
545 장림杖林 : 마가다국의 왕사성 외곽에 있는 숲의 이름. 신슬지림申瑟知林·차월림遮越林·사사림祠祀林이라고도 한다.
546 칠통漆桶 : 중생의 마음은 무명無明에 덮여 검고 어둡기가 옻을 담은 통 속과 같다는 의미이다.
547 부낭浮囊 : 헤엄을 칠 때 몸이 잘 뜨게 하는 기구. 고무나 방수포로 만들어 바람을 넣는다.
548 오명五明 : 오신통五神通을 말한다. 부처님의 가르침에 따라 공부하고 행함으로써 갖추게 되는 다섯 가지 불가사의하고 자유자재한 능력이다. ① 신족통神足通 - 마음대로 갈 수 있고 변할 수 있는 능력, ② 천안통天眼通 - 모든 것을 막힘없이 꿰뚫어 환히 볼 수 있는 능력, ③ 천이통天耳通 - 모든 소리를 마음대로 들을 수 있는 능력, ④ 타심통他心通 - 남의 마음속을 아는 능력, ⑤ 숙명통宿命通 - 나와 남의 전생을 아는 능력.

549 유나維那 : 유維는 강유綱維, 나那는 범어 갈마타나羯磨陀那의 준말로서 사찰에서 승려들의 규율 등을 맡은 책임자이며 사찰 안의 사무를 총괄하여 맡아보는 직책이다.
550 오분향五分香 : 최고의 깨달음에 이른 사람이 갖추어야 할 다섯 가지 공덕을 향에 비유한 것. 곧 계향戒香·정향定香·혜향慧香·해탈향解脫香·해탈지견향解脫知見香을 말한다.
551 상종霜鐘 : 고대 중국의 지리서인 『山海經』에 "풍산에 아홉 개의 종이 있는데 매년 첫 서리가 오면 종이 스스로 울려서 이를 상종霜鐘이라 한다."라고 하였다. 이 시에서는 동성상응同聲相應·동기상응同氣相應의 의미로 쓰였다.
552 불퇴전不退轉 : 한 번 도달한 수양의 계단으로부터 뒤로 물러나거나, 수행을 퇴폐하는 일이 없는 것.
553 청전淸田의 광채 : 『禪門拈頌』 제12권 405칙 「金剛」에 자세한 내용이 나와 있다.
554 단하丹霞를 접대하며 : 『禪門拈頌』 제9권 322칙 「在則」에 "본연 거사가 염하기를, 단하는 손님으로서 지나치게 거칠었고 탐원耽源(시자)은 접대에 너무나 소홀하였다.(本然居士拈。丹霞。爲客大惡。耽源。接待疎荒。)"라고 하였다.
555 국사의 부름에~번 응답하며 : 『禪門拈頌』 제4권 130칙 「三喚」에 "남양 혜충南陽慧忠 국사가 어느 날 시자를 부르자 시자가 대답을 하였다. 이와 같이 세 차례 불렀는데 세 차례 모두 대답하였다.(忠國師。一日喚侍者。侍者應喏。如是三喚。侍者三應。)"라고 하였다.
556 화림華林 선사의 이공二空 : 『禪門拈頌』 제8권 302칙 「大空」에 자세한 내용이 나와 있다. 이공은 대공大空과 소공小空을 말한다.
557 교리交梨와 화조火棗 : 교리와 화조는 신선이 먹는 과일 즉 선약仙藥으로, 전하여 신선이 도를 얻었음을 뜻한다.
558 선원仙源 : 신선이 거주한다는 지역. 무릉도원武陵桃源과 같은 선경仙境을 말한다.
559 환단還丹 : 구환단九還丹의 준말로 아홉 차례 달인 단약. 이를 먹으면 신선이 된다고 한다.
560 만두와 증편과~할멈의 방편 : 『五燈會元』「鼎州 德山宣鑑禪師」 조에 나오는 이야기이다.
561 금우金牛 화상의 조화 : 『禪門拈頌』 제8권 281칙 「將飯」에 자세한 내용이 나와 있다.
562 일육一六 : 일一은 계수癸水이고 육六은 임수壬水이다.
563 수양산의 고사리 : 백이伯夷는 은나라 때 고죽군孤竹君의 아들인데, 주나라 무왕이 은나라를 치자 이를 간하였고, 무왕이 천하를 차지함에 이르러서는 아우 숙제叔齊와 함께 의리상 주나라 곡식을 먹을 수 없다 하여 수양산首陽山으로 들어가 고사리만 캐 먹다가 굶어 죽었다는 고사에서 인용한 말.
564 진주의 무(鎭州蘿蔔) : 『禪門拈頌』 제11권 409칙 「蘿蔔」에 "조주에게 어떤 스님이 묻

기를 '화상께서는 남전을 친견하셨다는데 사실입니까?'라고 하자, 선사가 말하기를 '진주에서 큰 무가 나느니라.'(趙州。因僧問。承聞和尚親見南泉。是否。師云。鎭州。出大蘿 葡頭。)"라고 하였다.

565 숙두필추熟頭苾芻 : 숙두熟頭는 절에서 반찬 만드는 일을 맡은 사람이고, 필추苾芻는 비구와 같은 뜻이다.

566 대원경지大圓鏡智 : 유식唯識에서 사지四智 중 하나. 유루有漏의 제8식을 통해서 얻는 무루無漏의 지혜로서, 만덕萬德을 원만하게 구족하여 모든 법을 깨달아 안 것을 말한다. 불과佛果에 이르렀을 때 얻게 되는 지혜이다. 이것은 거울에 한 점의 티끌도 없이 삼라만상이 그대로 비추어 모자람이 없는 것과 같이, 원만하고 분명한 지혜이므로 대원경지라고 한다. 불과에서 처음으로 얻는 지혜이며 일체종지一切種智라고도 한다. 대일여래가 갖추고 있는 오지五智 중의 하나이다.

567 월굴月窟 : 전설에서 달이 나오고 들어가고 한다는 굴로 서쪽에 있다고 한다. 극서極 西 지역을 가리킨다. 소강절邵康節의 시에 "건괘乾卦가 손괘巽卦를 만나면 월굴이요, 곤괘坤卦가 진괘震卦를 만나면 천근天根이다."라고 하였고, 주자朱子의 「邵康節贊」에 "손으로 월굴을 더듬고 발은 천근을 밟았도다.(手探月窟。足蹋天根)"라고 하였는데, 이는 『周易』의 이치를 알았다는 뜻이다. 단오는 5월 5일인데 5월은 건상손하乾上巽下 인 구괘姤卦로서 음효陰爻가 처음 생기므로 월굴이라고 말한 것이다. 『周易』「總目」.

568 요천瑤泉 : 맑고 깨끗한 샘.

569 노주露柱 : 겉으로 드러나 있는 기둥.

570 중산中山 : 옛날 중국에서 품질 좋은 붓을 생산하던 곳.

571 묵지墨池 : 벼루의 복판에 오목하게 만들어 물을 담고 먹을 가는 곳. 왕희지王羲之가 연못가에서 글씨 공부를 하자 못물이 검어졌다고 한 데서 유래한 말이다.

572 중산中山에서 토끼를~튀어나오게 하는 : 『古文眞寶』에 수록된 이백의 〈草書歌行〉에 "먹물로 이룬 연못에 북해의 대어大魚가 튀어나올 듯, 붓 끝은 닳아져서 중산의 토끼 다 죽을 지경이라.(墨池飛出北溟魚。筆鋒殺盡中山兎。)"라고 하였다.

573 삼협三峽의 물이 거꾸로 쏟아지듯(倒峽) : 두보의 시에 "시의 수원水源은 삼협 물을 거꾸로 한 듯"이라는 구절이 있는데, 삼협은 양자강 상류의 물이 급하게 흐르는 곳이다.

574 상판上判 : 절 큰방의 윗목. 굴뚝 쪽 1면을 말한다. 벽에는 오관五觀이라 써 붙이며 손님이 앉는 곳이다.

575 하판下判 : 절 큰방의 부엌 쪽에 있는 자리. 벽에는 삼함三緘이라 써 붙이며 주인이 앉는 곳이다.

576 사할四喝 : 네 가지 할喝. ① 금강왕의 보검과 같고(金剛王寶劍), ② 땅에 웅크리고 앉아 있는 사자와 같으며(踞地獅子), ③ 물고기 잡는 탐간영초探竿影草 같고, ④ 간혹 일할의 작용을 이루지 않을 때가 있는 것(非一喝不作一喝用).

577 팔방八棒 : 여덟 가지 방棒. ① 조사의 영을 내려서 깊은 이치로 돌아가게 하는 방망이질(觸令返玄棒), ② 헛된 생각을 닥치는 대로 없애 올바른 이치를 따르게 하는 방망이질(接掃從正棒), ③ 깊은 이치라도 내치고 올바른 이치라도 깎아내리는 방망이질(靠玄傷正棒), ④ 모질게 질책하는 방망이질(苦責罰棒). 이 네 가지는 모두 벌을 주는 방망이질이니 '벌방罰棒'이다. ⑤ 종지에 어긋남이 없으므로 상으로 때려 주는 방망이질(順宗旨賞棒)은 '상방賞棒'이고, ⑥ 헛된 것과 참된 것이 뒤섞여 있으니 이것을 가려 주는 방망이질(有虛實辨棒)은 '변방辨棒'이며, ⑦ 눈먼 도리깨처럼 함부로 휘두르는 방망이질(盲枷瞎棒)은 사리에 어두워서 눈이 먼 '할방喝棒'이며, ⑧ 범부이든 성인이든 모든 지견을 몽땅 쓸어 내는 방망이질(掃除凡聖正棒)이야말로 올바른 이치를 드러내는 '정방正棒'이다.

578 전좌典座 : 선원 대중의 좌구와 침구, 음식 등을 관장하는 직책. 우리나라에서는 이를 별좌別座라고 한다.

579 백장百丈이 자리를 걷은 것 : 『禪門拈頌』 제5권 178칙 「捲席」에 "백장이 마조馬祖 대사께서 법상法牀에 올라 양구良久하는 것을 보자 나아가서 배석拜席을 걷으니, 마조가 법상에서 내려와 방장으로 돌아갔다.(百丈。因馬大師陞座良久。師出捲拜席。祖下座歸方丈。)"라고 하였다.

월저당대사집 하권
| 月渚堂大師集 下 |

약사회소

【운운. 특별히 당금의 주상 전하께서 원량元良[1]을 속히 낳아 국조國祚가 영구하기를 바라고, 비바람이 순조롭고 신민臣民들이 이롭고 즐겁게 되기를 바라는 마음으로, 용문산 사나사舍那寺에 나아가 팔방(팔도)의 선류禪流들을 불러 모아 금월 19일에 재를 올리기 시작하여 약 7주야 동안 『약사여래본원공덕경藥師如來本願功德經』[2]을 풍송諷誦하고 정근 精勤하며 예념禮念하오니, 쌓아 놓은 수승한 공훈으로 복과 이익을 비는 바입니다.】

엎드려 생각하건대 하늘의 도는 높고 밝아서 수상한 변화를 묵묵히 나타내 보이고, 부처님의 자비는 넓고 커서 두려움 없는 방편을 크게 엽니다. 그러므로 마땅히 훈수熏修를 다하여 아름다운 이익을 힘입고자 합니다.

가만히 생각하건대 열성列聖들이 남겨 준 경사스러운 일로 한 나라의 모의母儀[3]가 구오九五의 나는 용을 보니[4] 금륜金輪[5]의 윤주胤冑가 있게 될 기쁜 일이며, 명리明离의 학금鶴禁[6]을 달으니 동보銅輔의 원량元良이 모자람을 한탄합니다.

춘궁春宮(세자궁)이 이미 비었으니 보위를 누구에게 맡기겠습니까? 더구나 또 시변時變마저 지극히 괴상하여 바람이 땅을 긁어서 소나무를 뽑아 내고, 하늘의 기상도 놀랄 만하여 혜성이 광망光芒을 뿜어내어 북두를 침범하며, 음과 양이 서로 뒤섞이고 하늘과 땅이 거의 교합하지 않습니다.

평화로운 때에도 오히려 정성을 다하고 공경을 다해야 할 것이거늘 어렵고 걱정스러운 때를 만났으니, 어찌 귀명歸命하여 애달픔을 구하지 않을 수 있겠습니까?

이에 팔도의 이름난 스님들을 초청하여 7일 동안 향을 사르고 재를 올리는 자리를 열었습니다. 그러고는 맑고 밝은 모습의 약사여래님께 예를 올리고 석장釋藏(불경)의 진문眞文을 번역하며, 49일 동안 등을 켜서 어둡고 깜깜한 곳을 밝혀 의혹을 결단하고, 열두 가지 큰 서원[7]으로 중생들이 구하는 일에 감응하여 그들의 마음을 따라 주기를 간절하게 바라오니, 이 정근이 저 각조覺照에 통하게 하여 주소서.

엎드려 바라옵건대 신축생 이씨는 자손을 많이 두고[8] 기린의 발은 무성하며,[9] 겁석劫石을 쉽게 녹여서 경사스러운 기반을 보전하여 더욱 견고하게 하고, 바다가 뽕밭으로 여러 번 변하는 긴 세월 동안 성력聖曆을 계승하여 길이 새롭게 하시오소서.

정축생 민씨는 연매燕禖[10]를 지내어 풍성한 보답을 입고, 웅몽熊夢[11]을 꾸고 가상嘉祥을 이루어서 하루속히 원량을 낳아 왕의 기업을 불꽃처럼 융창하게 하여 주소서.

임오생 김씨와 갑자생 조씨는 수명이 참죽나무[12] 같아 오래도록 늙지 않고 복을 맡은 별이 길이 밝게 비추어 금지옥엽[13]의 연이은 아름다움을 보전하게 하고, 요풍순일堯風舜日의 지극한 다스림을 누리게 하소서.

그런 연후에 또 바라는 것은 모든 관리는 공공共工·공수반公輸般·고요皐陶·설契의 충정처럼 왕을 돕고 공경을 다하며, 모든 백성은 영회榮懷하여 성강成康[14]의 풍속처럼 한 번 변하고, 남은 파도의 한 방울은 고통받는 중생들이 다 함께 적시게 되기를 바랍니다.【운운】

藥師會疏

【云云。特爲當今主上殿下。速誕元良。俾永國祚。風調雨順。臣民。利樂之願。詣於龍門山舍那寺。召集八方禪流。以今月十九日。起始。約七晝夜。諷誦藥師如來本願功德經。精勤禮念。所集殊勳。以乞福利者。】

右伏以乾道高明。默示殊常之變。佛慈廣大。宏開無畏之權。宜聲熏修。以資美利。窃念列聖餘慶。一國母儀。瞻九五之龍飛。喜有金輪之胤胄。閉明离之鶴禁。恨乏銅輔之元良。春宮旣空。寶位誰托。況又時變極恌。風括地而拔松。天象可驚。彗垂芒而于[1]斗。陰陽爲之相錯。天地幾於不交。在和平之時。尙披誠而致敬。値艱虞之際。盍歸命而求哀。肆招八路之名緇。爲展七日之熏席。於是禮藥師之睟相。繙釋藏之眞文。四十九明燈。燭幽冥而決惑。一十二大願。應感求而從心。冀此精勤。通彼覺照。伏願辛丑生李氏。螽羽蟄蟄。麟趾振振。刧石易銷。保慶基以益固。海田屢變。繼聖曆而長新。丁丑生閔氏。得蒙燕禩之豐報。獲致熊夢之嘉祥。速誕元良。熾昌基業。壬午生金氏。甲子生趙氏。壽椿不老。福辰長明。保金枝玉葉之聯芳。享堯風舜日之致治。然後願羣官翼戴。共輸陶契之忠。庶類榮懷。一變成康之俗。餘波一滴。苦類咸霑。【云云】

---

1) 옝 '于'는 '干'의 오자인 듯하다.

천룡단소

생령을 도탄에서 호위하는 것은 제석帝釋[15]과 범천梵天[16] 신중神衆의 중생을 제 몸처럼 똑같이 여기는 자비요, 저부儲副[17]의 강생降生을 우러러 바라는 것은 왕의 신민들과 온 나라의 바람입니다. 정성이 이미 거울을 마주했거늘 호응의 현상이 반드시 생겨날 것입니다.

삼가 바라옵나니 대범천왕과 제석천왕과 세상을 보호하는 사천왕四天王[18]과 밀적금강密迹金剛[19] 등 여러 큰 신기神祇들과 여러 지위로 나열해 있는 천궁天宮들이 직접 불지에 이르러서 삼천세계와 시방의 모든 찰토와 온갖 건곤의 칠취七趣[20] 중생들과 네 성사聖師[21]가 다 조화로 돌아가 백성들을 편안하게 하고 나라를 보호하는 것이 모두 손바닥 안에 있으며, 요사스러운 것들을 결박하고 흉악한 것을 없애 모두 법도 안에 들어가게 하소서.

돌아보건대 우리나라는 이러한 생성生成을 생각하여 저군儲君의 탄생만을 한결같이 바라는 것이요, 다음으로 신민들이 편안하고 태평하게 되는 것을 바라는 것입니다.

이에 정려精廬(사찰)에 나아가 조졸한 음식을 차려 올리는 것이오니, 층층으로 설치한 밝은 등불은 어둡고 요사함을 비추어 깨뜨리고, 온화하고 아름다운 신기들은 좌우로 분주하게 달리고 있으니, 이러한 정성 담긴 기도가 찰나 간에 감통하게 될 것입니다.

엎드려 바라옵건대 주상 전하는 하루속히 원량을 낳으시어 끝없는 경사를 영원토록 누리시고, 국가의 걸음을 거듭 일으켜서 가만히 앉아서 태평한 다스림을 이룩하시옵소서. 또한 화합의 기운이 이르러서 온갖 곡식 다 풍년이 들고 아름다운 교화가 시행되어 사방에 수모를 받는 일이 없게 되기를 바랍니다.

또 바라는 것은 각각 저 자신의 몸은 구횡九橫[22]은 없어지고 오복[23]을 이루며, 복에다 다시 복 받음이 무궁하고, 육극六極²⁴은 제거되고 백 년의 수를 누리되 해에 해를 더하여 다함이 없기를 바라나이다.【운운】

天龍壇疏

衛生靈之塗炭。釋梵神。同體之悲。仰儲副之降生。王臣民。擧國之願。感旣鏡對。應必像生。恭惟大梵天王。帝釋天王。護世四王。密跡金剛等。諸大神祇。位列天宮。身臨佛地。三千界。十方刹。盡一乾坤。七趣生。四聖師。皆歸造化。安民護國。總在掌中。縛妖除兇。咸入度內。顧余邦國。念玆生成。儲君誕生。偏所望也。臣民安泰。更可願也。肆就精廬。聊陳梵采。層層燈焰。照破昏妖。穆穆神祇。奔馳左右。么麽懇禱。刹那感通。伏願主上殿下。速誕元良。永膺無疆之慶。重興國步。坐致太平之治。和氣格而百穀皆登。美化行而四方無侮。抑願己身等。去九橫而致五福。福又福之無窮。除六極而享百年。年復年之不盡。【云云】

야차단소

　야차(藥叉) 대장이 생령을 구원하겠다는 본래의 서원은 세상이 점점 말세가 되어 갈수록 더욱 깊어지고, 왕대비께서 원사元嗣(세자)를 바라는 지극한 정성은 날이 오래되면 될수록 더욱 간절해집니다. 귀의하는 것이 만약 지극하다면 감응이 어찌 늦어지겠습니까?

　그윽이 생각해 보건대 왕의 모의母儀는 나라의 원후元后이십니다. 용루龍樓(궁궐)에 해가 길어 신기神器(임금의 자리)를 보호하여 기울어지지 않게 하고, 학금鶴禁에 이끼가 깊으니 보위를 이을 사람이 그 누구이겠습니까?

　게다가 경위가 법도를 잃었으므로 비바람이 때를 어겨서 함께 즐길 처지가 못 되거늘 저 백성들과 더불어 무강無彊을 길이 누리고자 한들 무슨 이익이 있겠습니까? 모든 바람을 불법佛法에 다 기울여 이미 향을 사르고 기원하는 정성을 실어 보냈고, 신기들에게 향과 공양을 베풀고 한창 명감冥感을 구하는 중입니다. 그러니 단풍檀風이 일어나는 곳에 신령이 오시는 모습이 황홀하고 촛불 그림자 빛날 때 거룩한 덕의 음즐陰騭[25]을 우러러 바라는 것입니다.

　엎드려 바라옵건대 주상 전하는 해와 달보다 더 총명하시고, 그 덕은 건곤乾坤보다 더 뛰어나시며, 하늘로부터 상서로움이 내려 온 나라와 함께 경사스러움을 누리시고, 왕비 전하는 주무실 때 웅비熊羆의 꿈을 꾸시고 성스럽고 어진 사내아이를 잉태하시기 기원하나이다.【운운】

藥叉壇疏

藥叉將。救生靈之本願。歲愈末而願愈深。王大妃。求元嗣之至誠。日益久而誠益切。歸依若至。感應奚遲。竊惟王之母儀。國之元后。龍樓日永。保神器而不傾。鶴禁苔深。繼寶位者誰是。加以經緯失度。風雨乖時。同樂不得。其與民。永享無彊而何益。竭蘄傾於佛法。已輸熏誠。設香供於神祇。方求冥感。檀風起處。怳神靈之來儀。燭影光時。仰聖德之陰騭。伏願主上殿下。明逾日月德勝乾坤。自天降祥。與國同慶。王妃殿下。枕成熊羆之夢。胎脏聖賢之男。【云云】

사부를 천도하는 주야 상중소

나무에 바람이 불어 슬픔이 얽히니 저 혼령이 영원히 가심을 사모하고, 물에 달이 비추어 달그림자 나타나니 우리 부처님의 큰 자비를 생각합니다. 그러니 진실로 간절하게 귀의하오면 고통에서 구제하시고 기쁨을 주는 일이 어찌 더디겠습니까?

그윽이 생각해 보건대 아무 영가靈駕시여, 범롱凡籠의 허망한 자취요 욕망의 바다에 덧없는 삶이었습니다. 머리를 깎고 세속을 떠나 참선을 하나 근기가 아직 적정삼매寂靜三昧에 쉬지 못하고, 쑥대같이 흐트러진 마음으로 세속의 간섭을 받으니 그 업이 육자六疵[26]의 번뇌에 영관盈貫[27]되었습니다. 나를 낳아 길러 주시느라 고생하셨으니 몇 세대나 같이 키워 온 은애恩愛이며, 나를 인도하여 가르치고 길을 열어 주셨으니 일생 동안 가르치고 보호하여 인도해 주신 자음慈陰이십니다.

기도하는 말에 이르기를 기애耆艾[28]의 높은 수명이 되도록 오래 살기를 기원하면서 생을 마치실 때까지 봉양하려고 하였는데, 어쩌다가 갑자기 고황膏肓에 질병이 들어 영원히 이 세상을 하직하셨습니다. 흐르는 빛처럼 빠른 세월을 상심하는 가운데 어느새 칠칠재七七齋(사십구재)가 이르렀으므로 자비로운 가르침에 머리를 두드리고 삼삼례三三禮를 올리며 귀의합니다.

수륙재水陸齋[29]의 특별한 과목에 의거하여 천도하는 자리에 향화를 시설하였으며, 포새蒲塞[30]의 반찬과 법희의 음식으로 시방의 삼보 높은 분께 공양을 올리고 필추 스님과 정행淨行하는 사람이 아홉 번 비유[31]를 들어 설명한 일승법一乘法을 천양闡揚하는 바입니다.

엎드려 바라옵건대 자비의 배로 노를 저어 물을 건너고, 지혜의 거울로 어두운 곳을 밝혀 삼계三界의 화택火宅 가운데 천 생 동안 지은 죄장罪障을 영원히 벗어나고, 구품연대 위에서 한량없이 많은 광명을 사무쳐 비추기를 바랍니다.

다음으로 바라는 것은 먼저 돌아가신 운운 가지加持[32]의 법에 의지하여 불지견佛知見[33]을 얻게 하여 주소서.

또 바라옵건대 제자 등은 모든 재앙이 다 사라지고 장애는 모두 없어지며, 복은 충족하고 지혜는 원만하며, 한 방울의 남은 물결에 온갖 말라 버렸던 것들까지 다 목욕하게 하소서.

삼가 소疏를 올립니다.

薦師父晝夜上中疏

風樹纏悲。慕彼靈之永逝。水月現影。念我佛之大慈。苟切歸依。奚遲拔與。窃念某靈。凡籠妄跡。欲海浮生。杌髪逃禪。機未息於寂靜三昧。蓬心涉俗。業盈貫於煩惱六疵。生我劬勞。幾世同滋之恩愛。導我啓迪。一生誘液之慈陰。祝曰壽者艾之崇。欲以終養。遽何疾膏肓之極。永以俄遷。傷心日月之流光。七七齋至。叩首慈悲之敎乘。三三禮歸。依水陸之殊科。設香火之薦席。蒲塞饌。法喜食。供養十方三寶尊。芯蒻僧淨行人。闡揚九喩一乘法。伏願慈航利涉。慧鏡燭幽。三界火宅中。永脫千生之罪障。九品蓮臺上。洞照無量之光明。次願先亡云云。仗法加持。得佛知見。抑願弟子等。灾消障盡。福足慧圓。一滴餘波。羣枯等沐。謹跪。

해와 달이 번갈아 치달리니 낳아서 길러 준 수고로움의 감정에 영원토록 슬퍼하며, 티끌처럼 많은 세계 항상 머물러 있으니 괴로움에서 건져 주고 즐거움을 주는 사사로움이 어찌 더디겠습니까? 이미 마음속에 정성이 담겨 있으니 가슴속에 간절하고 지극한 정성을 방임할 수 없으며, 감응이 반드시 외면하지 않을 것이니, 큰 자비로 미혹 속에서 건져 주시리라 기대할 수 있을 것입니다.

생각해 보면 저 영혼은 바로 저의 사부師父이온데 아득한 업의 바다에 몇 이랑 은혜의 물결이었으며, 고단하고 덧없는 인생이 사바세계의 진토塵土에서 한바탕 꿈을 꾸신 것입니다. 일삼아 경영해 온 괴로움과 괴로움의 쌓임으로 이미 유루有漏의 몸을 받았으니, 빠르게 지나가는 생애에서 덧없는 한계를 면하지 못한 것입니다. 저승과 이승이 영원토록 막혀 있으니 하늘이 무너져 내리는 듯한 애통함을 다할 수 없으며, 감응이 있으리라는 기대가 있으므로 천도할 자리에 물을 뿌려 깨끗이 청소하는 일을 어길 수 없습니다.

수륙재를 올리는 조목조목 가르침에 의거하여 잔나비와 학의 주인[34]을 초대하고 지견知見의 향과 지혜의 등불로 저승길 긴긴밤을 비추어 깨뜨리며, 법희의 음식과 선열의 맛으로써 적멸의 방단方壇에 투정鬪訂[35]하여 놓았습니다.

아! 슬프다. 한 번 염불하고 한 번 절을 하며 훈수熏修하오니, 십통十通[36]과 십안十眼으로 거울처럼 밝게 비추어 살피시리라 생각합니다.

엎드려 바라옵건대 부처님의 신통력과 법의 가지로 소소하신 한 분 영혼을 본래 성취했던 면목으로 장엄하고, 묘묘한 열 부류를 초탈하여 올라갈 호정戶庭을 가리켜 점지하여 주옵소서.

그다음으로 바라는 것은 오늘 재를 올리는 사람들은 과보로 받은 목숨 점점 강해지고 경하하는 선물이 답지하게 하여 불초한 품류品類들로 하여금 오래 살고 부귀하며 강녕함을 누릴 수 있게 하여 주시고, 아울러 함께 발원하는 모든 사람도 모두 다 저 상락아정常樂我淨[37]을 증득하게 해 주시며, 그지없는 법계의 유식有識 등도 감로의 남은 물방울에 목욕하게 해 달라고 우러러 시방세계 현성賢聖을 마주하여 굽어 한 치만 한 정성을 펼치나이다.

삼가 소를 올립니다.

日月交馳。永慟劬勞之感。塵利常住。奚遲拔與之私。誠旣由中。無任滿腔之丹懇。應必無外。可期拯迷之洪慈。念彼靈魂。寔余師父。茫茫業海。幾頃恩愛之波濤。子子浮生。一夢娑婆之塵土。經營苦集。旣禀有漏之身。倏忽生涯。未免無常之限。幽明永隔。不盡崩天之痛哀。感應有期。無違灑地之淨掃。依遵水陸之科敎。請命猿鶴之主人。知見香。智慧燈。照破幽途之長夜。法喜食。禪悅味。鬪釘寂滅之方壇。噫。一念一禮之熏修。想十通十眼之照鑑。伏願佛神力。法加持。昭昭一靈。脂粉本成之面目。杳杳十颣[1] 指點超昇之戶庭。次願齋者等。報命稍强。慶覘杳至。使不肖之品。得享其壽富康寧。并同願之人。咸證其常樂我淨。無邊法界之有識等。沐甘露之餘冷。仰對十方聖賢。俯陳一寸悃愊。謹疏。

1) ㉑ '颣'는 '類'인 듯하다.

천선신天仙神의 사물을 이롭게 하는 권형은 이루 다 헤아릴 길이 없사오니 혼백을 쫓고 인도함에 무엇이 어렵겠나이까? 자녀와 아우들은 극락에 가기를 바라는 마음으로 천도하는 정성이 간절하여 끝이 없으니 슬픔을 삼키고 눈물을 가림이 망극하옵니다.

이에 향화를 올리고 귀의하오며, 명계冥界와 양계陽界를 이롭게 하고 구제해 줄 것을 비는 것입니다.

생각해 보건대 저 돌아가신 혼은 저의 가군家君이신데 한낱 물거품 같은 덧없는 삶이라 삼계의 화택에 땔감을 더하여 업의 불길이 치성하니, 어찌 성차性遮³⁸의 죄흔罪痕이 없을 수 있겠습니까? 뿌리가 끊어진 우물 위의 등나무를 잡고 있는 신세라 병들고 죽는 고뇌를 면할 길이 없사옵니다. 아득한 황천길이라 당상堂上의 참모습으로 돌아올 수 없기에 외외한 도량에서 명부의 혼령에 올리는 재의 자리를 시설하여 향을 사르고 예배하면서 한 치만큼 작은 단심丹心의 전일한 정성을 다하고 감응으로 달려가고 인연을 띠르는 삼부三部 영명靈明의 음즐을 바라나이다.

엎드려 바라옵건대 영가께서는 맹렬한 불꽃 더미 속에서 맑고 시원한 은혜의 바람을 불어 일으키고, 금빛 무더기 가운데에서 보살의 달 같은 용모를 우러러 예배하십시오. 그리고 먼저 세상을 떠나신 여러 영가의 무리와 겸하여 법계의 외로운 혼령들은 골고루 빠짐없이 묘훈妙勳에 젖어 다 같이 불과佛果를 증득하기 바랍니다.

다음으로 바라는 것은 오늘 재를 올리는 사람 등은 오복을 융숭하게 누리고 마침내는 이엄二嚴[39]을 증득하기 바라나이다.【운운】

天仙神利物之權衡叵量。追魂導魄也何難。子女弟薦昇之誠懇靡涯。啣哀掩泣也岡[1]極。肆陳香火之依歸。以乞冥陽之利濟。念彼逝魄曰。予家君。一漚浮生。三界火宅。薪加業火。豈無性遮之罪痕。根斷井藤。不免病死之苦惱。茫茫泉路。莫返堂上之面眞。巍巍道場。爲設冥中之齋席。焚香也。禮拜也。一寸丹心之專精。赴感焉。隨緣焉。三部靈明之陰騭。伏願靈駕。列焰堆裡。鼓吹淸涼之惠風。金色聚中。禮瞻菩薩之面月。與諸先亡等衆。兼及法界孤魂。均霑妙勳。等證佛果。次願齋者等。克崇五福。終證二嚴。【云云】

---

1) '岡'은 '罔'의 오자인 듯하다.

평양 냇가에서 있었던 수륙재소 【경오년 3월 3일】

대자대비하신 세간해世間解[40]께서는 어찌 다만 천상만이 귀의하는 대상이겠습니까? 3월 3일은 천기가 새로우니 냇가에서 수륙재를 펼칠 만합니다. 사성四姓[41]의 백성들은 기도를 한 지 오래되었으니, 시방에 현묘한 감응이 곧 나타날 것입니다.

생각해 보건대 우리 서경西京(평양)의 한 나라는 동명왕께서 비롯하여 1천 년 동안 흥망이 계속하여 이어져 왔으니, 어찌 일백 번 전쟁 속에 원한들이 없겠습니까? 아득한 천지에 사시四時의 제향祭饗이 끊어진 지 오래이거늘 더구나 끝없는 법계에 꿈틀거리며 살고 있는 중생들은 돌아 흘러 소용돌이치는 괴로움의 바다 일천 이랑 용솟음치는 물결에 떠돌아다니면서 화택의 당사堂舍에서 즐겁게 장난치며 노는데 독한 연기가 사방에서 피어오르는 것이겠습니까?

온화한 기운은 흩어지고 나쁜 기운만 쌓여 재앙이 거듭 이르러 죽는 사람이 많고 살아남는 사람은 적으니 남은 백성들은 외롭고 고단합니다.

그런 까닭에 어진 마음을 가진 사람들이 가엾이 여기는 마음을 일으켜 사직社稷과 성황城隍에 제사를 올리는 예를 올리게 되었으며, 또한 부처님의 힘을 입어서 구원할 금산사 법운法雲의 의식에 대한 법규가 있습니다. 일만 집에서 기령奇零[42]의 재물을 거두어 삼단에 향화를 개설하였사온데 매끄러운 유리의 금모래 못 위는 세 번 변화한 도량[43]이요, 미묘한 연꽃과 패엽의 소리 가운데는 팔음八音[44]의 선악仙樂이 흘러나옵니다. 선열의 맛과 법희의 음식으로 백겁 동안 주렸던 창자를 채울 수 있을 것이요, 밝게 빛나는 촛불과 지혜의 등불로 천년 동안 깜깜했던 방의 어둠을 깨뜨릴 수 있을 것입니다. 몇몇 단월의 아주 작은 마음의 경건한 정성을 다하오니, 부디 불타님의 밝고 분명한 지혜의 비춤으로 자세히 살펴 주시기 바라나이다.

엎드려 바라옵건대 우리나라와 왕의 복 바다는 길이 흘러서 패강浿江(대동강)을 삼켜 마르지 않게 하고, 이 생민生民들은 수명의 산 높이 솟아 보산寶山을 눌러 더욱 높기를 바라며, 몇백 대 동안 전쟁터에서 죽은 혼령과 사방 경계에 두루 펴져 있는 번뇌 속에 막힌 넋과 산골짜기 도랑과 강하의 우두머리와 곡식을 심은 밭과 비바람을 주관하는 신과 여덟아홉 가지 요절해 죽은 귀신과 열다섯 종류의 나쁘게 죽은 귀신과 그지없는 유식有識 법계의 함령含靈들로서 끝이 있는 삶을 모두 하직하고는 다시는 요망하고 괴상한 것이 되지 말고 무위無爲의 다스림[45]을 같이 즐기면서 영원히 복을 일으키고 상서로움을 일으키게 하여 주소서.

그런 연후에 바라는 것은 수륙재를 설판設辦[46]한 크고 작은 단월과 연화緣化[47] 비구 각각 등은 자자손손 대대로 그 이름이 용호의 기록부[48]에 오르고 생생세세生生世世 하나하나 선불仙佛의 반열에 들어가도록 해 달라고 옥호玉毫를 우러러 마주하옵고 글을 올려 표하나이다.

삼가 소를 올립니다.

平壤川邊水陸疏【庚午年三月三日】

大慈大悲世間解。豈但天上之依歸。三月三日天氣新。可設川邊之水陸。四姓黔黎之禱。久矣。十方玄應之感。即焉。念我西京一邦。肇自東明千載。興亡衮衮。豈無百戰之煩冤。天地茫茫。久絶四時之祭饗。况無邊之法界。凡有蠢之生民。浮沈苦海之漩流。梗飄千頃之湧浪。嬉戱火宅之堂舍。蓬勃四方之臭烟。和氣散而廣氣蒸。灾眚荐至。死者多而生者少。餘民孑遺故。致有仁心者。所憐。社稷城隍之奠。有禮。亦可賴佛力而用救。金山法雲之儀存規。收拾萬家之奇零。開設三壇之香火。滑瑠璃金沙潭上。三變道場。妙蓮花貝葉聲中。八音仙樂。禪悅味。法喜食。可充百劫之飢腸。光明燭。智慧燈。能破千年之暗室。幾檀越寸寸心之虔懇。請佛陀了了智之照詳。伏願我王國之福海長流。呑浿江而不竭。此生民之壽山高峙。凌寶山而彌高。幾百代戰亡孤魂。閫四境煩惱滯魄。岳瀆江河之伯。苗稼風雨之神。八九種之夭亡。十五類之惡死。無邊有識法界含靈。共謝有涯之生。更不爲妖爲恠。同樂無爲之治。永以興福興祥。然後願水陸設辦大小禮越。與緣化比丘各各等。子子孫孫代代。名編龍虎之籍。生生世世一一。位列仙佛之班。仰對玉毫。表宣謹疏。

생전시왕재소

지장보살의 명주明珠는 오랑캐와 한나라 사람을 다 나타내고 명사冥司(명부의 관청)의 업경業鏡[49]은 예쁜 사람과 미운 사람을 각각 분간하기에 두 길[50]에 밝고 밝으니 한결같은 마음이 간절하고 절실합니다.

엎드려 생각해 보건대 범롱凡籠은 새를 가두고 업의 그물은 몸을 얽맵니다. 입으로 짓는 네 가지 죄와 몸으로 짓는 세 가지 죄는 스스로 지은 피하기 어려운 것이라 한탄스럽고, 생이 천이요 겁이 만인데 보호해 줄 만한 다른 힘이 모자랍니다. 목숨은 반드시 마치는 날이 있는지라 죽고 난 뒤에 구제해 줄 사람이 없는 어려움보다 덕은 반드시 헤아릴 수가 없는지라 어찌 생전에 귀경歸敬할 부처님이 계신 것의 쉬움만 하겠습니까? 일념一念에는 다름이 없고 육통六通[51]은 걸림이 없습니다.

엎드려 바라옵건대 북풍도北酆都[52]의 냄새나는 독한 연기 더미 속에서는 이날의 작은 인연을 받들고, 서쪽 마제摩提[53]의 황금빛 광명 속에서는 저 부처님의 곡진한 제도를 입으며, 온 집안의 권속眷屬들은 장애는 사라지고 복은 자꾸 늘어나며 수명은 길어지고, 온 허공의 생령들은 부처님을 뵈옵고 법을 들으며 도를 증득하게 하소서. 저 허공이 다할지언정 저의 서원은 다함이 없을 것입니다.【운운】

生前十王齋疏

地藏明珠。胡漢俱現。冥司業鏡。妍媸各分。二途昭昭。一心切切。伏念凡籠鍛羽。業網羅形。口四身三。恨自作之難逃。生千劫萬。乏他力之可加。命必有終。與其死後拔濟之無人。難也。德必叵量。曷若生前歸敬之有佛。易乎。一念靡他。六通無礙。伏願北酆都臭烟堆裏。承此日之微緣。西摩提金色光中。蒙彼佛之曲濟。闔家眷屬。障有消。福有增。壽有延。盡空生靈。佛得見。法得聞。道得證。彼空有盡。我願無窮。【云云】

삼화부 냇가에서 있었던 수륙재소[4편]

조사참소

【운운. 금월 일 상쾌한 새벽에 새벽 기운은 점점 서늘해지고 보배 달은 허공에 비꼈습니다. 삼가 향과 꽃, 등촉과 맛있는 음식 등 공양드릴 물건을 차려 놓았는데 대들보는 가로 놓이고 기둥은 세로로 섰으며, 옥소리를 떨치고 금종을 쳐 소리를 내면서[54] 일일삼삼一一三三의 무진한 뜻으로 교주이신 석가모니불과 서건西乾(인도)의 28대 조사님과 동토東土(중국)의 6대 조사님, 그리고 우리나라 여러 선사님의 진영 앞에 공경을 다하여 예배하면서 겁외劫外에 인간들을 이롭게 하시고 구제해 주시기를 기원하나이다.】

엎드려 생각하건대 법도 없고 법 아닌 것도 없어서 일정하게 정해진 법이 없다고 한 말은 여래께서 설하신 말씀이요, 업이 있고 업을 짓는 사람도 있다면 어찌 정해진 업이 없다 하겠습니까? 중생들이 그것을 달게 받는 것은 법이 없는데도 오히려 법이 있다고 말한다면, 업이 있어도 본래 업으로 인하여 받을 과보도 없을 것입니다. 이것은 여러 조사님께서 전해 준 열반묘심涅槃妙心이며, 곧 중생들이 날마다 쓰고 있는 현세에 이루어 수용하는 것입니다.

그러나 본래부터 갖추어져 있는 것인데 저 스스로 깨닫지 못하고 있을 따름입니다. 나름대로 말하는 이 신훈新熏[55]은 여러 조사님께서 곧바로 전한 말씀이니, 어찌하여 정해져 있는 업장을 다 녹이지 못하며, 어찌하여 재앙의 장애가 있는데 그것을 다 소멸할 수 없겠습니까? 그런 까닭에 참마懺摩(참회)의 범채梵采를 의지하여 가지加持의 미묘한 구원을 바라는 것입니다.

지금은 길일吉日 양시良時요 바람은 따뜻하고 달도 밝은데 향과 등촉을 엇갈리게 벌여 놓고 차와 과일을 교차하여 진설해 놓고는 한계가 있는 장엄을 빌려 다함없는 법공양法供養으로 변화시켰습니다.

엎드려 바라옵건대 축건竺乾(인도)의 28조사님과 지나支那(중국)의 6대 선사와 동해의 바람과 북산北山의 달에 우산牛山[56]의 꿈속의 꿈을 환기하여 당가當家의 태평한 집을 취출吹出하게 하소서.

그리하여 사람마다 순전한 즐거움만 있고 근심은 없으며 낱낱이 본래의 것을 성취하여 원만해지며, 옷을 입고 밥을 먹으며 곳을 따라 때를 따라 업장은 그치고 정신을 기르되 철두철미하게 하여 바깥 마군의 관대管帶[57]를 벗어나고 구경究竟에는 자가自家의 생애를 완성하며, 다스리고 있는 땅과 모든 하늘까지도 지혜를 원만하게 구족具足하고 복덕도 풍족하게 갖추며, 꿈틀거리는 온갖 중생들에게는 비증悲增과 지증智增[58]을 이루게 하옵소서.

여러 조사님의 진의眞儀를 우러러 바라보옵나니 저희를 불쌍하고 가엾게 여겨 섭수攝受해 주시기를 빌면서 삼가 조심스럽게 소를 올립니다.

三和府川邊水陸疏【四首】

祖師懺疏

【云云。以今月日淸晨。晨氣稍涼。寶月橫空。謹列香花燈燭珍食供獻之物。梁橫柱立。玉振金聲。一一三三無盡意。恭敬禮于敎主釋迦牟尼佛。西乾二十八祖。東土六代祖。及我東諸禪師眞前。以祈劫外指示人間利濟者。】

右伏以無法無非法。無有之法。如來可說底。有業有業人。豈無之業。衆生甘受者。無法而尙有法可說。則有業而本無業受報焉。是諸祖傳授底涅槃妙心。乃衆生日用之現成受用。然本具而自家不覺。肆新熏而諸祖直傳。何之業而不盡銷除。何禍障而不能殄滅。故憑懺摩之梵采。以祈加持之妙拔。此者日吉時良。風薰月白。香燈互列。茶果交陳。假有限之莊嚴。化無盡之法供。伏願竺乾四七祖。支那二三禪。東海風。北山月。喚起牛山夢中夢。吹出當家太平家。人人純樂無憂。箇箇本成圓滿。着衣喫飯。隨處隨時。息業養神。徹頭徹尾。解脫其外魔管帶。究竟其自家生涯。率土普天。慧足福足。含靈蠢動。悲增智增。仰瞻列祖眞儀。以乞哀憐攝受。謹疏。

밤에 올리는 소

일체지一切智[59]의 지혜는 자신도 깨닫고 남도 깨닫게 하는 자비의 큰 바다이니, 무소의 달과 코끼리의 우레요, 사생四生의 고고苦苦[60]는 자신도 혼미하고 남도 혼미하게 하는 나고 죽음의 깊은 병이니, 부나비의 등불이요 참새의 그물입니다. 나고 죽음의 병고를 면하고자 하면 반드시 괴로움에서 구제하고 즐거움을 주는 자비를 의지해야만 합니다.

엎드려 생각해 보건대 시주 등은 흘러가는 물결에 떠올랐다 가라앉았다 하면서 괴로움의 바다에서 나고 죽고 합니다. 백성들이 서 있는 곳은 성인의 교화 가운데 아님이 없으며, 피곤한 백성들의 부르짖음은 이 조채凋瘵(느슨해짐)한 경계를 만나서 질병에 잠기어 자리에 드러누워 오랜 시간이 흘러도 낫지 않으며 살귀殺鬼가 몸을 가위눌러 오래도록 기도를 해도 효과가 없기 때문입니다.

아비는 아들을 잃고 아들은 아버지를 잃어 땅이 갈라지고 하늘이 무너지는 듯하며, 어미가 아이와 이별하고 아이는 어미를 이별하여 거리에서 울부짖고 골목에서 통곡합니다. 그러니 한갓 울음을 삼키고 가슴이 무너져 내려 오열하면서 아무 이익이 없는 삶을 사는 것보다는 죽은 이를 천도하여 구제하기 위해 재를 올려 기도하는 적절한 일을 하는 것이 어찌 낫지 않다고 하겠습니까? 백 사람의 입이 한마디씩 말을 해서 경영한다면 지옥인들 깨뜨리지 못할 것이며, 사성四姓이 다 함께 발원하여 정성을 모은다면 그 정성이 진실로 어여쁨을 받게 될 것입니다.

그러기에 마점馬岾의 냇가에 나아가 곧 우산牛山의 부상府上에 만나라회曼那羅會를 건립하였으니, 그 명칭이 수륙무차대재水陸無遮大齋입니다. 『다린니경陀鄰尼經』을 염송하면서 저 부처님 법의 부사의한 힘을 받들고, 대지를 변화시켜 금지金地로 만들고 예토와 찰토를 융통融通하며, 곧 범부의 마음이 바로 부처님의 마음이니 더러운 인연과 깨끗한 인연이 서로 사무쳐 통합니다.

몇 다발의 꽃과 몇 그릇의 음식을 차려 시방세계 부처님과 가르침과 승가를 공양하옵고, 매우 밝은 촛불과 1천 점의 등불로 삼도三途의 깜깜한 밤거리를 비추어 어둠을 깨뜨리며, 선열禪悅의 맛과 법희法喜의 음식으로 오랜 겁 동안의 주리고 목마름을 소멸해 없애 주고, 해탈의 향과 지견知見의 향으로 원만한 법신을 쪼여 나타나게 하나이다. 모든 법의 의로운 하늘이 높은 곳에 조각조각 날아 흩어지는 정성의 노을이요, 중생들의 마음의 물이 맑을 때 둥글고 둥근 그림자를 도장 찍은 깨달음의 달이옵니다.

엎드려 생각하건대 선왕先王과 선후先后로서 자리에 나열된 선가仙駕께서는 대광명전 위에서 각제覺帝(부처님)를 이어서 나는 용이 되시고, 봉래산 선궁仙宮에서 천후天后를 폐하고 기린의 발처럼 떨치기[61] 바라나이다.

당장 원하는 것은 주상 전하는 주기珠基가 공고鞏固하고 옥력玉曆이 길게 이어지며, 해가 요임금의 계단을 갈아 큰 거리에서 늙고 젊은 사람들이 밭 갈고 우물 파는 노래를 부르고, 봄이 순임금의 전각에 돌아와 풍운의 경사스러움을 임금과 신하가 창하고 화답하게 하소서.

왕비 전하는 덕은 와황媧皇[62]보다 더 높고, 어질기는 선후宣后[63]를 아우르며, 세자 저하는 거북처럼 만 년의 수명을 누리고 학처럼 천추千秋를 누리소서.

오직 바라옵건대 굶주리고 얼어 죽었거나, 유행성 전염병에 걸려서 죽었거나, 염병에 걸려 죽었거나, 물에 빠져 죽었거나, 불에 타서 죽은 가라앉은 혼령들은 다 함께 상락아정의 낭원閬苑[64]과 현포玄圃[65]에 추배推排하고, 고독하게 사는 사람과 홀아비와 과부로 사는 사람과 폐질에 걸린 사람, 그리고 밭 갈고 베 짜는 이들의 어린아이들까지 균일하게 수부강녕壽富康寧의 태평과 춘풍에 춤을 추게 하여지이다.

또 앓는 소리와 통곡하고 우는 소리는 한결같이 거문고의 노래와 예악의 음악으로 변하게 하고, 근심하고 시름하는 몸과 미워하고 찡그리는 몸은 온순하고 어질며 공손하고 검소한 모습을 십분 이루게 하며, 육축六畜

은 번성하고 재물도 불어나며, 오복은 늘어나고 재주와 지혜는 더해지며, 400가지 질병 중에 어느 한 병도 나고 죽는 병의 초제剿除(사라짐)보다 더 하지 않음이 없게 하고, 8만 가지 행行 중에 어느 한 가지 행도 원만한 보현행普賢行을 닦지 않음이 없게 하시기 바랍니다.

다음으로 원하는 것은 여러 생 동안의 부모님은 윤회에서 모두 벗어나게 하고, 여러 생 동안의 원수나 친한 이들은 다 함께 귀의하여 해탈하게 하며, 남은 물결 한 방울로 고통받는 모든 중생을 다 적셔 주기 바라면서 삼가 소를 올립니다.

夜上疏

一切智智。覺自覺他之慈悲海大。犀月象雷。四生苦苦。迷自迷他之生死病深。蛾燈雀網。欲免生死之病苦。須憑拔與之慈悲。伏念施主等。浮沉逝波。生死苦海。烝民之立。莫非聖化之中。疲氓之呼。值此凋療之際。沉痾伏枕。積時而不瘳。殺鬼魘身。禱久而罔効。父喪子。子喪父。地裂天崩。母別兒。兒別母。街啼巷哭。與其徒飲泣而隕咽無益。曷若爲薦拔以追修有宜。百口一談而經營。牢不可破。四姓同願以聚斂。誠實可憐。即馬岾之川邊。乃牛山之府上。爲建曼那羅會。名曰水陸無遮大齋。念誦陁鄰尼經。承彼佛法不思議力。變大地作金地。穢土與刹土融通。即凡心是佛心。染緣共淨緣交徹。數朶花。幾鉢飯。供養十方佛法僧。大炬燭。千點燈。照破三途昏夜闇。禪悅味。法喜食。歷劫之飢渴滅除。解脫香。知見芬。圓滿之法身熏現。諸法之義天高處。片片飛散之誠霞。衆生之心水清時。團團印影之覺月。伏願先王先后。列位仙駕。大光明殿上。禪覺帝而龍飛。蓬萊仙宮中。廢天后而麟振。當願主上殿下。珠基鞏固。玉曆綿長。日碾堯階。鑿耕歌康衢老幼。春還舜殿。風雲慶唱和君臣。王妃殿下。德邁嬀皇。仁並宣后。世子邸下。龜齡萬歲。鶴筭千秋。惟願飢凍死疫癘死瘟瘟死水火死之沈魂。共推排于常樂我淨之閬苑玄圃。孤獨生鰥寡生廢疾。生耕織生之赤子。均蹈舞於壽富康寧之太平春風。呻吟聲哭泣聲。一變琴歌禮樂樂。憂愁色疾蹙色。十成溫良恭儉容。六畜息貨利息。五福增才智增。四百病無一病。不愈生死病剗除。八萬行無一行。不修普賢行圓滿。次願多生怙恃。盡出輪廻。累世寃親。同歸解脫。餘波一滴。苦類咸霑。謹疏。

중별소

천문天門은 맑게 통하여 28계단의 위아래가 높고 험하며, 지축은 높고 낮아 사오四五로 나뉜 바다와 산이 흐르고 높이 솟아 있습니다. 전단향의 향기가 구불구불 곡식 이삭이 팬 것 같아 구경究竟의 사다리를 오를 듯하고, 양류楊柳의 깨끗함은 구슬이 방울방울 맺혀서 유명幽冥의 길에 닿을 듯합니다. 만일 저 현응玄應[66]이 간절하고 절실한 중생들의 마음을 의심하지 않는다면, 이와 같이 간절한 붉은 정성을 밝고 분명한 성감聖鑑으로서 막히는 일이 없을 것입니다.

엎드려 생각해 보건대 시주님 각각 등은 티끌세상에서 오랫동안 고달픈 삶을 살아온 꿈속 같은 집의 외로운 혼령입니다. 굶주려 배고픈 사람과 질병을 앓고 있는 사람은 시대적 운명의 충극衝剋[67]을 만나고, 사상자와 고향을 떠나 유리하는 사람들은 고독한 근심과 시름을 안고 있습니다. 이들을 비유하면 마치 세간에 어리석은 아이들이 물에 빠지거나 불에 탈 지경에 닥치면 급하게 부모를 부르는 것처럼, 고통받고 있는 우리도 죽고 삶에 임해서 어찌 끌어 구제해 주기를 바라지 않을 수 있겠습니까?

그리하여 마침내 사민四民[68]에게서 작은 재물을 모아 수륙재를 지내기 위해 세 단壇(상중하단)을 만들었습니다. 이상 만들어 놓은 세 단 중 상단上壇에는 이미 부처님과 가르침과 승가를 안치하고, 이 높은 분들 앞에 놓인 탁상 앞에는 천선天仙의 신중神衆을 받들어 모셨습니다. 복福·정淨·광光·범梵·욕欲·자自·화化 하늘들의 밝게 빛나는 광명은 아래 세계를 비추고, 토土·수水·화火·풍風·공空·유幽·현顯 주인들은 엄숙하고 온화한 모습으로 내의來儀하였으니, 높고 낮은 모습은 비록 다르나 천인의 이치는 서로 감응할 것입니다.

삼가 생각해 보건대 권형權衡의 조화는 널리 받아들이되 선악을 잘 분별하여 빠뜨리는 일이 없고, 상을 주고 벌을 주는 신비한 공은 크게 포용하되 인과를 잘 살펴 떨어뜨리는 일이 없습니다. 저 유명幽冥 세계의 혼은 암시명용暗施明用의 원한과 억울함을 낱낱이 결단하여 열어 보이고, 이 다른 중생들은 총송묘주塚訟墓註의 얽힌 병폐를 세세하게 분열합니다. 시신의 기운이 다시 이어지는 깊은 고질과 급각살急脚殺[69]과 구문鉤紋 같은 유재流災는 속히 성품에 구름 걷히고 정신 맑아지게 되며, 다시 몸은 편안하고 마음은 너그러움을 의지하게 하소서.

그렇게 되면 번뇌를 벗어나고 티끌세계를 초월하여 흰 구름을 타고 제향帝鄕에 이를 것이요,[70] 수행하여 전진하고 해탈하여 붉은 연꽃을 밟고 부처님의 국토에 오를 것입니다. 살아 있을 적에도 이미 근심과 고통의 뜨거운 번민이 없었거늘 죽어서 어찌 원수로 마주하는 침심侵尋이 있겠습니까?

홀아비와 과부의 삶과 아비 없고 자식 없는 삶은 각각 지극한 즐거움을 누릴 수 있게 하고, 예의를 차리는 무리와 농사짓고 밭 가는 무리는 다 함께 태평하게 되기를 바라며, 고통받는 중생과 어두운 세계의 중생은 자비의 물방울에 동등하게 목욕하게 되기를 원합니다.【운운】

中別䟽

天門淸徹。廿八之階。上下崢嶸。地軸高低。四五之分。海岳流峙。栴檀之芬。裊裊抽穗。究竟之梯可攀。楊柳之灑。濛濛雨珠。幽冥之路可接。若彼之玄應。不忒切切凡心。如斯之丹懇。無閡明明聖鑑。伏念施主各各等。塵寶久病。夢宅孤魂。飢饉人。疾病人。値時命之衝剋。死殤者。流離者。抱孤獨之憂愁。如世癡孩兒。迫水火而疾呼父母。況我痛苦者。臨死生以盍求提携。遂聚四民之涓埃。爲設三壇之水陸。上來壇上。已安佛法僧。尊前至案前。爲奉天仙神衆。福淨光梵欲他自化之天。耿光下燭。土水火風空幽顯神之主。肅穆來儀。高下之相雖乖。天人之理相感。恭惟權衡之造化廣納。辦善惡而無遺。賞罰之神功大包。察因果以不墜。彼幽魂。暗施明用之寃枉。一一決開。此餘生塚訟墓註之病纏。細細分裂。屍氣復連之沉痼。急脚鉤紋之流灾。速得性霽而神清。還依體胖而心曠。則出離也。超昇也。乘白雲以至帝郷。修進焉。解脫焉。踏紅蓮而登佛利。生旣無憂苦之熱悶。死何有寃對之侵尋。鰥寡生。孤獨生。各得至樂。禮義輩。耕織輩。同有太平。苦類迷塗。慈泠等沐。【云云】

하별소

큰 적멸의 광명 가운데에는 본래 오르거나 잠기거나 가고 오는 길이 없고, 하나의 태극이 나뉜 곳에는 음양 변화의 문이 있습니다. 삼재三才가 성립되고 삼독三毒이라는 병이 생겨서 고질痼疾이 낫지 않으므로, 만물을 불어서 만법의 가르침을 일으키신 약왕藥王의 큰 의사가 되셨습니다.

이를 말미암아 보배 그물의 그림자 속에 밝음도 치고 어둠도 치며, 구리 거울 광명 안에는 오랑캐도 오고 한인漢人도 오며, 더러움과 깨끗함이 나뉠 때에도 마음은 본래 깨끗하나니, 곱고 미움을 다투는 곳에선들 밝은 것이 어찌 어두워지겠습니까? 성인으로 하여금 깨달음에 계시면서 달이 천 강물에 떨어지듯 하고, 범부로 하여금 미혹한 데 처해서 바람이 불면 온갖 풀이 쏠리듯 합니다.

이번 병정丙丁 두 해의 흉년과 추위에 굶어 죽고 얼어 죽은 시체가 구렁을 메우고, 무기戊己 양년의 전염병에 요절하여 죽은 이들로 나라를 위태롭게 합니다. 혹은 아비와 아들이 한꺼번에 죽기도 하였고, 혹은 형과 아우가 한꺼번에 죽기도 하여 죽은 시신이 마루를 베고 누웠으며, 남자와 여자가 상복을 입기도 하였고 어린이와 늙은이가 상복을 입기도 하여 그 상복이 온 들을 하얗게 만들기도 하였습니다. 백성들에게 무슨 허물이 있기에 남아 있는 이에게는 단 하나도 남은 것이 없으며, 귀신은 무슨 빌미가 있기에 제사를 올려 경원敬遠하는 것입니까? 산천에 시망柴望[71]의 제사를 올리는 것은 옛날부터 시행되었던 행사이니, 수륙재의 분수焚修를 지금 어떻게 폐지하겠습니까?

삼화三和 십실十室의 여러 의견을 묻고, 사성四姓 백인百人의 통일된 말을 규범으로 삼아 마점의 냇가에 자리를 잡고 우산의 경계 위에 나아가 방우方隅에 결계結界[72]를 하고 특별히 청정한 도량을 시설하였습니다. 사자가 분신奮迅하고 코끼리가 회선廻旋하니 오덕五德을 지닌 스님들이 구름처럼 모이고, 한나라의 명다茗茶와 오랑캐의 향사香麝에 육미六味의 공양이 변화하여 이루어졌습니다.

만겁 동안 주린 창자를 채우는 것은 법희의 음식이요 선열의 맛이며, 천년의 어두운 방을 깨뜨리는 데는 광명의 촛불이요 지혜의 등입니다. 걸림이 없는 돈이 산처럼 쌓이니 쳐다보면 볼수록 더욱 높아 아무리 받아써도 다 쓸 수 없고, 막음 없는 곡斛의 음식은 아무리 나누어 주어도 다함이 없어 그 충만함이 그지없습니다. 옥 경쇠를 울리고 금종金鐘을 치니 이때는 바로 가라앉은 혼이 정신을 차려 살펴야 할 시절이요, 강물 속의 달이 비추고 솔바람이 불어오니 이때는 바로 온갖 영가의 본분의 가상家常입니다.

오직 우리 법계의 고금의 일체 세주世主·열후列侯·공경公卿·선석仙釋·도유道儒·무의巫醫·구나驅儺[73]·산악散樂·영관伶官의 무리와 상고商賈와 박주舶主의 부류들과 타향에서 객사했거나 비명에 일찍 요절한 자와 높고 낮은 남녀와 태胎·난卵·습濕·화化의 사생四生과 깃 달린 새, 털 난 짐승, 비늘 있는 물고기, 갑각류 등의 중생들과 바늘만 한 목구멍에 항아리 배를 한 아귀, 그리고 지옥에서 고통받는 중생들과 중음계中陰界에 떠도는 의식이 있는 중생들과 모든 유정 등과 중휴衆休[74]·비신飛神·천상·인간들은 이 회광반조廻光返照를 잊지 말기를 바라나이다.

금 요령 소리 떨치는 곳에서는 자성을 돌이켜 들어서 원통圓通을 깨닫고 패엽경貝葉經을 뒤척이는 곳에서는 통발은 잊고 현묘한 뜻에 계합하며, 작은 티끌처럼 많은 찰해刹海에 유희하는 중생들은 구경의 경지인 보리를 통해 증득하고, 다시 여섯 갈래 세계의 중생들을 건지며, 때때로 도를 이루어 시방세계 모든 부처님과 함께 곳곳마다 열반의 낙을 누리기 바랍니다.

다음으로 원하는 것은 오늘 밤에 단월檀越과 크고 작은 인연을 맺은 분들과 보고 듣고 따라 기뻐하는 이 등은 연액年厄·월액月厄·일액日厄은 다 소멸되고 복과 지혜와 만행이 다 원만해지며, 팔고八苦와 삼재三災의 탁하고 악한 것을 영원히 만나지 않고, 육바라밀 만행萬行의 맑은 수행을 배우려 하기를 바라나이다.

자손들은 영화를 누리고 살아 있는 이나 죽은 영혼 모두 제도되어 해탈하며, 위로는 유정천有頂天에 이르고 아래로는 무간지옥에 이르기까지 수륙재의 좋은 인연에 골고루 젖고 금강金剛의 종지種智를 다 획득하기 바라나이다.

오직 바라는 것은 세 갈래 악한 세계 중생과 열 종류의 중생들도 맹렬한 정진으로 알아차리기를 바라면서 삼가 조심스럽게 소를 올립니다.

下別疏

大寂滅光中。本無昇沉徃來之路。一太極分處。爰有陰陽變化之門。立三才而三毒病生。彌留痼疾。吹萬物以萬法敎起。藥王大醫。由是網寶影中。明打暗打。銅鏡光裏。胡來漢來。垢淨分時。心本淨也。姸媸競處。明何昧乎。致使聖在悟而月下千江。凡處迷而風行萬草。今者丙丁之飢凍。餓殍塡溝。

戊己之瘟瘴。夭殤傾國。或父子斃。或弟兄斃。斃尸枕堂。有男女繚。有老幼繚。繚服縞野。民何辜也。餘不孑遺。鬼何崇耶。祭以敬遠。山川柴望。古有行焉。水陸焚修。今何廢也。諏諮三和十室之異口。文軌四姓百人之一談。卜馬岾之川邊。即牛山之境上。爲結方隅之界。持[1]設淸淨之場。獅奮迅象廻旋。五德之僧雲集。漢茗茶胡香麝。六味之供化成。飽萬刼之飢腸兮。法喜食禪悅味。破千年之暗室兮。光明燭智慧燈。無礙錢山。仰而彌高。可以受用不盡。無遮斛食。施而不竭。可以充滿無窮。玉磬鳴金鍾聲。正是沈魂着眼時節。江月照松風吹。正是群靈本分家常。惟我法界一切古今世主。列候[2]公卿。仙釋道儒。巫醫騶儺。散樂伶官之輩。商賈舶主之流。他鄕客死。非命夭殤。尊卑男女。胎卵濕化。羽毛鱗介之生。針咽瓮腹之鬼。地獄道中。中陰界內。抱識含靈諸有情等。衆休飛神。天上人間。莫忘此廻光返照。金鈴振處。得返聞以悟圓通。貝葉繙時。得忘筌而契玄旨。遊戲於微塵刹海。徹證其究竟菩提。還度六趣衆生。時時成道。共與十方諸佛。處處涅槃。次願今宵檀越。大小結緣。見聞隨喜等。年月厄消。福智行滿。永不逢八苦三灾之濁惡。願欲學六度萬行之淸修。子孫榮華。存亡度脫。上至有頂。下及無間。均霑水陸良緣。盡獲金剛種智。惟願三途十顈[3]猛烈承當。謹䟽。

1) ㉑ '持'는 '特'의 오자인 듯하다.　2) ㉑ '候'는 '侯'의 오자인 듯하다.　3) ㉑ '顈'는 '類'인 듯하다.

학도가 함장[75]을 천도하는 재의 소

혜매는 온갖 중생들을 인도해서 천지처럼 덮어 주고 실어 주시는 분은 바로 우리 부처님입니다. 어리석은 아이들을 가르쳐서 말과 소에 바지저고리를 입혀 놓은 것과 다르게 해 주신 분이 있으니, 이는 누구의 덕입니까?

가만히 생각하오면 돌아가신 스승님 아무 영가께서는 어린 나이에 머리를 깎고 하루살이 같은 덧없는 인생으로 천도天孥를 무너뜨리고 인질人袤을 풀어 버리고서[76] 전단나무 아래에서 훈자熏煮함을 얻고, 노전魯典(유교 경전)을 해박하게 이해하고 축분竺墳(불경)을 연구해서 필추芯葤의 향 가운데에서 계옥桂玉을 다 쓰시고 말았습니다. 대괴大塊(우주)는 나를 쉬게 하여 완전함으로 돌아가게 하였는데, 고혼孤魂은 무엇을 의탁하여 유명幽冥의 세계로 가셨습니까? 두세 제자의 혈혈孑孑한 지극한 정성으로 사칠재四七齋를 지내는 날에 상상품上上品에 오르시기를 바라나이다.

엎드려 원하옵건대 종을 치고 북을 치는 가운데 돌이켜 듣는 법을 깨닫고 경을 읽어 통달하며, 힐향肸蠁[77]의 지경에 보광葆光[78]을 돌이켜서 좋은 상호로 몸을 장엄하게 하여지이다.

그다음에 원하는 것은 생도生徒 등은 오상五常[79]이 하늘로부터 내려와 법우法雨로 목욕을 하고 배움의 바다에 파도가 일렁이게 하며, 삼환三患[80]은 이르지 말고 은혜의 바람으로 빗질해서 복밭이 왕성해지게 하소서. 남은 물결로.【운운】

學徒薦函丈齋疏

導羣迷而同天地覆載者。是我佛也。訓童蒙以異馬牛襟裾者。伊誰德耶。窃惟亡師長某靈駕。杌髮齠齡。浮生蟋蛄。隳天孥解人袤。而獲熏煮於栴檀樹下。詮魯典討竺墳。以費桂玉於芯葤香中。大塊息我而歸全。孤魂托何以幽枉。二三子孑孑之悃愊。四七日上上之淸昇。伏願鍾鼓之中。覺返聞而唔唔達耳。盻蠻之頃。回葆光以相好嚴身。次願生徒等。五常自天。沐法雨而波瀾覺海。三患莫至。櫛惠風而葳蕤福田。餘波。【云云】

부모를 천도하는 소

삼보三寶의 감응이 완전하게 드러나니 흡사 달빛이 물을 뚫은 것 같고, 이친二親(부모)의 은혜는 지극히 소중하니 어떻게 모기 따위가 산을 짊어지는 일을 감당할 수 있겠습니까? 자비한 문을 두드려 명부의 혼령을 천도하는 것이 합당할 것입니다.

엎드려 생각해 보면 먼저 돌아가신 고비考妣(부모)의 영가께서는 아득한 꿈같은 집에서 바람과 티끌 속을 허덕이면서 연세가 80이 되도록 사시면서 비록 인간의 다섯 가지 복을 누리셨으나 삼독三毒의 업장을 쌓으셨으니, 황천 아래로 한 번 돌아감을 어찌 면할 수 있겠습니까? 하루아침에 편찮으시어 몸의 조화를 어기더니 백 년 세월에 영원히 막히고 말았습니다. 어찌하여 나무에 바람이 그치지 않고 갑자기 해로薤露[81]가 그다지도 쉽게 말랐단 말입니까? 부질없이 울음을 삼키지만 저승의 놀이를 도울 길이 없으니 이 추모하여 천도하는 일이 효도에 적절할 것입니다.

이에 스님과 속인을 맞아들여 감히 향과香科를 시설하였나니, 한 향로의 한 줄기 향 연기가 피어오르자 천 강물에 달이 갑자기 떨어졌습니다.

엎드려 생각하건대 영가께서는 금천金天 서쪽 밝은 해가 지는 곳에서 옥호玉毫의 광명을 친히 만나 뵈옵고 보배 나무 아래 향기로운 바람이 불 때에 항상 금구金口(부처님 말씀)의 법을 들으시옵소서.

다음으로 원하는 것은 먼저 돌아가신 운운 극락국極樂國에서 몸이 평안하시고 연대蓮臺에 오르시기 바라나이다.

또 원하는 것은 오늘 시주님 자신의 몸 등은 현세에서 오복을 누리는 즐거움이 늘어나고 뒷세상에서는 서방 극락세계에 태어나며, 널리 구거九居[82]의 중생에 이르기까지 모두 함께 큰 수레를 타고 우러러 대하기를.【운운】

薦考妣疏

三寶之感頓彰。有似蟾光之透水。二親之恩至重。那堪蚊背以負山。合叩慈局用祈冥薦。伏念先考妣靈駕。茫茫夢宅。役役風塵。年尊八旬。雖享人間之五福。業畜三毒。豈免泉下之一歸。一朝違和。百年永隔。何樹風之不止。忽薤露之易晞。空飮泣而無補冥遊。是追薦而有宜孝道。肆邀緇侶。敢設香科。一爐烟縷之纔抽。千江月輪之頓落。伏願靈駕。金天西白日沒處。親覩玉毫之光。寶樹下香風動時。恒聞金口之法。次願先亡云云。安身樂國。着脚蓮臺。抑願己身等。現增五福之祺。後生西利。普及九居之顤[1] 同乘大車。仰對。【云云】

1) ㉑ '顤'는 '類'인 듯하다.

모친을 천도하는 소

 석장을 떨치고 구슬을 가지고서 중생을 이롭게 하고 근기 따라 호응하는 것은 바로 환희대성歡喜大聖의 방편이요, 선한 이를 상 주고 악한 이를 벌주어서 정성에 따라 안건을 매듭짓는 것은 곧 염라閻羅 열왕列王의 권형입니다. 자애를 드리워서 세 갈래 나쁜 세계 중생들을 오래도록 구제하시는 것은 일천 강물에 박힌 달이요, 자취를 따라서 여섯 갈래 세계의 중생들을 널리 제도하신 것은 시왕전이 별처럼 벌여 있는 것입니다. 그리하여 그 화현이 끝이 없고 위엄과 신통은 이루 헤아릴 수가 없습니다.
 엎드려 생각해 보면 제자는 때를 만났으나 이루지 못하였고, 성선聖善[83]께서 영원히 돌아가시고 말았으니, 척기陟岵[84]의 슬픔을 감내하기 어려우며 유천籲天[85]의 아픔을 다하지 못하였습니다. 반짝반짝 빛나는 외로운 촛불은 바람 속에 남은 빛을 돌이키지 못하고, 아득한 밤의 누대는 황천길로 가 버린 넋을 불러오기 어렵습니다. 여러 성인의 위덕을 빌리지 않고서는 외로운 혼령을 극락에 왕생하게 하기가 어렵나이다.
 그러므로 오칠재五七齋 새벽을 맞이하여 삼가 두세 분 선승을 명하여 음식은 세 가지 덕을 지닌 맛으로 진설하고 향로에는 오분五分의 향을 사르면서 작은 정성으로 재를 올리는 바이오니, 거울처럼 밝은 지혜로 두루 살펴 주시옵소서.
 엎드려 바라옵건대 괴로움의 바다에 자비의 배이신 큰 성인과 깜깜한 하늘의 밝은 해이신 여러 왕들께서는 자비를 버리지 마시고 간절한 정성을 굽어 밝게 살펴 주소서.
 첫 번째는 우리 어머님께서 큰 성인의 은밀한 도움을 입는 것이요, 두 번째는 우리 어머니가 열왕들의 은밀한 가호를 받는 것입니다. 그리하여 근진根塵[86]을 깨끗이 씻어 버리고 구예垢穢를 다 벗겨 버리며, 보리의 얼굴에 연지와 분을 바르는 것이 흡사 오래된 화장대와 같고, 조어사調御師

의 옷에 솜을 놓아 바느질하는 것이 새로운 보처補處를 더하듯이 하소서. 지극한 정성을 어찌할 수 없으며.【운운】

薦母王疏

振錫持珠。而利物應機。是歡喜大聖之方便。褒善罰惡。而據欸結案。乃閻羅列王之權衡。垂慈而長救三途。千江月印。應跡而普度六趣。十殿星羅。化現無邊。威神莫測。伏念弟子。遭時不造。聖善長歸。難堪陟岵之悲。不盡籲天之痛。熒熒孤燭。莫返風裡之餘輝。茫茫夜臺。難招泉下之逝魄。不借諸聖之威德。難使孤魂而往生。肆當五七齋晨。謹命二三禪侶。食陳三德之味。爐爇五分之香。銖誠所營。鑑智即遍。伏願苦海慈航之大聖。冥天白日之諸王。不捨慈悲。俯鑑悃愊。一則我母蒙大聖之密佑。二則我母荷列王之冥加。刷滌根塵。蕩盡垢穢。脂粉菩提之面。似舊粧臺。針綿調御之衣。添新補處。無任懇禱。【云云】

어머니를 천도하며 올린 소

자비하신 아버지의 매우 심오하고 미묘한 법은 해탈의 문을 널리 여는 것이요, 고애자孤哀子의 간절하게 기도하는 심정은 청승淸昇의 길로 인도하기 위함입니다. 이에 미묘한 천도법회를 시설하고 참다운 자비를 모독冒瀆하옵나이다.

애통하게 생각해 보면 구원九原의 정령은 내 일생의 성선聖善이십니다. 저를 낳으시느라 고생하셨는데 저를 기르신 은혜가 비록 많으나 제가 운수雲水 간에 승려가 되었으므로 아침저녁으로 보살펴 드리는 예의를 오래도록 빠뜨렸습니다. 고향 마을의 문이 꿈속에 들어오매 상재桑梓의 혼령을 몇 번이나 허비했으며, 뜰 장막의 길이 머니 〈요아蓼莪〉[87] 시만 부질없이 읊었습니다. 삼춘三春의 빛조차 보답하지 못했는데 백 년의 은혜를 영원히 떠나보냈으니, 해로薤露가 어이 그리 쉽게 마르고 말았는지요?

아! 슬프다. 나무에 바람이 그치지 않아 중첩된 황천은 아득해졌고, 저승의 혼령이 의지할 데 없고 괴로움의 바다가 넘실거리는 것을 슬퍼하나니, 우러러 바라옵건대 자비의 배로 건져 주시기를 바라나이다.

삼가 금지金地로 나아가 향기로운 자리를 특별히 펼쳐 놓으니, 법의 음악이 하늘을 뒤흔들고 해조음海潮音이 땅을 진동하며, 참 향이 이끄는 실오라기 같은 연기가 불지佛地의 자비한 구름에 엉기고, 마음의 물 맑은 물결이 의천義天의 깨달음의 달을 잠기게 하였습니다.

엎드려 바라옵나니, 먼저 돌아가신 어머님의 영가는 다섯 가지 장애를 여의고 십신十身[88]을 얻게 하여 옥호玉毫의 광명 속에서 흰 소가 끄는 수레를 타고, 우담발화 그림자 속에서 금산金山 같은 깨끗한 용모에 예를 올리게 하소서.

다음으로 바라는 것은 먼저 돌아가신 운운 발로는 삼유三有(삼계)의 고을을 밟지 않게 하고, 몸은 구품연대 위에 항상 놀게 하여지이다. 또 바라

는 것은.【운운】

薦母上疏

慈悲父甚深妙法。普開解脫之門。孤哀子懇禱之情。用導淸昇之路。肆設妙會。冒瀆眞慈。痛惟九原之精靈。曰予一生之聖善。劬勞生我。鞠育之恩雖多。雲水爲僧。定省之禮久曠。鄕關夢入。幾費桑梓之魂。庭幃路脩。空吟蓼莪之詠。三春之輝莫報。百年之恩永離。何薤露之易晞。嗟樹風之不止。重泉渺渺。慘冥魂之無依。苦海洋洋。仰慈舟之有濟。恭趁金地。特展香筵。法樂掀天。潮音震地。眞香引縷。凝佛地之慈雲。心水澄波。涵義天之覺月。伏願先妣靈駕。離五障得十身。玉毫光中。駕白牛之大乘。曇花影裏。禮金山之睟容。次願先亡云云。足不履於三有鄕中。身常遊於九蓮臺上。抑願。【云云】

생전발원재 상중소

　백옥호白玉毫의 광명 중 일만 팔천의 국토에 법계를 나타내되 작은 것 하나도 빠뜨림이 없으며, 붉은 무궁화 바람 앞에 70년 부처님의 기틀을 잘 닦았으니 어떻게 결료決了할 수 있겠습니까? 어찌하여 이 세상에서 뛰어난 공을 맺어서 저승에서 평탄한 길을 걸어서 오르지 않으십니까?
　엎드려 생각해 보면 제자 우바새優婆塞와 우바이優婆夷는 과거 세상에 지은 업장이 깊어 현생에 지혜의 눈이 어두워졌습니다. 육자六疵가 생겨 확담廓澹이 막혀 버렸고, 지견이 한바탕 꿈속에 머물러서 사대四大[89]가 돌고 부근浮根[90]이 흘러 업業이 움직여 화택에 옮겨졌습니다. 무명의 거친 풀은 공덕의 동산에서 해마다 자라나고, 반야의 우거진 숲은 번뇌의 불이 해마다 태웁니다. 삼연三緣[91]의 집 안에서 배고프면 밥을 먹고 목마르면 물을 마시니, 한평생 사는 동안 쾌락에 아무 걱정이 없으나 백 년 동안의 끊임없이 흐르는 세월에 세 가지로 짓는 업의 재앙을 면하기 어려울까 두렵습니다.
　이를 말미암아 정수리로 삼귀三歸[92]와 오계五戒[93]를 받고, 마음으로 옥호玉毫의 금용金容을 생각하지만, 그러나 자가自家에 힘을 얻지 못하였으니 피안(열반의 경지)에 발을 들여놓기 어려울까 두렵습니다. 장차 죽은 뒤에 평탄한 길을 닦으려고 해서 살아생전에 법회를 여는 자리를 마련하였습니다. 근성芹誠[94]을 다하여 향과 꽃을 마련하고 포단의 공양을 베풀고 전단향을 사르나니, 이 촌심寸心의 간절한 바람은 저 원경圓鏡의 밝고 밝음이 이르게 하는 것입니다.
　삼가 생각해 보건대 시방 삼세의 일체 성현께서는 각각 자비한 마음을 움직여 다 함께 거울처럼 밝게 비추어 보시고 증명하여 주시옵소서.
　엎드려 원하오니 제자는 현생에서 반주삼매般舟三昧에 들어 두 가지 장엄을 닦음으로 인해서 미래 세계에 미타의 십신을 뵈옵고 결과로 양족兩

足(복덕과 지혜)을 증득하며, 널리 법계의 중생들과 함께 다 같이 열반에 돌아가게 하소서.

우러러 대하옵나니.【운운】

生前發願齋上中疏

白玉毫光中萬八土。顯法界而靡有其子遺。紅槿花風前七十年。善佛機以何由得決了。盍締勝功於此世。行登坦途於隔陰。伏念弟子優婆塞夷。宿業障深。生慧目暗。六疵生而廓湛羣。知見留於夢場。四大旋而浮根流。業運遷於火宅。無明荒草。年年長功德之園。般若叢林。歲歲燒煩惱之火。三椽下飢飡渴飮。雖一期快樂無憂。百年間日居月諸。恐三業禍殃難逭。由是頂受三歸五戒。心想玉毫金容。然未得力於自家。恐難措足於彼岸。將欲修身後之坦途。而爲建生前之法筵。竭芹誠辦香花。陳蒲供爇檀炷。冀此寸心之切切。格彼圓鏡之昭昭。恭惟十方三世一切聖賢。各運慈悲。同垂證鑑。伏願弟子。現入般舟三昧。因修二嚴。當見彌陁十身。果證兩足。普與法界。同歸涅槃。仰對。【云云】

석장을 떨치고 구슬을 가지고서 중생을 제도하겠노라 큰 서원을 하신 분은 오직 환희대성歡喜大聖께서만이 지니고 있는 방편이요, 거울을 달아 놓고 저울로 달아서 죄업의 원인을 미루어 과보를 결정하는 것은 곧 유명幽冥 세계 열왕의 권형이니, 성인의 덕은 생각으로 알아채기가 어렵고 위엄과 신통은 헤아려서 알 길이 없습니다.

엎드려 생각하건대 우바새와 우바이 등은 풍진 속에 한바탕 꿈이요 겁해에 일천 이랑의 물결인데, 스스로 대각大覺의 성중城中에 아비를 버리고 하늘가 노상路上에서 궁색한 아들이 되었습니다. 상천湘川은 아득한데 번뇌의 강 가운데 얼마 동안이나 오르락내리락하였으며, 형악衡岳은 높고 험한데 나니 너니 하는 산 아래 얼마나 오랫동안 비틀거렸던지요.

만겁이나 지나서 인도人道에 태어났으니, 그것은 마치 침개상투針芥相投[95]와 같고 삼심三心[96]을 내어서 부처님의 현문玄門에 참례하니, 흡사 눈먼 거북이 요행히도 판때기를 만난 것과 같습니다. 날로 반주般舟를 쓸 겨를이 없으니 구품연대에 왕생하기를 기대하기 어렵고, 티끌과 모래 같은 번뇌가 그지없으니 어찌 팔난八難에 빠지는 것을 면할 수 있겠습니까? 죽고 난 뒤에 고통에서 구원해 주고 즐거움을 줄 사람이 없는 그런 어려움보다는 어찌 살아생전에 공경을 다하여 스스로 힘쓰는 쉬운 일을 하는 것만 하겠습니까? 하물며 한 벌 옷과 한 그릇 밥으로 미미한 목숨을 부지하는 것은 아마도 편당偏儻이 없으셨던 부모님의 음즐陰騭 덕분일 것입니다. 낳아서 길러 준 것은 건곤乾坤의 덕보다 더 무거운데 은혜를 갚는 일은 작은 물방울과 먼지보다 그 공이 더 작습니다.

과교科敎에 의지하여 포찬蒲饌을 시설하고 미리 닦으며, 성감聖鑑을 우러러 역혈瀝血[97]의 정성을 다하여 애원을 드러내 보입니다. 삼가 생각하건대 지장地藏 큰 성인과 명부의 십대왕께서는 모두 연민의 정을 드리워 각각 자비의 힘을 써서 특별히 자애로운 거울을 돌이켜 맛있는 음식을 굽어 흠향하소서.

엎드려 원하옵건대 제자 아무개 등은 큰 성인께서 불쌍하고 가엾게 여김을 입고 열왕의 보호와 도움을 입어서 현세에서는 복과 수명이 늘어나고 정신은 너그럽고 몸은 편안하며, 미래 세상에서는 정찰淨刹에 태어나 지혜가 총명하고 마음이 열리게 하여지이다. 비록 9겁의 원한과 허물이 있고 4천 나락가捺落迦(지옥)의 악한 세계에 흘러 들어간다 해도 다행히 오늘의 미묘한 덕을 받들어 8만 바라밀의 법문에 뛰어오르게 하소서. 그런 연후에 꿈틀거리는 사생四生들은 다 애욕의 흐린 물결에서 벗어나고, 아득한 구유九有[98]는 모두 선정의 맑은 파도에 들어가게 하여지이다. 무임無任.【운운】

振錫持珠。而弘願度生。惟歡喜大聖之方便。懸鏡舉秤。而推因之果。乃幽冥列王之權衡。聖德難思。威神莫測。伏念優婆塞夷等。風塵一夢。劫[1]海千波。自捨父於大覺城中。作窮子於天涯路上。湘川渺渺。幾昇沉於煩惱河中。衡岳峩峩。久竛竮於我人山下。歷萬刼而託生人道。似針芥之相投。發三心而叅佛玄門。顙[2]龜木之幸遇。日用般舟之未暇。難期九蓮之徃生。塵沙煩惱之無邊。豈免八難之淪沒。與其死後拔與之無人。難也。曷若生前輸敬之自勉。易乎。矧微命一衣一食以扶持。盖無儻無偏之陰騭。生成重乾坤之德。報効乏涓埃之功。依科敎設蒲饌而預修。仰聖鑑瀝血誠以哀露。恭惟地藏大聖冥府十王。僉垂憐憫之情。各運慈悲之力。特回慈鑑。俯享珍羞。伏願弟子某等。蒙大聖之哀憐。荷列王之護佑。現增福壽而神曠體胖。當生淨刹。而智明心開。縱有九刧之寃愆。流入四千拵落迦惡道。幸承此日之妙德。超登八萬波羅蜜法門。然後蠢蠢四生。皆出愛欲之濁浪。茫茫九有。盡入禪定之淸波。無任。【云云】

---

1) ㉠'劫'이 저본에는 '却'으로 되어 있다. 2) ㉠'顙'는 '類'인 듯하다.

법후 스님을 천도하는 소

진공眞空의 실제는 긴 하늘 밝은 해의 큰 광명이요, 허깨비 같은 세상의 부생浮生은 한바탕 꿈속에 누런 기장이 겨우 익음입니다. 윤회의 길이 머니 시작 없는 과거로부터 일어났다 사라지는 인연이요, 해탈의 문이 열리니 자비를 버리지 않고 괴로움에서 건져 주고 즐거움을 주는 것입니다. 범부의 마음은 간절하고 절실하며 성인의 지혜는 밝고도 분명합니다.

엎드려 생각하건대 신원적新圓寂[99] 법후法吼 영가는 한바탕 꿈속에 살다 간 덧없는 인생이요, 1천 물결 괴로움의 바다를 떠돌았던 사람입니다. 남섬부주南贍浮洲 홍근화紅槿花 아래에서 무명無明의 술을 한껏 마시고 몹시 취했었고, 서방 백우지白藕池 중에서 자비를 버리지 않은 아버지를 돌아보고 누웠다 일어났다 하였으며, 몇 번이나 오쇠五衰와 팔고八苦의 길에서 대대로 살아왔고, 1천 겁 동안 일승의 사거리 큰길에서 어둡고 아득한 곳을 헤매었던지요. 그런데 어떠한 선근을 함께 심어서 이러한 사문의 지름길에 오를 수 있었습니까?

동진童眞[100]으로 출가하여 이른 나이에 도에 들어가 책궤를 짊어지고 승과에 급제하였으니, 화강花江의 달빛 어린 높은 산꼭대기의 산당山堂이요, 새장에 갇히듯이 몸을 숨겼으니, 오산烏山의 높고 고요한 티끌에 덮인 절구의 확이었습니다. 허물어진 절을 수리하였으니 경시經始가 서로 어긋남을 어찌 꺼리겠으며, 어영부영 흐르는 세월을 보내다 보니 날아가는 탄환처럼 빠른 세월임을 깨닫지 못했습니다. 나이 팔질八耋이 되어서야 스스로 한계가 있는 인생을 한탄하였으며, 목숨이 삼재三災에 걸려 갑자기 무상의 살귀殺鬼를 만났습니다.

아! 슬프다. 살아생전에 살아갈 계책에 결사結使[101]의 재앙에 얽히는 일이 어찌 없겠습니까마는 죽은 뒤에 추모하여 재를 올리는 데에는 수륙재의 과목과 법식의 절차가 있습니다. 지금 칠칠일七七日의 재를 올리는 아침을 당하여 저승과 이승의 중생들을 제도하기 위하여 큰 재를 개설하였으며, 특별히 삼삼보三三寶의 깨끗한 자리를 펼치고 실상의 미묘한 법을 풍송하고 연설합니다. 몇 가지의 꽃과 몇 그릇의 음식을 영산 큰 법회에 받들어 올리니 낟알 낟알과 잎사귀 잎사귀는 열 손가락의 손톱과 아홉 굽이의 창자이며, 돌아가신 스님의 한 영혼을 위하여 천도하나니 마음과 마음이요 염불과 염불입니다. 느낌은 마치 모습을 마주 대한 듯하니 감응이 틀림없이 살아 있는 형상과 같을 것입니다.

엎드려 생각하건대 돌아가신 스님의 영가와 먼저 돌아가신 여러 영혼, 그리고 법계의 모든 혼령에 미치기까지 신통神通의 큰 광명장光明藏 속에서 진찰塵刹을 받들어 유희하고 소요하며, 나고 죽고 하는 괴로움에 윤회하는 길 가운데에서 법계의 모든 중생과 더불어 극락에 왕생하여 안락을 누리기 바라나이다.

다음으로 재를 올리는 사람 등은 태어나는 곳곳마다 삿된 길과 혼미한 길에 들어가지 않게 하고, 태어나는 세상마다 정도正道의 법문을 항상 수행하게 하여 지혜의 종자와 신령한 싹이 전원에 가득하여 점점 자라나고, 복의 터전과 목숨의 자리가 신세와 아우러져서 늘어나고 높아지게 하며, 한 방울 남은 물결로 말라빠진 온갖 중생들을 똑같이 목욕시키기를 바랍니다.

우러러 대각을 생각하오니 작은 정성의 마음을 굽어살펴 주시기를 기원하면서 삼가 소를 올립니다.

薦法吼師疏

眞空實際。長天白日之大明。幻世浮生。一枕黃粱之才熟。輪廻路遠。無始起滅之因緣。解脫門開。不捨慈悲之拔與。凡心切切。聖智明明。伏念新圓寂法吼靈駕。一夢浮生。千波苦海。南部洲紅槿花下。痛飮無明酒而酩酊。西極方白藕池中。回瞻不捨父而偃仰。幾番五衰八苦之路。世世生生。千劫一乘四衢之途。冥冥杳杳。有何善根之同種。獲此沙門之徑登。童眞出家。蚤歲入道。擔簦選勝。花江月嶠之山堂。縶籠藏蹤。烏山高靜之塵臼。修崇廢刹。豈憚經始之枝梧。荏苒流光。不覺跳丸之日月。年登八袠。自恨有涯之人生。命惹三灾。邊值無常之鬼殺。嗚呼。生前計活。豈無結使之殃纏。歿後追修。爰有水陸之科式。今當七七日之齋旦。開設冥陽之大齋。特展三三寶之淨筵。諷演實相之妙法。數枝花幾鉢飯。奉獻靈山大法會。粒粒焉葉葉焉。十指爪九回腸。爲鷹亡師一靈魂。心心也念念也。感若形對應必像生。伏念亡師靈駕。洎諸先亡兼及法界。神通大光明藏裏。奉塵刹而遊戱消搖。生死苦輪廻途中。與法界而徃生安樂。次願齋者等。生生不入邪途迷徑。世世常行正道法門。智種靈苗。滿田園而滋長。福基命位。並身世以增崇。一滴餘波。羣枯等沐。仰想大覺。俯達小心。謹䟽。

밤에 올리는 소

　모든 부처님의 크고 둥근 거울은 본래부터 안팎으로 흠이 없으며, 온갖 중생들의 일곱 갈래 세계의 길은 본디 살고 죽고 하는 고통이 있습니다. 괴로운 세계에서의 윤회를 면하려고 하면 어떻게 원만하게 밝은 큰 자비를 의지하지 않을 수 있겠습니까?

　엎드려 생각하오면【운운】한계가 있는 삶이요, 소리가 없는 죽음입니다. 78년 춘추의 세상일들이 한바탕 꿈속에 외로운 혼과 무엇이 다를 것이며, 8만 1천 번뇌의 진로塵勞가 큰 허공 가운데 미세한 사물과 다름이 없습니다. 생겨나고 사라짐이 없는 가운데 생겨나고 사라지는 것이 마치 바다의 물거품과 같고, 고요하고 항상하지 않은 가운데 고요하고 항상함이 흡사 한바탕 꿈에서 깨어난 것과 같습니다. 미혹하면 여섯 갈래 세계를 윤회함이 한계가 없고, 깨닫고 나면 한바탕 꿈이 끝이 있습니다. 깨달음 가운데 미혹함은 더럽고 깨끗한 길이 갈림이요, 중생 가운데의 부처님은 진眞과 망妄의 이치가 하나입니다. 여러 생 동안 지은 죄장罪障을 참회하려고 하면 반드시 시방의 가지加持를 빌려야 할 것입니다.

　삼보三寶의 높은 분에게 세 번 두루 예를 올리면 1만 겁의 재앙과 더러운 때의 바람이 그칠 것이요, 한 번 칭양稱揚하고 일심으로 예를 올리면 천 생 동안 복과 지혜가 구름처럼 일어날 것입니다. 대지를 변화시켜 단량壇場을 건립하고 삼보와 삼부三部와 삼도三塗를 두루 공양하고, 긴 강을 휘저어 소락酥酪을 만들어 일상一相과 일미一味와 일법一法을 원만하게 성취함은 곧 세속제世俗諦의 장엄입니다. 미묘한 법의 이취理趣를 성취하였으니, 일과 이치가 서로 사무치고 중생과 부처가 원만하게 융합함입니다. 범부의 마음을 가련하게 여기시어 성인의 지혜로 두루 살펴 주소서.

　엎드려 바라옵나니, 영가는 오탁五濁[102]의 세상을 오정五淨[103]의 세계로 변화시켜 다시는 오취五趣의 오도五途에 돌아오지 않게 하고, 팔식八識의 마음으로 팔공덕이 원만하여 영원히 팔고八苦의 팔사八邪에 들지 않게 하여지이다. 겸하여 법계의 죽은 혼령과 우리 상세上世의 영가들에 이르기까지 모두 유루有漏에 나아가 무루無漏를 이루게 하니 나무 국자와 조리笊籬가 서로 만안顢頇하지 않고, 소승으로써 대승에 나아가니 자리의 날줄이나 우물의 두레박줄은 똑같이 새끼에서 나온 것입니다.

다음으로 원하는 것은 재를 올리는 사람 등은 오장五障[104]을 없애고 오복과 백 가지 복과 천 가지 복을 얻어 다함이 없게 하고, 팔난八難을 여의고 팔지八地와 구지九地와 십지十地에 올라가는 길이 있게 하며, 그지없는 법계에 의식이 있는 함령含靈들에 이르러서는 다 함께 자비의 두루 넓음을 입고 똑같이 희사喜捨의 가지加持를 받들어 모두 윤침淪沈에서 벗어나고 다 같이 정각正覺을 이루게 하소서. 시방의 삼보를 우러러 생각하고 한 치만 한 작은 정성을 펴면서 삼가 소를 올립니다.

夜上疏

諸佛大圓鑑。本無內外之瑕。曁有七趣途。自有存沒之苦。欲免輪廻之苦趣。盡憑圓明之大慈。伏念。【云云】有涯之生。無聲而死。七十八春秋之世事。何殊一夢裡孤魂。八萬千煩惱之塵勞。無異太虛中細物。無起滅上起滅。如海一漚。不寂常中寂常。若夢一覺。迷則六道之輪廻無際。悟則一夢之昇沉有違。悟中之迷。染淨路分。生中之佛。眞妄理一。欲懺多生之罪障。須假十方之加持。三普禮三寶尊。萬刼之殃垢風止。一稱揚一心禮。千生之福慧雲興。變大地立壇場。三寶三部三塗之普供。攪長河爲酥酪。一相一味一法之圓成。即世諦之莊嚴。成妙去之理趣。事理交徹。生佛圓融。凡情可憐。聖智即遍。伏願靈駕。五濁世翻成五淨居。更不還五趣之五途。八識心圓滿八功德。永不入八苦之八邪。兼及法界亡魂。泊我上世靈駕。即有漏成無漏。木杓苙籬。不相顢頇。以小乘即大乘。席經井索。同一絢出。次願齋者等。除五障而得五福百福千福無窮。離八難以登八地九地十地有路。以至無邊法界有識含靈。共荷慈悲之普廣。同承喜捨之加持。盡出淪沉。同成等正。仰想十方三寶。俯陳一寸微誠。謹疏。

축관 스님을 천도하는 소

부처님의 지혜는 크고 넓어서 삼제三際를 두루하나니 고통에서 구원하고 즐거움을 주는 일이 어찌 더디리오만, 외로운 혼은 아득하여 어느 방향으로 향하는지 모르니 오직 천도재를 올리는 일이 매우 급합니다. 간절하고 간절하게 귀의하오니 밝고 밝으신 감응이 이르리라 생각합니다.

엎드려 생각하건대 영가께서는【운운】부처님 법의 가지加持를 받들어 곧바로 무량광불의 세계로 가서 성현과 함께 유희하고, 부사의한 신통을 완전히 획득하기를 바라나이다.

다음으로 원하는 것은 저희는 살아서는 오복이 늘어나고 미래 세계에서는 구품연대에 오르게 하소서.【운운】

薦竺寬疏

佛智恢恢遍三際。等拔與之奚遲。孤魂杳杳向何方。惟薦修之是急。歸依切切。感應昭昭。伏願靈駕。【云云】承佛法之加持。直徃無量光佛刹。與聖賢而遊戱。頓獲不思議神通。次願己身等。生增五福。當登九蓮。【云云】

물에 빠져 죽은 아우를 천도하는 소

 나루를 잃은 한 길에서 풍마風魔에 노 잃음을 애통해하고, 법의 바다 천물결에 밝게 인도하는 뗏목 타기를 바랍니다. 그런 까닭에 도道의 뗏목을 의지하여 깨끗한 곳에 오르도록 그를 위해 천도하는 것입니다.
 생각해 보면 저 물에 빠져 죽은 상령爽靈[105]은 나의 동기同氣(형제)의 골육입니다. 배풍培風[106]의 고통 바다에서 물 위에 뜬 거품 같은 쇠잔한 인생인데 어찌하여 천지는 그대로 두지 않는 것인지요? 이것은 곧 시명時命의 억울한 요절이요, 왕의 일에 중요한 역할을 할 수 없음을 슬퍼합니다. 쪼갠 나무에 몸을 의탁하여 저 망망한 서해 바다에 띄우니, 진실로 대운大運은 피할 길이 없고 풍이馮夷[107]와 싸우다가 요사夭死하니 이 반생이 아득하고 아득합니다. 멀고 아득한 구천九泉의 귀신이 우는 밤에 이미 상수湘水의 외로운 혼령이 되었으며, 넓고 넓은 만경萬頃의 험난한 파도에 달을 건지려다 세상을 떠난 넋이 되고 말았습니다.
 천년天年대로 살다가 죽고 죽은 이는 인간 세상의 팽조彭祖[108]와 같은 수명이지만 오히려 인정에 감응이 있고, 바다에 빠져서 죽고 죽은 이는 물 밑의 교연蛟涎이라 어찌 인륜의 의리에 망극하지 않겠습니까? 바람에 파도가 거센 곳에 때로는 밤중에 오오嗷嗷[109]하고 곡하는 소리가 들리기도 하고, 하늘이 잔뜩 흐리고 비가 올 때는 슬피 울어 흘러내리는 눈물방울을 얼마나 보태겠습니까? 부질없이 지나간 일을 한탄하나 형수荊樹[110]의 꽃은 이미 떨어졌으니, 혼령을 불러 천도하기 위하여 향불을 사르고 법회의 자리를 장차 펴려고 합니다. 명부의 살피심이 매우 밝다 하오니 중생의 정성은 더욱 간절하게 할 것입니다.
 엎드려 바라옵건대 겁의 바다에 자비의 배를 띄우고 업의 파도에서 가라앉은 넋을 거두어 구품연대로 부르시어 극락의 언덕으로 인도하여 돌아가게 하여 주소서. 그리하여 삼승三乘의 기별을 주시고 불지에 오르는

사다리를 가리켜 주옵소서.【운운】

薦弟溺亡疏

迷津一路。痛失楫於風魔。法海千波。仰乘槎於明導。故憑道筏。爲薦淸昇。惟彼濔溺之爽靈。曰予同氣之骨肉。培風苦海。浮沫殘生。何天地之不遺。乃時命之夭枉。嗟王事之靡鹽。寄刳木而泛彼西海之洋洋。固大運之莫逃。戰馮夷以夭。此半生之杳杳。漫漫九泉之鬼夜。已作渡湘之孤魂。浩浩萬頃之鯨波。翻成捉月之逝魄。天年死死人間之彭壽。尙有感於人情。海溺亡亡水底之蛟涎。盍罔極於倫義。風濤激處。或聽夜哭之嗷嗷。天陰雨時。幾添悲淚之滴滴。空追恨而荊樹之花已落。欲招薦以香火之筵當開。冥鑑孔昭。凡誠益切。伏願拽慈航於劫海。收沉魂於業波。招以九品蓮臺。引歸路於樂岸。授以三乘記莂。指佛地之階梯。【云云】

강서 원각암 북신전기

아뇩지阿耨池[111]의 한 물줄기가 동으로 흘러 그 물결이 오호五湖와 사독四瀆에 보태고, 치성광熾盛光[112]의 칠요七耀(북두칠성)와 북극성은 그 빛이 만호萬戶와 천문千門을 비춘다. 업경業鏡은 밝고 밝아서 상을 주고 벌을 줌에 오차가 없으며, 하늘 그물은 넓고 넓어도 선한 사람 악한 사람이 빠져나가지 못한다. 그러하여 우러러 귀의하는 이는 백복百福과 천복千福을 받아 복 위에 다시 복이 더해지므로 어떤 복이라도 이르지 않음이 없고, 공경을 다해 공양을 올리는 자는 연재年災와 월재月災가 다 소멸하여 재앙과 재앙이 다 소멸하므로 어떤 재앙이든지 다 소멸될 것이다.

그런 까닭에 서천에서 윤회에 대한 경전을 시설하였으니 옥함 속에 들어 있는 패엽이 그것이요, 동토에서 엄숙한 단량壇場의 예를 올리니 백마와 청룡이 그것이다. 물러나지 않는 법륜은 천추에 항상 구르고 걸림이 없는 광명이 오경의 밤을 길이 밝힌다.

이 산사는 관우關右의 복된 땅이요 강서江西의 훌륭한 가람이니, 시방세계의 단월이 귀의할 곳이요, 다섯 가지 덕을 지닌 용상龍象들이 살 곳이다. 사시四時로 향불이 코를 치니 복랍세시伏臘歲時[113]에 촌 늙은이가 달려가고, 상방上方의 종고鐘鼓가 바람을 읊으니 혼신오야昏晨午夜에 분수焚修[114]하러 달려간다.

그 도량이 높고 탁 트인 곳이라 비록 청정하여 흠집이 없으나 봉황이 날아오니 복지福地라는 감응이 있음을 우러른다. 저 노처露處에서 시망柴

열을 하는 것이 어찌 성단星壇에서 봉선封禪[115]을 하는 것만 하겠는가?

　여기에 보은寶訔 대사가 있으니 그 대사는 동국의 이름난 스님이시며, 서산 대사의 적파嫡派로 등계의 장실에 올라 법의 진수를 얻고 의발을 전해 받았으며, 상품의 높은 반열에 올라 후학을 인도하고 선배의 법을 계승하였으며, 공을 관하여 조금씩 나아짐을 웃고 복을 닦아 장엄을 갖춘 것을 부러워하였다. 하늘이 내린 벼슬과 땅이 주는 재물은 다만 이 생애에 집을 윤택하게 할 뿐이나 보시를 행하고 착한 일을 많이 쌓는 것은 곧 미래 세상에 왕생하는 평탄한 길이다. 그런 까닭에 상자에 담아 둔 자기의 재물을 기울이는 것이 내 몸의 털 하나를 뽑는 것과 무엇이 다르겠는가? 겸하여 다른 사람이 독에 넣어 둔 재물을 모금하는 일은 그 가치가 천금보다 배나 더할 뿐만이 아니다.

　강희康熙 6년 정미(1667)에 공역을 시작해서 이듬해 여름이 되어서야 공사를 마쳤으며, 잇따라 단청을 하여 비로소 완성하였으니, 집을 지음에 솜씨를 다 기울였고 채색 단청을 함에 정밀함을 다하였다. 붉은색·흰색·푸른색·노란색 단청에 숲의 얼굴이 오색으로 찬란하고, 기둥과 대들보와 서까래는 산허리에 네 처마를 쏟아부었다.

　이에 많은 진영이 회전會躔하였고 많은 성현이 임어臨御하였으며, 천궁의 제석천을 중심으로 삼십이천이 당당하게 늘어서 시위하고 있었고, 지부地府의 명왕은 열여덟의 여러 관리들을 성대하게 배열하였다.

　진의眞儀[116]도 이미 이러했거니와 좌우의 소목昭穆[117]이 정연하니 단신檀信(신도들)은 자연히 손과 발을 놀려 춤을 춘다. 종소리가 바람을 일으키니 많은 귀머거리를 깨우쳐서 도리어 듣게 하고, 촛불 그림자가 달을 비추니 삼정三精[118]보다 더 밝아 그 광명을 누른다. 큰 보시를 한 사람은 그 복이 항하의 모래처럼 많이 쌓이고, 작은 인연을 맺은 사람은 진겁 동안 지은 죄가 사라질 것이다.

　왼편에는 이 절을 경영한 시말의 줄거리를 쓰고, 오른편에는 공덕을 지은 꽃다운 성명을 나열해 기록한다.

江西圓覺庵北宸殿記

阿耨池一派東流。波添於五湖四瀆。熾盛光七耀北極。輝照於萬戶千門。業鏡昭昭而賞罰無差。天網恢恢而善惡不漏。瞻歸者。百福千福。福又福而無福不至。敬供者。年灾月灾。灾與灾而有灾皆消。故致西天設輪廻之經。玉函貝葉。東土肅壇場之禮。白馬靑龍。不退之輪。常轉千秋。無礙之光。長明五夜。是山寺也。關右福地。江西勝藍。十方檀越之所歸。五德龍象之攸伏。四時之香火撲鼻。走村翁於伏臘歲時。上方之鐘皷吟風。赴焚修於昏晨午夜。爾其道場爽塏。雖淸淨以無瑕。鳳凰來儀。仰福地之有感。與其露處之柴望。曷若星壇之禪封。爰有寶岜大師。東國名緇。西山嫡派。登登階之丈室。得髓傳衣。上上品之高班。開來繼徃。笑觀空之差勝。羨修福之具嚴。天爵地財。但此生之潤屋。行施積慶。乃長徃之坦途故。傾己貯箱之財。何異於拔我一髮。兼募他韞櫝之寶。不啻若價倍千金。以康熙六年丁未歲。始役。至翌年夏。斷手。仍以丹靑以告成。結構罄巧。彩臆窮精。赤白靑黃。衒五色於林面。棟楹樑桷。注四簷於山腰。於是。羣眞會躔。衆聖臨御。天宮釋帝。三十二之列侍堂堂。地府冥王。一十八之諸司濟濟。眞儀旣爾。左昭右穆。檀信自然手舞足蹈。鍾聲引風。警羣聾而返聽。燭影暎月。耿三精而鎭明。作大施者。福聚河沙。結小緣者。罪消塵刼。左序經始之梗槩。右列功德之芳銜。

묘향산 동관음사 법당의 개와 중수기

집을 짓는 데는 지붕을 덮는 것보다 더 큰 것이 없나니 누가 그 일을 주관할 것인가? 그 공이 집을 짓는 일을 경영하는 것보다 밑돌지 않나니 그 일은 기록할 만한 것이다. 하물며 갈라져서 비가 새는 틈을 다시 막고 기울어진 것을 받치고 무너져 내린 것을 일으키는 것이겠는가?

돌아보건대 이 보문普門 도량은 저 해안을 의지하고 있는 보배의 장소로서 오세신선동五歲神仙洞에는 흰 구름이 만 겹이나 둘러 있고, 칠성진군봉七星眞君峯에는 한 조각 밝은 달이 떠 있다. 맑은 모래와 하얀 돌이 있으니 어찌 보타산寶陀山이 아니며, 옥 같은 나무에 아름다운 꽃이 피니 바로 금선金仙의 세계인 줄 알겠도다.

어느 시대에 이 절을 지었던가? 천추에 두타운월頭陀雲月이요, 지금 향불을 사름은 만고에 도솔강산兜率江山이로다. 다만 이 절을 지은 지가 너무 오래되었기 때문에 기둥과 추녀가 기울어 넘어갈 지경이었다. 천 간이나 되는 큰 집이니 어찌 바람과 비에서 보호를 받을 수 있을 것이며, 만 이랑의 복밭이 거의 풀 나무에 뒤덮인 남은 터가 되었으니, 어찌 세월이 오래되어 그럴 뿐이겠는가? 실은 지붕이 다 썩었기 때문이다.

돌이켜 생각해 보면 불법이 융성하고 쇠함은 곧 사우寺宇가 흥하냐 폐하냐에 매여 있는 것이다. 기원정사가 급고성 가운데 우뚝 섰을 때 법은 팔제八諦(팔정도)를 굴렸고, 약산동藥山洞 위에 법당이 쓰러졌을 때 선禪은 일지一枝가 꺾였다. 상림의 쓸쓸함을 개탄하였나니 그 누가 계술繼述[119]할 것이며, 법문이 영원하게 닫힘을 탄식하나니 어떤 사람이 두드려서 열겠는가? 수석이 광채가 없고 연하가 빛을 잃었다.

이에 충신冲信과 충열冲悅 두 상인이 있었으니, 그들은 자비로 방을 삼고 너그러움으로 옷을 삼았다. 인간세계에 한 번 꿈을 꾸어 천지에 하루살이 같은 몸을 붙였고, 법계에 세 번 태어나 척령鶺鴒[120]이 되어 언덕에 있었다. 소리가 서로 호응하고 기운이 서로 구하니 아교와 칠을 합하여 약계約契하고, 한 손을 함께하고 한 눈을 같이하여 서리와 눈을 겪으면서 해를 지내 왔다.

강희 계축년(1673) 봄에 권선勸善[121]을 하기 시작해서 갑인년(1674) 여름에 이르러서 마침내 낙성을 알렸다. 나무 베는 소리가 쩡쩡거리니 유루를 바꾸어 무루로 만들고, 권선의 힘 크고 크니 작은 이룸을 빌려 큰 이룸을 모았다. 낡은 집과 무너진 서까래가 옛 모양처럼 일신하였고, 뚫어진 창문과 부서진 벽도 전의 규모보다 백 갑절이나 더하였다. 공은 전년에 낙성함을 알렸으니 기뻐 날뛰며 축하 잔치를 벌였고, 이로움은 후대에 무앙無央[122]하니 명예가 바람결에 퍼뜨려졌다.

아! 슬프다. 기둥 하나가 부러졌는데 많은 들보가 무엇을 의지할 것이며, 여러 장 기와가 깨어져서 큰 집이 거의 무너질 지경이 되었다. 비록 당시의 위대한 광경이 남아 있어서 그 건물들이 웅대하고 화려하다 하더라도 만약 오늘날 보수하여 이룩함이 없다면 무너져 없어지고 말 것이다.

눈앞에 우뚝한 산들이 어찌 당년에만 오로지 아름다웠던 것이겠는가? 나라 안의 총림이 거의 후대에 꽃다운 이름을 전할 터이니, 그 베푸는 은혜는 몇천만 갑절이 될 것이요 그 공덕은 한두 마디 말로는 다 하기 어렵도다. 그러기에 이날의 수고로움과 공로를 대강 진술하여 뒤에 올 귀와 눈에 걸어 두려는 것이다.

香山東觀音寺法堂盖瓦重修記

屋莫大於盖覆。誰其尸之。功不下於經營。可爲紀也。況又補苴罅漏扶傾起頹者乎。瞻玆普門道場。猗彼海岸寶地。五歲神仙之洞。白雲萬重。七星眞君之峯。明月一片。明沙白石。豈非寶陀之山。玉樹琪花。認是金仙之界。經營何代。頭陀雲月之千秋。香火至今。兜率江山之萬古。只緣經始之悠久。繁致棟宇之欹傾。廣廈千間。安得風雨之大庇。福田萬頃。幾爲草木之遺墟。豈止歲月之悠然。實由盖覆之朽也。顧惟佛法之隆替。定係寺宇之興廢。敞祇園於給孤城中。法轉八諦。倒法堂於藥山洞上。禪推一枝。慨桑林之蕭條。伊誰繼述。嘆法門之永閉。何人擊開。水石無光。烟霞失色。爰有冲信冲悅兩上人。慈悲作室。柔忍爲衣。一夢人寰。寄蜉蝣於天地。三生法界。作鶺鴒而在原。聲相應。氣相求。合膠漆於約契。共一手。同一眼。歷霜雪而度年。以康熙癸丑春。始勸善。洎甲寅夏。終告成。伐木丁丁。換有漏以作無漏。勸力諄諄。假小成而集大成。老屋敗椽。一新舊樣。穿囱破壁。百倍前規。功告成於前年。騰歡燕賀。利無央於後代。播譽風傳。噫。折一柱而衆梁何依。坏數瓦而鉅屋幾毁。雖有當時之偉觀。輪焉奐焉。若無此日之修成。敗也壞也。眼前之峽屼。豈專媺於當年。域中之叢林。庶流芳於後代。其利濟也。幾千萬倍。其功德也。難一二言。略陳此日之勤勞。以掛後來之耳目。

청운산 정수암 대비석상 개금불사기

상설像設[123]의 제도가 우전于闐[124]에서 비롯되어 대중소화大中小華에 만연蔓延되어 지금까지 끊어지지 않고 이어져 왔으므로 그 법상法相을 숭상하고 믿는 이가 비록 하나 둘 셋이 아니나 국토가 다름으로 인하여 손가락을 꼽아 보면 선근을 끊은 일천제一闡提[125]가 어찌 왕사성王舍城[126] 3억의 가옥뿐이겠는가?

부처님께서 진상眞常[127]하신 뒤로 무우천자無憂天子[128]가 있어 금담金壜을 해내와 해외에 벌여 놓았는데, 지금 정수사淨水寺 석상 대비의 모습이 의희義熙 연간(405~418)에 배를 타고 건너온 것이 아니겠는가?

색상色相이 항상 그대로 금사金沙에 머물러 있었는데 세월이 바뀌면서 그 석상에 도금이 벗겨졌으나 금을 단련하는 기술자가 거의 없었다. 그런데 산인 의령義玲이 금을 단련할 줄 알았으니 그는 용모와 기상이 화평하고 단아한 군자 같았다.

무오년(1678) 윤달 봄에 단문檀門(시주)을 하는 사람들과 갑회甲會(갑계)의 주맹主盟이 되어 신심이 깊은 이들과 우호 관계를 맺고 황금을 교역하여 대비상大悲像(관세음보살상) 1구를 도금하기 시작하였더니 경신년(1680) 여름 상칠上七일에 그 공이 완성되었음을 알렸으니, 이것이 일곱 부처님의 조사인 만수曼殊(문수사리)가 3천 불조佛祖에 발원하셨던 그해가 아니겠는가? 무슨 까닭으로 백만억 삼천세계의 칠보[129]를 보시한 이와 같은 해에 오르락내리락할 수 있단 말인가?

객인 내가 그 훌륭한 소리를 듣고 따라 기뻐하는 뜻을 이기지 못해 그 대강의 줄거리를 기록하나니, 나중 사람들로서 보고 듣고 하는 이들이 사실어四實語가 아니라 하여 나를 비방하는 이가 없다면 매우 다행한 일이겠다. 갑회에 대한 내용은 이미 판에 등재하였기 때문에 그 밖에 뜻을 같이한 다른 여러 사람의 이름만 뒤에 나열하여 기록하는 바이다.

靑雲山淨水庵大悲石像改金記

像設之制。濫觴于闐。蔓延大中小華。而迄今綿綿。有崇信其法相者。雖非一二三。而以差別國土屈指。則其斷善根一闡提者。何翅王舍城三億家哉。佛眞常後。有無憂天子。列金壜於海內外。今淨水寺石像大悲容。非義熙年浮江來者乎。色相常住金沙。歲換而像褪其金。鍛金師幾希。有山人義玲。愷悌君子也。丁戊午閏光春。主盟檀門與甲會。結曁信心滿者。交易黃金。鎏大悲像一軀。洎庚夏上七。告厥功德成。非七佛祖曼殊。發願於三千佛祖之當年耶。何以百萬億三千界七寶施者。得同年而上下哉。客聞其勝。而不勝隨喜之志。書此大槩。後之見聞者。無以非四實語謗我。幸甚。甲會者。已謄於板故。餘諸同志者。開列于后。

삼화 법천사 공양구기

경에 이르기를 "보현보살은 공양을 널리 닦되 조금도 피로해하거나 싫증을 내는 일이 없다."라고 하였다. 또 아미타불의 마흔여덟 가지 큰 서원에 이르기를 "부처님의 공양을 견고하게 하기를 원한다."라고 하였다.

지금 이 법천사의 공양도 이와 같이 아름다운 뜻에서 발원한 것이다. 부처님을 공양하는 행위는 예나 지금이나 똑같이 있었던 일이니, 저 법천사는 이른바 공양을 올리는 곳이다.

우산부牛山府의 건방乾方(서북방)에 위치한 곳으로 우명지牛鳴地이다. 석골산石骨山 가운데에 맑은 샘물이 솟아났는데 아무리 길어다 사용해도 마르는 일이 없었다. 이는 이른바 법이 쏟아져 다함이 없듯이 계속해서 솟아나는 샘이다.

법전法殿(법당)은 그 가운데 우뚝 서 있고 동서실東西室과 승선당僧禪堂과 그 남쪽에는 누각이 있는데 근래에 새로 보수한 것으로서 돌을 깎아 기둥을 세웠으며, 그 뜰에는 아주 오래된 탑묘가 있고, 간방艮方(동북방)에는 전각이 하나 있는데 그 전각에는 약사불藥師佛 석상이 모셔져 있다. 생각해 보면 틀림없이 1천 개의 지제支提(탑)를 세울 때 경영했던 것으로서 우산부를 위하여 복과 보호를 빌었던 곳임이 분명한 것 같다.

이 절에서 공양을 베풀려고 하면 반드시 몇 두락의 전답이 있었을 것이다. 생각해 보면 아마도 무염사無厭寺의 보시보다 뒤지지 않는 규모였을 것이다. 그런데 시대가 점점 내려와 계세季世에 미치자 세상과 함께 도가 서로를 잃고 말아서 인도하고 드날린 사람이 적어 법뇌法雷의 번개가 끊어진 지 오래되었다.

이때 산인 연종蓮宗 스님이 있었으니 그는 연꽃 같은 성품을 타고나서 저절로 깨끗하였으며, 이 법을 널리 펴고 샘불을 솟아나게 하려는 것이 자신이 해야 할 급선무라고 여겼다. 그는 이 법천이 갑자기 끊어지게 될 것을 개탄하여 앞장서서 큰 소리로 법공양을 외쳤으니, 그 한 소리에 여러 사람이 똑같은 목소리를 내어 찬성하였다. 이씨가 말하기를 "나 아무는 이와 같이 공양한다."라고 하고, 김씨도 말하기를 "나 아무는 이와 같이 공양한다."라고 하였으며, 스님도 이와 같이 하고 사대부도 이와 같이 하였으며, 남자도 여자도 말하기를 "이러이러하게 공양 거리를 장만하겠노라."라고 하였다.

아무리 큰 땅덩이라 하더라도 한 치만 한 흙이 쌓여서 이루어진 것이요 티끌이 모여서 산을 이룩하는 것이다. 그렇다면 오히려 이와 같은 이치를 생각해 볼 만한 것이 있나니, 견고한 공양을 널리 닦음에 있어서 만분의 일은 될 수 있을 것이라고 생각하였다.

사람은 비록 가난하고 부유한 차이가 있지만, 모두 마음에 번뇌를 냄이 없이 법답게 보시를 실천할 수 있나니, 이것은 실천하기 어려운 일을 실천하는 것이리라. 이와 같이 한다면 이른바 물질과 힘과 목숨을 보시하는 것에 대하여 걸림 없는 말솜씨로 하나를 심어 열을 내고 백을 심어 천을 낸다고 설한 것에 미치겠느냐고 한 말을 믿을 수 있을 것이다.

사람으로서 이 한 가지 행을 미루어 넓혀서 일백 가지 행을 실천하되 이와 같은 몇몇 사람의 뽑아 버릴 수 없는 의지를 지님으로 인하여 저 석골산의 샘물을 솟아나게 한다면, 견고한 공양을 널리 닦되 싫어함이 없음은 그 속에 저절로 있게 될 것이다. 포새蒲塞로 음식을 삼았다는 말이 『한서漢書』에 나타나 있다고 들었거늘 그렇다면 지금 왜 돌에 새겨 자손들에게 남겨 주지 않는 것인가?

연蓮 스님이 나보다 먼저 옛날의 도를 계승하였기 때문에 나도 역시 그가 널리 견고하게 공양한 것을 기술하여 뒤에 무진한 공양을 보시하면서도 싫어함이 없는 이를 기다리려 하노라.

드디어 공양게供養偈를 설하나니 다음과 같다.

바라옵나니 공양의 마음을 내면서도

얼굴에 성냄이 없고 마음에 더러움 없게 하소서

이 공양을 온 법계에 골고루 하여

일체 겁이 다하도록 일념이 되게 하소서

생각 생각에 다함없는 공양을 내어

시방을 다 공양하되 피곤함과 싫어함이 없게 하소서

합장은 꽃이요 성실은 향이니

이와 같이 공양의 마음을 내게 하소서. 옴!

三和法泉寺供養具記

經云普賢菩薩。廣修供養。無有疲厭。阿彌陁佛六八大願云。供佛堅固。今法泉寺之供養出生。如是美哉。供佛之行。古之今之。夫法泉寺。所謂供養所也。在牛山府之乾牛鳴地。石骨山中。清泉涌出。汲用無竭。所謂法乃注無竭之涌泉也。法殿鵝峙於中。及東西室僧禪堂南有樓。近新修而伐石樹柱。庭有古塔廟。艮有殿。藥師佛石像立也。想必峙千支提時所經始。而爲福蔭於府者也。設供於寺。必有如干結丘壠也。想不亞於施無厭寺。而降及季世。世與道交相喪。而導歀者少。法雷之電絶者久矣。有山人蓮宗師。稟蓮性自潔。而欲弘法泉涌。爲急務者也。慨此法泉之電絶。首唱法供養一聲。衆口同音。李曰某如是供。金曰某如是供。僧如是。士如是。男曰女曰。如是如是供養具。雖大地之一寸土。而塵聚成山。則尙可想。廣修堅固供之萬一也。人雖貧與富有差。而俱無心生惱。能行施如法。而行難行。如是則所謂施色力命。安及無礙辯。種一生十。種百生千之說。乃可信也。人能推擴此一行。而行於百行。有如斯數人。而不拔之志。如彼石骨而泉湧。則堅供之廣修無厭。自然在其中也。蒲塞爲饌。聞於漢書。則今何不書諸石而以貽厥乎。蓮師能繼先道於古。余小述其廣堅供。而以俟無盡供於後之施無厭者也。遂爲說供養偈曰。

我願供養出生而。面無嗔兮心無染。
以此供養遍法界。盡一切刼爲一念。
念念出生無盡供。供養十方無疲厭。
合掌花兮誠實香。如是出生供養唵。

유점사 나한전기

쉰세 분 금선金仙이 내의來儀하니 유점사는 맨 처음 노춘盧偆이 자리를 잡아 지은 때부터 열여섯 분 응진應眞(아라한)의 영이 편안하게 머물러 온 곳인데, 지금에 와서 유표柳杓가 그 궁을 다시 수리하였다. 그런데 어찌하여 전후의 규모가 이다지도 같단 말인가? 진실로 고금의 도가 같다고 말할 만하다.

대개 이 유점사는 곧 우리 승국勝國 금강산 일만 이천 봉 중에 제일의 명승지이다. 대하大夏[130]의 성인 금선씨가 가위迦衛[131]에 강령하셨을 때 왕사성의 9억 백성 중에 성인의 교화를 보고 들은 이들은 셋 가운데 하나도 못 되었다. 큰 성인이 니원泥洹(열반)에 드신 뒤 100년간은 만수실리曼殊室利(문수사리)가 있었으니, 그는 여래의 바다처럼 넓은 회상會上에서 택법擇法으로 제일가는 큰 보살이었다. 그가 세웠던 본원本願 중에 불사不捨의 자비가 있었기 때문에 저 인연 없는 중생들까지도 불쌍히 여겨 흥강興降하시어 황금을 거두어 금용金容을 주조하여 만들었으니, 구족한 모습을 성취한 것이 비로소 쉰세 분의 상이었다.

오늘날에 이르러 여전臚傳[132]에 이르기를 "인토印土(인도)에서 배를 타고 대월지大月支에 이르러 500여 년 동안 머물다가 다시 배를 타고 바다를 건너 고성 남쪽에 도착하였는데 아직까지도 금선이 걸어 다녔던 발자국이 남아 있으며, 배가 해안에 엎더졌는데 큰 반타盤陀[133] 위에 움푹움푹 발자국이 남아 있으니, 상상하기에는 완연히 귀로 들을수록 허황한 듯하지만 눈으로 볼 수 있으므로 거짓이 아님이 분명하다. 때는 곧 신라 제2대 임금 남해왕 원년(4년)이다.

그 당시의 군수 노춘이 금선의 발자취를 따라 가시덤불을 헤치고 구령狗嶺을 넘어서 용지龍池를 거슬러 올라가니 느티나무 그림자가 못에 비치고 금선의 가지마다 완연하게 용굴龍窟에 그림자를 머물러 둔 것 같았다.

이에 주문으로 용을 쫓아 버리고 집을 지으니 이것이 바로 이 절의 창시이다."라고 하였다. 다만 그 사이에 흥폐가 되풀이되었으니 옛날부터 있어 온 재앙은 한두 번이 아니었다.

그 뒤로 내려와 청나라에 이르러 병자년(1696) 봄에 대괴大塊가 기운을 토해 내었는데, 여덟 사람[134]이 한 번 엿보자 1천 년의 금지金地가 하룻저녁에 불에 타서 빈터만 남고 말았으니, 아방궁의 뜨거운 불꽃이요 동태사의 흐르는 재앙이라. 눈을 들어 보는 사람마다 마음이 상하니 그 참담한 지경을 어찌 괄시할 수 있겠는가?

그리하여 큰 소리로 한 번 외치자 단월(시주)이 같은 목소리를 내었으므로, 상전像殿과 승방이 숲처럼 늘어서고 별처럼 벌여 있으며, 비루飛樓와 용각湧閣이 변화를 이루어 바둑판처럼 펼쳐 있게 되었다. 위대하여라, 성인의 덕이여. 내 어찌 감히 높다 낮다 비교를 하겠는가. 이 시기를 당하여 16성승전聖僧殿(나한전)을 새로 지을 때 내가 그 일의 화주化主가 되었다.

계미년(1703)에 석장을 휘두르며 동서를 휘젓고 돌아다니다가 서도西都(평양) 사람 유표를 만났는데, 그는 그때 통의랑通議郞[135]이라는 요직에 있었다. 그는 법계에 마음을 매단 큰 살타薩埵(보리살타)였었다. 그는 다리를 놓고 길을 닦으며, 절을 짓고 탑을 세우는 것이 바로 자기의 직분이라 생각하였다.

학처럼 고개를 빼고 금강산을 한 번 바라보고는 매우 기뻐하면서 크게 희사하여 수백의 돈을 다 보시하면서도 조금도 싫증을 느끼지 않았고, 많은 신자와 더불어 힘을 합하여 공사를 일으키니, 십가운당十架雲堂을 아치전鵝峙殿 동쪽에 짓고 그 전각 안에는 열여섯 분의 진의眞儀를 소목昭穆으로 모셨다. 감우紬宇[136]가 높고 넓으며 바라보는 즐거움이 그럴듯하였다.

을유년(1705) 경하庚夏에 손을 놓으니, 아! 감회가 깊구나. 우뚝 높은 그 공덕은 어느 누가 보시한 덕인가? 당년에 처음으로 터를 마련하신 분은 바로 만수보살님이 화현하신 것이요, 오늘의 훌륭하고 장엄한 광경은 여래님이 보낸 사자가 내려와 일으킨 것이 아니겠는가?

아! 슬프도다. 이때의 변화가 가슴속에 경경耿耿[137]하도다. 가야산의 해인사와 수양산의 신광사,[138] 그리고 여러 곳곳마다의 가람과 산마다의 연야鍊若들이 큰불을 만나 모두 잿더미가 되어 운학雲鶴에 재가 날리니 혼란하고 두려워하며 아침저녁으로 무서워서 벌벌 떠는 것은 당연한 일이 아니겠는가? 무덤 사이 나무 밑의 메추라기 같은 삶이 정처 없이 살 때 돌이켜 반성하고 행동을 고치는 것이 바로 나의 업이로다.

옛사람이 말하기를 "황천皇天은 나를 사랑하지 않는가? 어째서 재앙을 내리지 않는 일이 오래이지 않을까?"라고 하였으니, 참으로 옳은 말이요 매우 깊은 의미가 있는 말이로다.

때는 청나라 병술년(1706) 봄에 기록하다.

楡岾寺羅漢殿記

五十三金仙之來儀。楡岾肇自盧倩之卜宅。一十六應眞之妥靈。今有柳杓之修宮。云何前後之同揆。可謂古今之一道也。盖此楡岾者。乃我勝國金剛一萬二千峯之第一名區也。大夏聖金仙氏之降靈于迦衛也。王舍城九億之民。不見聞聖化者三之一也。大聖泥洹一百年間。有曼殊室利。如來海會上擇法第一等之大開士也。本願有不捨之悲故。愍其無緣生。興降而收金。鑄成金容。具足相成就者。方五十三也。迄今臚傳云。自印土浮。至大月支。住五百餘年。又泛海飄。至于高城南。尙有金仙步地之跡。船覆于海岸。足跡凹凹大盤陀上。像想宛然。歷耳似涉誕。而目見則不誣矣。卽新羅第二主南解王元年也。當其時守郡主盧春。躡仙蹤而披荊榛。跨狗嶺而泝龍池。楡樹陰暎。金仙枝枝。宛如龍窟之留影也。於是。呪逐龍而築室。此是寺之始也。但以興廢。襲焉相間。在昔之灾不一二。而降及淸丙子春。大塊噫氣。八人一窺千年金地。一夕焦墟。阿房烈熖。同泰流灾。擧目傷心。慘何恝視乎。大呼一聲。檀越同音。像殿僧房。森列星羅。飛樓湧閣。化成碁布。趕乎聖德。

吾何敢上下乎。丁此時也。二八聖僧殿修粊。我化主也。癸未歲。揮錫于東西。西都人柳杓。身在要門通議郞。而心懸法界大薩埵也。修橋治路。建刹樹塔。是渠職也。鶴望金剛。大喜大捨數佰錢鈔。罄施無厭。與衆檀俱幷力以興工。十架雲堂。鵝峙殿東。四四眞儀。昭穆于中。紺宇高曠。觀樂依俙。至乙酉庚夏放手。噫。巍峩崇功。伊誰施也。當年之肇基。寔曼殊之化現。則此日之偉觀。非如來使之興降乎。於戲此時之變。耿耿于懷。伽倻之海印。首陽之神光。及諸處處伽藍。山山鍊若。蕩爲刼燼。雲鶴灰飛。宜乎洶[1]懼而戰慄昏晨。冢間樹下。鶉居無芝。而返省改行。是余之業也。古有言曰。皇天不愛我乎。何不降之之久耶。誠哉是言也。深有旨哉。時淸丙戌春記。

1) ㉠ '洶'은 '汹'의 오기이다.

법흥사 남루 중수기

꿈같은 집 속에 허망하고 허깨비 같은 몸이 바람 앞에 털처럼 굴러다니다가 동산 동루에 와서 누워 지내고 있었다. 일유산의 동쪽 법흥루法興樓를 지은 사람은 선운善雲이라 한다. 선운은 회계 출생으로 함께 와서 낙송洛誦[139]으로 설하기를 간청하며 말하였다.

"우리 절 남쪽에 누각이 하나 있는데 아주 오래된 것입니다. 그 누각을 지은 이후로 간간이 융성한 때도 있었고 침체된 때도 있었습니다. 그 운이 바뀌어 갔으나 스스로 폐지할 수가 없었습니다. 누가 그것을 주장해서 지켜 나가겠습니까? 그렇다고 이것을 북쪽을 유람하고 서쪽에 앉아 있는 사람들에게 한정하여 계속해서 지켜 나가기를 바랄 수 있겠습니까?

근래에 상湘·효曉·약若 세 화상이 간간이 세상에 나와 안거예참회安居禮懺會를 시설하였을 때 사람 중에 용과 같은 이와 스님 중에 코끼리 같은 분이 끊이지 않고 계속 이어 출생하였으며, 준걸한 선승들이 숲처럼 많고 울창하여 관서의 큰 총림이 되었으니, 오늘날까지도 조계종의 본사라고 일컬어지는 것이 그 때문입니다.

이 절에는 금은자金銀字로 쓴 진경眞經이 넘치도록 비장되어 있으며, 우리나라 비조鼻祖[140]가 무학無學[141] 왕사王師를 봉할 적에 손수 쓰신 윤지綸旨와 대사에게 폐백으로 내렸던 금란가사와 『화엄경』과 아생牙栍[142]과 여덟 대군의 수교手敎와 교화소敎化疏 등이 비밀스럽게 등함縢函에 간직되어 있습니다.

또 강월헌江月軒[143]께서 직접 심으셨다는 은행나무 두 그루가 외정外庭에 서 있는데, 그 나무의 크기는 열 마리 소를 덮을 수 있고 높이는 여러 길이나 되어 산과 가지런하며, 빽빽한 나무 잎사귀는 사방으로 무성하여 짙은 그늘이 땅에 가득합니다.

아! 슬프다. 이 나무를 어루만져 보면 그 법구와 도량이 만분의 일밖에는 안 되지만 1천 년 뒤 하루아침에 상상할 수 있을 것입니다. 아! 사람은 가 버리고 산은 텅 비었는데, 상전像殿과 경대經臺와 청심호당淸心戶堂 등은 다 허물어져서 구허丘墟가 되었으니 밤에 학은 원망하고 슬퍼하며, 원숭이도 놀란 지가 이미 오래되었습니다.

다만 공왕전空王殿 남쪽에 누각만은 그대로 보존되어 있는데 그 누각은 우뚝 솟아 웅장하고 화려합니다. 비록 와관각瓦官閣에는 미치지 못하지만, 그래도 감상자壏象子나 추지배騶智輩들이 실컷 놀면서 경전을 잡고 어려운 대목을 물어 돌이 머리를 끄덕이고 꽃비가 내리게 할 때 사용할 만한 곳입니다. 다만 그것을 경영한 지가 세월이 바뀌고 흘러서 붉은색이 흰색으로 모두 퇴색하여 희미해지고, 대들보와 서까래가 휘어지고 부러지고 말았으니, 어떻게 오뚝하게 가만히 앉아서 아무 생각 없이 바라만 볼 수가 있겠습니까?

지나간 임신년(1692) 봄에 여러 사람이 똑같은 말로 이 누각을 수리해야 한다고 말한 적이 있었습니다. 그러자 대균大均과 계천繼天, 벽락碧落과 득수得守, 심익心益과 쌍언雙彦, 무학無學과 묘혜妙慧 등 아홉 명의 스님들이 각각 스스로 화주가 되어 모금하였고, 세겸世謙은 단청을 담당하였으며, 뇌영雷英은 금전의 출납과 받아들이고 주는 일을 담당하였고, 현희玄熙 스님은 그 공사를 감독하고 독려하는 일을 담당하였습니다. 그리하여 재물을 모으고 기술자들을 모집하여 을해년(1695) 늦봄에 수리를 마치고 또 단청까지 다 끝냈습니다. 그리고 금년 봄에 대비전주大悲殿主와 더불어 논의하여 낙성식을 하였습니다."

아! 슬프다. 하나의 누각에 불과하지만 그 공용은 위대하다. 도인을 방문하고 신선을 찾는 이들과 나라를 떠나서 고향을 그리워하는 사람과 강과 바다를 유람하고 산을 넘고 물을 건너면서 〈증도가證道歌〉를 부르는 사람과 우주를 관람하고 산하를 열람하면서 흥취를 읊고 회포를 푸는 사람과 손님을 맞이하고 잔치를 열어서 초가楚歌를 부르고 매화시를 짓는 사람 등 모두가 하나같이 이 누각에 와서 의지하면서 그 즐거움을 즐거워하되 스스로 그 즐거움을 즐기고, 사람마다 눈을 붙이고 마음을 달려 그 만족감을 흡족해하되 각각 그 만족감을 흡족해하면서 눈을 치켜뜨고 산보하며, 고요히 앉아 잡념을 끊고 유조遺照하는 무리에 이르기까지 큰 도움이 되고 있다.

다만 온갖 꽃들이 산에 가득하면 색공色空이 눈을 현란하게 하며, 육출六出이 허공을 가득 메우면 부기附棄에 흥취를 달리하나니, 그렇다면 이 누각에 올라서 난간에 기대어 사다리를 거둘 때에는 처음에는 잘 다스려지다가 마지막에는 혼란해져서 지나치게 기이함이 많음에 이르지 않음이 없을 것이다.

그리하여 공을 관하다가 도리어 공에 빠지고, 회포에 붙였다가 도리어 그 회포를 잊고 말 것이니, 시방세계의 극심한 과보로 옮겨 가서 1천 년의 고난을 겪는 일이 다 이 가운데 있을 것이다.

기이한 것을 찾고 뛰어난 광경을 찾아서 널리 다니고 높이 오르는 여러 공들에게 바라는 바이다. 그 나머지 많은 말들은 내가 어찌 감히 붓으로 다 쓸 수 있겠는가?

法興寺南樓重修記

夢宅中虛幻身。風毛轉而來臥於東山東之殿曰有山之東法興樓。纂修人曰。善雲。會稽生。俱來。求洛誦說曰。我寺有南之樓。古也。經始已還。間有隆若替。其運轉而不能自止。孰主張。是北遊西坐者。幢幢何限。近有湘曉若三和上輩間生。而設安居禮懺會。時人龍僧象。濟濟振振。禪俊如林。蔚爲關西大叢林。迄今稱曹溪宗本社者。以此也。藏溢金銀字眞經。我國鼻祖之封無學王師。手灑翰綸旨幣出大師。金襴衣華嚴經牙栍八大君手敎敎化疏。秘在縢函。江月軒手植銀杏樹兩株。立於外庭。其大蔽十牛。而高幾丈與山齊。密葉扶疎。濃陰滿地。於戱。撫此樹。而想像其法具道場之萬一於千載下一旦也。吁。人去山空。而像殿經臺若淸心戶堂。廢爲丘墟。夜鶴怨而哀。猿驚者久矣。只有空王殿。殿南樓。樓之高突兀壯麗。雖不及於瓦官閣。而尙可堪象子鷟智輩。遊衍執經問難。而石點雨花時爲用也。但以其經營者。歲換星移。赤白漫漶。樑桷撓折者。何可兀坐而恝視乎。頃者壬申春間。衆口一談曰。樓可修。曰大均。曰繼天。曰碧落。曰得守。曰心益。曰雙彦。曰無學。曰妙慧等九僧。各自募化。爲曰世謙丹青也。曰雷英出內取與也。曰玄煕師監其役而董焉。鳩材募工。而乙亥春季。脩葺了。又丹靑焉。以今年春。與大悲殿主。合謀而落成焉。噫。一樓之爲用大矣㦲。訪道尋仙者。去國懷鄉者。遊江海涉山川而證道徵歌者。觀宇宙閱山河而逸興幽懷者。以至迎賓設筵詠楚賦梅者。一一來凭徙倚焉。樂其樂而自樂其樂。人人寓目騁懷焉。適其適而各適其適。盱衡散步而坐忘遺照輩之一大助也。但千花滿山。色空眩目。六出彌空。附棄異趣。則登斯樓而倚闌收梯時。莫不始治卒亂而泰至多奇。觀空返作沉空。寓懷龥爲忘懷。移十方之劇報。歷千祀之苦難。都在於此。如其搜奇選勝。而闊步高攀者。則是所望於群公也。自餘多舌。吾何敢筆耕乎。

권사
勸詞

『화엄경』 간행에 동참하여 선근을 지으라고 권유하는 글

  법계에 살면서 선근을 심지 않을 수가 있겠으며, 불구덩이 집 어두운 길을 어찌 벗어나지 않겠습니까? 이 법지法地가 거칠어진 때를 만나서 어느 누가 재배栽培할 수 있겠습니까? 그것은 대약왕수大藥王樹로서 그 나무의 뿌리가 신령하기 때문입니다.

  『화엄경』은 시겁時劫을 융화融和하고 진찰을 혼합하여 갖가지 꽃을 피우고 많고 많은 열매를 맺는 대약왕수이니, 그 나무는 법계의 땅에 서리서리 무진한 뿌리를 내렸습니다. 그러므로 인천의 종류들도 뿌리를 붙일 수 있고, 보리살타의 종류들도 거기에서 뿌리를 배양할 수 있는 것입니다.

  나 또한 선림 가운데 하나의 병든 잎사귀로서 일찍이 법지에 종자를 심었으나 거칠게 버려둔 채 잘 가꾸지 않아 가시덤불이 하늘을 침범하고, 빽빽한 숲이 땅에 우거져서 전단의 가지와 공덕의 잎이 다시는 그늘을 이루고 그림자를 펴지 못해 영원히 선근을 끊고 종자를 버리고 말았으니 감히 굴복하지 않을 수 있겠습니까?

  지금 대화엄 법문을 인쇄하여 유통함으로써 마침내는 마음자리가 열리게 하려고 합니다. 이는 큰 서원의 종자를 심는 일이니, 그것은 바로 보普와 건乾입니다. 척박한 땅에 메마른 무리가 대약왕수 그늘 속에 함께 뿌리를 내려 꽃을 피우고 열매를 맺이 갖가지 광명의 꽃술 향기와 화대장花臺藏 위에서 유희한다면 어찌 통쾌하지 않겠습니까?

경전 가운데 법의 바다에서 함께 씨앗을 뿌려 싹을 틔우고 줄기가 뻗어 나가면 그대는 부러워하지 않겠습니까? 오직 우리 비구들의 향 가운데서 여러 선근을 지닌 무리가 부디 삼보리수三菩提樹의 뿌리를 내린다면 매우 다행스러운 일이 될 것입니다.

印華嚴經種善根文

法界善根。可不種耶。火宅昏塗。豈不離乎。當此法地。蕪穢之時。孰能栽培乎。其大藥王。樹靈根者也。華嚴經者。融時劫混刹塵。而發種種花。結重重果之大藥王樹。盤無盡根於法界土者也。人天種者。可托根也。菩提薩埵種者。可培根也。余亦禪林中一病葉也。早下種於法地。而蕪穢不治。荊棘侵天。稠林蔚地。栴檀之枝。功德之葉。無復成陰布影。而永作斷善根敗種。敢不屈茲。今欲印大華嚴法門。出流通而遂開心地。樹大願種子曰。普與乾。剝剝地枯槁輩。共結根於大藥王樹陰中。開花結果。遊戲於種種光明藥香花臺藏上。豈不快哉。經中劫海。同種而生芽擢幹者。子不羨乎。惟我芯蒭。香中諸善根輩。請植三菩提樹根。幸甚。

표훈사 산영루를 새로 지으며 시주를 권하는 글

일만 이천 옥수玉岫와 하잠霞岑은 별유천지인 기달산怾怛山[144]의 세계요, 89개의 연방蓮房과 난야는 원화元化[145]로 만들어진 봉래산의 동천洞天입니다. 표훈사[146]는 이미 오랜 옛날부터 이어져 오는 도량인데 이러한 법지에 산영루山映樓를 어찌 새로 짓지 않을 수 있겠습니까?

돌아보건대 오직 금강의 신령한 산만이 진실로 해가 뜨는 지역의 명승지입니다. 포개진 언덕과 겹겹으로 이루어진 산에 높고 낮은 흰 구름이 붉은 나무의 그림자 속에 피어오르고, 황금같이 흐르는 물과 옥처럼 쏟아지는 폭포며 깊고 얕은 절벽에 골짜기에는 층층이 바위가 쌓여 있습니다. 푸르고 푸른 잣나무와 소나무가 울창하게 우거진 숲 가에는 크고 작은 금선을 모신 사찰이 보일 듯 말 듯하고, 새벽의 종소리와 저녁의 북소리가 둥둥 소리를 내는 곳에 늙고 젊은 사문들이 오고 갑니다.

그 가운데 있는 큰 가람인 표훈사는 신라 문성왕 때로부터 흥했다 폐했다 함이 끊이지 않았으니, 비바람을 겪어 흔들린 것을 몇 번이나 보았으며, 끊임없이 오고 가는 가운데 재촉하는 세월만 오래 보냈습니다.

얼마 전에는 물의 재앙과 불의 재앙에 걸려 잔나비와 두루미의 원망과 놀람을 사기도 하였으나 법당과 스님들이 묵고 있는 요사는 허물어지면 다시 복구되어 도구와 법물이 크게 갖추어져 있습니다.

다만 누사樓榭만은 수리하지 못해서 빈객들의 유감이 있었으며, 그런 까닭으로 월사月槎[147]나 성초星軺[148]가 머뭇거리며, 배회할 곳조차 없어 난감해하고, 난참鸞驂[149]과 학가鶴駕[150]가 채찍을 멈추고 때로는 강개해합니다. 그러므로 산을 빛내고 물을 아름답게 하기가 어렵고 도리어 숲에 부끄럽고 냇물에 창피할 따름입니다.

이 화주는 승려의 밭에 병이 든 뿌리요 가르침의 바다에 미미한 존재로서 꽃 피는 봄과 달 밝은 가을에 등한히 세월만 흘려보내며, 백마가 신고 온 경전과 용궁에 간직된 경함을 경황없이 바쁜 가운데 몽매간에 끊어지고 말았습니다. 허다한 쟁기를 끌고 고무래를 잡기[151]보다는 어찌 배를 접붙이고 복숭아를 심는 사람을 한 번 만남이 낫지 않겠습니까?

그런 까닭에 하나의 큰 인연을 위해 타수唾手[152]하고 억만의 단월들에게 그 뜻을 호소하는 것입니다. 뜬구름 같은 부귀 속에서 달팽이 뿔과 같은 공명이라는 것을 깨닫기 바라며, 풀 끝의 이슬 같은 인생은 천지에 여행 온 나그네에 불과하다는 사실을 알아야 할 것입니다. 한 끼의 밥도 반드시 그 덕을 갚아야만 하거늘 어찌 인과의 이단이라고 꺼릴 것이며, 천금을 다 나누어 주면 다시 돌아오는 법이니 저절로 이목의 적지的旨(확실히 앎)가 있기 때문입니다. 모쪼록 오늘 보시를 실천하시면 다른 때에 윤회가 결정될 것입니다.

넓고 아름다운 큰 집을 금산金山에 환출幻出하고, 우뚝 높이 솟은 누각을 옥동玉洞에서 옮겨 왔습니다. 물에 가까이 있는 누대가 달을 먼저 얻으니 속된 마음의 번뇌를 씻을 수 있으며, 산에 돌아온 도사가 제일 먼저 진인眞人을 찾으니 선부仙府에서 한껏 노닐 수 있을 것입니다.

表訓寺山映樓新建勸文

萬二千玉岫霞岑。別有怲怛之世界。八十九蓮房蘭若。元化蓬萊之洞天。表訓寺旣舊貫之道場。山映樓盡新修於法地。顧惟金剛之靈岳。實維日域之勝區。疊巘重岡。高低白雲。紅樹之影裏。金流玉注。淺深絶壑。層巖之谷中。翠栢蒼松。鬱鬱林邊。大小金利之隱現。晨鍾暮鼓。鏗鏗響處。老少沙門之去來。中有表訓大伽藍。粤自新羅文聖代。興廢不盡。幾見風雨之震凌。徃復無窮。長送日月之催御。頃罹水火之灾眚。致有猿鶴之怨驚。佛殿僧寮。隨毁隨復。道具法物。大備大成。只緣樓榭之未修。縈致賓客之有感。月槎星軺之弭節。無處徘徊。鷺騰鶴駕之停鞭。有時慷慨。故叵使山輝水媚。返贏得澗愧林慚。化主緇田病根。敎海微物。春花秋月。等閒度於荏苒光中。馬經龍頤。夢寐絶於恍惚堆裡。與其許多番牽犂拽杷。曷若打一遭接梨種桃。故唾手於一大因緣。爲陳志於億萬檀越。浮雲富貴。悟蝸角之功名。草露人生。寄逆旅之天地。一飯必酬其德。何嫌因果之異端。千金散盡還來。自有耳目之的旨。捨施須行於此日。輪廻可決於他時。當輪奐幻出於金山。突兀移來於玉洞。近水樓臺先得月。可滌煩於塵襟。歸山道士最尋眞。得遊衍於仙府。

유점사 시왕상을 조성하기 위한 권유문

여섯 가지 이름을 지닌 영산에 있는 유점사는 곧 도량 중에 제일이요, 10대 염로閻老(염라)에 숲처럼 벌여 서 있는 것은 바로 명부 열왕의 위엄입니다. 벌여 서 있는 진의眞儀를 조성하려고 하면 반드시 단월의 깨끗한 보시를 빌려야 할 것입니다.

가만히 생각해 보면 유명幽冥 세계의 큰 성인인 시왕十王과 자비교주慈悲敎主이신 상벌을 주관하시는 명왕께서는 황금 석장을 떨치고 광명을 놓아 굳게 잠겨 있는 지옥의 관문 속에서 생령을 구원하시고, 옥류관玉旒冠을 머리에 쓰고 업경業鏡을 들고는 나하교奈河橋 주변에서 함식含識[153]들을 인도하십니다. 온 천하의 칠취七趣 중생은 누구나 다 삶을 버리고 죽음으로 몸을 던지지 않는 이가 없으며, 장악掌握 아래 삼계三界의 포식抱識과 같은 뜻임이 어느 누구인들 다 과보를 띠고 원인을 부르지 않겠습니까? 막대한 생성의 은혜를 갚으려고 하면 그림자 없는 상호를 조성해야 할 것입니다.

돌아보면 이 대수大壽를 누리시는 성인의 덕을 갚는 이름난 사찰은 신라 시대에 처음으로 지은 도량이며, 쉰세 분의 크고 작은 황금 용모(금 불상)는 축건竺乾(인도)에서 만든 참다운 상이요, 일만 이천 높고 낮은 옥 같은 산봉우리 여기 봉래산은 원화로 만들어진 동천입니다. 사람이 많은 것을 총림이라고 하지만 나는 대천세계大千世界를 알고, 도가 왕성함을 법지라고 하지만 사람들은 제일의 명승지라고 합니다.

다만 한스러운 것은 명부전[154]이 텅 비어 있고 오직 염라대왕의 탱화만 걸려 있는 것입니다. 하얀 비단 열 폭의 단청이 그 빛이 퇴색한 것을 한탄하며, 천추의 옥단玉壇에 진의의 상을 봉안할 것을 생각합니다. 옥호玉毫를 지니신 진용眞容은 괴로운 바다에 자비로운 배이신 큰 성인이요, 금관金冠을 쓴 환한 얼굴은 어두운 하늘에 밝은 해와 같은 여러 대왕입니다.

아름답고 훌륭한 내의來儀를 조성하려고 하면 어찌 많고 많은 유익한 준비를 꺼리겠습니까?

마사麻絲[155]와 속미粟米는 티끌을 모아 합한 백가百家가 도와준 인연 때문이요, 상호의 위의는 육통六通의 신통력으로 환출한 것입니다. 그렇다면 법상法相을 우모寓慕하는 사람은 우러러보면 의탁하고 싶은 생각이 들 것이요, 불지佛地에 마음을 던진 사람은 복과 경사스러운 일이 무궁할 것입니다.

남부제南浮提 붉은 무궁화 나라에서 오늘 복과 이익을 맺으면 북풍도北鄷都의 검은 연기 속에서 다른 때에 음공陰功을 우러러보게 될 것입니다. 물과 육지에서 향을 사르고 꽃을 공양하며 점안點眼[156]을 회향하는 날이요, 살아 있거나 죽은 뒤의 복리福利를 위하여 팔을 태우는 의식을 하면서 참회하는 때입니다.

아! 슬프다. 재앙과 경사는 각각 부류를 따른다는 말은 한 시랑韓侍郎[157]의 지극한 논리요, 과보는 저 스스로 지어 다시 받는다고 하는 말은 석가모니 본사님의 참다운 말씀입니다.

楡岾寺十王像造成勸文

六名靈山楡岾。乃道場之第一。十代閻老森羅。是列王之冥威。欲塑案列眞儀。須假檀越淨施。窃惟幽冥界大聖十王。慈悲敎主賞罰冥王。振金錫放光明。救生靈於狴牢關內。戴玉旒擧業鏡。導含識於奈河橋邊。普率間七趣衆生。罔不捨生投死。掌握下三界抱識。孰不帶果招因。欲酬莫大之生成。爲造無影之相好。顧此大壽聖報德之名刹。粤自新羅伐經始之道場。五十三大小金容。自竺乾鑄成之眞相。萬二千高低玉嶂。是蓬萊元化之洞天。人多曰叢林。吾知大千世界。道盛爲法地。人稱第一名區。只恨冥府殿空。惟有閻羅幀掛。霜練十幅。恨丹靑之光銷。玉壇千秋。想眞儀之像設。玉毫眞容。苦海慈航之大聖。金冠睟面。冥天白日之諸王。欲成穆穆之來儀。豈嫌多多

之盆辦。麻絲粟米。塵合百家之資緣。相好威儀。幻出六通之神力。則寓慕
法相者。瞻仰有托。投心佛地者。福慶無窮。南浮提紅槿花中。結此日之福
利。北鄧都黑焰煙裏。仰他時之陰功。水陸香花點眼回向之日。存亡福利燃
臂懺悔之時。噫。殃慶各以類隨。韓侍郎之至論。果報還自受用。釋本師之
眞言。

평양 정수암 북신전 중창 모연문

저 문사門駟와 교의橋蟻는 선한 사람이라야 반드시 창성하고, 환작環雀과 주사珠蛇는 미물이지만 은혜를 갚습니다. 세속의 법에도 오히려 나타나는 감응이 있거늘 하물며 부처님의 도에 어찌 신령한 징조가 없겠습니까?

그런 까닭에 칠보를 보시하면 항하의 모래처럼 많은 복을 얻는다는 말은 곧 『반야경』의 특별한 가르침이요, 팔재八財[158]를 쌓아 두지 말고 도를 위해 깨끗하게 보시하라는 말은 『열반경』의 지극한 말씀입니다. 만일 복전에 이익을 구하려고 한다면 어찌 보전寶殿을 수리하고 경영하는 데 보시를 하는 것만 하겠습니까?

하물며 이 북신전北辰殿[159]은 천상의 성신들이 임어臨御하는 곳이요, 인간의 수명과 복을 기원하고 비는 곳이니 두말할 나위가 있겠습니까? 삼청三淸이 위에 있으니 비록 비슷하게 단청을 하더라도 오복은 마음으로부터 오는 것이라 경건한 정성을 간절하게 해야 할 것입니다.

그러므로 성단星壇과 두전斗殿(칠성각)은 이미 날로 새롭게 되기를 바라 경영에 열심히 노력하지만 푸른 기와와 붉은 기와는 해가 오래되어 썩고 부서짐을 면하지 못합니다.

아! 슬프다. 향과 꽃을 올려야 할 복지가 거의 가시덤불 우거진 빈터가 되었으니, 위에는 비가 새고 옆은 바람에 무너져서 수선하는 일이 시급한데 동쪽을 바르고 서쪽을 칠을 하여 크고 넓은 집의 아름다움을 유지하기에는 매우 어려운 일입니다.

이에 선행을 권유하는 글을 지어서 계획하는 공을 이루기를 바라는 것이니, 높은 이나 낮은 이, 귀한 사람이나 천한 사람이 어찌 큰 복을 기원함이 없겠습니까? 삼베와 목재, 곡식과 돈을 나누어서 널리 자비를 베푸는 은혜를 베푸소서. 보배를 많이 지녔던 숙근夙根을 깨달아 크나큰 간탐慳貪을 깨뜨리고 보시금을 내어야겠다는 희유한 생각을 내시어 공덕을 넓히고 많이 쌓으시기 바랍니다.

그렇게 하면 영단靈壇의 묵도默禱를 기다리지 않고도 부富와 수壽를 겸할 것이요 자손도 번창할 것이며, 단정丹鼎의 비방祕方을 구하지 않아도 강녕하여 질병이 적기를 기대할 수 있을 것입니다. 참다운 세계에 날아오를 것이니 늙지 않는 신선 따르기를 기대할 수 있을 것이요, 법의 보물을 마음대로 쓸 것이니 어찌 그지없는 복만 얻을 뿐이겠습니까? 착한 일을 쌓은 집안에는 틀림없이 경사가 있으리라는 말은 일찍이 유생에게 들은 말이요, 보시를 한 도가 어긋나지 않는다는 말은 그것이 어찌 우연의 진리라 하겠습니까?

치수錙銖[160]만 한 재물을 한 번 보시하기를 아끼지 마시고 삼생三生에 과인果㓃을 맺는다면 감우紺宇는 구름 속에 높이 솟아 북신北辰의 고공高拱을 잔치에서 축하할 것이요, 향과 등이 해처럼 밝아 서경의 대도大都에 개미 떼처럼 달릴 것입니다. 현재 살아 있는 인연만을 논하지 말고 인천의 과보가 될 원인을 세우소서.

축원하는 바는 요명堯蓂의 해가 길어 사민四民은 샘물 파고 밭을 가는 노래를 부르고, 순금舜琴의 바람이 온화해 백공百工이 운성雲星의 경사에 화답하게 하여지이다.

平壤淨水庵北辰殿重荊募緣文

述夫門駟橋蟻。善人必昌。環雀珠蛇。微物亦報。在世法尙有顯應。矧佛道豈無靈徵。是以七寶普施而得福恒沙。是般若之別教。八財勿畜而設淨爲道。乃涅槃之極談。如欲福田利益之求。曷若寶殿脩營之施。況此北辰殿者。天上星辰之所臨御。人間壽福之所祈祝。三淸在上。雖髣髴於丹靑。五福由中。可激切於虔懇。所以星壇斗殿。已勤日新而經營。碧瓦朱甍。未免年久而腐朽。咨爾香火之福地。幾乎荊棘之丘墟。上雨傍風。修繕之功斯急。東塗西抹。奐輪之美難成。玆將勸善之辞。冀遂成功之計。凡在尊昇[1] 貴賤。寧無介神之祈願。分布木米錢。獲藉普慈之惠。悟夙根於多寶。破大慳貪。發希念於布金。弘衆功德。然則不待靈壇之默禱。兼富壽而多男。休求丹鼎之秘方。庶康寧而少病。飛昇眞界。可期從不老之仙。運用法珍。奚啻得無邉之福。積善之家有慶。甞聞儒者之談。布施之道不差。豈曰偶然之理。毋惜錙銖之一擧。以結果因於三生。則紺宇聳雲。燕賀北辰之高拱。香燈耀日。蟻奔西京之大都。無論生現之緣。悉樹人天之果因。祝堯蓂日永。四民興鑿耕之歌。舜琴風薰。百工和雲星之慶。

---

1) ㉮ '昇'은 '卑'의 오자인 듯하다.

동산사 불상 개금공덕 공양 보시를 권선하는 글

『조상경造像經』[161]에 말하였습니다.

"부처님께서 도리천에 올라가시어 여름 석 달을 지내면서 어머니(마야부인)를 위하여 설법하였다. 그때 우전왕優塡王[162]이 항상 부처님을 목마르게 우러러보았으나 뵐 수가 없자 그 나라 안의 훌륭한 장인에게 명하여 부처님의 형상을 조성하게 하였다. 비수갈마천毗首羯磨天[163]이 장인으로 변화하여 즉시 왕에게 아뢰었다. '저의 공작 솜씨가 훌륭하여 세상에서 제일입니다.' 그러자 왕은 전단나무를 가려 직접 어깨에 메고 와서 하늘의 장인에게 주었다. 하늘 장인이 도끼로 나무를 쪼개자 그 소리가 위로 삼십삼천까지 사무쳐 통하여 부처님의 회중에 이르렀다. 그 때문에 부처님의 신통력으로 그 소리가 미친 곳의 중생으로서 그 소리를 들은 이들은 죄구罪垢와 번뇌가 모두 사라질 수 있게 되었다."

『관불삼매경觀佛三昧經』[164]에 말하였습니다.

"세존께서 불상에 말하기를 '그대는 다음 세상에 크게 불사佛事를 지을 것이니, 내가 멸도한 후에 나의 여러 제자들을 그대에게 부탁하오.'라고 하자, 공중의 화불이 말하기를 '만일 어떤 중생이라도 부처님의 형상을 만들면 이 사람은 마음에 염불청정삼매念佛淸淨三昧를 얻으리라.'라고 하였다."

이것이 곧 불상을 조성하는 것에 관한 말입니다.

『우전왕경優塡王經』에 말하였습니다.

"불상을 조성하는 사람은 대대로 태어나는 생마다 악한 세계에는 떨어지지 않고 천상의 사람으로 태어나서 복을 받고 쾌락을 누릴 것이며, 신체는 황금색이요 얼굴 모양은 단정하여 사람들의 사랑과 공경을 받는 대상이 될 것이며, 만약 인간세계에 태어나면 항상 태어날 적마다 제왕이 되거나 대신이나 장자, 어질고 착한 집안의 아들로 태어나 부귀를 누리고 존귀하게 될 것이며, 만일 제왕이 되면 왕들 가운데에서도 특별나게 존경을 받을 것이며, 만약 하늘의 왕이 되면 하늘의 왕 가운데에서도 가장 뛰어날 것이며, 훗날 틀림없이 부처님이 될 것이다."

또 『공덕경功德經』에 말하였습니다.

"불상을 조성한 사람은 미륵부처님의 처음 회상에서 모두 해탈을 얻으리라." 또 "교범바제憍梵波提는 옛날 소의 몸이 되어 물과 풀을 구하다가 정사를 우측으로 돌았는데, 이로 인하여 부처님의 존귀하신 용모를 뵙고 환희의 마음을 내었다. 이러한 복으로 인하여 지금 해탈을 얻게 되었다."

이상의 말들이 바로 불상을 조성한 공덕을 언급한 것입니다.

『부법장전付法藏傳』에 말하였습니다.

"대가섭이 옛날에 가난한 여인으로 태어나 불탑 안에 있는 불상의 얼굴을 보았는데 그 불상은 금빛이 조금 훼손되어 있었다. 그때 그 가난한 여인은 지니고 있던 황금 구슬을 가지고 금을 다루는 기술자를 찾아가서 그 금 구슬로 이지러진 불상의 얼굴을 장식하게 하였다. 그런 연유로 그는 91겁 동안 온몸이 황금색을 띠어 상호를 구족하였다."

『화엄경』에 말하였습니다.

"중생들을 널리 구제하는 묘덕 주야신晝夜神이 인지因地[165]에 있을 때 미묘한 눈을 지닌 여인이 되었는데, 보현이 수행을 권유하였기 때문에 불상을 부수고 다시 채색으로 그림을 그리고는 보배로 장엄한 다음 보리심을 내었다. 그런 일이 있던 때부터 내내 나쁜 세계에 떨어지지 않았고, 늘 인천의 왕종王種의 종족 가운데 태어났으며, 온갖 상호가 원만하였고 항상 여러 부처님을 뵙고 보현을 친근히 하여 개오함이 성숙하였다."

『관불삼매경』에 또 이렇게 말하였습니다.

"부처님께서 아난에게 말씀하시기를 '내 말을 잘 지니어 널리 제자들에게 알려라. 부처님의 형상을 조성하거나 부처님의 자취를 그려 사람들로 하여금 그것을 보게 하여 기뻐하는 마음을 내게 하면, 능히 항하의 모래처럼 많은 겁 동안 나고 죽고 하면서 지었던 죄가 다 소멸되리라.'라고 하였다."

이상은 불상을 개금하고 선업을 권하는 것에 대한 이야기입니다.

『비유경譬喩經』에서는 이렇게 말하였습니다.

"사위성에 사는 어떤 청신녀가 부처님께서 분위分衛[166]차 문에 이르자 발우에 밥을 올렸다. 그러자 부처님께서 그를 위하여 주원하셨다. '하나를 심으면 열이 생기게 하고, 열을 심으면 백이 생기게 하며, 백을 심으면 천이 생기게 하고 나아가 만을 심으면 억이 생기게 하며, 또 도제道諦를 깨닫게 해 주소서.' 그러자 불법을 믿지 않던 그의 남편이 부처님께 여쭈었다. 부처님께서 말씀하셨다. '그대는 저 니구류尼拘類[167] 나무를 보니 그 높이가 얼마나 되던가?' 그가 대답하였다. '높이는 40리요, 해마다 수만 섬의 열매가 떨어집니다.' 부처님께서 말씀하셨다. '네 말이 어찌 그리 과장이 심한가? 작은 겨자만 한 씨를 심어 어떻게 그 높이가 40리나 되고 해마다 만 섬의 열매가 떨어진다고 하는가?' 그가 대답하였다. '정말 그러합니다.' 부처님께서 말씀하셨다. '땅은 지각이 없는 것인데도 그 갚음이 그러하거늘, 하물며 기뻐하는 마음으로 한 발우의 밥을 부처에게 올린 것이겠는가? 그 복은 이루 다 헤아릴 수 없을 것이니라.' 그들 부부는 마음이 열리고 뜻이 풀려 곧 수다원도須陀洹道[168]를 얻었다."

『보장경寶藏經』에 말하였습니다.

"옛날 어떤 왕(악생왕惡生王)이 원림에 나가 놀다가 황금 고양이 한 마리가 서남쪽으로 들어가는 것을 보았다. 왕은 곧 사람을 보내어 땅을 파다가 구리로 된 항아리를 얻었는데, 그 구리 항아리는 석 섬들이였는데, 거기에는 금전이 가득 차 있었다. 다시 더 깊이 파다가 항아리 세 개를 더 얻었으며, 또 그 곁으로 파 들어가서 5리에 이르는 동안 모두 구리 항아리를 얻었다. 그때마다 항아리에는 금전이 가득 차 있었는데 처음 항아리와 다름이 없었다. 그때 왕은 곧바로 가전연迦旃延[169]에게 나아가서 그 돈을 얻은 내력을 자세히 이야기하고는 물었다. '내가 이것을 쓰려고 하는데 장차 환란이 없겠습니까?' 존자가 대답하였다. '그것은 왕이 전생에 지은 인因으로 얻은 복의 갚음입니다. 그냥 쓰십시오. 아무 탈도 없을 것입니다. 비바시부처님 때 여러 비구들이 있었는데, 그 비구들이 네거리 큰 길에서 높고 큰 자리를 시설하고 그 위에 발우를 놓아두고 이렇게 말하였습니다. 「누가 이 단단한 창고에서 돈을 가져다가 이 발우 속에 넣겠느냐?」 그때 어떤 가난한 사람이 나무를 팔아 돈 3문文을 얻은 것이 있었는데, 그가 이 말을 듣고 매우 기뻐하는 마음을 내어 그 돈을 모두 발우에 넣고 성심으로 발원하였습니다. 그리고 집을 향해 5리쯤 걸어오면서 걸음마다 기뻐하였습니다. 그때의 그 나무를 팔았던 가난한 사람이 바로 지금의 왕입니다. 왕은 과거에 3전을 보시한 인연으로 세상마다 존귀하였으며, 항상 이와 같이 세 개의 돈 항아리를 얻었고, 5리 동안 걸음마다 기뻐한 인연 때문에 항상 5리 안에 그런 돈이 가득【운운】.'"

이상은 바로 기뻐하면서 공양을 올리고 보시한 것에 대한 이야기입니다.

혹 어떤 사람이 말하였습니다.

"부처님은 회신灰身으로 종지를 삼고 적멸로 즐거움을 삼는데, 어찌하여 형상을 만들어 시설하고 황금으로 채색하는 것을 일삼는 것입니까?"

대답하였습니다.

"그대는 보지 못했는가? 옛 성인이 보본추원報本追遠[170]의 도로 백성을 교화하지 않았던가? 그리하여 제사를 올리는 예법에 사당에는 나무로 신주를 만들고, 제사에는 자손을 시동尸童[171]으로 삼았습니다. 나무 신주나 자손 시동이 비록 진짜는 아니라 하더라도 그것이 아니면 무엇을 가지고 마치 살아 계신 듯이 섬기는 정성을 다할 수 없기 때문입니다. 하물며 부처님은 색상은 아니지만 색상을 여읜 것도 아니기 때문에 쇠붙이나 나무, 흙이나 돌로 그 상호를 만들어 놓고 공경하고 헐뜯는 사람들에게 죄와 복으로 각각 그 유를 따라 호응함이겠습니까?

　아! 슬프다. 마치 청묘淸廟[172]에 임하자 저절로 슬프고 마음이 상하여 눈을 들면 감정을 억누르며 마치 살아 계신 듯 의심할 여지가 없으니, 지금 나도 역시 그와 같습니다. 자존께서 오래전에 떠나시고 오직 영상만 남겨 저의 교만의 깃발을 인도하고 교화하나니, 여기에서 모름지기 몸을 기울이고 구부려 발에 닿게 함으로써 예의와 공경을 행하기를 마치 참된 위의로 설법하심을 대하듯 해야 합니다.

　그런 까닭에 「조상품造像品」에 이르기를 '불상을 조성함에 마음으로 정성을 다하면 그 사람으로 하여금 바로 효험이 나타나게 한다. 비유하면 위나라의 손경덕孫景德은 관음상을 조성하여 놓고 항시 예배하고 공경을 다하여 섬겼다. 연이어 도적이 침범하여 고문하였는데 칼이 부러져서 죽음을 면할 수 있었다.【운운】'라고 하였다."

　이것은 바로 눈으로 징험한 것이라 의심할 여지가 없는 이야기입니다.

　『지지地志』에 말하였습니다.

　"숙녕肅寧 고을 동쪽 20리쯤에 산이 있는데 그 산에 큰 가람이 있었으니 그것이 곧 동산사東山寺이다. 그 절에 오래된 불상 한 구가 있었는데 도금한 색깔이 퇴색하여 거의 지워져서 색의 모습이 아무 모습도 없는 지경에 이르렀다. 그리하여 바라보아도 그럴싸하다 못 하였고 다가가도 준엄함이 없었다. 그래서 내가 개금불사로 다시 보수하려고 하니, 그것은 성인을 직접 대한 듯한 정성을 다하기 위함이었다."

　『시경』에 이르기를 "다른 산의 돌을 가지고 이 옥을 다듬을 수 있다."[173]라고 하였으니, 바라건대 여러 어지신 분과 군자들이시여, 불씨의 경전과 논서의 말씀을 자기 집에 옥을 다듬는 도구로 삼아서 선업을 갈고닦는다면 자기 자신에게는 온윤溫潤의 덕이 있게 될 것이요, 그리하여 연성連城의 가치를 얻을 수 있을 것이니, 그것은 낱낱이 『공덕경』에 설한 바와 같을 것입니다.

엎드려 생각해 보건대 여러분은 모두 거울처럼 비추어 보십시오. 이로 인하여 받들어 기원하옵나니, 우리 왕실의 복산福山은 높게 솟아 여덟 기둥과 나란히 하늘을 받치고, 이 후문候門의 법해法海는 편안하게 흘러 (무열뇌지無熱惱池의) 네 입구에서 쏟아져 땅을 두루 돌도록 하여지이다.

東山寺佛像改金功德供養布施引勸說

造像經云。佛昇忉利天。夏三月爲母說法。爾時優塡王。渴仰不見。勅國內巧匠之人。造佛形像。有毗首羯磨天。化爲匠者。卽白王言。我能工巧。世中爲上。王選栴檀。肩自負荷。持與天匠。操斧斫木。其聲上徹三十三天。至佛會中。佛神力故。聲所及處。衆生聞者。罪垢煩惱。皆得消滅。觀佛三昧經云。佛語像言。汝於來世作大佛事。吾滅度後。諸弟子等。付囑於汝。若有衆生。造佛形像。心得念佛淸淨三昧。此是造像之說也。優塡王經云。作佛像人。世世生生。不墮惡道。天上人中。受福快樂。身體金色。面貌端正。人所愛敬。若生人中。常生帝王大臣長者賢善家子豪富尊貴。若作帝王。王中特尊。若作天王。天中最勝。後當作佛。又功德經云。造佛像人。於彌勒初會。皆得解脫。又憍梵波提。昔爲牛身。追求水草。右繞精舍。因見尊容。發歡喜心。乘玆福故。今得解脫。此是造像功德之說也。付法藏傳云。大迦葉。昔爲貧女。覩佛塔中像面。金色有少缺毀。爾時貧女。將金珠。徃詣金師所。請鉓佛面。由是而來。九十一刧。身皆金色。相好具足。華嚴經云。普救衆生妙德主夜神。於因地時。爲妙眼女。普賢勸修故。壞佛像而復綵畵以寶莊嚴。發菩提心。從是而來。不墮惡趣。常生人天王種族中。衆相圓滿。常見諸佛。親近普賢。開悟成熟。三昧經又云。佛告阿難。持我此語。遍告弟子。造佛形像及畵佛跡。令人見之。生歡喜心。能滅恒河沙劫生死之罪。此是佛像改金及勸善之說也。譬喩經云。舍衛城中。有淸信女。佛至分衛。飯着鉢中。佛爲呪願。種一生十。種十生百。種百生千。乃至種萬生億。得見道諦。其夫不信問佛。佛言卿見尼拘留樹。高幾許。答曰高四十里。歲下數萬斛實。佛言汝語何過甚乎。種如纖芥。高四十里。下萬斛子。答曰實尒。佛言地者無知。其報力爾。何況歡喜心。持一鉢飯上佛。其福不可稱量。夫婦心開意解。得須陁洹道。寶藏經云。昔有一王。遊觀苑林。見一金猫。入西南角。遣人掘得銅盆。盆受三斛。滿中金錢。復掘而得三重之盆。復從傍掘。滿五里中盡得銅盆。滿盛金錢。如初無異。時王卽詣迦旃延。所問得錢因用得無患否。答言此王福報。得用無苦。毘婆佛時。有諸比丘。於四衢道。設大高座。置鉢其上。而作是言。誰人能於堅牢藏中。若擧錢財。入此鉢中。有賣薪人。得三文錢。聞此言語。生歡喜心。捨着鉢中。誠心發願。去舍五里。步步歡喜。其賣薪人。今王是也。緣施三錢。世世尊貴。常得如是三重盆錢。五里歡故。常滿五里。【云云】此是歡喜供養布施之說也。或曰佛者以灰身爲宗。寂滅爲樂。奚以像設金彩爲乎。曰子不見。古聖人敎民。報本追遠之道乎。而於祭祀之禮。庙則以木爲主。祭則以孫爲尸。木與孫雖非其眞。而非此。無以致其如在之誠也。況佛非色相。而不離色相故。以金木土石設相。而敬毁之人。罪福各以頬[1]應。噫。如臨淸庙。自然悲傷。擧目摧感。如在不疑。今我亦爾。慈尊久謝。惟留影像。導我慢幢。是須傾屈接足。而行禮敬。如對眞儀。故造像品云。造像心誠。使人立驗。如魏孫景德。造觀音像禮敬。連犯賊拷刀折。奏免。【云云】此是目驗不疑之說也。地志云。肅寧治東二十里許。山有大伽藍。卽此東山寺也。寺有古像一䣉。褪金殆盡。色相無相。望之不似。就之無畏。予欲改金重修。以致如對之誠也。詩云他山之石。可以攻玉。願諸仁人君子。以佛氏經論之說。爲自家攻玉之具。而琢磨善業。則自有温潤之德。而致得連城之價。一一如功德經之所說也。伏惟僉鑑。因玆奉祝。我王室之福山高峙。並八柱而衝霄。此候門之法海安流。注四口而匝地。

---

1) ㉑ '頬'는 '類'인 듯하다.

봉은사 법당 불상을 조성하기 위한 권선문

봉은사 법당의 불상을 조성하기 위하여 화주 아무는 합장하고 백만억 단부檀府에 절하고 아룁니다.

"대희大喜와 대사大捨로 많이 보시하고 크게 보시를 하십시오."

혹자가 말하였습니다.

"너희 절의 불상이야 조성되거나 조성되지 못하거나 나와 무슨 상관이 있느냐?"

나 아무는 거듭 아뢰어 말하였습니다.

"입술이 없어지면 이가 시리고 냇물이 마르면 골짜기가 텅 빈다는 말을 그대는 듣지 못했습니까? 이와 같이 부처님의 상相이 없으면 중생들이 복을 빌 데가 없습니다."

그러자 또 말하였습니다.

"불교의 도는 회멸灰滅로 근본이념을 삼습니다. 더구나 또 하나의 원본源本은 고요해서 아무 형상이 없는 것입니다. 온갖 법이 이를 바탕으로 비롯되어 형상이 있게 됩니다. 형상이 있으면 속俗이니 속은 형상을 집착해서 지말적인 것을 쫓습니다. 형체가 없으면 진眞이니 진은 형체가 없어서 근본에 합하는 것입니다. 그대는 어찌하여 근본을 버리고 지말을 구하며, 진을 모르고 속에 빠집니까?"

내가 말하였습니다.

"아! 슬픈 일이로다. 그대는 하나만 알고 둘은 모르는구려. 근본인 진은 흔적이 없으나 연기에는 차별이 있으며, 법신은 모습이 없으나 화신의 모습으로 중생들에게 보이나니, 그런 까닭에 부처님께서 도리천으로 올라가시자 우전왕이 전단나무로 형상을 조각했던 것입니다. 한나라가 서방의 가르침을 구할 때 섭등葉騰이 하얀 비단에 불상을 그려 진晉·송·제·양·당·송에 이르렀던 것입니다.

우리 승국勝國은 유교와 불교를 병행하여 그렇게 숭상해 왔습니다. 그러자 안으로는 왕도에 힘입어서 나라가 잘 다스려졌고 백성들이 편안해졌으며, 밖으로는 부처님의 덕을 빌려서 복이 불어나고 수명이 갑절이나 늘었습니다. 그러므로 신라와 고려 시대 사이에는 100보에 절 하나가 있었고 10보에 탑 하나가 있었습니다. 그러다가 우리 조선 태조께서는 매우 어진 마음으로 나라를 새로 세웠으나 전통을 드리워 깎지 않았으니, 지난 왕조가 남겨 준 업적을 계속 이어서 사찰을 짓고 승려에게 도첩度牒[174]을 주어 어느 세대에나 그런 일이 없어지지 않았습니다.

그리하여 선왕의 능침陵寢에 도문度門을 열고 선종과 교종 두 종파에 승과를 설치하였으니, 무릇 머리를 깎은 무리로서 그 승과에 급제한 이에게는 대선大禪과 중덕中德의 직급을 하사하였습니다. 그러자 기수祇樹는 금지金枝와 더불어 빛을 드날렸고, 자비의 비는 덕의 물에 보태어 편안하게 흘러내렸습니다. 칠중七衆은 우러러 공경하였고 사민四民은 함께 즐거워하였으니, 은은隱隱한 상고시대의 교화요 희희熙熙한 태평스러운 봄입니다. 이것이 먼저 봉은사와 봉선사 두 절을 기내圻內에 세우고, 다음으로 사산四山과 팔로八路(팔도)에 크고 작은 사찰을 짓게 된 까닭입니다.

아! 슬프다. 불행하게도 기사년 가을에 8인이 한 번 엿보고 삼불三佛이 양존兩存하였으나 승려가 살던 곳은 가시덤불로 아롱지고 새와 짐승이 초창悄愴하여 사방으로 치달렸습니다.【운운】"

이러한 말을 채 마치기도 전에 혹자가 말하였습니다.

"그만두시오. 그대의 집안일은 말하지 마시오."

하고는 또 말하였습니다.

"산은 산이요, 물은 물이로다. 사내 부처와 계집 부처가 각각 법의 자리에 머무르는 것이다.【운운】 너희 불상佛相은 곧 너희 불상이요, 우리 속인은 바로 우리 속인일 뿐이다. 무엇 때문에 번거롭게 지나간 옛날 일들을 끌어와서 백성의 귀를 어지럽게 하는가? 수고롭게 혀를 두드리지 말

라. 나는 듣고 싶지 않다."

내가 말하였습니다.

"『주역』에 이르기를 '진실로 적합한 인물이 아니면 이러한 도는 헛되이 행해지지 않는다.'라고 하였으니, 수행하는 사람과 속인이 천지 가운데에서 함께 행하는 것은 역시 물과 불이 그릇을 달리하여 맛을 이루는 것처럼 덕이 같기 때문이요, 수레바퀴가 형상을 달리하여 멀리 달려가듯이 덕이 같기 때문입니다. 천지의 폐색閉塞으로 인하여 만물이 생성하고, 세속제의 장엄을 빌려 부처님의 공덕을 이루나니, 그렇다면 속담에 '동쪽 벽을 허물어다가 서쪽 울타리를 받친다.'라고 한 말과 같은 경우입니다. 그대는 어찌하여 비루하고 인색한 정만 지니고 있고 자비한 적선은 배우려고 하지 않습니까?

억담臆談은 이제 그만두고 옛날이야기를 하나하나 들어서 어진 사람이 듣고 밝게 헤아리기를 바랍니다.

대개 전단나무로 불상을 새기고 자광紫光의 황금으로 불상을 장엄함으로부터 만수사曼殊師의 불상을 주조하여 만든 것과 항원왕降怨王이 부처님을 맞이한 일과 바사닉波斯匿[175]이 부처님을 공양한 일과 수달다須達多[176]가 황금을 털어 부처님께 보시한 일과 오장왕烏長王이 왕위를 물려주고 부처님께 귀의한 일과 유유민劉遺民이 동림東林에서 부처님께 맹세한 일과 백태보白太保가 향산香山에서 부처님을 찬양한 일과 배진공裵晉公[177]이 화성사化城寺를 세운 일과 왕형공王荊公[178]이 보녕사保寧寺를 지은 일 등이다 바로 왕공王公과 거경鉅卿들로서 자신의 녹봉을 내놓고 가산家産을 희사하면서까지 숭상하였으니, 이러한 긍당긍구肯堂肯搆[179]는 이루 다 헤아릴 수 없고 또한 두루 다 아는 사실입니다.

만약 금세의 무리들이 옛날 저분들을 가리켜 눈먼 속인이나 어리석은 백성이 하는 짓이라 생각하고 스스로 지혜와 식력識力이 있다고 자부하여 저들을 비방하면서 배격한다면, 어찌 옛날의 달사達士가 오늘날의 속류보다 못하단 말이겠습니까?"

혹자는 "네네, 그렇습니다."라고 하면서 다시 말하였습니다.

"속어俗語(속담)에 이르기를 '등에 업힌 아이의 말도 무시하여 듣지 말라.'고 하였으니, 말이 뒤섞인 듯하지만 그래도 나름의 진리가 있으니 내가 어찌 감히 믿지 않을 수 있겠는가?"

그러고는 합장하고 손을 모아 말하였습니다.

"한량없는 공덕과 다함없는 공덕에 귀의합니다."

이에 아무 화주는 이마를 조아리고 합장한 손을 이마에 대고 땅에 엎드려 절을 하며 말하였습니다.

"선원璿源[180]은 땅처럼 오래 이어져 사해四海와 같이 편안하게 흐르고, 옥력玉曆[181]은 하늘처럼 길어 해와 달을 아우른 것처럼 그 수명도 그와 가지런하게 하소서."

奉恩寺法堂佛像勸文

奉恩寺法堂佛相化主某。合掌拜達于百萬億檀府曰。大喜大捨。大施大施。或曰爾寺之佛相成不成。於我不管。再白曰。君不聞乎。唇缺則齒寒。川竭則谷虛。佛不相則生不福也。曰佛道灰滅爲本。況又一源本。寂而無形。萬法資始而有相。有相則俗。俗則執相以逐末。無形則眞。眞則罔形而合本。汝何棄本而求末。昧眞而耽俗耶。曰噫。君知一而不知二也。本眞無跡。而緣起有差。法身無相。以化儀示生故。佛昇忉利。而于闐栴檀木雕。漢求西敎。以葉騰白氎像設。至于晋宋齊梁唐宋。及我勝國。儒佛並行。其來尙矣。內資王道。而國治民奠。外假佛德。以植福培壽。故致羅麗代間。百步一刹。十步一塔。逮于我朝太祖。深仁創業。垂統而不剗。前朝之餘績。繼繼承承。而創寺度僧。無世無之。關度門於先王之陵寢。設僧科於禪敎之兩宗。凡髠首之隸業中選者。賜大禪中德。祇樹與金枝而揚輝。慈雨添德水而安流。七衆仰戴。四民同樂。隱隱上古之化。熙熙太平之春。此所以先峙奉恩奉先兩寺於圻內。次設四山八路之大小利者也。吁。不幸。己巳年秋。八人一窺。三佛兩存。僧處班荊。鳥獸怊悵。而四走。【云云】言未畢也。或者曰。止止。不須說爾家言。曰山是山水是水。男佛女佛。各住法位。【云云】爾之佛相。即爾之佛相。我等俗人。是我等俗人。何以煩引前古之事。以惑民聽耶。毋勞鼓舌。我不欲聞。曰易曰苟非其人。道不虛行。道俗糅行乎天地之中者。亦猶水火異器。而成味也同德。輪轅異象。而致遠也同功故。致因天地閉塞。而萬物生成。假世諦莊嚴。而成佛功德。則諺所謂破東壁而扶西籬者也。君何有鄙悋之情。而不欲學慈悲之積善耶。且置臆談。枚擧古說。以望仁人之聽瑩也。盖自栴檀木之刻佛。紫光金之餙佛。曼殊師之鑄佛。降怨王之迎佛。波斯匿之供佛。須達多之側金施佛。烏長王之讓位投佛。劉遺民之東林誓佛。白太保之香山讚佛。裵晉公之立化城寺。王荊公之營保寧寺。莫不皆是王公鉅卿。而捐己俸捨家産。以是崇是尙。胥堂胥搆。不可悉數而周知也。若今世之流輩。指以爲盲俗蚩氓之所爲。自逞其有智且識力。祇以排斡之。豈古之達士。不如今之流俗乎。或者唯唯曰。俗語曰。負兒言勿背聽。言似雜糅而亦自有理。吾何敢不信乎。合掌攢手曰。南無無量功德無盡功德乎。於是也化主。稽顙膜拜曰。璿源地久。等四海而安流。玉曆天長。並兩曜而齊壽。

영명사 보현왕전을 개건하기 위한 모연문

계경契經[182]에 말하였습니다.

"부처님께서 염라 천자에게 수기를 주시면서 말씀하시기를 '보현왕여래普賢王如來는 미래 세상에 마땅히 부처가 되어 열 가지 명호를 구족할 것이요, 나라 이름은 화엄이라 할 것이며, 보살들이 그 나라에 가득 찰 것이다.【운운】' 하셨습니다."

그렇다면 지금 보솔普率[183] 사이 폭원幅員[184] 안에서는 어느 곳에 있든지 간에 보현왕여래님께서 형상으로 나타나시고 영상을 머물러 두시리니 그게 바로 화엄국토입니다. 그 국토 안에 가득 채워진 인민이 어느 누가 화엄국을 가득 채운 모든 보살이 아니겠습니까?

이제 내가 보현왕여래가 임어臨御하실 곳을 개척하려고 하는 것은 그를 받들어 모시기를 원하는 사람들로 하여금 부처님을 중심으로 오른쪽으로 요잡繞匝하고 귀의하여 몸을 던질 장소를 마련해 주기 위한 것이니, 이른바 '어른을 위하여 회초리를 꺾어다 드린다.'[185]라고 한 것과 같은 경우라 할 것입니다.

이 영명사[186]는 비록 야찰野刹이지만 보살이 충만한 화엄국 안에 있는 절입니다. 그렇다면 보살이 충만한 성안에서, 불천佛天[187]에 마음을 기울이고 황금 땅에서 요족繞足[188]하는 이들이 바위 위를 흐르는 시냇가나 마당 구석 자리에 어깨를 마주 비비고 그림자가 서로 얽히게 될 것입니다.

지금 이 보현왕의 도량을 여는 일을 추진하는 것은 천지에 마음을 기울이고 요족하는 이들은 이른바 공거蛩駏[189]처럼 서로 따르고 훈호壎箎(형제자매)처럼 서로 호응하는 것이 아니겠습니까? 부디 우리 화엄국에 충만한 모든 보살이 부처님의 말씀을 믿어 받고 받들어 실천한다면 천만다행한 일이 될 것입니다.

永明寺普現王殿開建募緣文

契經中。佛授閻羅天子之記曰。普現王如來。於未來世。當得作佛。十號具足。國名華嚴。菩薩充滿。【云云】則今普率間。幅員之內。在在處處。普現王如來。現形留影地。定是華嚴國土。國土中充滿人民。孰非華嚴國充滿之諸菩薩乎。今者余欲開拓普現王如來臨御處。使其願頂戴者。右繞足而歸投有所。所謂爲長者折枝之顈[1]也。此永明寺。雖云野刹。而在於菩薩充滿之華嚴國中。則滿城中傾心佛天繞足金地者。肩磨影織於巖磶庭隅也。今此開普現王道場之舉。於傾心繞足之天地者。非所謂蛩蚷相隨塤箎相應乎。惟我華嚴國充滿諸菩薩。信受佛說而奉行。千萬幸甚。

---
1) ㉘ '顈'는 '類'인 듯하다.

평양 지장사 자씨전을 보수 중창하기 위한 권선문

"들으니 저 선장禪藏(선을 설한 경) 중에 게송이 있는데, 그 내용이 '천백억으로 몸을 나누어 때때로 여러 사람에게 보인다.'라고 하였습니다. 이것은 어느 부처님의 말씀인가?"

선경禪經을 공부하는 사람이 말하였습니다.

"남북조시대에 송나라 장정자長汀子(布袋)의 말입니다. 그렇다면 장정자는 누구인가? 이른바 그는 제4천天 내원위內院位에 계시는 자씨불慈氏佛(미륵)이 화현하신 몸입니다. 그런 까닭에 그 게송의 첫 구절에 이르기를 '미륵이시여, 참다운 미륵이시여.'라고 하였으니, 장정자는 바로 미륵의 화현을 부르는 이름입니다."

선을 공부한 그 사람이 전하는 말이 틀림없는 사실로서 의심할 여지가 없습니다.

지금 미륵불전은 서도西都(평양)의 서쪽 공북문 밖에 있는 기묘산 아래 넓은 들 가운데 있고, 그 곁에 쌍석선雙石扇이 있는데 그 높이가 3길쯤 됩니다. 어떤 사람은 말하기를 "그것은 대자본碓子木(방아확)이다."라고 하고, 혹자는 말하기를 "그것은 선장기船檣機(돛대)를 두는 틀이다."라고 말하니 누구의 말이 옳은지는 알 길이 없습니다.

그러나 나는 그것이 찰간구刹竿臼라고 생각합니다. 왜 그렇게 알고 있는가 하면, 서도의 땅은 다만 인자하고 어진 이만이 사는 고도古都일 뿐 아니라 또한 부처님의 찰토이기도 하기 때문입니다. 동쪽에는 맑게 흐르는 냇가 암벽 위에 세 구의 불상이 새겨져 있고, 남쪽에는 법수교法水橋 머리에 존승당尊勝幢이 서 있으며, 북쪽에는 기린굴麒麟窟 곁에 영명사가 세워져 있고, 서쪽에는 지장사 일주문 밖에 찰간구가 세워져 있었던 것으로 생각되기 때문입니다.

심지어는 가람의 기지基址와 지제支提의 표치標幟가 곳곳에 있고 이 하나뿐만이 아닙니다. 그렇다면 당시에 나라의 터를 잡고 성을 쌓아서 나라 안에 복을 비는 영역을 시설하였을 터이니, 그 경영의 규모를 상상해 보면 제 생각이 그다지 틀리지 않을 것입니다.

여기 지장사 옛터에 있는 입석 불상은 저 가주嘉州[190]의 불상과 비슷하니, 이것은 이른바 '몸을 나누어 여러 사람에게 보인다.'라는 것이 아니겠습니까? 바람 불고 서리 내리는 한데서 천고에 우뚝 서 있으면서도 이끼가 끼지 않았으니, 아무도 모르는 가운데의 음즐임이 틀림없을 것입니다.

이곳에 살고 있는 마을 노인과 사녀社女가 향을 사르고 재공齋供을 올리는 일이 세시와 복랍에 끊임없이 분주하게 거행되고 있습니다. 다만 바람과 비만 겨우 가릴 뿐 지은 지 너무 오랜 세월을 지냈는지라 염우廉隅[191]가 기울어지고 무너져 내렸으니, 기도하고 비는 이들이 괄시할 수 있는 일이 아닙니다.

나의 한 치만 한 작은 마음으로 처음에 개척했던 사람의 뜻을 계술繼述하여 저승과 이승의 복리福利를 일으키려고 하는 것입니다.

오직 바라건대 억億에만 그치지 않는 우리의 많은 단월께서는 뜻을 해치는 재물을 아끼지 마시고 성인의 경지에 들어가는 길을 닦는다면 오늘 허리에 두르고 있던 10만의 돈이 비록 학을 타는 한 사람이 되지는 못한다 하더라도 다른 때에 틀림없이 그 공이 삼천세계에 가득 채워서 오히려 용화삼회龍華三會는 기약할 수 있을 것입니다. 이 말은 가전迦典에서 나온 것이니 감히 힘쓰지 않을 수 있겠습니까?

平壤紙塲寺慈氏殿修創勸文

聞夫禪藏中有偈曰。分身千百億。時時示諸人。是何佛所說也。業禪經者曰。南北朝時。宋國長汀子之所說也。然則長汀子誰。所謂第四天內院位。慈氏佛之化現身也。故其偈之初句云。彌勒眞彌勒。長汀子。是彌勒之化現號也。業禪者之傳。必也無疑。今彌勒佛殿。在於西都之西。拱北門外。箕墓山下。大野中。傍有雙石扇。高三丈許。人云碓子本。或云船檣機。未知孰是。而吾以爲刹竿臼也。何以知之。西都之地。不但是仁賢之古都也。亦佛之刹土也。東刻三佛像於淸流壁上。南立尊勝幢於法水橋頭。北設永明寺於麒麟窟側。西樹刹竿臼於紙場寺門外。以至伽藍之基址。支提之標幟。處處非一。則當時之奠國築城。而設資福於域中者之經營規模。想像其萬一於鄙懷也。今紙場寺舊址。有立石佛像。而彷彿于彼嘉州像也。非所謂分身示諸人者乎。露地風霜。屹立千古。而苔蘚不生。陰騭於冥冥中者不忒。肆以村翁社女之齋供香火。犇犇走走。於歲時伏臘也。但以風雨有庇。而經始歲久。廉隅傾頽。則禱禳者之所不可恝視者也。余以一寸心。繼述其開拓者之志。而興福利於幽顯也。惟我不億檀越。毋惜損志之財。以脩入聖之道。則此日之腰纒十萬。雖未必鶴騎之一人。他時之功滿三千。尙可期龍華之三會。言出迦典。敢不勖諸。

『예념문』 1천 권을 간행하기 위한 권선문

　조균朝菌[192]의 일출로 나는 무상귀無常鬼가 도래함을 알거니와 밤 골짜기에 배를 옮겨 놓은들 누가 힘센 사람이 와서 지고 갈 줄 알겠습니까? 거거居居[193]한 저 구거九居의 무리요, 겁겁에 몇 천 겁의 삶입니까? 만일 괴로움의 윤회를 면하려고 하면 감히 좋은 인도를 따르지 않을 수 있겠습니까?

　생각해 보건대 우리 중생들은 나루를 잃어버린 떠돌이요, 괴로움의 바다에 빠진 영靈입니다. 불성은 항상 알아 저절로 밝고 밝은데 먼 길을 기어서 자주 나아갑니다. 깜깜한 칠통 속에서 무명주를 훔쳐 마시고 깨어나지 못하며, 안락한 마을 속에서 (아들은) 버리지 않는 아버지를 등지고 돌아가기를 잊습니다. 인천의 길에서 몸을 쏘는 여섯 벌[194]을 몰라보고, 나고 죽음의 바퀴 가운데 등 넝쿨을 갉는 두 마리 쥐를 두려워합니다.

　광명의 종자를 어느 해가 되어야 마음의 밭에 심을 것입니까? 첨복薝蔔 숲의 향기를 이 생에서 얻어 콧구멍에 쏘이게 되었습니다. 300회의 연설을 서방의 성인으로부터 듣고, 마흔여덟 가지 서원을 가지고 남주南洲의 하열한 사람들을 불쌍하게 생각합니다. 공덕의 구름은 어느 산이나 이고 있지 않은 산이 없고, 청량한 달은 물마다 다 머금고 있습니다. 황금의 팔은 밤낮으로 항상 펴시지만 오직 도인에게만 허락하여 맡기시고, 백옥의 털은 고금에 어둡지 않으나 정녕 좁은 길에서 서로 만나는 일을 당합니다.

　나는 『예념왕생문禮念徃生文』 1천 권을 인쇄 출간하려 하노니, 수용하는 물건을 탐하는 그대들은 모쪼록 다소간 희사하여 보시를 하십시오. 목숨을 마치려고 할 때 아내와 자식과 골육 중에 어느 누가 당신의 목숨을 대신하겠습니까? 부처님께서 직접 맞이하는 곳에서는 행원行願의 인연 때문에 떠나지 않고 그대를 인도하실 것입니다. 과거에도 왕생하였고 지금도 왕생하며 미래에도 왕생할 것입니다. 1천 수레가 바퀴를 모으되 스스로 발원하고 다른 사람도 발원하며 모든 사람이 발원하여 온갖 선으로 함께 돌아갑시다.

안양국으로 가는 사다리를 오르고자 하면 예념하는 공덕보다 더 좋은 것이 없습니다. 구경에 서방 극락세계로 가는 데에는 다른 길이 없으니, 맨 처음 한 걸음부터 반드시 함께 발을 내디딥시다. 온갖 사람들이 다 희망하는 이 빙회氷懷에 한 번 금낙金諾195을 드리우소서. 왕실 기반이 공고함은 무량수불께서 누리는 수명과 같게 하시고 불자들의 귀의는 항하의 모래처럼 많은 수의 일체가 다 귀의하게 하여지이다.

禮念文一千卷印出勸文

朝菌日出。吾知無常鬼之到來。夜壑舟移。誰識有力者之負去。居居彼九居之顆顆。[1] 劫劫幾千劫之生生。如欲免其苦輪。敢不于其善遵。惟我衆生等。迷津浪子。苦海潛靈。佛性常知自明明。脩途匍匐數趣趣。黑漆桶裡。盜飲無明酒而不醒。安樂鄉中。迷背不捨父而忘返。人天路上。昧螢身之六蜂。生死輪中。怕咬藤之二鼠。光明種子。自何年落下心田。舊蔔林香。得此生熏炙鼻孔。三百會之演暢。聞西方聖人。六八願以提攜。愍南洲劣輩。功德雲無山不戴。清涼月有水皆含。黃金臂晝夜常伸。惟許道人獨委。白玉毫古今不昧。正當狹路相逢。禮念徃生文。我欲印出一千卷。貪饕受用物。君須捨施多少間。命欲終時。妻兒骨肉。有誰替汝。佛自迎處。行願因緣。不離遵君。已徃生今徃生當徃生。千車合轍。自發願他發願衆發願。萬善同歸。欲登安養階梯。無過禮念功德。究竟西方無異路。最初一步須共行。萬望氷懷。一垂金諾。王基鞏固。無量壽佛齊年。佛子歸依。恒河沙數一切。

---
1) ㉮ '顆顆'는 '類類'인 듯하다.

설암자 탑명 교화문

왕대旺大한 사람으로서 선각자가 되어 죽고 나면, 석분石墳을 봉하고 비명과 뇌문鍊文을 새기나니 이러한 예를 본받는 것이요, 미구微具한 몸이 뒤에 태어난 사람이 되어 추모하고 숭상받게 되면, 스스로의 힘을 내고 여럿이 계책을 모으는 것도 또한 이러한 예이며, 자재를 쌓아서 집을 윤택하게 하는 사람으로서 은혜를 거두면 위로는 교화를 돕고 아래로는 사람들을 이롭게 하나니 이 모두가 다 이러한 예입니다.

방금 설암자雪岩子가 호남 낙안의 징광사[196]에서 세상을 떠나 소리 없는 화삼매火三昧에 들 때에는 황금 뼈가 비등하고 신령한 불꽃이 번쩍거리며 빛났으니, 그의 운손雲孫들이 청북淸北[197]의 묘향산 비로봉 밑에 모시고는 진심을 드러내 보이는 정성과 경건함을 다하여 사칠일四七日 동안 기도를 드렸더니 초사初四에 황금 광명이 밝게 빛나더니 사리(設利) 5매가 금옥金玉을 울리는 소리를 내었으며, 숲과 산봉우리도 하례를 드리고 잔나비와 학들도 기뻐 날뛰었습니다.

이때를 당하여 일찍이 머무셨던 곳에 석탑을 세우고 천년토록 그 빛을 드리우고자 하나니, 이것이 모두 문하 사람들이 예전에 행하였던 예를 의지한 것입니다.

만일 선善을 좋아하고 보시하는 것을 좋아하는 이가 있으시다면 그 풍문을 들으시고 바람에 풀이 한쪽으로 쏠리듯 할 것이요, 이 글을 밝히 살펴보고 나면 메아리가 호응하듯 하리니, 이것도 역시 예에 의지하여 시행하는 것일 따름입니다.

雪巖子塔銘敎化文

旺大漢而爲先覺者物故。則封石墳鐫銘鍊。白是例也。微具體而作後生者追崇。則出自力合衆謀。亦是例也。積資財而能潤屋者輟惠。則上佑化下利人。皆是例也。方今雪岩子。物故於湖南之樂案澄光寺中。入無聲火三昧之際。金骨飛騰。靈焰熠燿。雲孫輩昇入於淸北之妙香毘盧峯下。瀝血誠虔。祈四七日之初四。金光洞燭。設利五枚鏗鏘。林巒騰賀。猿鶴雀躍。方當奠石墳於曾栖遲地。欲垂耀於千祀。是皆門下人之依例也。儻有樂善好施者。則聞其風而草偃。燭斯文而響應。是亦依例而施行也。

법흥사『염송집』개간문

"하늘에 드리운 날개는 양의 뿔을 빌려서 허공을 능멸하고[198] 소를 공격하는 등에는 천리마의 꼬리에 붙어서 해를 쫓는다.[199]"라고 하였습니다. 사람으로 인하여 일을 이룬다는 것은 비록 조나라 협객의 장담이지만, 작은 물이 모여 큰 개천을 이룬다는 말은 바로 치로治老의 아름다운 말입니다. 일이 이미 이러하거늘 이치가 어찌 그렇지 않겠습니까?

이 절은 해동의 정람精藍이요, 관우關右의 법찰입니다. 제나라와 양나라 형식의 동우棟宇는 기사굴산耆闍崛山 천추의 운월雲月이요, 용상 대덕들이 계신 총림은 나란타 몇 년의 종고鐘鼓입니다. 세 분 화상께서 머무셨던 법지法地에 도의 기물이 아직까지 남아 있고, 오탁五濁 세상의 인정이 박한 혼란한 때에는 용과 뱀이 뒤섞였습니다. 성상星霜(해)이 옮겨지고 사물이 바뀌었으니, 어떻게 자주 겪는 삼재三災를 면할 수 있겠으며, 인걸은 가고 산은 비었으니 두 마리 호랑이가 와서 보호함을 보지 못하겠습니다. 선종의 본찰이 다 허물어져서 척박한 땅의 텅 빈 숲이 될 줄을 누가 알았겠습니까? 금경金經과 수경繡經은 당시 산처럼 쌓였던 것이 아닌데, 야로野老와 왕로王老로서 누가 다시 오늘날의 과의科儀[200]가 되겠습니까?

이때 아산牙山 대사가 계셨으니 그 대사는 진실로 공문의 노장으로서 연궁난야蓮宮蘭若를 동쪽 서쪽 두 산에 크게 지으셨으니, 덕호德號의 명칭이 다소 총림의 법석에 두루 알려졌는데 대방광大方廣의 불사가 다 금기襟期[201]에 두루하였습니다.

그런데 지금 인각印刻하려고 하는『선문염송집禪門拈頌集』은 1,700칙則으로 이루어진 조사님들의 기봉機鋒으로서 혹은 염제拈提[202]요 혹은 상당上堂[203]이며 혹은 보설普說[204]입니다. 49년 동안 석가모니부처님의 부인符印인데, 패궐敗闕이라 말하기도 하고 금종擒縱이라 말하기도 하며 가요歌謠라 말하기도 합니다. 다만 선교문禪教門의 봉호蓬蒿(쑥대 : 초라한 집)를 반연하여 유통분流通分의 옹체擁滯(꽉 막힘)를 이루었습니다. 납승이 강론하는 자리에서 몇 번이나 손을 이마에 대고 해수명공海秀明公을 멀리 바라보았으며, 참선하는 학도들이 몸을 굽혀 발돋움하고 서서 목을 길게 빼고 작가대한作家大漢을 바라보았습니다.

지금 온 절 안의 모든 스님이 이구동성으로 말하였습니다.

"태초의 진경塵經이 비록 8만으로 헤아리기 어려우나 고덕의 금축金軸은 오히려 이삼二三에 뒤지지 않았습니다. 그런데 불행하게도 8인人(火)이 한번 엿보매 판은 반쯤이나 타서 탈인脫印되고 말았는데 10년 동안 세 번이나 인쇄하려고 생각하였지만 입으로 배꼽을 무는 것처럼 이룰 수가 없었습니다. 학의 동생과 구름의 형은 모두 유성처럼 날아가고 구름처럼 흩어졌으며, 금단金壇과 조우藻宇는 곧 기와처럼 부서지고 얼음처럼 녹아 버리고 말았습니다.

우리에게 무슨 백천 겁의 연애涓埃[205]가 있어서 이 8만 문의 법불을 만났는데, 삼승과 오계는 비록 젊은 나이에 귓가를 스쳐 지나갔을 뿐이요, 사기四棄[206]와 칠차七遮[207]는 오히려 구수龜壽(오랜 세월)에 바람처럼 지나가고 말았습니다."

공경스럽습니다. 기연機緣이 맞닿으니 마치 전봉箭鋒을 세운 것 같고, 갑자기 사우師友가 서로 만나매 바늘과 개자가 섞인 듯합니다. 해인海印의 개사開士(보살)는 5품위의 높은 반열이요, 월저 노스님은 사해 중생의 산우山友입니다. 다만 방가邦家의 법지를 인연하여 눈먼 거북이 판목을 만나는 희유를 얻게 되었습니다.

말법 시대의 유통은 저 두 사람이 해야 할 가문의 임무요, 남아 있는 경전을 계술繼述하는 것은 우리 중생들의 인연입니다. 격외의 선의 진리는 눈먼 당나귀[208]의 멸각滅却을 훔친 것이요, 순후順後의 생활은 붉은 살덩어리 위에 차배差排(안배)를 얻은 것입니다. 허리에 찬 10만의 돈에 어찌 이익과 손해의 차별이 없겠습니까? 삼생三生(전생·금생·후생)의 입으로 먹는 음식은 오히려 상과 벌의 수과殊科가 있습니다.

"천금을 모두 흩으면 다시 돌아온다."라는 말은 이한림李翰林[209]의 뛰어난 시의 내용이요, "한 개의 털도 헛되이 뽑지 않겠다."라는 말은 양주楊朱[210]의 용렬한 생각입니다. 오른쪽의 촛불은 교화하는 도사의 훌륭한 문장이요, 왼쪽의 서명署名은 큰 단월의 보시 목록입니다. 그런즉 자그마한 보시도 합성하면 티끌 재물이 억이 될 뿐만이 아니요, 기궐剞劂[211]을 이룩한 공은 산과 바다처럼 높고 넓으니 이러한 불사보다 더 큰 것은 없습니다. 여러 조사님의 면목이 그림에 분명하게 나타나 있으나 오나라 왕의 붓끝에서 이루어진 것이 아니요, 당시 사람들의 각근(다리. 발걸음)이 걸음마다 등등하나 보현보살의 털구멍을 들어 올리지 못합니다.

공덕이 끝이 없으니 찬탄으로 다할 수 없고, 이로움과 기쁨이 한계가 없으니 미래의 시간까지도 다할 것입니다. 상외象外의 참다운 기틀은 이 눈앞에 있으며, 삼매가 현재에 이루어짐은 이 조그만 인연에 의한 것입니다.

저희들의 훌륭한 결과를 비옵나니 요임금의 하늘이 장구함은 봄 하늘과 함께 동일한 색깔이요, 부처님의 해가 밝음은 밝은 해와 더불어 똑같이 비추게 하소서. 사해에는 파도가 없어지고 삼산三山에는 열악列嶽이 되어지이다.

法興寺拈頌集開刊文

垂天之翼。假羊角而凌虛。搏牛之虻。附驥尾以逐日。因人成事。雖趙客之壯談。永到渠成。是治老之綺語。事旣如此。理何不然。是寺也。海東精藍。關右法刹。齊梁棟宇。耆闍崛之雲月千秋。龍象叢林。那爛陀之鍾鼓幾祀。三和尙蹴踏之法地。道物尙存。五濁世澆漓之亂時。龍蛇混雜。星移物換。豈免三灾之屢遷。人去山空。不見二虎之來護。孰料禪宗之本刹。欻爲博地之空林。金經繡經。不是當時之山積。野老王老。誰復此日之科儀。爰有牙山大師。實爲空門老匠。蓮宮蘭若。大纂修於東西兩山。德號名稱。等徧知於多小叢席。大方廣之佛事。周遍咸於襟期。今欲刻拈頌集者。千七百則祖師機鋒。或拈提。或上堂。或普說。四十九年釋迦符印。曰敗闕。曰擒縱。曰歌謠。只緣禪敎門之蓬蒿。繫致流通分之擁滯。衲僧講席。幾斫額於海秀明公。叅禪學徒。枉延佇於作家大漢。今者闔寺僉釋。異口同聲曰。太初塵經。雖叵量於八萬。古德金軸。尙不亞於二三。不幸八人一窺。板半燒而脫印。十載三思刻。不得以噬臍。鶴弟雲兄。盡星飛而雲散金壇藻宇。乃瓦解而氷消。我等有何百千刼之涓埃。値此八萬門之法佛。三乘五戒。雖歷耳於早年。四棄七遮。猶過風於龜壽。欽哉機緣交激。若柱箭鋒。率爾師友投逢。似混針芥。海印開士。五品位之高班。月渚老師。四海生之山友。只緣邦家之法地。得値龜木之戱游。末法流通。彼兩人之家務。殘經繼述。我衆生之因緣。格外禪詮。偸瞎驢邊滅却。順後生活。得肉團上差排。十萬腰纏。豈無潤損之差別。三生口食。尙有賞罰之殊科。千金散復來。李翰林之勝咏。一毛不空拔。楊子朱之劣懷。右燭化導師之善文。左署大檀越之施目。則么麼捨施合成。不億塵財。剞劂成功山海。莫大佛事。列祖面目。昭昭於畫。不成吳王筆頭。當人脚跟。騰騰於步。不攙普賢毛孔。功德無邊。歎莫能盡。利喜不際。盡未來時。象外眞機。在此目前。三昧現成。仍此微緣。祝我勝果。堯天長共春天一色。佛日明與白日同照。四海無波。三山列岳。

염불책 1천 권을 인출하기 위한 권선문
念佛册一千卷印出勸詞

마음의 부처와 중생은	心佛與衆生
평등하여 편원이 없네	平等無偏圓
한량없이 많은 상호의 광명	無量相好光
대천세계를 골고루 비추네	遍照於大千
대천세계 하나의 법계에	大千一法界
적멸하여 항상 즐겁네	寂滅常樂然
슬프구나! 부처님의 중생들	哀哉佛衆生
번뇌의 인연을 깨닫지 못하네	不覺煩惱緣
겁마다 괴로움의 바다에 빠져	劫劫沒苦海
나고 죽음의 소용돌이에 부침하나니	浮沉生死漩
지옥과 아귀와 방생傍生(축생)과	地獄餓鬼傍
비천과 사람과 천선이네	非天人天仙
우리 부처님 큰 자비로	我佛大慈悲
도솔천에서 내려오셨네	來儀兜率天
8만 4천 가지 가르침을	八萬四千法
49년 동안 선설宣說하셨다	四十九年宣
서방에는 염불법이요	西方念佛法
동토에는 최상선이라	東土最上禪
부처님의 명호는 무량수이고	佛號無量壽
금지의 구품연대라네	金池九品蓮
생각이 없는 십념을 이룸에	無慮十念成
둘이 아닌 하나의 길이 곧구니	不二一路絃
고금에 부처만 한 사람 없나니	古今無佛人

십지와 삼현을 초월하셨네	十地超三賢
방편으로 갖가지 설법을 하셨는데	方便種種說
그중에 예념왕생편이다	禮念徃生篇
내가 지금 목판에 글자 새기기를 마치고	我今剞劂已
1천 권을 인쇄하여 전하려고 합니다	欲印千卷傳
바라건대 우리 중에 선에 뜻을 둔 사람들	願我志善人
달리는 말에 채찍을 가하듯 하소서	走馬宜加鞭
한두 푼의 금전을 아끼지 마소	勿惜一二金
어찌 꼭 10만의 돈만을 바라겠는가	何須十萬錢
저 위없는 도에 올라가기 위해	登彼無上道
앞서거니 뒤서거니 다투어 밀고 당겨 보세	推排競後先
행원을 다 같이 닦고 배워서	行願同修學
정각의 마음에 멈춤 없이 나아가세	正覺心乾乾
도주[212]처럼 매우 인색한 무리들	陶朱鉅慳輩
악한 업 짓는 일이 가련하구나	業黑還可憐
주인옹을 불러내어	呼出主人翁
저 큰 서원誓願의 배를 타소서	乘彼大願船
끝없이 넓은 대각의 바다	汪洋大覺海
눈 깜짝할 사이에 천 리를 가네	一瞬千里便
청정하고 미묘한 법신	淸淨妙法身
수명은 태허와 나란히 하네	太虛齊壽肩
늘 편안하고 또 항상 비추며	常宴又堂照
한 방울 물이 모여 백 냇물 이루네	一滴具百川
중생의 마음이 곧 부처이니	衆生心是佛
극락국토 길이 돌아다니리	樂土長蹁躚

또
又

극락세계 가는 게 어찌 소원이 아니랴만	樂利何非願
고해의 윤회 왜 이다지도 길단 말인가	苦輪何是長
금선은 어찌 입이 쓰도록 설법하였으며	金仙何苦口
궁자는 왜 이다지도 황당한가	窮子何荒唐
나는 이미 염법 새기기를 마치고	我已刻念法
그것을 인쇄하여 천광을 전하려 하네	欲印傳千光
티끌 같은 재물을 어찌 아끼랴	塵財豈鄙悋
선근을 꽃피움이 마땅한 일이리라	善根宜塢芳
만 갈래 물이 지혜의 바다로 돌아가고	萬派歸智海
일천 차별도 금강에 하나 되리	千差一金剛
귀 기울여 듣거나 혹 듣지 않는 이들	耽耳倘不聽
포책을 반드시 자세하게 해야 하리	布策須細詳

또
又

문비가 없는 여섯 글자를	六字沒文碑
어느 누가 귀를 씻고 들을거나	何人洗耳聽
사람들은 극락에 가고 싶다 말하지만	人言欲徃生
온갖 행실은 다 탐내는 마음뿐이네	衆行皆貪情
나는 이미 염불문念佛文 새기기를 마치고	我刻念文畢
1천 권의 경전을 인쇄하려고 하네	欲印千卷經
종이의 바탕은 촌금과 같나니	紙地如寸金
전초[213]를 누가 크게 보시할꼬	錢鈔誰大行
여러 시주님께 알려 드리나니	爲報諸檀越
희사의 이름을 버리지 마소	不捨喜捨名
다만 바라는 건 공거와 함께	只願蚕炬同
극락의 성에 왕생하는 것이네	徃生安樂城

용천사 승당을 짓기 위한 권선문

필추승 아무는 용천사[214] 법당 단청 겸 부처님의 탱화 불사를 위한 화주입니다.

때로는 물을 건너고 산을 오르면서 분주하게 다니고, 혹은 주州를 유행하고 현縣을 찾아다니며, 거리를 누비고 저자를 지나면서 마을에서 잠을 자기도 하고 동네에 이르기도 하면서 개구리로 변화하고 파리가 발을 비비듯이 하며 집집마다 찾아다니면서 이렇게 설명을 하였습니다.

"대저 인생이란 풀 끝에 이슬과 같고 부귀는 뜬구름과 같습니다. 그런데 무엇 때문에 살생과 도둑질을 따르다가 근원을 잃어버리며, 진실로 음욕을 탐하다가 자성自性을 잃어버립니까? 혹은 나뭇단을 훔쳤다가 발을 태우기도 하였고, 혹은 채소 단을 취했다가 종이 되기도 하였으며, 옥문獄門에 자취를 의탁하여 뼈가 변하도록 남을 비방한 죄를 받기도 하고, 동산에 있는 나무에 정신을 의탁하여 살을 베어 시주의 은혜를 갚기도 하나니, 지은 업은 백 겁을 지나도 잊지 못하고 과보는 스스로 원한과 빚을 받게 됩니다.

하늘을 우러러 통곡하고 땅을 치더라도 뒤따를 수 없으며, 쓸개를 쪼개어 내고 간을 도려내도 미칠 바가 아닙니다. 부모가 백 개의 몸을 지녔다 하더라도 죄를 대신할 수 없고, 친지나 빈객들이 사방에서 달려오더라도 구원할 수 없으며, 뇌물을 아무리 많이 쌓아 올려도 헛되이 벌여 놓은 것이니, 좌우에서 가슴을 친들 어찌 도움이 되겠습니까? 환락으로 즐기고 아름다운 음악을 듣는 것이 어찌 살아남는 데 도움이 될 것이며, 벗들과 권속들을 어찌 믿겠습니까?

아침에는 성대한 덕을 지닌 이가 되어 넓은 행랑에서 노래하며 쉬다가 저녁에는 상자殤子[215]가 되어 무덤 속에서 서럽게 웁니다. 이런 일은 이 사람에게만 홀로 있는 것이 아니라 나의 몸도 혹시 해당할까 염려되나니,

만일 백 년의 목숨이 다하고 비록 만 겁이 지난다 해도 도망하기 어렵습니다. 이 말은 맹랑한 말이 아니라 장경藏經의 가르침에서 나온 말입니다.

그런 까닭에 『화엄경』에 말하였습니다.

"사람이 목숨을 마치려 할 때 최후의 찰나에 일체의 감각기관은 모두 흩어져 무너지고, 모든 친속은 모두 다 떠나게 되며, 일체 위엄과 세력은 모두 다 물러가고 잃어져서, 정승이나 대신이나 궁성 안팎의 코끼리·말·수레와 창고에 감추어 둔 진귀한 보배, 이와 같은 일체 것들이 어느 것 하나도 다시는 따라오지 않는다."

『무상경無常經』에는 이렇게 말하였습니다.

"권속들이 모두 떠나고 나면 재산이야 멋대로 남들이 가져가지만 스스로 지은 선근만 있으면 험한 길을 가는 데 양식으로 넉넉하리라."

이렇게 말하였으니, 바라건대 여러 믿음 있는 시주님들은 하나를 들으면 열을 알고 과거의 일을 깨닫고 지금의 일을 깨달으며, 선근으로써 염불을 하여 비록 사소한 물건이라 하더라도 적다고 생각하지 마십시오. 그리하여 아무 교원橋院에 선근을 심고, 아무 법불法佛에 큰 복을 심어서 현생에서는 음비陰庇[216]를 베풀고, 다가올 세계에 평탄한 길을 닦으려 한다면, 위에서 입에 단내가 나도록 설한 말을 어찌 믿지 않을 수 있겠습니까?

믿었으면 이해해야 하고 이해했으면 실천을 해야 하며, 실천을 하면 얻을 것이요 얻으면 들어갈 것이며, 들어가면 증득할 것이요 증득하면 부처가 될 것입니다. 금을 단련하여 용액으로 만든다는 말은 다만 이를 두고 하는 말일 것입니다.

그 단청과 족자에 그린 불상에 대한 권선勸善의 말에 대하여 무엇 때문에 혀를 두드려 한쪽 모서리를 들어 세 모서리를 깨닫게 하는 지혜를 수고롭게 하겠습니까?

涌泉寺僧堂修建勸文

芯蒻僧某。涌泉寺法堂丹青兼燈佛化主也。或涉水登山而走。或遊州獵縣而行。穿街越市。投閈戾里。蛙化蠅手。家諭戶說。曰大抵人生草露。富貴浮雲。夫何徇殺。盜而迷源。固貪婬以失性。或侵束薪而燃足。或取把菜而作奴。托迹圜扉。變骨受謗人之罰。寄神園木。割肉酬施主之恩。業不忘於百劫。報自受於宽債。號天扣地莫以追。破膽摧肝非所及。父母百身以莫贖。親賓四馳而不救。貨賂委積而空陳。左右撫膺以無輔。歡娛美樂者。爲何在乎。朋友眷屬等。爲何恃乎。朝爲盛德。唱息於長廊。夕爲殤子。哀慟於幽房。匪斯人之獨有。念余身之或當。倘百年之命盡。縱萬劫而難逃。言非孟浪。語出藏敎。故華嚴經云。臨命終時。最後利那。一切諸根。悉皆散壞。一切親屬。悉皆捨離。一切威勢。悉皆退失。輔相大臣。宮城內外。象馬車乘。珍寶伏藏。如是一切。無復相隨。無常經云。眷屬皆捨去。財貨任他將。但持自善根。險道充食粮。願諸檀信。聞一知十。悟徃覺今。以善根爲念。雖這些而勿以爲少。種善根於某橋院。樹慶福於某法佛。以施陰庇於現生。以修坦途於來程。則右行苦口之說。詎不信乎。信則解。解則行。行則得。得則入。入則證。證則佛矣。點金成汁之說。只此而已。其丹青燈佛之說。何勞鼓舌於擧一隅。而反三隅之智乎。

용강 화장사 큰 법당을 중창하기 위한 권선문

한 번이 음이면 다음은 양이 되는 것은 곧 천도의 변함없는 진리이고, 한 번 흥하면 한 번 폐하는 것은 바로 인간 세상의 자연적인 진리입니다. 이치가 진실로 이러하거니 일이 어찌 그렇지 않겠습니까?

지금 저 화장사는 오산烏山의 간역艮域(동북방)이요 범찰의 이궁离宮[217]입니다. 소나무 숲길과 향기로운 부엌은 청량한 승지를 생각하게 하고, 들에 핀 꽃과 넝쿨풀은 잡초가 무성하여 거칠고 지저분한 황폐한 언덕이 된 지 오래입니다. 앵무새 놀던 숲과 학이 놀던 숲은 하나같이 쓸쓸하고 훼손되었으니, 살고 있는 사람이나 지나가는 사람들은 몇 번이나 머뭇거리면서 개탄하여 마지않습니다. 나우산懶牛山의 온갖 새들은 보이지 않고, 각화림覺華林의 이공二空(인공과 법공)은 만나기 어려웠습니다.

얼마 전 경운慶雲이라는 아사리가 이런 상계像季의 때에 태어나 그 품성이 저절로 자비하였습니다. 동쪽 벽을 바르고 서쪽을 칠하여 여기 육화六和[218]의 승당을 지었지만, 입술이 없으면 이가 시린 것처럼 아직까지 삼신三身을 모실 불전이 없습니다.

뜰은 텅 비었는데 솔도파窣堵波(탑)만이 백일삼청白日三淸에 우뚝 솟아 있고, 구름이 모이는데 갈마타竭摩陀[219]가 청산만취靑山萬翠에 귀의합니다.

용흥전을 다시 세우니 이미 옛날처럼 되었으며, 봉곡산이 거듭 열리니 그때가 바로 오늘과 같습니다. 나는 듯한 누각에 솟아오르는 듯한 전각은 비교해 보면 경산徑山과 방불하고, 광대한 보시 풍성한 공은 우러러보면 단부檀府에 잇따라 너풀거립니다.

그러므로 털 하나도 뽑지 않겠다는 생각을 하지 않으면 백 개의 발이 달린 곤충은 엎더지지 않는 것과 같다는 것을 징험할 수 있을 겁니다. 천지처럼 장구하여 그 공은 현우賢于 장자가 절을 세웠던 것[220]보다 뒤지지 않을 것이며, 태어나 오거나 죽어서 감에 그 덕은 수달 장자가 보시를 행한 것^{221}보다 더 향기가 있을 것입니다.

아! 슬프다. "천금을 모두 흩으면 다시 돌아온다."라는 말은 이한림의 뛰어난 시의 내용이요, "한 끼의 밥도 반드시 그 덕을 갚아야 한다."^{222}라는 말은 한회음韓淮陰^{223}의 격언입니다. 부디 빙함氷銜^{224}을 적어 함께 금낙金諾 드리워 주시기 바랍니다.

이 공덕으로써 저 강릉岡陵을 축원하나니, 우리 왕실의 역산歷山은 높이 솟아 수미산이 뭇 산봉우리에 비켜 있는 것과 같게 하고, 이 법문의 덕 바다는 길이 흘러 바다가 온갖 갈래의 물이 모여드는 것처럼 하여지이다.

龍岡華藏寺大法堂重創勸文

一陰一陽。乃天道之常也。曰興曰廢。是人世之自然。理固如斯。事何不爾。今夫華藏寺。在烏山之艮域。爲梵刹之离宮。松道香厨。想淸凉之勝地。野花蔓草。久蕪穢之荒丘。鸚林鶴林。一蕭瑟而摧殘。居者過者。幾蹯躇而慨嘆。不見懶牛山之百鳥。難逢覺華林之二空。頃有慶雲阿闍梨。生當像季之時。禀自慈悲之性。東塗西抹。爰結六和之僧堂。唇缺齒寒。尙欠三身之佛殿。庭空窣屠波之突兀。白日三淸。雲集竭摩陁之歸依靑山萬翠。龍興殿之復設。旣有昔時。鳳曲山之重開。正當今日。飛樓湧殿。擬彷彿於徑山。廣施豐功。仰聯翩於檀府。莫取一毫之不拔。可驗百足之不僵。地久天長。功不墜於賢于建利。生來死去。德有馨於須達行檀。噫。千金散盡還來。李翰林之勝詠。一飯必酬其德。韓淮陰之格言。幸署氷銜。同垂金諾。以此功德。祝彼岡陵。我王室之歷山高峙。等彌山之襯$^{1)}$落羣峯。此法門之德海長流。類鹹海之朝宗萬派。

---

1) ㉮ '襯'은 '橫'인 듯하다.

발
跋

『화엄경』과 『법화경』을 인출하는 발문

사천하四天下에 티끌 수만큼 많은 품品과 800만 아촉바阿閦婆²²⁵의 게송은 곧 이른바 불꽃처럼 성한 설법이요 간단없는 설법이니, 어찌 오탁악세五濁惡世의 평범하고 박약한 땅의 방촌만 한 마음으로 헤아려 알 길이 있겠습니까? 8만 겁 동안 받아 지니나 넓은 바닷물처럼 많은 먹물로도 한 문장의 이치를 베낄 수 없다는 말은 진실로 이 때문입니다.

그러나 선근을 무너뜨리고 사견에 빠진 사람이라 하더라도 부처님께서는 싫어하여 버리는 일이 전혀 없으시니, 그렇다면 비록 부처님을 헐뜯고 비방하며 믿지 않는 사람이라 하더라도 훈습하여 견고한 종자를 이루는 것이, 마치 생맹生盲²²⁶이 밝은 햇빛 아래에서 생업을 힘쓰고 두더지가 강물을 마시며 배를 채우는 것과 같습니다.

그런 까닭에 계경契經 장중藏中에 "4구 게송을 베껴 쓰는 사람이 있으면, 삼천세계에 가득한 일곱 가지 보배를 보시한다 해도 사타沙陀의 만분의 1에도 미치지 못한다."라고 하였습니다. 그렇다면 이 하얀 종이에 인쇄하여 경전을 만드는 것이 비록 대지의 한 티끌이요 새가 발로 허공을 밟는 것 같지만, 그래도 그것은 천지의 한 방울 물로 백천 가지 맛을 다 알기를 기약할 수 있을 것입니다. 하물며 『금강경』에서 비유를 들어 말씀 따라 기뻐하면서 전교轉敎한 50사람의 공덕에 대하여 부처님께서 금구로 진실한 말씀을 직접 선설하신 것이겠습니까?

나는 풍담楓潭²²⁷의 문하생으로 거의 20여 년 동안 수업을 받았는데, 풍담 선사는 우리 동방의 크게 깨달으신 스님입니다. 서산西山(휴정休靜)의 법종法宗인 편양鞭羊(언기彦機)의 입실을 얻어 온갖 장경과 연부淵部를 열람하고 연구하지 않은 것이 없으나 가장 마음속에 남아 있는 것은 오직 원돈圓頓의 상승上乘뿐이었습니다.

나도 또한 그 나머지를 듣고 최상승의 법문을 침잠하여 완미하고는 스승을 이어서 여러 법회에서 선설하여 천양하였습니다. 그러다가 마침내 마음속에 큰 서원을 발하여 말하기를 "저의 서원은 온 법계와 허공계와 중생계의 모든 중생들과 함께 비로장毗盧藏의 바다에서 헤엄치고 놀고 싶습니다. 그러나 배나 뗏목이 없으면 그 끝을 바라볼 수 없을 것입니다."라고 하였습니다.

그해 봄에 평안도와 황해도를 번갈아 돌아다니면서 수강遂江·평자平慈·순삼順三·상서祥瑞·황곡黃谷 가운데 뜻이 같은 사람을 찾았는데 스님과 속인이 무려 1천여 명이나 되었습니다. 그 사람들에게 권유하여 원교圓敎·돈교頓敎·시교始敎·종교終敎 1,100여 권을 인쇄하여 베 보자기에 싸고 상자에 담아서 마침내 명산의 큰스님들께 골고루 전하였습니다.

그리고 보는 놈을 보고 듣는 놈을 듣는 이들로 하여금 큰 바다에 잠류潛流하는 이익을 입어 법안이 이지러짐이 없는 도를 얻게 하였습니다. 그러한즉 승복과 풀 옷을 입은 이들은 하나하나 해당海幢비구와 비목선인毘目仙人처럼 되고, 고행을 하고 정지精持하는 사람들은 낱낱이 약왕藥王보살과 불경不輕보살처럼 되며, 심지어 동남과 동녀들은 무구無垢에 현주玄珠를 바치고 법계에 참다운 법우를 참방하며, 온 대지는 널리 빛나는 영산이 되고 미래제未來際가 다하도록 광대하게 항상 행할 것입니다.

그리고 상신常身은 물물마다 나타나고 근본은 티끌마다에 옮겨 가며, 법마다 항상 머물고 세계마다 원융하여 중중무진한 장애가 없는 법계에 자재하게 유희하는 것이 바로 내가 뜻하는 바입니다.

이러한 공덕으로 엎드려 바라옵건대 성상께서는 만세를 누리시고 후비께서는 천추를 누리시며, 사·농·공·상은 깊은 골짜기에서 벗어나 높은 나무로 옮겨 가고,[228] 태·난·습·화는 삿됨에서 돌아와 바른 데로 들어가며, 삼한의 팔도는 요순의 천지를 이루고 시방 삼세는 온통 보현보살의 해탈의 경계에 들어가게 하소서.

印華嚴經法華經跋

四天下塵數品。八百萬阿閦婆偈。即所謂熾然說無間說也。豈濁惡世凡博地之方寸心所能測也。八萬劫之受持。大海量墨。不能寫一文義者。良有以也。然壞善根。溺邪見者。佛皆無厭捨。則雖毀謗不信。目薰成堅種。猶生盲之處日辦業。偃鼠之飮河滿腹也。故契經藏中。有書寫四句偈者。滿三千七寶之施。不及於沙陁之萬一。則此紙素之印成經典。雖大地之一塵。鳥足之履空。猶天地一滴。知百千味。庶可期也。況出現金剛之喩。隨喜轉敎五十人功德。佛金口四實語親宣乎。余受業於楓潭門下者。幾二十餘禩也。楓潭蓋吾東方大覺師也。得西山法宗於鞭羊之室。羣藏淵部。罔不硏攬。而最所留意者。唯圓頓上乘也。余亦得聞其緒餘。而沉潛玩味於最上乘門。繼而闡揚宣說者。數處會也。遂發弘誓願于方寸中。曰我願與盡法界虛空界之衆生界者。欲共游泳於毗盧藏海也。而非舟杭。則得望其涯涘哉。是年春。遂跋涉於平黃二道之交。遂江平慈順三祥瑞黃谷中。覔同志者。黑白無慮千有餘人。勸印圓頓始終敎千百餘卷。裏布入櫝。遂流傳於名山鉅衲。而使見見聞聞者。蒙大海潛流之益。得法眼無缺之道。則蒙緇衣草者。一一海幢毗目。苦行精持者。箇箇藥王不輕。至於童男女等。獻玄珠於無垢。叅眞友於法界。盡大地普光靈山。窮未來廣大常行。而現常身於物物。轉根本於塵塵。法法常住。利利圓融。自在遊戲於重重無障礙法界。是余之所志也。以此功德。伏願聖上萬歲。后妃千秋。士農工商。出幽遷喬。胎卵濕化。回邪入正。由三韓八道。致堯舜乾坤。盡十方三世。入普賢解脫境界也。

호남 능가사에서 간행한 『염송설화』 발문

일대의 설법과 세 곳에서 마음을 전한 것[229]에서 1,700칙에 이르기까지는 옛사람이 우는 아이 달래려 만들어 낸 돈을 안분眼糞으로 바꾸어 놓은 것이다. 그렇다면 모든 부처님과 조사님들이 염롱拈弄을 시설施設하여 통발과 그물을 분별하게 한 것은 토저土苴[230]인가? 노추鑪錘[231]인가? 이른바 뗏목에 비유한 말이 깊은 이유가 있다고 하겠다.

그러므로 구담씨가 철선을 타고 삼고三苦[232]의 바다에 가르침의 그물을 칠 때 고금의 작자들이 외짝 손을 내어 춤추듯 노를 저어 제각기 배를 몰아간 것이다.

그리하여 우리 동방의 운손雲孫들이 키를 잡아 서로 부르고 서로 외치면서 거듭 벼리(그물코를 꿴 굵은 줄)를 정리하여 검은 풍랑 속으로 그 그물을 던져 물고기와 용, 새우와 게가 한 그물에 걸려서 그것을 건져 올렸으니, 마음을 씀이 어쩌면 저렇게도 애써 노력하여 이와 같이 지극한 경지에 이르렀던가?

지금 설암자雪巖子(추붕秋鵬)가 남쪽으로 가서 호남 지방을 유람하면서 구곡龜谷(각운覺雲)의 한 토막 이야기를 능가사 도방道傍에 끈을 맺어 주어서 수직繡織으로 만들어 보려고 하였으나 시간이 부족하여 뜻을 이루지 못하고, 그 사주 상헌尙軒과 상기尙機가 혜현慧玄 큰 개사와 더불어 설암자의 뜻을 계승하여 선수繕修(수선, 보수)의 공을 마치게 되었다.

만일 구담의 그물 속에서 나롱羅籠(비단 주머니)을 받지 않았더라면 어떻게 이와 같이 산을 기울어지게 하고 바닷물을 다 말릴 수 있을 것이며, 흐린 것을 몰아내고 맑은 것을 드날려서[233] 구인九仞[234]의 산을 성취할 수 있었겠는가?

만일 저 깊은 못과 높은 언덕 같은 이치를 보고 조수를 희롱하고 몸을 뒤쳐 한 번 도약한다면 이는 이른바 그물을 뚫은 고기라 할 것이다. 비록 그러나 필경에 무엇으로써 먹이를 삼을 것인가? 네가 그물을 찢고 나오기를 기다려 너에게 말하리라. 돌咄도 또한 누두漏逗[235]이니라.

湖南楞迦寺拈頌說話繡梓跋

一代說三處傳。至於千七百則。古人喚作止啼錢換眼糞。則諸佛祖施設拈弄底差別筌第。土苴耶。鑪錘耶。所謂如筏喩者。深有以也。然則瞿曇氏駕鐵船。撒敎網於三苦海中。古今作者出隻手。舞棹呈撓。一一操槳。把拖我東之雲孫。比相喚相呼而重整綱。投其網於黑風浪中。魚龍蝦蠏一羅而撈攄的。何其用意之勤勞。至於若是之至也。今有雪巖子之南遊湖中也。龜谷之一絡索。欲結紐於楞迦道傍而繡織焉。臘促而未。其寺主尙軒若尙機與慧玄大開土。能繼雪志。而繕修功終焉。如非受羅籠於瞿曇網中。則何能若是。其山海可傾渴而激濁揚淸。成九仞乎。如有其視淵若陵。而弄潮底翻身一躍。則是可謂透網鱗也。雖然畢竟以何爲食。待汝裂網出來。向汝道。咄。亦漏逗也。

비명
碑銘1)

선불당 비명과 그 서문

대사의 휘는 의숭義崇이고 자는 자중自中이다. 학자들은 모두 그를 '선불選佛 대사'라고 불렀다.

세속의 성은 윤尹씨로 파평군坡平君 윤암尹巖의 제11대손이다. 고조부 길창吉昌은 생원236)이었고, 증조부 삼인三仁은 참봉237)이었으며, 조부 현玄은 학생238)이었고, 아버지 언彦은 진사였으며, 어머니는 김金씨이니 성천成川 권權의 딸이다.

대사는 만력萬曆 33년 을사(1605) 3월 초칠일 인시(오전 3~5시)에 태어났는데, 나면서부터 기품이 보통 사람들과는 달랐으며 일찍부터 출세할 의지가 있었다.

지학志學(15세)의 나이에 성징性澄에게서 머리를 깎고 스님이 되었다. 처음에는 보웅普雄 스님의 문에 놀았고, 다음에는 허백虛白(명조明照)을 따라 수년 동안 학문을 익혔다. 허백이 의승장義僧將에 임명되자 대사는 묘향산에서 무위의 생활을 하려는 뜻이 간절하여 자리를 옮겨 편양을 찾아가 뵈옵고 그 문하에서 30여 년을 공부한 다음 입실 상족이 되었다.

그 뒤로 풍담 스님과 청엄淸嚴 스님 등 여러 장로를 두루 참알하였으며, 도술을 이미 성취하고 덕이 안에 가득해지자 여러 선자가 모두 그의 울타리 안에서 유학하기를 원하였다. 그러나 대사는 종사라는 명칭을 쓰지 않

---

1) 웹 '碑銘'은 『한국불교전서』 편자가 보입한 것이다.

앉다.

마침내 담담한 경지에서 노닐고 막막한 세계에 기를 맞추어 세상과 더불어 살면서도 세속을 잊고 지냈다. 그러므로 대청大淸과 언진彥眞은 모두 스님이 아름답게 은둔하는 곳이 되었으니, 이야말로 이른바 대은자大隱者가 아니겠는가?

강희 기유년(1669) 7월 초칠일 오시(오전 11시~오후 1시)에 갑자기 혼탁한 세상이 싫어져서 진봉산 굴봉에서 앉으신 채로 세상을 버리시니, 득년得年(향년)이 갑자주甲子周에서 5년이 더하였다. 다비를 하여 금골金骨(사리) 세 개를 얻어 영대靈臺 남쪽 산기슭에 석분石墳을 만들어 봉안하니 곧 그 이듬해 여름이었다.

아! 슬프다. 대사는 의도儀度가 아름답고 재국才局이 풍부하였으며, 언론言論과 풍지風旨[239]가 침착하고 여유 있어 볼만하였다. 성품이 이양頤養[240]을 좋아하였고 마음은 천유天遊[241]를 얻었으나 다른 사람의 스승이 되는 것을 꺼려 청익請益[242]하면 심하다고 할 정도로 거절하였다.

그런 까닭에 세상 사람들에게 알려지지는 않았지만 그의 몸소 실천하고 이행하는 실속은 이와 같아 세상에 드문 일이었으니, 여래의 사자임이 분명하다. 명銘의 내용은 이러하다.

> 산신이 내려와 이 사람 되었나니
> 미혹한 세속을 멀리 벗어났도다
> 그의 자성은 맑고 깨끗하였고
> 부질없는 몸뚱이는 환화幻化로 여겼네
> 고통의 바다에 자비의 배요
> 어두운 거리에 보배 촛불이었네
> 범초凡楚도 궤도를 같이했거니
> 부처와 중생이 다 같이 적멸하도다

고요하면서도 항상 비추고 있거니
사라지지도 않고 태어나지도 않네
만고의 하늘과 땅 사이에
한 점의 신령한 밝음일세

選佛堂碑銘【并序】

大師諱義崇。字自中。學者稱爲選佛大師。世姓尹。坡平君巖之第十一世孫也。高祖吉昌生員。曾祖三仁叅奉。祖玄學生。考彦進。妣金氏。成川權之女也。萬曆三十三年乙巳三月初七日寅時生。生而氣禀異凡。早有出世之志。志學之年。從性澄剃染。初遊普雄之門。次從虛白而學數年。虛白有義僧將之擧。師志切無爲於妙香山。轉叅鞭羊。遊者三十餘年。爲入室上足。曆叅楓潭淸嚴諸長老。道術旣成。德充於內故。諸禪者願遊蓊。而師不稱宗師名。遂遊淡合漠。而與世相忘。大淸彦眞。皆師所嘉遴也。非所謂大隱者乎。康熙己酉七月初七日午時。忽厭濁世。坐化於秦封山窟峯。得年甲子周而五餘。茶毘得金骨三枚。藏石壜於靈臺南麓。即翌年夏也。吁。大師美儀度富才局。言論風旨。絟絟可觀。而性好頤養。心得天遊。而患爲人師。請益者甚拒。所以不見知於世。而其履踐之實。有如斯間世者。爲如來使允矣。夫其銘曰。

嶽降斯人。穎脫迷塵。淸淨自性。
幻化空身。苦海慈舟。昏衢寶燭。
凡楚一轍。生佛俱寂。寂而常照。
不滅不生。萬古天地。一點靈明。

동산사 설암 대사 비명과 그 서문

묘향산의 큰 비구의 법명은 추붕秋鵬이다. 호남의 징광사에서 세상을 떠났으니, 그때의 연세는 56세이시다.

화삼매火三昧(다비)에 드시자 서쪽 방향에 놓아둔 물그릇에 뼈가 들어 있었는데, 그 제자 도일道一이 모시고 산문 아래로 들어가 비로자나부처님께 빌어 사리 네 매를 얻었다. 한 매는 산문 안에 모셨고 나머지 세 매는 남쪽에서 일찍이 계셨던 곳에 탑을 세우고 봉안하기 위하여 우숙于肅의 동쪽 산을 지나다가 또다시 빌지도 않았는데 유골 속에서 사리 한 매를 더 얻었다.

그의 제자 낙하落霞가 온 절의 스님들과 함께 절 동쪽에 탑을 세우고 인하여 비갈碑碣을 세우고 이렇게 기록하였다.

"추붕 스님은 스스로 호를 지어 이르기를 설암雪巖이라고 하였다. 씨족은 원주原州 김金씨이고 아버지는 응소應素이며 어머니는 진산晉山 장張씨이다. 삼등三登 창동倉洞에서 태어났으니, 그때는 곧 순치順治 8년 신묘(1651) 8월 27일 자시(오후 11시~오전 1시)였다.

10세에 종안宗眼 스님에게 나아가 법흥사에서 머리를 깎고 스님이 되었으며, 벽계 구이碧溪九二 대사의 문에서 법을 받았다. 자학字學[243]을 연마할 때는 처음 한 번 들으면 곧바로 외워서 한 글자도 빠뜨리지 않았으므로 사람들이 모두 영리하다고 칭찬이 자자하였다.

그 뒤에 나랑 같이 학업을 연마한 지 10여 년 동안 글방의 바다에 여유롭게 놀면서 뗏목의 교학과 진리의 선학을 두루 섭렵하여 거의 다 연구하였으며, 운어韻語(시)를 두찬杜撰[244]함에 이르기까지 하였고, 삼매에 드는 것도 능숙하게 잘하였으므로 사람들이 석문의 종사로 추대하였다.

스님은 의지를 단련하는 일에 게을리하지 않았으며, 인재를 뽑아 쓰는 일에도 귀찮아하지 않았으므로 그를 따라 학문을 연마하려는 이들이 많이 몰려들었다.

　임오년(1702) 봄에 호남 지방을 유행하실 때는 가시는 총림의 강석마다 명성이 널리 알려진 이들까지도 줄을 서서 몰려들었다. 수행인과 이야기하고 속인들을 만나 이야기하되 놀리는 칼날이 여유롭고 넓어서 이문異門이면서도 산수와 학을 좋아하는 이들이 일변하였으므로 그 당시의 선비들이나 세속을 떠난 스님들이 풍화를 따르지 않는 이가 없었다.

　병술년(1706) 7월 금화金華에 이르렀을 때 작은 질병이 있더니 점점 위독해지자 경계하는 게송을 남기시고 세상을 떠나셨으니, 그때는 곧 8월 초오일 해시(오후 9~11시)였다.

　그 사람에 그 행실인데 화장해서 골분으로 변화할 때 아래위가 모두 황금빛이었고 사리 또한 그러하였으니, 아! 존경할 만한 일이로다. 그러므로 게송으로 명을 지어 대신하노라.

　　　총령에서 서쪽으로 돌아가는 사람은
　　　짚신 한 짝을 남기셨는데
　　　설암이 남쪽에서 세상을 떠나신 뒤엔
　　　화정花情(사리) 다섯 매가 맺혔구나
　　　동진童眞으로 세속을 떠나서
　　　세상 버리고 요확寥廓으로 들어갔네
　　　인도하고 도와주는 일에 그침이 없어
　　　이렇게도 설하고 저렇게도 설하셨네
　　　십 년 동안 묘향산에 살 때는
　　　풀과 나무들도 영화를 머금었는데
　　　금화에서 한 번 작별하고 나니
　　　구름과 노을도 빛을 잃었네
　　　동산의 바위는 우뚝우뚝 솟아 있고

서해의 파도는 넘실넘실 일렁이네

천축의 바람 불어오고 화하華夏의 달 밝은데

설산의 하얀 눈은 망망하구나

다만 바라는 건 봄바람이 내 방에 들어와

두견 울음 간절하고 백화는 향기롭네

東山寺雪巖碑銘【并序】

香山大比丘。名曰秋鵬。沒于湖南澄光。年五十六。火三昧時。骨在于西水器中。其弟子道一。持入于山之下。毗盧乞舍利得四枚。一寶于山中。三分塔欲峙于南中曾遊地。經由于肅之東山。又一枚不乞而得於骨中。其弟子落霞與闍寺。俱爲樹塔於寺之東。仍立碣書之曰。鵬自號曰雪巖。族原州金。父應素。母晋山張氏。落地于三登倉洞。卽順治八年。辛卯八月二十七日子時也。十歲投宗眼。薙草於法興。禀法於碧溪九二大師門。字學之初。聽則誦不遺一字。人皆曰伶俐。仍與余從遊者十餘年。優游學海。敎筏禪詮。該涉殆遍。至於杜撰韻語。三昧亦能之。人推爲釋門宗師。礪志匪懈。汲引不倦。從學者多歸之。壬午春遊湖南。所至叢席。名可名者坌集。談眞涉俗。游刃恢恢。異門之善水鶴者一變。當世之士。出世之緇。罔不趨風。丙戌七月。抵金華。有微疾而彌留。留戒偈云終。卽八月初五日亥時也。以之人也。之行也。而火化骨分時。上下爲金色。舍利亦如之。吁。可尙矣。偈以代銘曰。

葱嶺西歸。草履一隻。雪巖南化。花情五結。

童眞出有。去入寥廓。誘掖忘罷。橫說竪說。

香山十載。草木含榮。金華一訣。雲霞失色。

東山之石立兀兀。西海之波流洋洋。竺風吹兮華月明。

雪山之雪茫茫。但願春風入我室。杜鵑啼切百花香。

어떤 스님이 진영을 그려 찬탄하는 글을 구하기에 즉시 붓을 뽑아 쓰다

커다란 꿈을 누가 깨는가
덧없는 생임을 나는 아노라
금강산 송림에서 기도하는 날이요
봉명산鳳鳴山에서 울음 울 때이네
곤륜동崑崙洞에 봄은 깊은데
향암에 해가 저무는구나
그림 속엔 아무 소리도 없으니
이름 앞에 그리움을 붙인다
드러난 진영에 몸을 숨겼으니
그 누가 진眞이라 말하겠는가
태어날 땐 나왔다가 죽어서는 들어가니
그분은 곧 나와 형제지간이라네
장주莊周이던가, 호접胡蝶이던가
마당 가 물에 비가 내린다
물은 흐르고 비는 그쳤으니
법의 자리에 법이 머무네

【둘째 연구聯句는 금강산 소나무 숲에서 기도하여 대사를 낳았다는 말이다. 대사가 태어난 산의 이름이 봉명산이며, 금강산 서운암栖雲庵은 곤륜동에 있다. 11세를 금金이라 하고 20세를 관冠이라 한다.】

有僧畵眞求讚即拔筆走題

大夢誰覺。浮生我知。金松禱日。鳳峀鳴時。崑洞春深。香岩歲暮。畫裏無聲。名前寓慕。藏身露影。孰云眞乎。出生入死。乃吾友于。周歟蝶歟。天雨

庭水。水流雨止。法住法位。【二聯金剛松林禱生。生地山名鳳鳴也。金剛栖雲。在崑侖洞。十一歲金二十冠。】

『월저당대사집』하권 마침
月渚堂大師集下卷終。

문장을 짓는 일은 진실로 우리 가문의 여사餘事이다. 그러나 당나라와 송나라 사이에 고승들의 시집이 세상에 많이 유행하였으니 이 또한 숭상하지 않을 수 없는 일이다.

 그런데 혹은 부도浮屠(불도를 닦는 일)를 전업으로 하면서 거기에 정밀하지 못한 이는 도리어 문장의 흐름에 휩쓸려 스스로 방일한 사람이 있고, 유교와 불교를 아울러 바탕으로 삼아 도행이 높고 깨끗한 이에 이르러서는 전고에 찾아보아도 듣기 어려운 일이다.

 선사의 휘는 도안道安이요 호는 월저月渚이며, 기도箕都(평양) 출신이다. 신장은 일곱 자이고 풍채는 엄숙하고 중후하여 바라보면 마치 태산과 교악喬岳 같으며, 가까이 다가가면 따뜻한 바람과 촉촉한 비와 같았다.

 어린 나이가 끝날 무렵(12, 13세 때인 듯함) 종산鍾山의 천신天信 법사에게 나아가 머리를 깎고 스님이 되었으며 또한 계를 받았다. 장성해서는 풍담 대사를 찾아가 참학하여 삼교를 해박하게 달통하였으며, 최상승까지 높이 깨달았으니, 융명融明하고 간충簡冲한 기상은 조계와 임제의 맥을 바로 이었으며, 심법心法을 설하고 성性을 이야기하는 미묘함은 나옹 선사나 서산 대사의 지취보다 못하지 않았다.

 대사는 항상 화엄법계華嚴法界에 생각을 머물러 두었으니 청량 국사淸凉國師245와 비슷하였으며, 늘 사람들에게 염불하여 극락에 왕생하기를 권유하였으니 여산廬山 혜원慧遠 공과 닮았다.

 대사는 명산을 두루 돌아다니며 유람하면서 지팡이를 머무는 곳에서는 여러 차례 화엄해회華嚴海會를 열곤 하였다. 혹은 상당上堂 법회를 하기도 하였고, 때로는 시중示衆 법회를 열기도 하였는데, 선禪을 말하기도 하고 교敎를 말하기도 하였으며, 유교를 말하기도 하고 불교를 말하기도 하여 가로 들고 거꾸로 쓰며, 융화하여 하나로 만들어 걸림이 없었으므로 그 한계를 헤아려 알 길이 없다. 그리하여 비록 명망이 있는 스님이나 큰선비라 하더라도 스님의 명망을 듣고 바라보아 감복하지 않는 이가 없었다.

아, 법랍法臘이 더욱 높아질수록 도도 더욱 풍족해졌으며, 명성이 저절로 중해질수록 덕도 저절로 높아만 갔다. 법의 깃발은 수미산보다 더 높고 지혜의 물은 큰 바다보다 더 깊었다.

부처님의 해를 받들어 돌이켜 비추니 그 빛이 고금에 드날렸고, 깜깜한 밤에 조사의 등불을 전하니 광명이 천지에 빛났다. 조계와 임제의 가풍과 나옹 선사와 서산 대사의 의지가 여기에 이르러서 더욱 크게 분명해졌다. 그러니 저 문장가라는 명성에 낭탁浪託하여 본업을 정밀하게 하지 못하는 모든 사람에 비교하면 그 거리가 어찌 백만 유순[246]뿐이겠는가?

그 밖에 태어나고 돌아가시고 할 때의 상서로운 조짐이라든가 특이한 일들과 사리와 영아靈牙의 흔적들에 대해서는 대부분 행장에 실려 있기에 여기에서는 기록하지 않는다.

선사께서는 저술을 좋아하지 않았으나 다른 사람들과 주고받은 시문이 자못 많았다. 그러나 그것마저도 문인들이 찬록撰錄하는 것조차 허락하지 않았으므로 열에 여덟아홉은 잃어버리고 다만 말년의 유고 약간 수를 모아서 상편과 하편으로 편집하고 간행하여 세상에 유포하는 것이지만, 이것은 태산에 비해 털끝만 할 뿐이다.

그러나 또한 이것으로써 선사의 순수한 지조와 행실, 박식한 학문과 올바른 입도入道에 대하여 대강이나마 볼 수 있다면, 사람들은 다 이를 모범으로 삼아 전하고 전하여 없어지지 않을 것임에 의심할 여지가 없을 것이다.

문인 향해 연종香海蓮宗은 머리를 조아리고 삼가 발문을 쓰다.

청나라 정유년(1717) 가을 7월 성회일星會日(7일).

文章之作。固吾門之餘事。然自唐宋間。高僧詩集。行于世。斯亦不可不尙已。或有業浮屠未精者。返託文章之流。以自放。至如儒釋兼資。道行高潔。求之前古罕聞焉。先師諱道安。號月渚。箕都人也。身長七尺。風彩嚴重。望之如泰山喬岳。就之如熏風潤雨。盖自童齔。投鍾山天信法師。剃染受經

戒。及壯。尋叅楓潭大師。博通三敎。超悟上乘。其融明簡冲之氣。直紹曹溪
臨濟之脉。而說心說性之妙。不亞於懶翁西山之旨也。恒留意華嚴法界。彷
佛[1]淸凉國師。常勸人念佛徃生。依俙廬山遠公。遍遊名山。住錫之場。屢設
華嚴海會。或上堂。或示衆。禪也敎也。儒焉釋焉。橫拈倒用。融會無礙。莫
窮其涯涘矣。雖名緇鉅儒。無不望風而服。噫。臘益高而道益豐。名自重而
德自邵。法幢高於須彌。智水深於巨海。奉佛日而回照。輝騰古今。傳祖燈
於昏夜。光赫乾坤。曹溪臨濟之風。懶翁西山之旨。至此而益弘明矣。其較
諸浪託文章之名。未精本業者。相去奚啻百萬由旬哉。其他誕滅之瑞異。舍
利靈牙之跡。多載行裝。此不書之。先師不喜著述。因與人徃復詩文頗多。
而亦不許門人之撰錄。十失八九。但攗拾末年遺稿若干首。編爲上下篇。刊
行于世。殆泰山毫芒耳。然亦以此。槩見先師操履之醇。學問之博。入道之
正。則人皆以爲模範。而傳於不朽也。無疑矣。門人香海蓮宗。稽首謹跋。
時淸丁酉。秋七月。星會日也。

1) ㉑ '佛'은 '彿'인 듯하다.

강희 56년(1717) 정유 7월 일 내원암에서 판각한 것을 보현사에 옮겨 보관하다.

문인 금하는 삼가 쓰다.

康熙五十六年丁酉。七月。日。刻于內院。移鎭于普賢寺。

門人錦霞謹書。

모연을 주관한 제자들의 명단 : 승익, 각해, 선행, 대유, 법혜, 계정.

각공刻工 : 별훈, 정익.

募幹親弟秩。勝益。覺海。善行。大裕。法慧。戒定。

刻工。別訓。淨益。

주

1 원량元良 : 황태자나 왕세자 또는 다음 임금으로 지정된 이를 달리 이르는 말.
2 『약사여래본원공덕경藥師如來本願功德經』 : 수나라 양제煬帝 때(616) 달마급다達磨笈多(Ⓢ Dharmagupta)가 동경東京의 상림원上林園에서 번역하였다. 줄여서 『藥師本願經』이라 하며, 별칭으로 『藥師如來本願經』이라고도 한다. 약사여래의 본원과 그 공덕을 설한 경으로, 약사여래를 지극한 마음으로 믿고 그 명호를 외우면 십이대원에 따라서 모든 고통에서 벗어나 복을 받게 된다고 설한다.
3 모의母儀 : 어머니로서 갖추어야 할 도리.
4 구오九五의 나는 용을 보니 : 『周易』 제1괘인 건위천乾爲天의 아래에서 다섯 번째 양효陽爻를 설명한 내용에 "나는 용이 하늘에 있으니 대인을 만나면 이롭다.(飛龍在天. 利見大人.)"라는 말이 나온다. 나는 용이란 임금을 말한다.
5 금륜金輪 : 전륜왕이 지니고 있다는 칠보七寶의 하나로, 전륜왕이 즉위할 때 동방에 나타나 광명을 놓으면서 왕에게 와서 그 다스림을 돕는다는 하늘의 금강륜보를 말한다. 여기서는 국왕을 가리킨다.
6 학금鶴禁 : 본래 중국 황태자가 거처하는 궁전을 가리키나 우리나라의 왕세자가 거처하는 궁궐을 말하기도 한다.
7 열두 가지 큰 서원(十二大願) : 동쪽에 있는 불국토인 정유리국淨瑠璃國에 머물고 있는 약사여래가 수행할 때 세운 열두 가지 큰 서원. ① 광명이 밝게 비추게 해 달라는 큰 서원(光明照曜大願), ② 몸이 유리처럼 맑게 해 달라는 큰 서원(身如瑠璃大願), ③ 받아 씀이 다함없기를 바라는 큰 서원(受用無盡大願), ④ 대승에 안립하기를 바라는 큰 서원(大乘安立大願), ⑤ 삼취정계를 원만하게 갖추기를 바라는 큰 서원(三聚具定大願), ⑥ 제근이 원만하게 구족하기를 바라는 큰 서원(諸根具足大願), ⑦ 온갖 질병이 다 없어지기를 바라는 큰 서원(衆患悉除大願), ⑧ 여자의 몸이 변하여 남자로 되기를 바라는 큰 서원(轉女成男大願), ⑨ 바른 견해를 안립하게 되기를 바라는 큰 서원(安立正見大願), ⑩ 얽매임에서 벗어나기를 바라는 큰 서원(繫縛解脫大願), ⑪ 기근에서 벗어나 안락하게 되기를 바라는 큰 서원(饑饉安樂大願), ⑫ 의복이 풍족하게 되기를 바라는 큰 서원(衣服嚴具大願).
8 자손을 많이 두고(螽羽蟄蟄) : 종우螽羽는 종사우螽斯羽의 준말로 메뚜기를 말하고 칩칩蟄蟄은 많은 모양이다. 메뚜기는 한 번에 99개의 알을 낳는다고 하여 왕후가 궁녀들과 화목하여 자손이 많음을 비유한 말이다. 『詩經』 「周南」 〈螽斯〉에 "수많은 메뚜기가 화목하게 모였네. 그대의 자손들도 대대로 번성하리라.(螽斯羽. 詵詵兮. 宜爾子孫. 振振兮.)"라고 하였다.

9 기린의 발은 무성하며(麟趾振振) : 인지麟趾는 기린의 발이라는 뜻이고 진진振振은 번창하다는 의미이다. 『詩經』「周南」〈麟之趾〉에 "기린의 발이여, 번창한 공후의 자제들이로다. 아 기린이여.(麟之趾. 振振公子. 于嗟麟兮.)"라고 하였다. 주나라 문왕이 후비后妃의 덕으로 자손이 많고 현명했다는 것을 노래한 시인데, 인후仁厚한 후비를 살아 있는 풀은 절대로 밟지 않는다는 인수仁獸 즉 기린에 비유한 것이다.

10 연매燕禖 : 제비가 찾아오는 따뜻한 봄날에 제왕이 아들을 얻기 위해 올리는 제사. 『禮記』「月令」.

11 웅몽熊夢 : 아들을 낳을 태몽으로 꾼 곰 꿈. 곰은 힘이 세고 양陽에 속하는 짐승이므로 남자의 비유로 쓰인다.

12 참죽나무(椿) : 아주 오래 사는 나무라 하여 장수를 비유하는 말로 쓰인다. 『莊子』「逍遙遊」에 "상고시대에 대춘이라는 나무가 있었는데, 8천 년을 봄으로 삼고 8천 년을 가을로 삼나니 이렇게 아주 오래 산다.(上古有大椿者. 以八千歲爲春. 八千歲爲秋. 此大年也.)"라고 하였다.

13 금지옥엽金枝玉葉 : 임금의 자손을 귀하게 부르는 표현이다.

14 성강成康 : 천하가 태평하던 주나라 성왕成王과 강왕康王의 시대. 정치를 잘하여 천하 태평을 도모하여 이끈다는 뜻이다.

15 제석帝釋 : 도리천忉利天의 제왕.

16 범천梵天 : 색계色界 초선천初禪天의 제3천의 왕.

17 저부儲副 : 왕세자.

18 사천왕四天王 : 지국천持國天·증장천增長天·광목천廣目天·다문천多聞天의 왕王을 말한다. 수미산 밑의 사방 사주 즉 동해 동승신주東勝身洲·서우화주西牛貨洲·남섬부주南贍浮洲·북구로주北俱盧洲를 수호하는 하늘이고 후세에 수미산의 사방을 지키는 신이라고 여겨 왔다. 사천왕은 위로 제석천을 받들고 밑으로는 팔부중을 거느린다.

19 밀적금강密迹金剛 : 손에 금강저金剛杵라는 무기를 쥐고 항상 불법을 호위하는 야차신의 우두머리로서, 부처님의 비밀스러운 사적은 모두 듣겠다는 서원을 세웠으므로 밀적이라는 이름을 얻었다고 한다. 보통 사찰의 금강문 왼쪽에 있는 밀적금강은 입을 굳게 다문 채 방어하는 자세를 취하고 있다.

20 칠취七趣 : 지옥·아귀餓鬼·축생畜生·인간·신선·천상天上·아수라阿修羅 등의 세계를 일컫는 말.

21 네 성사聖師 : 성문聲聞·연각緣覺·보살菩薩·불佛을 말한다.

22 구횡九橫 : 비명으로 죽는 것에는 아홉 가지가 있다. 『九橫死經』의 설은 ① 먹지 못할 밥을 먹음, ② 음식의 양을 조절하지 않음, ③ 먹어 보지 못한 것을 먹음, ④ 소화되기도 전에 또 먹음, ⑤ 억지로 대소변을 참음, ⑥ 제정된 규모를 지키지 않음, ⑦ 악한 벗을 가까이함, ⑧ 때아닌 때에 시정市井에 들어감, ⑨ 피할 것을 피하지 않음 등이다.

『藥師經』의 설은 ① 병에 걸렸을 때 좋은 의사나 좋은 약이 없음, ② 국법에 저촉되어 사형당함, ③ 주색에 빠져 헛것에서 정기를 빼앗김, ④ 불에 타는 것, ⑤ 물에 빠짐, ⑥ 사나운 짐승에게 먹힘, ⑦ 절벽에서 떨어져 죽음, ⑧ 독약·저주 등에 해를 입음, ⑨ 기갈로 죽음 등이다.

23 오복五福 : 다섯 가지 복으로 장수·부귀·건강과 호덕好德·고종명考終命을 말한다. 『書經』「洪範」.

24 육극六極 : 매우 불길하게 여기는 여섯 가지 일. 변사變死와 요사夭死, 질병(疾), 근심(憂), 가난함(貧), 악함, 허약함(弱)을 이른다. 하늘의 뜻을 받들어 선을 행하는 사람은 오복을 받지만 하늘의 뜻을 어기고 악을 행하는 사람은 육극을 받는다고 한다.

25 음즐陰騭 : 『書經』「洪範」에 "오직 하늘이 백성들을 가만히 돕는다.(惟天陰騭下民)"라고 한 데서 온 말이다.

26 육자六疵 : 육경六境과 같은 뜻.

27 영관盈貫 : 돈꿰미에 돈을 가득히 꿴다는 뜻으로, 죄가 크거나 거듭 죄를 지음을 비유하여 이르는 말.

28 기애耆艾 : 노인을 말한다. 『禮記』「曲禮」에 "50세가 되면 애艾라고 하며 관청과 정치에 참여하고, 60세가 되면 기耆라 하여 남에게 일을 시킬 수 있다.(五十曰艾。服官政。六十曰耆。指使。)"라고 한 데서 유래된 말이다.

29 수륙재水陸齋 : 수륙회水陸會·수륙무차평등재水陸無遮平等齋儀·국행수륙대재國行水陸大齋라고도 한다. 물과 육지에서 헤매는 외로운 영혼과 아귀를 달래며 위로하기 위하여 불법을 강설하고 음식을 베푸는 불교 의식이다.

30 포새蒲塞 : 스님들에게 공양하는 식물食物인 이포찬伊蒲饌을 말한다.

31 아홉 번 비유(九喩) : 『法華經』에서 든 아홉 가지 비유로 ① 허수아비(幻), ② 아지랑이, ③ 물속의 달, ④ 허공, ⑤ 메아리, ⑥ 건달바乾闥婆(신기루), ⑦ 꿈, ⑧ 그림자, ⑨ 거울 속의 그림자를 말한다.

32 가지加持 : 부처님의 가피력을 입어 병·재난·부정·불길 등을 없애기 위하여 수행하는 기도법.

33 불지견佛知見 : 제법실상의 이치를 깨닫고, 비춰 보는 부처님의 지혜. 모든 부처님이 세간에 출현하는 까닭은 중생으로 하여금 이 불지견을 얻게 하기 위한 것이다. 이것을 얻게 하는 데에는 개開·시示·오悟·입入의 차례가 있다. 처음 십주위十住位에서 1분分의 무명無明을 끊고 작은 지견을 얻는 것을 개불지견開佛知見이라 하고, 십지十地의 마지막 위에서 무명을 완전히 끊고 지견이 원명圓明한 것을 입불지견入佛知見이라 한다.

34 잔나비와 학의 주인 : 스님을 말한다.

35 투정鬪飣 : 금수禽獸와 화초 모양으로 만든 오색 떡을 높이 괴는 것을 말한다.

36 십통十通 : ① 남의 마음을 잘 아는 지혜의 신통(善知他心智神通), ② 걸림 없는 천안 지

혜의 신통(無礙淸淨天眼智通), ③ 지나간 일을 아는 지혜의 신통(知過去際劫宿住智神通), ④ 오는 세월이 끝날 때까지의 겁을 아는 지혜의 신통(知盡未來際劫智神通), ⑤ 걸림 없이 청정한 하늘 귀로 듣는 지혜의 신통(無礙淸淨天耳智通), ⑥ 자체 성품이 없고 동작이 없고 모든 부처님 세계에 이르는 지혜의 신통(住無體性無動作往一切佛刹智神通), ⑦ 모든 말을 잘 분별하는 지혜의 신통(善分別一切言辭智神通), ⑧ 무수한 육신을 성취하는 지혜의 신통(無數色身智神通), ⑨ 온갖 법을 아는 지혜의 신통(一切法智神通), ⑩ 온갖 법이 사라져 없어지는 삼매에 들어가는 지혜의 신통(一切法滅盡三昧智神通).

37 상락아정常樂我淨 : 열반의 사덕四德. ① 상常 – 열반의 경지는 생멸 변천함이 없는 덕, ② 낙樂 – 생사의 고통을 여의어 무위無爲 안락한 덕, ③ 아我 – 망집妄執의 아我를 여의고 팔대자재八大自在가 있는 진아眞我, ④ 정淨 – 번뇌의 더러움을 여의어 담연청정湛然淸淨한 덕.

38 성차性遮 : 성죄性罪와 차죄遮罪. 성죄는 부처님께서 계율로써 금지하지 않더라도 그 일 자체가 도덕에 위반되어 저절로 죄악이 되는 것으로, 살생·도둑질·음행·거짓말 따위를 말한다. 차죄는 그 자체는 죄악이 아니지만 그로 인하여 성죄를 유발하는 행위로, 술 마시는 일, 분 바르는 일, 노래 부르고 춤추는 일, 때아닌 때에 먹는 일 등을 말한다.

39 이엄二嚴 : 복과 지혜 두 가지로 장엄한다는 뜻.

40 세간해世間解 : 여래십호의 하나로, 부처님은 세간의 모든 일과 이치를 잘 안다는 의미의 말이다.

41 사성四姓 : 원래는 고대 인도의 바라문婆羅門·찰제리刹帝利·폐사吠舍·수다라首陀羅 네 가지 계급을 말하는데, 여기서는 사士·농農·공工·상商의 네 부류를 말한다.

42 기령奇零 : 일정한 정수整數에 차지 않는 수를 뜻하는 말.

43 세 번 변화한 도량 : 좋고 아름다운 것으로 도량을 꾸미고, 훌륭한 공덕을 쌓아 몸을 정화하며, 향이나 꽃 따위를 삼보님께 올려 장식한 도량을 말한다. 석존께서도 『法華經』「見寶塔品」을 설하실 때, 다보불多寶佛에 공양하기 위해 시방분신十方分身인 제불을 보청普請하시면서 세 번에 걸쳐 예토穢土인 사바를 정토로 변화시키셨으니 이를 삼변토전三變土田 혹은 삼변토정三變土淨이라 한다.

44 팔음八音 : 악기를 만드는 여덟 가지 재료, 즉 금金·석石·사絲·죽竹·포匏·토土·혁革·목木에 따라 나눈 여덟 가지 악기의 소리. 금종金鍾·경쇠(石磬)·질나발(土塤)·북(革)·현악기(絲 : 琴瑟)·지어(木 : 柷敔)·저(匏 : 笙)·관악기(竹 : 管) 소리 등이다. 팔음이 조화되면 봉황이 온다고 한다.

45 무위無爲의 다스림 : 인위적으로 뭔가를 하려고 꾀하지 않으면서도 자연스럽게 잘 다스림.

46 설판設辦 : 불사나 법회를 베풀기 위해 봉사나 비용을 담당함.

47 연화緣化 : 권화勸化와 같다. 법을 들을 인연이 있는 이를 권하여 인도하는 것을 말한다.

48 용호의 기록부(龍虎籍) : 조선 시대 문과와 무과에 합격한 사람들의 이름을 기록했던 장부.

49 업경業鏡 : 명부의 길 어귀에 있다는 거울. 여기에 비추어 보면 중생이 생전에 지은 행업이 나타난다고 한다.

50 두 길(二途) : 저승의 길과 이승의 길. 또는 천상의 길과 지옥의 길.

51 육통六通 : 여섯 가지 신통력. 불보살이 가지고 있는 초인적인 능력. 신족통神足通·천안통天眼通·천이통天耳通·타심통他心通·숙명통宿命通·누진통漏盡通을 말한다.

52 북풍도北酆都 : 풍도는 풍도옥酆都獄이라고도 한다. 도가에서 지옥을 이르는 말. 풍도가 북쪽에 있다고 해서 이렇게 부른 듯하다.

53 마제摩提 : 수마제須摩提(Ⓢ sukhāvatī)의 준말. 안락국安樂國·극락極樂이라 번역한다. 아미타불이 계시는 청정한 국토를 말한다.

54 옥소리를 떨치고~소리를 내면서 : 옥진금성玉振金聲은 『孟子』 「萬章」에 "공자 같은 이를 집대성한 이라고 하는데, 집대성했다는 것은 금속 소리를 울려 낸 데다가 옥소리를 떨쳐 낸 것이니, 금속 소리를 울려 낸다는 것은 조리 있게 시작하는 것을 말하고, 옥소리를 떨쳐 낸다는 것은 조리 있게 끝맺는다는 것이다.(孔子之謂集大成。集大成也者。金聲而玉振之也。金聲也者。始條理也。玉振之也者。終條理也。)"라고 한 것을 가리킨다.

55 신훈新熏 : 어떤 중생이나 다 저절로 갖추어진 본래면목本來面目은 부처님과 조금도 다를 바 없다. 이것을 본각本覺이라 한다. 그러나 무명의 업장業障이 두꺼운 중생은 부처님이나 보살의 교화를 받아 발심發心하고 부지런히 닦아 비로소 크게 깨친 뒤 불과를 새로 맺게 된다. 이것을 시각始覺이라 하는데, 시각을 이루는 수단 방법이 새로 닦는 것, 곧 신훈이다.

56 우산牛山 : 산동성에 있는 산 이름으로, 제나라 경공景公이 인생이 짧은 것을 한탄하면서 울었다는 산이다. 『晏子春秋』 「諫上十七」에 "제나라 경공이 우산에서 노닐다가 북쪽으로 국성國城을 바라보고는 눈물을 흘리면서 말하기를 '만약 이대로 가다가 죽으면 어쩌겠는가?'라고 하였다."는 이야기가 있다.

57 관대管帶 : 관管은 뜻을 알아서 잊지 않는 것이고 대帶는 몸에 붙어 떠나지 않는 것으로, 몸과 마음으로 보호하고 지녀 잊지 않는 것을 말한다.

58 비증悲增과 지증智增 : 보리심을 발하는 사람에게는 비증과 지증이 있다. 비증은 먼저 모든 중생을 구원하고 나서 나중에 불도를 이루겠다고 서원하는 것이고, 지증은 먼저 성불하고 나서 나중에 중생을 제도하려고 하는 것이다.

59 일체지一切智 : 삼지三智의 하나. 일체 제법의 총상總相을 개괄적으로 아는 지혜. 천태天台에서는 성문聲聞·연각緣覺의 지혜라 하고, 구사俱舍에서는 부처님의 지혜라 한다.

60 고고苦苦 : 삼고三苦의 하나. 질병·기아 등의 괴로움에서 생기는 심신의 고뇌를 말한다.

61 기린의 발처럼 떨치기(麟振) : 주 9 참조.
62 와황媧皇 : 중국 신화에 나오는 여와女媧를 말한다. 상체는 여자, 하체는 뱀으로 나오며 복희씨伏犧氏의 아내로 인류의 어머니로 칭송받는다. 오색 돌을 주워 터진 하늘을 꿰맸다는 전설이 있고, 『禮記』「明堂位」에 "여와가 생황笙簧을 만들었다."라는 기록이 있으며, 조식曹植의 「洛神賦」에 "풍이가 북을 치고, 여와가 노래를 부른다.(馮夷鳴鼓。女媧淸歌。)"라는 대목이 나온다.
63 선후宣后 : 북송의 선인태후宣仁太后를 말한다. 손자인 철종이 어린 나이에 제위에 올라 수렴청정을 하였는데, 온 세상을 고무鼓舞하여 당시에 '여중요순女中堯舜'이라 하였다고 한다.
64 낭원閬苑 : 신선이 거주하는 곳. 허작許碏의 시에 "낭원의 꽃 앞에서 술에 취하여 서왕모의 구하상 그릇 엎질렀네. 여러 신선 손뼉 치며 경박함을 나무라니, 인간으로 귀양 보내어 술 미치광이 만들었구나.(閬苑花前是醉鄕。踏飜王母九霞觴。群仙拍手嫌輕薄。謫向人間作酒狂。)"라고 하였다. 『神仙傳』.
65 현포玄圃 : 곤륜산崑崙山 위에 신선이 산다는 곳.
66 현응玄應 : 부처의 마음을 중생이 느껴 서로 융합한다는 뜻으로, 유현幽玄한 신불神佛의 감응을 이르는 말.
67 충극衝剋 : 음양오행설 중에서 지지地支가 방위方位를 짝할 때 서로 저촉되는 것을 충沖(衝)이라 한다. 자子(北)와 오午(南)는 충沖이고, 인寅(東)과 신申(西)은 충沖이다. 천간天干으로 오행을 짝할 때 서로 누르는 것을 극剋이라 한다. 갑甲(木)은 戊(土)를 극하고, 병丙(火)은 庚(金)을 극한다고 한다. 『三命通會』에서는 "세월이 운명을 충극하는 자는 길하고, 운명이 세월을 충극하는 자는 흉하다.(歲衝剋運者吉。運衝剋歲者凶。)"라고 하였다.
68 사민四民 : ① 사士·농農·공工·상商의 네 가지 신분이나 계급의 백성. ② 온 백성.
69 급각살急脚殺 : 낭떠러지 같은 데서 떨어져 다리를 크게 다치거나, 관절염 혹은 신경통으로 고생하게 되는 살이다.
70 흰 구름을~이를 것이요 : 『莊子』「天地」에 "저 백운을 타고 제향에서 놀리라.(乘彼白雲。遊乎帝鄕。)"라고 하였다.
71 시망柴望 : 산천에 올리는 제사. 『禮記』「王制」에 "시망으로 산천에 제사를 올린다.(柴而望祀山川)"라는 말이 나오며, 『書經』「舜典」에 "그해 2월에는 동쪽으로 순행하시어 태산에 이르러 제사를 모시고 차례로 산천에 제사를 지낸다.(歲二月。東巡守。至于岱宗。柴望秩于山川。)"라고 하였다.
72 결계結界 : 마군魔軍의 장난을 없애기 위하여 인명법印明法에 따라 제정한 도량의 구역. 밀교密敎에서 쓰는 법으로, 주로 도량의 정결을 그 목적으로 한다.
73 구나驅儺 : 세모歲暮에 역귀疫鬼를 몰아내는 의식.

74 중휴衆休 : 휴휴·구咎·정精·명明 등 기상氣象의 나쁜 조짐들을 이르는 말.
75 함장凾丈 : 선생을 가리킨다.
76 천도天弢를 무너뜨리고~풀어 버리고서 : 여기서 천도天弢는 하늘 주머니라는 말로, 사람이 이 세상에 살고 있는 것이 하늘 주머니에서 노는 것과 같다는 것을 비유한 말이다. 이 구절은 천륜과 인륜의 인연과 구속을 벗어났다는 의미로 보인다.
77 힐향肹蠁 : 떼 지어 나는 작은 벌레. 전轉하여 사물이 성하게 일어나는 모양.
78 보광葆光 : 『莊子』「齊物論」에 "마구 퍼내도 마르지 않아서 왜 그런지는 알 수 없는 것을 보광이라 일컫는다.(酌焉而不竭. 而不知其所由來. 此之謂葆光.)"라고 하였다.
79 오상五常 : 유학에서는 인仁·의義·예禮·지智·신信의 다섯 가지 덕을 말한다. 또는 부자유친·군신유의·부부유별·장유유서·붕우유신의 오륜五倫을 가리킨다. 아버지는 의리로, 어머니는 자애로, 형은 우애로, 아우는 공경으로, 자식은 효도로 대해야 하는 마땅한 길을 말하기도 한다. 불교에서는 출가자나 재가자 모두 지켜야 하는 다섯 가지 계율, 곧 오계五戒를 말한다. 살생하지 말라, 훔치지 말라, 음행淫行하지 말라, 거짓말하지 말라, 술 마시지 말라이다.
80 삼환三患 : 병·늙음·죽음을 말한다.
81 해로薤露 : 사람이 죽었을 때 부르는 만가挽歌를 말한다. 『古今注』에 "해로는 사람이 죽었을 때 부르는 소리이다. 전횡田橫의 문인門人에게서 나왔는데, 전횡이 자살하자 문인들이 슬퍼하여 그를 위해 비가悲歌를 지은 것으로, 사람의 목숨이 풀잎의 이슬방울같이 쉽게 사라지는 것을 노래한 것이다."라고 하였다.
82 구거九居 : 구유정거九有情居의 준말로 구중생거九衆生居라고도 한다. 삼계三界 오취五趣 중에서 유정有情들이 머무는 아홉 곳의 거처를 가리킨다.
83 성선聖善 : 모친의 덕을 이른다. 『詩經』「邶風」〈凱風〉에 "어머니는 성스럽고 착하시나 우리가 착한 사람 없구나.(母氏聖善. 我無令人.)"라고 하였다.
84 척기陟屺 : 『詩經』「魏風」〈陟岵〉에 "저 산에 올라 어머니를 생각한다.(陟彼屺兮. 瞻望母兮.)"라고 하였다.
85 유천籲天 : 『書經』「泰誓」에 "신하는 붕당을 지어 거만하며 권세로 협박하다 서로 공멸하니, 허물 없는 사람들은 하늘에 죄 없다 부르짖는데 악덕이 드러나 소문이 나네.(臣下化之朋家作仇. 脅權相滅. 無辜籲天. 穢德彰聞.)"라고 하였다.
86 근진根塵 : 육근六根과 육진六塵. 육근은 사람을 미혹하게 하는 여섯 가지 근원으로서 인식 주체인 인간의 안眼·이耳·비鼻·설舌·신身·의意를 말하고, 육진은 육경六境이라고도 하는데 인식 대상인 색色·성聲·향香·미味·촉觸·법法에서 일어나는 여섯 가지 욕정欲情을 말한다.
87 〈요아蓼莪〉 : 『詩經』「小雅」에 나오는, 효자가 부모의 봉양을 뜻대로 하지 못하여 슬퍼하는 정을 읊은 시. "저 장대한 풀을 쑥인 줄 알았더니, 쑥이 아니고 다른 풀일세. 불쌍

하신 우리 부모님, 나를 낳으시느라 수고하셨네.(蓼蓼者莪。匪我伊蒿。哀哀父母。生我劬勞。)"
88 **십신十身** : 부처님이 중생을 교화할 때 중생의 근기根機에 맞게 열 가지로 몸을 나타내 보이는 것. 부처의 경지에 가면 모든 생활이 이타적 자비행慈悲行으로 실현된다. 부처님이 열 가지 모습을 나타내는 것은 모든 중생을 구제하기 위한 방편이다.
89 **사대四大** : 육신을 이루고 있는 지地·수水·화火·풍風 네 가지 원소. 몸을 지칭하는 말이기도 하다.
90 **부근浮根** : 육안으로 볼 수 있는 보통의 눈·귀·코 따위의 감각기관. 부근扶根이라고도 쓴다.
91 **삼연三椽** : 삼연모옥三椽茅屋의 준말로, 서까래 세 개를 걸친 작은 띳집을 말한다.
92 **삼귀三歸** : 삼귀의三歸依·삼자귀三自歸·삼귀계三歸戒라고도 한다. 불문에 처음 귀의할 때 하는 의식. 불·법·승에 귀의함을 말한다.
93 **오계五戒** : 불교도이면 재가자나 출가자 모두가 지켜야 하는 가장 기본적인 생활 규범. ① 살생하지 말 것(不殺生), ② 도둑질하지 말 것(不偸盜), ③ 음행을 하지 말 것(不邪淫), ④ 거짓말을 하지 말 것(不妄語), ⑤ 술을 마시지 말 것(不飮酒).
94 **근성芹誠** : 정성을 다하여 바치는 마음. 근芹은 미나리라는 뜻으로, 충성스러운 농부가 임금에게 향기로운 미나리를 바쳤다는 데서 유래한 말이다.
95 **침개상투針芥相投** : 하늘 꼭대기에서 떨어뜨린 바늘이 땅 위에 있는 작은 겨자씨에 꽂히는 것을 말한다. 매우 어려운 일이라는 의미로서 맹귀우목盲龜遇木과 같은 말이다.
96 **삼심三心** : 극락왕생하기를 바라는 사람이 갖추어야 할 세 가지 마음. 지성심至誠心·심심深心·회향발원심回向發願心인데 이 세 가지를 다 갖추면 정토에 왕생한다고 한다.
97 **역혈瀝血** : 진심을 드러내 보이는 일.
98 **구유九有** : 삼계三界를 아홉 종류로 나눈 것.
99 **신원적新圓寂** : 새로 원적圓寂(입적)한 영혼이라는 뜻으로, 갓 죽은 이의 재를 지낼 때 쓰는 용어이다.
100 **동진童眞** : 아직 삭발하지 않은 어린아이. 천진난만한 천성을 지닌 동자童子. 사미沙彌.
101 **결사結使** : 번뇌의 다른 이름. 번뇌는 몸과 마음을 속박하고 괴로움의 결과를 짓는 것이므로 결結이라 하고, 중생을 따라다니며 마구 몰아대어 강요하고 부리므로 사使라고 한다. 구결九結과 십사十使가 있다.
102 **오탁五濁** : 말세에 발생하는 피하기 어려운 사회적·정신적·생리적인 다섯 가지 좋지 않은 일들. ① 전쟁·질병·기근 등이 많이 일어나며 시대적인 환경과 사회가 혼탁해지는 겁탁劫濁, ② 그릇된 사상이나 견해가 무성하여 세상이 혼란하고 흐려지는 견탁見濁, ③ 여러 번뇌가 극성스럽게 일어나 중생을 흐리게 하고 악덕이 넘쳐흐르게 하는 번뇌탁煩惱濁, ④ 인간의 마음이 둔해지고 몸이 약해지며 중생의 자질이 저하되

는 중생탁衆生濁, ⑤ 인간의 수명이 짧아지는 명탁命濁.

103 오정五淨 : ① 겁정劫淨 – 전쟁·기근·질병이 제거되고 물질이 풍요하고 육체적으로 건강한 세상, ② 견정見淨 – 청정한 견해를 지녀 삿된 견해가 발을 못 붙이는 세상, ③ 번뇌정煩惱淨 – 욕심·성냄·어리석음의 번뇌로 괴로움을 받지 않는 세상, ④ 중생정衆生淨 – 모든 중생이 자비심·수희심·평정심으로 서로 아끼고 사랑하는 세상, ⑤ 명정命淨 – 불국토의 사람은 수명이 지극히 긴 세상.

104 오장五障 : 보살이 수도修道하는 데 장애가 되는 다섯 가지 장애. 곧 악도장惡道障·빈궁장貧窮障·여신장女身障·형잔장形殘障·희망장喜忘障이다.

105 상령爽靈 : 『太微靈書』에 "사람에게 삼혼이 있는데 첫째는 상령이고, 둘째는 태광이며, 셋째는 유정이다.(人有三魂。一曰爽靈。二曰台光。三曰幽精。)"라고 하였으며, 소식蘇軾의 〈芙蓉城詩〉에 "밤에 하늘 문이 열리니 상령이 날아간다.(天門夜開飛爽靈)"라는 시구가 있다.

106 배풍培風 : 겹겹으로 두껍게 쌓인 바람. 바람을 탄다는 뜻으로도 쓰이는데, 『莊子』「逍遙遊」에 "붕새가 남쪽 바다로 날아가려면 하늘로 구만리를 올라가 이 배풍을 타야 갈 수 있다."라고 한 데서 온 말이다.

107 풍이馮夷 : 물을 맡은 신(水神)의 이름으로, 곧 하백河伯을 이른다. 빙이氷夷·풍수馮修라고도 한다. 『史記』「司馬相如傳」에 "영와로 하여금 거문고를 타게 하니 풍이가 춤을 추었다.(使靈媧鼓瑟而舞馮夷)"라는 글이 보인다.

108 팽조彭祖 : 성姓은 전錢, 이름은 갱鏗으로 요임금의 신하. 800세를 살았다고 한다.

109 오오嗷嗷 : 시끄럽게 우는 소리.

110 형수荊樹 : 가시나무 숲이라는 뜻으로, 형제간에 함께 살아온 곳을 말한다. 옛날에 어떤 형제가 갑자기 헤어지게 되었는데, 문밖에 가시나무 세 그루가 나란히 서 있는 것을 보고는 탄식하기를 "나무들도 함께 모여 즐겁게 사는데, 하물며 우리가 갈라서야 하겠는가."라고 하고는 다시 화목하게 지냈다고 한다. 『孝子傳』.

111 아뇩지阿耨池 : 아뇩달지阿耨達池의 준말. 염부주閻浮洲의 4대하인 긍가·신도·박추·사다의 근원으로서 설산의 북쪽, 향취산의 남쪽에 있다.

112 치성광熾盛光 : 북두칠성의 주불主佛로 모시는 치성광여래熾盛光如來를 말한다.

113 복랍세시伏臘歲時 : 여름의 복伏과 섣달의 납향臘享을 말하는데, 복은 한여름이고 납은 깊은 겨울이므로 여름 제사(夏祭)와 겨울 제사(臘祭)를 말하는 것으로 통용된다. 또는 삼복三伏과 납일臘日을 이르는 말로도 쓰인다.

114 분수焚修 : 부처님 앞에 향불을 피우고 도를 닦거나 재를 올림.

115 봉선封禪 : 옛적에 제왕이 천하가 태평한 공을 이루면 태산泰山에 올라가서 하늘에 제사하고 옥첩玉牒을 땅에 봉하는데, 이것을 봉선이라 한다.

116 진의眞儀 : 부처나 보살 또는 조사의 진영을 높여 이르는 말.

117 소목昭穆 : 종묘나 사당에 조상의 신주를 모시는 차례. 왼쪽 줄을 소昭라 하고, 오른쪽 줄을 목穆이라 한다.

118 삼정三精 : 해와 달, 별을 말한다. 『後漢書』 「光武帝紀贊」에 "구현에 회오리바람이 일고 삼정은 안개가 끼어 깜깜하였다.(九縣飆廻三精霧塞)"라고 하였다.

119 계술繼述 : 선왕先王의 뜻과 사업을 계승하여 수행하는 것. 효자가 선세先世의 업적을 잘 계승하는 것을 말한다. 『中庸』에 "무릇 효란 선세의 뜻과 일을 잘 계술하는 것이다.(夫孝者。善繼人之志。善述人之事者也。)"라고 한 데서 유래한 말이다.

120 척령鶺鴒 : 『詩經』 「小雅」 〈常棣〉에 "척령이 언덕에 있으니 형제가 급난을 구한다.(脊令在原。兄弟急難)"라고 한 구절에서 유래한 말로, 형제를 뜻한다. 척령脊令은 할미새로, 척령鶺鴒과 같다.

121 권선勸善 : 착한 일을 권함. 절에 기부하라고 권고하는 것을 말한다.

122 무앙무앙無央 : 무궁無窮과 같은 뜻이다. 곽거병霍去病의 〈琴歌〉에 "국가가 편안하니 즐거움이 끝이 없도다.(國家安寧。樂無央兮)"라고 하였다.

123 상설像設 : 예배를 위해 설치하는 불보살상 등 조각상과 불사를 위한 각종 설비.

124 우전于闐 : ⓢ Kustana. 우전于塡·우치于寘·우둔于遁 또는 계단谿丹·굴단屈丹·구살단나瞿薩旦那·홀탄忽炭이라고도 하며, 지금의 중국 신강성 화전 지역이다.

125 일천제一闡提 : ⓢ icchantika. 일천제가一闡提伽·일천저가一闡底柯·일천저가一闡底迦·일전가一顚迦라고도 하며, 줄여서 천제闡提라고 한다. 단선근斷善根·신불구족信不具足이라 번역한다. 욕구를 끊지 못한 이로서 선근이 조금도 없어서 깨달을 가능성이 전혀 없는 자. 즉 성불하지 못하는 원인을 가진 이를 가리킨다.

126 왕사성王舍城 : 중인도 마가다국의 수도. 지금의 인도 비하르주 라즈기르가 그 옛터라고 하며 이곳에는 불교에 관한 유적이 많다.

127 진상眞常 : 진실되고 항상 존재한다는 말로 여여如如와 그 의미가 비슷하다.

128 무우천자無憂天子 : 중인도 마가다국 마우리아 왕조의 제3대 왕인 아육왕阿育王(ⓢ Aśoka, 재위 B.C. 269~B.C. 232년경)의 번역 이름. 무우왕無憂王이라고도 하며, 아수가왕阿輸柯王·아서가왕阿恕伽王 등으로 음역한다. 전다라급다왕旃陀羅笈多王의 손자이며, 빈두사라왕賓頭沙羅王의 아들이다. 불법에 귀의하여 8만 4천 기의 불탑을 세운 것으로 유명하다.

129 칠보七寶 : 금金·은銀·유리琉璃·파려頗黎·차거硨磲·적주赤珠·마노瑪瑙 등의 일곱 가지 보배.

130 대하大夏 : 한나라 때 서역 지방에 있던 고대 국가. 수도는 남시성藍市城이다. 지금의 아프가니스탄 북부의 발흐를 중심으로 했던 나라로, 종전에는 박트리아 왕국으로 보는 설이 유력했으나 최근에는 B.C. 2세기에 박트리아 왕국을 멸한 이란계 유목민 토하라의 음역으로 보는 설이 지배적이다. 오호십육국五胡十六國의 하나이며, 흉노의

혁련발발赫連勃勃이 후진을 배반하고 세운 나라이다. 자칭 대하천왕大夏天王이라 하고 섬서성 서북부와 감숙성 동북부, 내몽고의 오르도스를 영유하였다. 3대 25년 만에 토욕혼에게 멸망하였다.

131 가위迦衞 : 현재 네팔의 타라이 지방에 해당한다. 가비라迦毘羅 선인이 이곳에 있었다 하여 붙여진 이름인데, 석가모니 생존 시에 사위국舍衞國에 멸망하였다.
132 여전臚傳 : 위의 말을 아래로 전달하는 일. 전려傳臚라고도 한다.
133 반타盤陀 : 바위의 모양이 편평하지 않은 것을 말한다.
134 여덟 사람(八人) : 팔인八人은 '火'의 파자破字로 불을 의인화한 것이다.
135 통의랑通議郞 : 조선 시대 문관의 정5품 토관직.
136 감우紺宇 : 승려가 불상을 모시고 불도를 닦으며 교법을 펴는 집. 곧 불사佛寺를 말한다.
137 경경耿耿 : ① 잠이 오지 않는 모양. ② 빛나는 모양.
138 신광사神光寺 : 황해도 해주에 있는 사찰. 전해 오는 말에 따르면 원나라 순제順帝가 제위에 오르기 전 귀양 갈 때 이곳을 지나게 되었는데, 그 후 부처님의 도움으로 제위에 오르게 되었다 하여 순제는 그 은혜를 갚기 위해 신광사에 많은 재물을 내렸다고 한다.
139 낙송洛誦 : 글을 되풀이하여 소리 내어 읽음.
140 비조鼻祖 : 태아가 생길 때 코가 가장 먼저 형상을 이룬다는 것에서, 세상이 주목할 만한 중요한 일을 처음 시작한 사람이나 모든 사물의 시초를 의미하는 말로 쓰인다. 시조·원조·창시자를 의미하는데, 여기서는 조선 태조 이성계李成桂를 이른다.
141 무학無學 : 고려 말에서 조선 초의 승려. 법명은 자초自超(1327~1405)이고, 무학은 법호이다. 속성은 박朴씨이며 삼기 사람이다. 태조 7년(1398) 늙음을 핑계로 하직하고 용문사·회암사·금강산·진불암 등으로 다니다가 태종 5년(1405) 4월 금장암에서 나이 79세, 법랍 61세를 일기로 입적하였다. 서산西山 대사가 지은 『釋王寺記』에는 태조가 왕이 되기 전에 설봉산 토굴에서 무학을 만나 꿈 해석을 하고, 이 자리에 절을 짓고 3년 기한으로 오백성재五百聖齋를 베풀라 하므로 태조가 그곳에 석왕사를 짓고 그대로 하였다고 한다.
142 아생牙栍 : 상아로 만든 생栍이다. 생이란 점을 치거나 강경講經을 하기 위하여 글귀를 적어 통에 꽂아 두는 대쪽들을 말한다. 이 대쪽을 뽑아 거기에 적힌 글귀를 보고 점을 치기도 하였고, 강경할 때 강생講生이 이 대쪽을 뽑아서 그 글귀에 따른 장 또는 편을 암송하였다. 순우리말로는 찌라 한다.
143 강월헌江月軒 : 고려 말의 승려인 혜근惠勤(1320~1376)의 당호. 혜근의 처음 이름은 원혜元惠, 호는 나옹懶翁이며, 속성은 아牙씨이고 영해寧海 사람이다. 이색李穡이 글을 지어 세운 비碑와 부도浮屠가 회암사에 있다.
144 기달산怾怛山 : 금강산의 다른 이름. 천축 삼장天竺三藏, 불타발타라佛馱跋陀羅 역譯

『大方廣佛華嚴經』권29 「菩薩住處品」에 "네 큰 바다 가운데 보살들이 사는 곳이 있는데, 이름은 지달枳怛로서 과거에 모든 보살이 거기 살았고, 현재에는 담무갈이라는 보살이 거기 살면서 2천 보살을 권속으로 두고 항상 그들을 위해 설법하고 있다.(四大海中。有菩薩住處。名枳怛。過去諸菩薩。常於中住。彼現有菩薩。名曇無竭。有萬二千菩薩眷屬。常爲說法。)"라고 하였다.

145 원화元化 : 천지의 조화.

146 표훈사表訓寺 : 강원도 회양군 내금강면 장연리 금강산에 있는 절. 신라 진평왕 20년(598)에 백제의 관륵觀勒이 융운隆雲과 함께 창건하고 정양사라 이름하였다. 문무왕 15년(675)에 신림神琳·표훈表訓·능인能仁 등이 중수하고 신림사라 고쳤다가 3년 뒤 다시 표훈사라 하였다.

147 월사月槎 : 팔월사八月槎의 준말. 한나라 때 장건張騫이 8월에 뗏목을 타고 황하를 건너 서역에 사신으로 간 일이 있었으므로 뒤에 전하여 사신의 임무를 띤 고관이나 지방관을 일컫는 말이 되었다.

148 성초星軺 : 봉명사신奉命使臣의 수레이다. 고대에 제왕의 사자를 성사星使라고 불렀다는 데서 사자가 타는 수레를 말하며, 사자의 별칭으로도 쓰였다. 당나라 백거이白居易의 시에 "아침 바람 불어와 거리에 가득하니 역기와 성초가 다 빨리 달리누나.(早風吹土滿長街。驛騎星軺盡疾驅。)"라고 하였다.

149 난참鸞驂 : 신선이 타는 수레를 말한다.

150 학가鶴駕 : 왕세자가 대궐 밖으로 나가는 일을 말한다. 『列仙傳』「王子喬」에 "왕자교는 바로 주나라 영왕靈王의 태자 진晉인데, 일찍이 흰 학을 타고 가 구씨산緱氏山에 머물렀다."라고 하였다. 이로 말미암아 후대에는 태자의 거가車駕를 학가라고 하였다.

151 허다한 쟁기를~고무래를 잡기(牽犁拽杷) : 『禪門拈頌』권30 1404칙 「牽犁」에 "구봉은 보습을 끌고, 양기는 고무래를 잡는다.(九峰牽犁。楊歧拽杷。)"라는 내용이 나온다.

152 타수唾手 : 손에 침을 뱉는다는 뜻으로, 기운을 내서 일을 다시 시작함을 비유적으로 이르는 말.

153 함식含識 : 중생을 말한다. 참 성품을 잃어버리고 망령된 온갖 생각들이 분주하게 일어났다 꺼졌다 하기 때문에 육도六途를 윤회하면서 낳다 죽었다 하는 무리로, 유정有情·함령含靈·함식·군생群生·군맹群萌·군품群品 등 여러 가지 말로 표현된다.

154 명부전冥府殿 : 지장보살地藏菩薩을 주로 삼고 십대왕十大王을 모신 절 안의 불전을 이른다. 심판관인 시왕十王을 모시고 있다고 해서 시왕전十王殿이라고도 한다. 혹은 지장보살을 주불로 모시고 있다고 해서 지장전地藏殿이라고도 부른다. 우리나라 불전은 대개 삼존 형식으로 되어 있는데 명부전도 마찬가지이다. 본존인 지장보살은 지장 삼존으로 좌우에 도명존자道明尊者와 무독귀왕無毒鬼王을 협시로 둔다. 그리고 그 좌우에 명부 시왕을 앉힌다. 시왕상 앞에는 시봉을 드는 동자상 10구를 안치하며

이 외에도 판관判官 2구, 녹사錄事 2구, 장군 2구 등 모두 29구의 존상尊像을 갖춘다.

155 마사麻絲 : 삼 껍질에서 뽑아낸 실.

156 점안點眼 : 부처님을 모신 뒤에 경을 독송하면서 불상의 눈에 동자를 그려 넣는 의식을 말한다.

157 한 시랑韓侍郞 : 당나라 때 문인 한유韓愈를 말한다. 한유는 만년에 이부시랑吏部侍郞을 지냈다.

158 팔재八財 : ① 밭·집·꽃밭·나무숲(田宅園林), ② 생물의 종자를 심어 가꾸는 것(種植生種), ③ 곡식과 비단을 쌓아 놓는 것(貯積穀帛), ④ 짐승을 기르거나 머슴이나 종을 두는 것(畜養人僕), ⑤ 새나 짐승을 가두어 놓고 기르는 것(養繫禽獸), ⑥ 돈이나 보물 같은 귀중한 물건(錢寶貴物), ⑦ 짐승의 털로 만든 침구와 가마솥(氈褥釜鑊), ⑧ 상아나 금으로 꾸민 상과 모든 사람이 귀중하게 여기는 물건(象金飾床及諸重物)을 말한다.

159 북신전北辰殿 : 칠성각七星閣과 같은 의미이다. 우리나라 절에서만 유일하게 볼 수 있는 칠성각은 사람의 수명을 관리하는 신이라 믿어 온 북두칠성을 신격화해 봉안한 곳이다. 한국 불교의 토착화 과정을 잘 보여 주고 있다.

160 치수錙銖 : 옛날에 저울의 눈금을 측정하던 단위의 이름인데, 6수銖를 1치錙라 하므로 경미輕微한 것을 비유한다. 『禮記』에 "비록 그 나라를 나누어서 녹을 준다 해도 치수와 같이 여긴다.(雖分國。如錙銖。)"라는 내용이 나온다.

161 『조상경造像經』: 『祖上功德經』·『觀佛三昧經』·『諸經要集』·『法苑』·『西域記』 등에서 불보살을 조성하는 데 필요한 의식과 절차에 관한 내용을 정리한 의례서. 제2권에 해당하는 「諸佛菩薩腹藏壇儀式」에서는 불상 봉안법과 방위 등의 체계를 비롯하여 오경五鏡·오약五藥·오향五香·오곡五穀·오보병五寶甁·오공양五供養을 열거하고, 이어서 복장腹藏을 넣는 방법을 오색채五色彩·오색사五色絲·오색화五色花·오보리수엽五菩提樹葉·오길상초五吉祥草·오산개五傘蓋의 순서로 설명하였다.

162 우전왕優塡王 : 우전優塡(于塡)은 ⓢ Udayana의 음역. 올다연나왕嗢陀演那王·오다연나왕鄔陀衍那王·우다연왕優陀延王·우다야왕優陀耶王이라고도 하며, 출애왕出愛王·일자왕日子王이라 번역한다. 교상미국橋賞彌國의 왕. 왕후의 권유로 석가모니에게 귀의하여 불교의 외호자가 되었으며, 인도에서 최초로 불상을 만들었다고 한다.

163 비수갈마천毗首羯磨天 : 제석천의 신하로 공작工作을 맡은 신.

164 『관불삼매경觀佛三昧經』: 『佛說觀佛三昧海經』을 말한다. 이 경의 제6권 「觀四威儀品」에 나오는 내용이다. 남북조시대 송나라 때 불타발타라佛陀跋陀羅(ⓢ Buddhabhadra)가 420년에서 423년 사이에 양주楊州 도량사道場寺에서 번역하였다. 줄여서 『觀佛經』·『觀佛三昧經』이라고 한다. 부처님께서 가비라국迦毘羅國 니구루타尼拘樓陀 숲에서 부왕과 이모를 위하여 관불삼매에 들어 해탈을 얻은 것을 가르치신 것이다. 부처님의 상호相好를 관하는 법과 그 공덕을 설한 경전으로 모두 12품으로

구성되어 있다.

165 인지인지因地 : 성불하기 위하여 수행하는 지위. 이에 비하여 부처님의 지위는 과지果地·과상果上이라 한다.

166 분위분衛 : ⓈpiṇḍapātaⅠ. 빈다파다賓茶波多·빈다파저가賓茶波底迦라고도 음역하고, 탁발托鉢·걸식乞食·단타團墮라 번역한다. 십이두타행의 하나로, 수도하는 이가 날마다 남의 집 문전에 가서 옷과 밥을 얻는 일을 말한다.

167 니구류尼拘類 : Ⓢ nyagrodha. 열대 지역이 산지인 교목의 이름. 가지와 잎이 무성하여 열대의 폭염을 피하기에 좋은 그늘을 제공한다.

168 수다원도須陀洹道 : 성문사과聲聞四果의 하나. 예류과預流果로서 무루도無漏道에 처음 참례하여 들어간 지위.

169 가전연迦旃延 : Ⓢ Kātyāyana. 마하카차야나(Ⓢ Mahākātyāyana)·대가전연·마하가전연이라고도 한다. 불교 이론에 박람하였으며 석가모니의 십대제자 중 논의제일論議第一로 불린다. 중인도 서부에 자리 잡은 아반티국에서 왕사王師의 아들로 태어났다. 왕명으로 부처님을 모시러 갔다가 설법을 듣고 감동해 출가하였다. 가계는 크샤트리아 계급으로 아반티국의 악생왕惡生王을 보필하고 있었으며, 뛰어난 언설과 변재로 인도 전역을 돌아다니면서 중생 교화에 힘썼다.

170 보본추원報本追遠 : 보본報本은 근본에 보답한다는 뜻이고 추원追遠은 조상의 덕을 추모하여 제사에 정성을 다한다는 뜻으로, 자기가 태어난 근본을 잊지 않고 은혜를 갚는 것을 말한다.

171 시동尸童 : 제사를 지낼 때 신을 대신하는 아이. 후세에는 화상畫像을 썼다.

172 청묘淸廟 : 청정한 사당이라는 뜻으로 태묘太廟 즉 종묘宗廟 혹은 그곳에서 연주하는 악장樂章을 가리킨다. 『詩經』「周頌」〈淸廟〉에 "아, 심원한 청묘 엄숙하고 화평하며 밝은 공경과 제후이다.(於穆淸廟. 肅雝顯相.)"라고 하였는데, 이 시는 주공周公이 백관을 거느리고 문왕의 사당에 제사할 때 올린 시이다.

173 다른 산의~수 있다 : 『詩經』「小雅」〈鶴鳴〉이라는 시에 나오는 말이다.

174 도첩度牒 : 도패度牌라고도 한다. 고려·조선 시대에 새로 승려가 된 사람에게 발급하던 신분증명서. 승려가 죽거나 환속하면 국가에 반납하게 되어 있었다. 이 제도는 납세의무를 버리는 일과 장정이 함부로 승려가 되는 것을 막아 군정을 비롯한 인적 자원을 확보하기 위하여 실시하였다. 당나라에서 전래되어 고려 말부터 시행하였으며, 조선 시대에는 억불책으로 더욱 강화하였다. 고려 시대에는 포布 50필을 바치면 발급하여 주었으며, 조선 시대에는 송경 시험誦經試驗에 합격한 자는 정포正布 20필, 양반 자제는 100필, 서인은 150필, 천인은 200필을 바쳐야 발급해 주었다.

175 바사닉波斯匿 : 중인도 사위국의 왕. 어려서 북인도의 덕차시라국德叉尸羅國에 가서 공부하였다. 왕이 된 뒤에는 정치를 잘하여 가시국迦尸國도 그의 지배를 받았다. 그

의 아들 기타祇陀태자는 신하 수달다와 함께 힘을 모아 기원정사를 지어 부처님께 바쳤다. 바사닉왕도 불법을 독실하게 믿어 외호하는 일을 맡았다. 부처님과 생일이 같고, 부처님께서 성도하시던 해(B.C. 589)에 왕위에 올랐다.

176 수달다須達多 : ⓢ Sudatta. 석가모니에게 귀의했던 사위성의 장자. 빈궁한 이를 돕는 데 헌신하였기 때문에 급고독給孤獨 장자라는 별칭으로 불렸다. 기타태자가 소유하고 있던 원림苑林을 구입하여 기수급고독원을 지어 부처님께 헌납한 것으로 유명하다.

177 배진공裵晉公 : 당나라 때 재상을 지낸 배도裵度(765~839)를 말한다. 자는 중립中立, 시호는 문충文忠. 산서성 출생이다. 시인 백낙천白樂天과 자기의 별장인 녹야당綠野堂에서 함께 풍류를 즐겼다.

178 왕형공王荊公 : 송나라 때 문필가이자 정치인인 왕안석王安石(1021~1086)을 가리킨다. 자는 개보介甫, 호는 반산半山, 형공은 봉호封號이다. 문필가이자 시인으로서 뛰어난 산문과 서정시를 남겨 당송팔대가唐宋八大家 가운데 한 명으로 꼽히며 후대에 큰 영향을 끼쳤다. 북송의 6대 황제인 신종(재위 1067~1085)에게 발탁되어 신법新法이라 불리는 청묘법靑苗法・모역법募役法・시역법市易法・보갑법保甲法・보마법保馬法 등의 정책을 입안하고 추진한 개혁적 정치 사상가로 널리 알려져 있다.

179 긍당긍구肯堂肯搆 : 아비가 어떤 일을 시작하고 자식이 이를 이음.

180 선원璿源 : 아름다운 옥의 근원이라는 뜻으로, 임금의 집안을 이르는 말.

181 옥력玉曆 : 책력冊曆의 별칭.

182 계경契經 : 위로는 진리에, 아래로는 중생의 마음에 부합한다는 뜻으로, 불경을 달리 이르는 말.

183 보솔普率 : "넓은 하늘(普天) 아래 다스리고 있는 땅(率土)의 백성들이 모두 황제의 백성이다."라고 한 말에서 따온 말이다.

184 폭원幅員 : 국토의 면적을 이른다.

185 어른을 위하여~꺾어다 드린다 : 『孟子』「梁惠王」에 나오는 말이다.

186 영명사永明寺 : 고려 시대 서경에 있던 사찰. 광개토왕이 세운 구사九寺 중의 하나라는 설이 있다. 조선 시대에 와서는 선교양종 36본사의 하나가 되었다. 이 절의 팔각오층석탑이 유명하다.

187 불천佛天 : 부처님을 높여 이르는 말.

188 요족繞足 : 고대 인도에서 부처님께 예를 올리던 한 방식이다.

189 공거蛩蚷 : 공공蛩蛩과 거허距虛. 이 둘은 전설상의 짐승으로 서로 비슷하고 항상 함께 다닌다고 한다. 일설에는 한 짐승이라고도 한다. 『山海經』「海外北經」에 "북해北海에 흰 짐승이 있는데 모양이 말과 같고 이름을 공공蛩蛩이라 한다."라고 하였다. 곽박郭璞의 주注에 인용된 장읍張揖의 말에는 "공공은 푸른빛의 말과 같은 짐승이요, 거허는 노새와 같은데 조금 작다."라고 하였다.

190 가주嘉州 : 평안북도 박천군 가산면嘉山面과 양가면兩嘉面 지역의 고려 시대 행정구역 이름.
191 염우廉隅 : 집을 지을 때 토대가 되는 사각의 돋음을 말한다. 흙 또는 돌로 사각이 살아나도록 만든다.
192 조균朝菌 : 아침에 생겼다가 저녁에 스러지는 버섯. 덧없이 짧은 목숨을 비유적으로 이르는 말.
193 거거居居 : 나쁜 마음을 품고 서로 친하지 않은 모양.
194 여섯 벌(六蜂) : 여섯 감각기관, 즉 눈·귀·코·혀·몸·뜻을 말한다.
195 금낙金諾 : 계포일낙季布一諾을 말한다. 계포가 한 번 한 약속이라는 뜻으로, 초나라 장수인 계포가 자신이 한 약속은 반드시 지켰다는 데서 절대로 틀림없는 승낙을 이르는 말이다.
196 징광사澄光寺 : 전라남도 승주군 금화산에 있던 절.
197 청북淸北 : 청천강 북쪽이라는 뜻으로, 옛날 평안도 청천강 이북의 땅을 이른다.
198 하늘에 드리운~허공을 능멸하고 : 『莊子』「逍遙遊」에 "날개는 하늘을 드리운 구름과 같아서 회오리바람을 일으켜 양의 뿔을 흔들며 구만리나 솟아오른다.(翼若垂天之雲。搏扶搖羊角而上者九萬里。)"라고 한 데서 응용한 말이다.
199 소를 공격하는~해를 쫓는다 : 『史記』의 주석서인 『索隱』에 "쉬파리가 천리마의 꼬리에 붙어서 천 리에 이를 수 있다.(蒼蠅。附驥尾而致千里。)"라는 말에서 인용한 것이다.
200 과의科儀 : 과科는 그 종교에서 지켜야 할 중요 규정, 의儀는 의례儀禮를 말한다.
201 금기襟期 : 가슴에 깊이 품은 회포懷抱를 말한다.
202 염제拈提 : 옛사람이 학인學人을 깨달음에 이르게 하기 위하여 준 문제인 고칙古則을 해석하고 비평하는 일. 염고拈古와 같은 말이다.
203 상당上堂 : 상법당上法堂. 선종의 장로나 주지가 법당 강단에 올라가 설법하는 것을 말한다.
204 보설普說 : 선종의 절에서 대중을 모아 놓고 설법을 함. 또는 그 설법.
205 연애涓埃 : 물방울과 티끌. 곧 아주 하찮은 일이나 썩 작은 것을 비유하여 이르는 말.
206 사기四棄 : 승니僧尼로서 지켜야 할 계율 가운데 가장 중대한 것 네 가지. 이 계를 범하면 승려의 자격을 잃는다. ① 대음계大婬戒는 부정행계不淨行戒·비범행계非梵行戒·부정행학처不淨行學處라고도 하니, 온갖 음란한 행위를 금제한 것. ② 대도계大盜戒는 불여취계不與取戒·투도계偸盜戒·취학처取學處라고도 하니, 온갖 소유주가 있는 줄 알면서 훔치는 것을 금제한 것. 물물로는 삼보물三寶物·인물人物·비축물非畜物을 말한다. ③ 대살계大殺戒는 살인계殺人戒·단인명학처斷人命學處라고도 하니, 승려가 제 손으로나 남을 시켜서 죽이는 것을 금제한 것. ④ 대망어계大妄語戒는 망설과인법계妄說過人法戒·망어자득상인법학처妄語自得上人法學處라고도 하니, 이

양리양養利養을 얻기 위하여 스스로 성인이라 하며 성법聖法을 얻었노라고 속이는 것을 금제한 것.

207 칠차七遮 : 차遮는 성도聖道를 막는 것. 바른 이치를 어기므로 칠역죄七逆罪라고도 한다. ① 부처님 몸에 피를 내게 한 것, ② 아버지를 죽이는 것, ③ 어머니를 죽이는 것, ④ 화상和尙을 죽이는 것, ⑤ 아사리阿闍梨를 죽이는 것, ⑥ 갈마전법륜승羯磨轉法輪僧을 파하는 것, ⑦ 성인을 죽이는 것.

208 격외格外의 선의~눈먼 당나귀 : 『禪門拈頌』 16권 제635칙 「正法」을 참조할 것. 눈먼 나귀는 임제臨濟의 원주院主인 삼성三聖을 이르는 말이다.

209 이한림李翰林 : 당나라 현종 때 한림공봉翰林供奉을 지낸 이백李白을 가리킨다. 이백의 〈將進酒〉에 "하늘이 나라는 재목을 내고 쓸모 있어 하였으니, 천금을 모두 흩으면 다시 돌아온다네.(天生我材必有用。千金散盡還復來。)"라는 구절이 있다.

210 양주楊朱 : 춘추전국시대의 사상가. 위아설爲我說을 주장하여 자신의 털 하나를 뽑으면 천하가 태평해진다 하여도 하지 않겠다고 하였다 한다. 『孟子』「盡心」.

211 기궐剞劂 : 인쇄할 목적으로 나무 판에 글자를 새김.

212 도주陶朱 : 월왕越王 구천句踐의 신하였던 범여范蠡. 구천을 도와 오나라를 멸망시키고 후에 산동山東의 도陶에 가서 도주공陶朱公이라고 자칭하고 많은 재산을 모았다. 화식貨殖에 재능이 뛰어나 세 번 천금을 모았다고 한다.

213 전초錢鈔 : 쇠돈과 종이돈을 아울러 이르는 말.

214 용천사涌泉寺 : 평안남도 용강군 오신면 내덕리 용천산에 있는 절. 조선 영조 11년(1735)에 세운 불량답비佛粮畓碑가 있다.

215 상자殤子 : 20세 이전에 죽은 아들.

216 음비陰庇 : 겉으로 드러나지 않게 비호하고 감싸 줌.

217 이궁离宮 : 제왕이 출행할 때 머무는 궁전. 또는 태자궁. 여기서는 도량의 의미로 쓰였다.

218 육화六和 : 육화경六和敬과 같은 뜻이다. 보살이 중생과 화경和敬하여 같이하는 데에는 여섯 가지가 있다. ① 동계화경同戒和敬-같이 계품戒品을 가지고 화동애경和同愛敬하는 것, ② 동견화경同見和敬-같은 종종의 견해에 주住하여 화동애경하는 것, ③ 동행화경同行和敬-같이 갖가지의 행을 닦아 화동애경하는 것, ④ 신자화경身慈和敬, ⑤ 구자화경口慈和敬, ⑥ 의자화경意慈和敬. 신자화경·구자화경·의자화경은 신身·구口·의意의 삼업으로 대자의 행을 하여 화동애경하는 것이다.

219 갈마타竭摩陀 : 사찰에서 승려들의 규율 등을 맡은 책임자이며, 사찰 안의 사무적인 일을 총괄하여 맡아보는 직책이다.

220 천지처럼 장구하여~세웠던 것 : 『禪門拈頌』 제1권 26칙 「布髮」에 자세한 내용이 나와 있다.

221 수달須達 장자가~행한 것 : 수달 장자가 숲에 황금을 깔고 기타태자의 원림園林을 사서 기원정사祇園精舍를 지었던 일을 말한다.

222 한 끼의~갚아야 한다 : 한신韓信이 빨래하는 노파에게 밥 한 그릇을 얻어먹었는데, 뒤에 성공하여 그 고마움을 잊지 않고 보답하였다는 고사에서 나온 말이다. 『史記』 「韓信傳」.

223 한회음韓淮陰 : 한신을 말한다. 한신은 한나라의 명장으로 유방劉邦을 도와 천하를 통일한 다음 그 공로로 초왕楚王에 봉해졌으나 뒤에 회음후淮陰侯로 강봉되었다. 국사國士는 온 나라가 추앙하는 선비라는 뜻인데, 소하蕭何는 일찍이 한신을 칭찬하여 둘도 없는 국사라 하였다. 『史記』 「淮陰侯傳」.

224 빙함氷銜 : 청현淸顯한 직함을 말한다.

225 아촉바阿閦婆 : ① 수천조 또는 수천만의 수. ② 부처님의 이름. 동방에 선쾌정토善快淨土를 세우고 설법하는 부처. 서방의 아미타불에 대비된다.

226 생맹生盲 : 태어날 때부터 선천적으로 일체물상一切物像을 볼 수 없는 맹인. 번뇌와 악업의 세계에 잠겨 있는 범부에 비유하는 표현으로도 쓰인다.

227 풍담楓潭 : 조선 중기의 선승. 법명은 의심義諶(1592~1665)이고, 풍담은 법호이다. 속성은 유柳씨, 본관은 문화文化이며, 경기도 통진 출신이다. 현종 6년(1665) 3월 금강산 정양사正陽寺에서 입적하였는데 안색이 살아 있을 때와 다름이 없었다고 한다. 제자는 500명이 넘었고, 이름이 알려진 70명의 제자 중 정원淨源·설제雪霽·도안道安·명찰明察·자징自澄·도정道正·법징法澄·장륙壯六 등은 종지宗旨를 선양하여 각각 일파를 이루었다.

228 깊은 골짜기에서~옮겨 가고 : 『詩經』 「小雅」〈伐木〉에 "깊은 골짜기에서 나와 높은 나무로 옮겨 가네.(出自幽谷。遷于喬木。)"라는 구절이 있는데, 낮은 벼슬에서 높은 벼슬로 옮겨진 것을 비유하는 말이기도 하다.

229 세 곳에서~전한 것(三處傳) : 삼처전심三處傳心. 선종에서 말하는, 세존이 세 곳에서 가섭에게 마음을 전한 일을 가리킨다. ① 영산회상의 염화미소拈花微笑, ② 다자탑多子塔 앞에서 자리를 나눈 것, ③ 쌍림雙林의 관棺 속에서 발을 내민 것을 말한다. 전하여 말이나 글을 떠나 바로 마음을 가르쳐 대번에 부처가 되게 하는 선법과 같은 것을 이르기도 한다.

230 토저土苴 : 쓰레기 같은 글. 혹은 자기를 낮추는 겸양의 말.

231 노추鑪錘 : 도공陶工이 옹기를 만들고 단공鍛工이 금속을 녹여 부어 그릇을 만든다는 뜻의 도주陶鑄와 같은 말이다. 유준劉峻의 글에 "백공이 조각하여 온갖 물건을 만들어 낸다(雕刻百工。鑪錘萬物。)"라는 말이 나온다.

232 삼고三苦 : 세 가지 고통. ① 고고苦苦−몸은 고苦의 연緣에서 생겨 온갖 고통을 받는 것, ② 괴고壞苦−자기 뜻에 애착을 느끼던 것이 괴멸하는 때 받는 고통, ③ 행고行苦−

세간 모든 현상의 변화가 끝이 없는 것.

233 흐린 것을~것을 드날려서 : 격탁양청激濁揚淸은 탁한 물을 내보내고 맑은 물을 끌어들인다는 뜻으로, 악을 미워하고 선을 좋아한다는 의미이다.

234 구인九仞 : 아홉 길 높이의 산을 의미한다. 『書經』「旅獒」에 "구인의 산을 만드는 데에 완성 단계에서 한 삼태기의 흙이 모자라도 일을 다 이루지 못한다.(爲山九仞之功虧一簣)"라고 한 데서 인용한 말로, 끝마무리가 제대로 이루어지지 않으면 모든 일이 허사로 돌아간다는 뜻이다.

235 누두漏逗 : 허점 또는 노쇠하다는 의미이다.

236 생원生員 : 조선 시대 소과小科의 종장終場에 합격한 사람. 또는 나이 많은 선비를 대접하는 뜻으로 그 성 밑에 붙여 부르던 말.

237 참봉參奉 : 조선 시대 각 관청에 소속된 종9품 벼슬.

238 학생學生 : 벼슬하지 않고 죽은 사람의 명정·지방紙榜·신주神主 등에 쓰는 존칭.

239 풍지風旨 : 분명하게 표현되지는 않았으나 분위기나 암시 또는 소문으로 나타나는 특정인의 의도나 속마음.

240 이양頤養 : 이신양성頤神養性의 준말로, 마음을 올곧게 가다듬어 참된 고요함의 자리에 모아서 흔들림 없는 고즈넉함을 만드는 것을 말한다.

241 천유天遊 : 『莊子』「外物」에 "사람의 몸에는 텅 빈 공간이 있고 마음은 그 속에서 천유한다. 마음에 천유가 없으면 육착이 서로 빼앗을 것이다.(胞有重閬. 心有天遊. 心無天遊. 則六鑿相攘)"라고 한 데서 나온 말로서, 정신이 세속을 초탈하여 자연 속에 노니는 것을 뜻한다.

242 청익請益 : 『論語』「子路」에 "자로가 정사에 관하여 물으니 공자께서 이르시기를 '앞장서서 실천하고 수고를 아끼지 말라.'라고 하였다. 더 청하니 이르시기를 '게으르지 말아야 하느니라.'라고 하였다.(子路. 問政. 子曰. 先之勞之. 請益曰無倦)"라고 한 데서 온 말로, 후대에 가르침을 청한다는 뜻으로 제자가 되기를 간청하는 말로 쓰인다.

243 자학字學 : 글자의 근원과 원리, 음과 뜻 등을 연구하는 학문.

244 두찬杜撰 : 두묵杜默이라는 사람이 어느 날 좋은 시상이 떠오르기에 지필을 꺼내 시를 한 수 지었는데, 운율이 맞지 않는 데가 여러 군데 있었다. 이에서 일을 함에 있어 격에 잘 맞지 않는 것을 두찬이라 일컫게 되었다. 다만 여기서는 겸손의 뜻으로 사용된 듯하다.

245 청량 국사淸凉國師 : 화엄종 제4대조 징관澄觀 대사를 말한다. 화엄보살華嚴菩薩이라 부르기도 한다. 실천을 중히 여겨 『五蘊觀』·『十二因緣觀』·『三聖圓融觀』 등을 저술하였다. 후세에 많은 영향을 끼쳤으며, 제자로는 규봉 종밀圭峰宗密 등이 있다.

246 유순由旬 : 유사나踰闍那·유선나踰繕那·유연由延이라고도 한다. 고대 인도에서 이수里數를 잰 단위로 대유순 80리, 중유순 60리, 소유순 40리 세 가지 설이 있다. 제

왕이 하루에 행군하는 거리 혹은 소달구지로 하루에 갈 수 있는 거리를 1유순이라 하며, 약 11~15km라는 설과 또 다른 설들이 있다.

찾아보기

가야산伽倻山 / 403
가훈可勳 / 77, 94
각해覺海 / 116, 470
간당사미看堂沙彌 / 277
감옥 / 250
갑사岬寺 / 67
「강상수심부江上愁心賦」 / 127
강서江西 군수 / 175
강선루降仙樓 / 192
강수일姜壽一 / 170, 220, 259
강월헌江月軒 / 405
강제상姜濟相 / 168, 221
갱두선화羹頭禪和 / 278
겁석刼石 / 162
격외格外 / 213
결판판수決判判帥 / 279
경규敬規 / 81, 201
경운慶雲 / 452
경절문徑截門 / 206
계방桂芳 / 212
계식 도자戒湜道者 / 190
계정戒定 / 470
계천繼天 / 406
계형戒澗 / 193
곤륜동崑崙洞 / 465
『공덕경功德經』 / 421
과두조화果頭造化 / 277
곽산郭山 / 113

관랑선冠浪仙 / 28
『관불삼매경觀佛三昧經』 / 420, 421
관중管仲 / 269
구곡龜谷 / 457
구룡산九龍山 / 200
구월산九月山 / 153
구점口占 / 86
권문공權文公 / 28
권선문 / 437, 445, 449, 452
권중경權重經 / 35, 101
권해權瑎 / 144, 151
규 상인圭上人 / 37
극락국極樂國 / 370
『금강경』 / 454
금강산金剛山 / 178, 465
금구金溝 군수 / 69
금란가사 / 405
금우金牛 화상 / 278
급고독원給孤獨園 / 262
기달산怾怛山 / 411
기령奇零 / 353
기자箕子 / 53
김 진사金進士 / 42
김창흡金昌翕 / 118
김한창金漢昌 / 114

남루南樓 / 405

남화자南華子 / 29
내원암內院庵 / 242, 470
녹야원鹿野苑 / 226
뇌영雷英 / 406
능가사楞迦寺 / 457

다두비구茶頭比丘 / 278
『다린니경陀鄰尼經』 / 359
담이옹儋耳翁 / 27
대균大均 / 406
대운大雲 / 202
대원경지大圓鏡智 / 279
대유大裕 / 470
대유령大庾嶺 / 78
덕준 거사德峻居士 / 120
도대별좌都大別座 / 280
도도산桃都山 / 98
도안道安 / 467
동관음사東觀音寺 / 392
동관음東觀音 선당禪堂 / 178
동산사東山寺 / 420, 462
동정호洞庭湖 / 135
〈동호십영東湖十詠〉 / 126
두견杜鵑 / 110
득수得守 / 406
등왕각滕王閣 / 67

마제摩提 / 356

만경암萬景庵 / 179
만나라회曼那羅會 / 359
망해암望海庵 / 66
명부전冥府殿 / 414
모공찰毛孔刹 / 65
몽염蒙恬 / 153
묘향산妙香山 / 54, 71, 93, 144, 152, 178, 184, 256, 392
묘혜妙慧 / 406
무봉탑無縫塔 / 237
『무상경無常經』 / 450
무우천자無憂天子 / 395
무착無着 / 198
무하유향無何有鄉 / 171
무학無學 / 405, 406
문창文暢 / 28
문희 상인文喜上人 / 191
미천彌天 / 27
민 참의閔叅議 / 113
민창도閔昌道 / 143
민취도閔就道 / 146

바사닉波斯匿 / 429
박 수사朴秀士 / 105
박영朴玲 / 102
반두운증飯頭雲蒸 / 278
『반야경』 / 417
반주삼매般舟三昧 / 376
발우 / 199
배진공裵晉公 / 429
백록산白鹿山 / 176

백승루百勝樓 / 172
백암사白巖寺 / 156
백양산白羊山 / 156
백태보白太保 / 429
법기法器 / 212
법명 신족法明神足 / 95
법상 도인法尙道人 / 74, 112
법운암法雲庵 / 195
법징法澄 / 38
법천사法泉寺 / 397
법혜法慧 / 470
『법화경』 / 276, 454
법후法吼 / 380
법흥사法興寺 / 405, 441
벽계 구이碧溪九二 / 462
벽락碧落 / 406
별훈別訓 / 470
보광葆光 / 368
보녕사保寧寺 / 429
보덕굴普德窟 / 256
보덕사普德寺 / 186
보림암寶林庵 / 155
보산진保山鎭 / 36
보성寶晟 / 163
「보안경普眼經」 / 44
보웅普雄 / 459
보은寶訔 대사 / 390
『보장경寶藏經』 / 422
보현사普賢寺 / 90, 177, 470
보현왕전普現王殿 / 432
복창군福昌君 / 214
봉래산蓬萊山 / 411
봉림암鳳林庵 / 153
봉은사奉恩寺 / 427

『부법장전付法藏傳』 / 421
북신전北辰殿 / 417
북풍도北鄷都 / 356
분수도사焚修導師 / 277
불식문인拂拭門人 / 279
불향화不香花 / 237
비야리성毗耶離城 / 275
『비유경譬喩經』 / 422
비음기碑陰記 / 218
빈발암賓鉢庵 / 232

사교四敎 / 276
사명泗溟 대사 / 103
사암 통용寺庵通用 / 275
사일 상인思日上人 / 88
사집四集 / 276
산영루山映樓 / 123, 411
〈산영루山映樓〉 / 238
산중사시사山中四時詞 / 252
삼성 뇌건三省雷健 / 156
삼오 상인三悟上人 / 125
삼화三和 / 60
삼화부三和府 / 357
상기尙機 / 457
상능尙能 / 178
상산사호商山四皓 / 269
상산정上山亭 / 151
상재桑榟 / 240
상헌尙軒 / 457
생전발원재生前發願齋 / 376
생전시왕재소生前十王齋疏 / 356

서산 대사西山大師 / 27, 98, 103, 222, 238, 455
서운암栖雲庵 / 465
서운암棲雲庵 / 76
서현瑞顯 / 239
석골산石骨山 / 161
『선문염송』 / 276
『선문염송집禪門拈頌集』 / 441
선불당選佛堂 / 459
선운善雲 / 405
선하 대사善荷大師 / 97
선행善行 / 470
설령대雪嶺臺 / 64, 91
설암雪巖 / 28, 108, 222, 462
설암자雪巖子 / 439, 457
설총 상인雪聰上人 / 154
성완成琓 / 99
성일性一 / 40, 162
성 장실晟丈室 / 227
성징性澄 / 459
성탄性坦 / 216
세겸世謙 / 406
소동파蘇東坡 / 263
소상강瀟湘江 / 136
〈소상팔경瀟湘八景〉 / 135
소실선少室禪 / 213
속명사續命寺 / 75
수관화상水觀和尙 / 279
수달다須達多 / 429
수륙무차대재水陸無遮大齋 / 359
수륙재水陸齋 / 348, 350
수륙재소水陸齋疏 / 353, 357
수양산首陽山 / 155, 403
수주 상인秀珠上人 / 85

수택水澤 / 217
숙두필추熟頭苾蒭 / 278
승익勝益 / 27, 470
『시경』 / 424
시왕상十王像 / 414
신광사神光寺 / 403
신 방백申方伯 / 239
신정암新淨庵 / 73
심익心益 / 406
십념十念 / 182
『십팔사략十八史略』 / 278
쌍기雙機 / 64
쌍언雙彦 / 406
쌍해雙海 / 229

아뇩지阿耨池 / 389
아미타불阿彌陀佛 / 182
아방궁阿房宮 / 269
아산牙山 대사 / 441
아생牙栍 / 405
안거예참회安居禮懺會 / 405
안락와安樂窩 / 233
암 상인巖上人 / 67
야차단소(藥叉壇疏) / 346
『약사여래본원공덕경藥師如來本願功德經』 / 341
약사회소藥師會疏 / 341
양동양楊東陽 / 96
양만상楊萬祥 / 183, 185
양만영楊萬榮 / 63, 179, 181, 185
양산 태수陽山太守 / 196

양 수사楊秀士 / 122
양열良悅 / 71, 72
양주楊朱 / 443
양현망楊顯望 / 180
어산魚山 / 211
여산廬山 / 467
연곡사燕谷寺 / 177
연종蓮宗 / 27, 161, 397, 468
연초演初 / 236
연환체連環體 / 169
『열반경』 / 417
염불게念佛偈 / 248
염불책念佛册 / 445
『염송설화』 / 457
『염송집拈頌集』 / 441
염화拈花 / 213
영담 상인靈湛上人 / 80
영명사永明寺 / 432
영성靈性 / 251
영순英絢 / 123
영적암靈寂庵 / 246
『예념문禮念文』 / 437
오산烏山 / 231
오세신선동五歲神仙洞 / 392
오운산五雲山 / 75
오은梧隱 / 145
오장五障 / 384
오장왕烏長王 / 429
왕형공王荊公 / 429
용강龍岡 / 60
용아랑龍牙郞 / 168
용천사涌泉寺 / 449
용학산龍鶴山 / 195
『우전왕경優塡王經』 / 420

운문암雲門菴 / 156
운염雲黶 / 54
운주기실運籌記室 / 279
운파 준雲坡俊 / 231
원각암圓覺庵 / 389
원명 도인圓明道人 / 213
원성유元聖兪 / 107
원실 대사圓實大師 / 198
원효元曉 / 46
월계 상인月桂上人 / 223
월저月渚 / 27, 467
유거잡영幽居雜詠 / 263
유구징柳龜徵 / 158
유나維那 / 276
유마힐維摩詰 거사 / 275
유유민劉遺民 / 429
유점사楡岾寺 / 87, 123, 216, 401, 414
유표柳杓 / 402
윤암尹巖 / 459
은봉隱峯 / 256
은수암隱守庵 / 65
〈은신거隱新居〉 / 219
을지문덕乙支文德 / 151
응應 스님 / 211
의명 상인義明上人 / 68
의상義湘 / 46
의상암義湘庵 / 46
의숭義崇 / 459
의현義玄 / 273
이 거사李居士 / 41
이곡梨谷 / 106
이궁离宮 / 452
이근원통耳根圓通 / 277
이금남李錦楠 / 49

이등귀李登龜 / 225
이사상李士常 / 219
이서우李瑞雨 / 186
이 수사李秀士 / 104
이익주李益周 / 160
이정빈李庭馪 / 240
이정영李正英 / 208
이한림李翰林 / 443, 453
일현 대사一玄大師 / 228
임종게臨終偈 / 284
임진강臨津江 / 66

조趙 군수 / 174
조균朝菌 / 437
조근趙根 / 69
조병병두造餠餠頭 / 277
조사석趙師錫 / 66
『조상경造像經』 / 420
「조상품造像品」 / 424
조정 대사祖挺大師 / 258
조정만趙正萬 / 172
종두상인鍾頭上人 / 277
종산鍾山 / 183
종악鍾岳 / 184
종안宗眼 / 462
주수삼매呪水三昧 / 279
주 수재朱秀才 / 240
『주역』 / 429
주자朱子 / 53
준기 대사俊機大師 / 241
중니仲尼 / 269
중별소中別疏 / 362
〈증도가證道歌〉 / 406
증서曾西 / 269
지장보살 / 356
지장사紙塲寺 / 434
지장암地藏庵 / 85
지전知殿 상인 / 276
『지지地志』 / 424
지책智策 / 157
지행 상인智行上人 / 75
지휘智輝 / 156
진색산인陳色山人 / 280
진영眞影 / 465
진익 사미振翼沙彌 / 248
집사근시執事近侍 / 277

자미궁紫微宮 / 175
자씨전慈氏殿 / 434
자중自中 / 459
자징 대사自澄大師 / 256
잠홀簪笏 / 240
『잡화경雜花經』 / 28
적궤자吊詭子 / 170, 171
적송자赤松子 / 189
『전등록』 / 276
정법안장正法眼藏 / 275
정색 상인精䂳上人 / 166
정수암淨水庵 / 395, 417
정암淨庵 / 193
정욱 상인淨旭上人 / 155
정익淨益 / 470
정자程子 / 53
정토사淨土寺 / 157
제눌 수좌濟訥首坐 / 115
조계암曹溪庵 / 71

징광사澄光寺 / 439

차암암遮岩庵 / 79
차천로車天輅 / 126
찬국옹餐菊翁 / 29
찬화贊和 / 92
창랑자滄浪子 / 28
처관 학도處寬學道 / 235
처인 상인處忍上人 / 244
처흠處欽 / 117
천도 / 372
천룡단소天龍壇疏 / 344
천암사千岩社 / 271
천왕사天王寺 / 60
『천자문』 / 278
천친天親 / 198
청량淸亮 / 198, 199
청량 국사淸凉國師 / 467
청민淸敏 / 232
청소사문請召沙門 / 277
청안淸眼 / 231
청엄淸嚴 / 459
청운산靑雲山 / 395
청원淸遠 / 157
청천강晴川江 / 100
청하 도사淸河道士 / 76
청허당淸虛堂 / 83, 84, 242
총탁摠卓 / 164
추붕秋鵬 / 197, 462
축관竺寬 / 386
춘파 시고椿坡詩藁 / 210

취모검吹毛劍 / 276
치성광熾盛光 / 389
칠불사七佛寺 / 172
칠성진군봉七星眞君峯 / 392
칠통漆桶 / 276

통가대부通嘉大夫 / 274

팔난八難 / 384
팔음八音 / 353
편양鞭羊 / 199, 455
평안도 / 455
평안도백 / 148
평양平壤 / 353
표훈사表訓寺 / 411
풍담楓潭 / 76, 218, 454, 459
풍악산楓嶽山 / 87
풍열豐悅 / 245

하별소下別疏 / 364
학교송鶴翹松 / 216
『한서漢書』 / 398
하세엽韓世曄 / 53
한 시랑韓侍郞 / 415
한유韓愈 / 28

한회음韓淮陰 / 453
한휘 상인漢輝上人 / 237
함곡관函谷關 / 98
함산咸山 / 208
함장凾丈 / 368
함종咸從 / 60
항원왕降怨王 / 429
해인사海印寺 / 403
행관行觀 / 90
행문 상인幸文上人 / 70
행흡幸洽 / 209
향로봉香爐峰 / 81
향운 상인香雲上人 / 243
향해 연종香海蓮宗 / 468
허백虛白 / 459
현암사懸巖社 / 86
현종顯宗 / 176
현희玄熙 / 406
형윤 스님 / 177, 207
형익 상인泂益上人 / 247

혜원慧遠 / 153, 467
혜진 사미慧眞沙彌 / 182
혜현慧玄 / 457
호령도감號令都監 / 279
호패戶佩 / 189
홍 감사洪監司 / 215
홍돈洪墩 / 150
『화엄경』 / 276, 405, 409, 421, 450, 454
화장사華藏寺 / 452
화초화승花草化僧 / 279
화표주華表柱 / 98
환희사歡喜寺 / 176
『황정경黃庭經』 / 62
황 처사黃處士 / 165
황해도 / 455
회계산會稽山 / 195
흉년凶年 / 234
희안 대사希顏大師 / 78
힐향肹蠁 / 368

한글본 **한국불교전서**

조·선·출·간·본

조선1 작법귀감
백파 긍선 | 김두재 옮김 | 신국판 | 336쪽 | 18,000원

조선2 정토보서
백암 성총 | 김종진 옮김 | 4X6판 | 224쪽 | 12,000원

조선3 백암정토찬
백암 성총 | 김종진 옮김 | 4X6판 | 156쪽 | 9,000원

조선4 일본표해록
풍계 현정 | 김상현 옮김 | 4X6판 | 180쪽 | 10,000원

조선5 기암집
기암 법견 | 이상현 옮김 | 신국판 | 320쪽 | 18,000원

조선6 운봉선사심성론
운봉 대지 | 이종수 옮김 | 4X6판 | 200쪽 | 12,000원

조선7 추파집·추파수간
추파 홍유 | 하혜정 옮김 | 신국판 | 340쪽 | 20,000원

조선8 침굉집
침굉 현변 | 이상현 옮김 | 신국판 | 300쪽 | 17,000원

조선9 염불보권문
명연 | 정우영·김종진 옮김 | 신국판 | 224쪽 | 13,000원

조선10 천지명양수륙재의범음산보집
해동사문 지환 | 김두재 옮김 | 신국판 | 636쪽 | 28,000원

조선11 삼봉집
화악 지탁 | 김재희 옮김 | 신국판 | 260쪽 | 15,000원

조선12 선문수경
백파 긍선 | 신규탁 옮김 | 신국판 | 180쪽 | 12,000원

조선13 선문사변만어
초의 의순 | 김영욱 옮김 | 4X6판 | 192쪽 | 11,000원

조선14 부휴당대사집
부휴 선수 | 이상현 옮김 | 신국판 | 376쪽 | 22,000원

조선15 무경집
무경 자수 | 김재희 옮김 | 신국판 | 516쪽 | 26,000원

조선16 무경실중어록
무경 자수 | 성재헌 옮김 | 신국판 | 340쪽 | 20,000원

조선17 불조진심선격초
무경 자수 | 성재헌 옮김 | 신국판 | 168쪽 | 11,000원

조선18 선학입문
김대현 | 성재헌 옮김 | 신국판 | 240쪽 | 14,000원

조선19 사명당대사집
사명 유정 | 이상현 옮김 | 신국판 | 508쪽 | 26,000원

조선20 송운대사분충서난록
신유한 엮음 | 이상현 옮김 | 신국판 | 324쪽 | 20,000원

조선21 의룡집
의룡 체훈 | 김석군 옮김 | 신국판 | 296쪽 | 17,000원

조선22 응운공여대사유망록
응운 공여 | 이대형 옮김 | 신국판 | 350쪽 | 20,000원

조선23 사경지험기
백암 성총 | 성재헌 옮김 | 신국판 | 248쪽 | 15,000원

조선24 무용당유고
무용 수연 | 이상현 옮김 | 신국판 | 292쪽 | 17,000원

조선25 설담집
설담 자우 | 윤674호 옮김 | 신국판 | 200쪽 | 13,000원

조선26 동사열전
범해 각안 | 김두재 옮김 | 신국판 | 652쪽 | 30,000원

조선27 청허당집
청허 휴정 | 이상현 옮김 | 신국판 | 964쪽 | 47,000원

조선28 대각등계집
백곡 처능 | 임재완 옮김 | 신국판 | 408쪽 | 23,000원

조선29 반야바라밀다심경략소연주기회편
석실 명안 엮음 | 강찬국 옮김 | 신국판 | 296쪽 | 17,000원

조선30 허정집
허정 법종 | 성재헌 옮김 | 신국판 | 488쪽 | 25,000원

조선31 호은집
호은 유기 | 김종진 옮김 | 신국판 | 264쪽 | 16,000원

조선32 월성집
월성 비은 | 이대형 옮김 | 4X6판 | 172쪽 | 11,000원

조선33 아암유집
아암 혜장 | 김두재 옮김 | 신국판 | 208쪽 | 13,000원

조선34 경허집
경허 성우 | 이상하 옮김 | 신국판 | 572쪽 | 28,000원

조선35 송계대선사문집 · 상월대사시집
송계 나식 · 상월 새봉 | 김종진 · 박재금 옮김 | 신국판 | 440쪽 | 24,000원

조선36 선문오종강요 · 환성시집
환성 지안 | 성재헌 옮김 | 신국판 | 296쪽 | 17,000원

조선37 역산집
영허 선영 | 공근식 옮김 | 신국판 | 368쪽 | 22,000원

조선38 함허당득통화상어록
득통 기화 | 박해당 옮김 | 신국판 | 300쪽 | 18,000원

조선39 가산고
월하 계오 | 성재헌 옮김 | 신국판 | 446쪽 | 24,000원

조선40 선원제전집도서과평
설암 추붕 | 이정희 옮김 | 신국판 | 338쪽 | 20,000원

조선41 함홍당집
함홍 치능 | 성재헌 옮김 | 신국판 | 348쪽 | 21,000원

조선42 백암집
백암 성총 | 유호선 옮김 | 신국판 | 544쪽 | 27,000원

조선43 동계집
동계 경일 | 김승호 옮김 | 신국판 | 380쪽 | 22,000원

조선44 용암당유고 · 괄허집
용암 체조 · 괄허 취여 | 김종진 옮김 | 신국판 | 404쪽 | 23,000원

조선45 운곡집 · 허백집
운곡 충휘 · 허백 명조 | 김재희 · 김두재 옮김 | 신국판 | 514쪽 | 26,000원

조선46 용담집 · 극암집
용담 조관 · 극암 사성 | 성재헌 · 이대형 옮김 | 신국판 | 520쪽 | 26,000원

조선47 경암집
경암 응윤 | 김재희 옮김 | 신국판 | 300쪽 | 18,000원

조선48 석문상의초 외
벽암 각성 외 | 김두재 옮김 | 신국판 | 338쪽 | 20,000원

조선49 월파집 · 해붕집
월파 태율 · 해붕 전령 | 이상현 · 김두재 옮김 | 신국판 | 562쪽 | 28,000원

조선50 몽암대사문집
몽암 기영 | 이상현 옮김 | 신국판 | 348쪽 | 21,000원

조선51 징월대사시집
징월 정훈 | 김재희 옮김 | 신국판 | 272쪽 | 16,000원

조선52 통록촬요
엮은이 미상 | 성재헌 옮김 | 신국판 | 508쪽 | 26,000원

조선53 충허대사유집
충허 지책 | 성재헌 옮김 | 신국판 | 296쪽 | 18,000원

조선54 백열록
금명 보정 | 김종진 옮김 | 신국판 | 364쪽 | 22,000원

조선55 조계고승전
금명 보정 | 김용태 · 김호귀 옮김 | 신국판 | 384쪽 | 22,000원

조선56 범해선사시집
범해 각안 | 김재희 옮김 | 신국판 | 402쪽 | 23,000원

조선57 범해선사문집
범해 각안 | 김재희 옮김 | 신국판 | 208쪽 | 13,000원

조선58 연담대사임하록
연담 유일 | 하혜정 옮김 | 신국판 | 772쪽 | 34,000원

조선59 풍계집
풍계 명찰 | 김두재 옮김 | 신국판 | 438쪽 | 24,000원

조선60 혼원집 · 초엄유고
혼원 세환 · 초엄 복초 | 윤찬호 옮김 | 신국판 | 332쪽 | 20,000원

조선61 청주집
환공 치조 | 성재헌 옮김 | 신국판 | 416쪽 | 23,000원

조선62 대동영선
금명 보정 | 이상하 옮김 | 신국판 | 556쪽 | 28,000원

조선63 현정론·유석질의론
득통 기화·지은이 미상 | 박해당 옮김 | 신국판 | 288쪽 | 17,000원

조선64 월봉집
월봉 책헌 | 이종수 옮김 | 신국판 | 232쪽 | 14,000원

조선65 정토감주
허주 덕진 | 김석군 옮김 | 신국판 | 382쪽 | 22,000원

조선66 다송문고
금명 보정 | 이대형 옮김 | 신국판 | 874쪽 | 41,000원

조선67 소요당집·취미대사시집
소요 태능·취미 수초 | 이상현 옮김 | 신국판 | 500쪽 | 25,000원

조선68 선원소류·선문재정록
설두 유형·진하 축원 | 조영미 옮김 | 신국판 | 284쪽 | 17,000원

조선69 치문경훈주 상권
백암 성총 | 선암 옮김 | 신국판 | 348쪽 | 21,000원

조선70 치문경훈주 중권
백암 성총 | 선암 옮김 | 신국판 | 304쪽 | 19,000원

조선71 치문경훈주 하권
백암 성총 | 선암 옮김 | 신국판 | 322쪽 | 20,000원

신·라·출·간·본

신라1 인왕경소
원측 | 백진순 옮김 | 신국판 | 800쪽 | 35,000원

신라2 범망경술기
승장 | 한명숙 옮김 | 신국판 | 620쪽 | 28,000원

신라3 대승기신론내의약탐기
태현 | 박인석 옮김 | 신국판 | 248쪽 | 15,000원

신라4 해심밀경소 제1 서품
원측 | 백진순 옮김 | 신국판 | 448쪽 | 24,000원

신라5 해심밀경소 제2 승의제상품
원측 | 백진순 옮김 | 신국판 | 508쪽 | 26,000원

신라6 해심밀경소 제3 심의식상품 제4 일체법상품
원측 | 백진순 옮김 | 신국판 | 332쪽 | 20,000원

신라7 해심밀경소 제5 무자성상품
원측 | 백진순 옮김 | 신국판 | 536쪽 | 27,000원

신라8 해심밀경소 제6 분별유가품 상
원측 | 백진순 옮김 | 신국판 | 480쪽 | 25,000원

신라9 해심밀경소 제6 분별유가품 하
원측 | 백진순 옮김 | 신국판 | 340쪽 | 20,000원

신라12 무량수경연의술문찬
경흥 | 한명숙 옮김 | 신국판 | 800쪽 | 35,000원

신라13 범망경보살계본사기 상권
원효 | 한명숙 옮김 | 신국판 | 272쪽 | 17,000원

신라14 화엄일승성불묘의
견등 | 김천학 옮김 | 신국판 | 264쪽 | 15,000원

신라15 범망경고적기
태현 | 한명숙 옮김 | 신국판 | 612쪽 | 28,000원

신라16 금강삼매경론
원효 | 김호귀 옮김 | 신국판 | 666쪽 | 32,000원

신라17 대승기신론소기회본
원효 | 은정희 옮김 | 신국판 | 536쪽 | 27,000원

신라18 미륵상생경종요 외
원효 | 성재헌 외 옮김 | 신국판 | 420쪽 | 22,000원

신라19 대혜도경종요 외
원효 | 성재헌 외 옮김 | 신국판 | 256쪽 | 15,000원

신라20 열반종요
원효 | 이평래 옮김 | 신국판 | 272쪽 | 16,000원

신라21 이장의
원효 | 안성두 옮김 | 신국판 | 256쪽 | 15,000원

신라22 본업경소 하권 외
원효 | 최원섭·이정희 옮김 | 신국판 | 368쪽 | 22,000원

| 신라 23 | 중변분별론소 제3권 외
원효 | 박인성 외 옮김 | 신국판 | 288쪽 | 17,000원

| 신라 24 | 지범요기조람집
원효·진원 | 한명숙 옮김 | 신국판 | 310쪽 | 19,000원

| 신라 25 | 집일 금광명경소
원효 | 한명숙 옮김 | 신국판 | 636쪽 | 31,000원

| 신라 26 | 복원본 무량수경술의기
의적 | 한명숙 옮김 | 신국판 | 500쪽 | 25,000원

| 신라 27 | 보살계본소
의적 | 한명숙 옮김 | 신국판 | 534쪽 | 27,000원

고·려·출·간·본

| 고려 1 | 일승법계도원통기
균여 | 최연식 옮김 | 신국판 | 216쪽 | 12,000원

| 고려 2 | 원감국사집
충지 | 이상현 옮김 | 신국판 | 480쪽 | 25,000원

| 고려 3 | 자비도량참법집해
조구 | 성재헌 옮김 | 신국판 | 696쪽 | 30,000원

| 고려 4 | 천태사교의
제관 | 최기표 옮김 | 4X6판 | 168쪽 | 10,000원

| 고려 5 | 대각국사집
의천 | 이상현 옮김 | 신국판 | 752쪽 | 32,000원

| 고려 6 | 법계도기총수록
저자 미상 | 해주 옮김 | 신국판 | 628쪽 | 30,000원

| 고려 7 | 보제존자삼종가
고봉 법장 | 하혜정 옮김 | 4X6판 | 216쪽 | 12,000원

| 고려 8 | 석가여래행적송·천태말학운묵화상경책
운묵 무기 | 김성옥·박인석 옮김 | 신국판 | 424쪽 | 24,000원

| 고려 9 | 법화영험전
요원 | 오지연 옮김 | 신국판 | 264쪽 | 17,000원

| 고려 10 | 남명천화상송증도가사실
□련 | 성재헌 옮김 | 신국판 | 418쪽 | 23,000원

| 고려 11 | 백운화상어록
백운 경한 | 조영미 옮김 | 신국판 | 348쪽 | 21,000원

| 고려 12 | 선문염송 염송설화 회본 1
혜심·각운 | 김영욱 옮김 | 신국판 | 724쪽 | 33,000원

| 고려 13 | 선문염송 염송설화 회본 2
혜심·각운 | 김영욱 옮김 | 신국판 | 670쪽 | 32,000원

※ 한글본 한국불교전서는 계속 출간됩니다.

월저 도안 月渚道安
(1638~1715)

스님의 법명은 도안道安이고, 호는 월저月渚이며, 속성은 유劉씨다. 1638년 기도箕都(平壤)에서 태어나 1715년에 입적하였으니, 세속의 나이로는 78세이고 승랍은 69년이다. 스님은 처음에 천신天信 장로로부터 계戒를 받았고, 풍담楓潭 대사를 참알하여 서산 대사의 비밀한 전법傳法을 모두 전해 받았다. 1664년에 묘향산에 들어가 『화엄경』의 대의를 강론하니, 세상에서 그를 화엄종주華嚴宗主라고 불렀다. 1697년 정축옥사丁丑獄事 때는 스님의 명성을 시기한 소인배들의 무고를 당해 옥에 구금되었지만 곧 풀려났고, 이후 조정에서 팔도선교도총섭八道禪敎都摠攝의 승직을 내렸으나 사양하였다. 이런 일들을 겪은 후 스님은 자신을 숨기려 하였지만, 명성은 더욱 성대하게 알려졌다. 대사의 저술로는 시문을 모은 『월저집月渚集』 2권과 『불조종파지도佛祖宗派之圖』가 있고, 제자로는 설암 추붕雪巖秋鵬(1651~1706)과 승익勝益, 금하錦霞, 연종蓮宗, 법명法明 등 10여 명이 있었다.

옮긴이 김두재

민족문화추진회와 동국대학교 교육대학원을 수료하고 동국역경원 역경위원을 역임하였다. 고려대장경 역서로 『능엄경』·『시왕경』·『제경요집』·『정본수능엄경환해산보기』·『광찬경』·『해동고승전』 등이 있고, 한국불교전서 역서로 『작법귀감』·『선문수경』·『천지명양수륙재의범음산보집』·『동사열전』·『해봉집』·『석문상의초』·『자기문절차조열』·『석문가례초』·『승가예의문』 등이 있다.

증의
김호귀(동국대학교 불교문화연구원 HK교수)